Brennpunkte der politischen Kultur in Polen und Deutschland

Gerd Meyer
Stanisław Sulowski
Wojciech Łukowski
(Hrsg.)

Brennpunkte der politischen Kultur in Polen und Deutschland

Dom Wydawniczy
Elipsa

Warszawa 2007

Das Buch wurde herausgegeben mit finanzieller Unterstützung der Stiftung für deutsch-polnische Zusammenarbeit

Herausgeber: Gerd Meyer
Stanisław Sulowski
Wojciech Łukowski

Umschlaggestaltung: Agnieszka Miłaszewicz

ISBN 83-7151-752-1

Übersetzung: Hans-Jörg Schwenk

Korrektur: Andreas Volk

Institut für Politikwissenschaft der
Universität Warschau E-mail: inp@uw.edu.pl
Institut für Politikwissenschaft der
Universität Tübingen/Arbeitsbereich
Mittel- und Osteuropa

DOM WYDAWNICZY ELIPSA

Druck und Einbandgestaltung:
Verlagshaus ELIPSA,
ul. Inflancka 15/198, 00-189 Warszawa
Tel./Fax 022 635 03 01, 022 635 17 85, E-mail: elipsa@elipsa.pl
www.elipsa.pl

Inhaltsübersicht

Vorwort

Entstehung, Absicht und Anlage des Bandes

In diesem Band analysieren SozialwissenschaftlerInnen aus Polen und Deutschland ausgewählte „Brennpunkte“ der politischen Kultur beider Länder. Unter Brennpunkten verstehen wir aktuelle, aber zugleich über den Tag hinaus bedeutsame Probleme der Demokratie an der Basis von Politik und Gesellschaft, die diesseits und jenseits der Oder Fragen und Diskussionen auslösen. Die AutorInnen fragen nach Unterschieden und Gemeinsamkeiten in den politischen Wertorientierungen, Einstellungen und Verhaltensweisen der Bürger, die für die Herausbildung und Konsolidierung einer demokratischen politischen Kultur wichtig sind. Trotz der offensichtlichen Unterschiede des Entwicklungsweges beider Gesellschaften gibt es dennoch eine überraschend große Zahl zumindest auf den ersten Blick ähnlicher Probleme und Herausforderungen.

Das gleich Benannte, scheinbar Ähnliche eignet sich ebenso wie das jeweils schwer Verständliche besonders gut für eine vergleichende Analyse. Sie soll aufzeigen, in welcher Weise bestimmte politische Phänomene und Entwicklungstrends historisch, sozio-kulturell und politisch im jeweiligen System anders eingebettet und wirksam sind. Die AutorInnen haben sich auf wenige zentrale Themenfelder konzentriert und wollen einen problemorientierten Beitrag zum Verständnis der Erfolge und Defizite auf dem Weg zur Konsolidierung einer demokratischen Bürgergesellschaft in beiden Ländern leisten. Der Band ist zugleich Ausdruck eines wachsenden Interesses füreinander in einem neuen europäischen Kontext.

Zwischen den Instituten für Politikwissenschaft der Universitäten Warschau und Tübingen gibt es seit einem Vierteljahrhundert einen intensiven wissenschaftlichen Austausch und eine erfolgreiche Zusammenarbeit. Sie findet ihren Ausdruck nicht zuletzt in der Erarbeitung gemeinsamer Publikationen, die dem gegenseitigen Verständnis von Politik und Gesellschaft in beiden Ländern dienen. So fanden in den 1980er Jahren unter schwierigen Bedingungen eine Reihe von Konferenzen statt, deren Ertrag in drei Bänden dokumentiert wurde, die der leider viel zu früh verstorbene Franciszek Ryszka und Gerd Meyer herausgegeben haben. Mit diesem Band knüpfen wir an diese Tradition an: MitarbeiterInnen aus beiden Instituten, Ältere und Jüngere, haben sich zusammengefunden, um im Zeichen neuer EU-Nachbarschaft für den Beobachter aus der jeweils anderen Nation nicht immer leicht verständliche Phänomene zu untersuchen. Da es noch immer erhebliche Sprachbarrieren gibt, wird das Buch in beiden Sprachen veröffentlicht, um eine breitere Leserschaft zu erreichen.

Zu großem Dank sind wir der *Stiftung für deutsch-polnische Zusammenarbeit* und dem *Institut für Politikwissenschaft an der Universität Warschau* verpflichtet, die diesen Band finanziell gefördert haben. Unser Dank gilt auch dem Verlag Elipsa, der dieses Vorhaben in sein Programm aufgenommen hat, ebenso wie den MitarbeiterInnen in beiden Instituten, die die Manuskripte technisch und organisatorisch betreut haben. Nicht zuletzt aber danken wir allen AutorInnen, die zum Gelingen und der zügigen Fertigstellung dieses Bandes beigetragen haben.

Die Herausgeber *Warschau/Tübingen Mai 2006*

I. GRUNDLAGEN UND ANALYTISCHE PERSPEKTIVEN

Gerd Meyer

Politische Kultur und Demokratisierung – Grundlagen, Themen, Thesen

Vor welchen Problemen und Herausforderungen im Feld politischer Kultur stehen wir heute in Polen und Deutschland? Welche sind besonders augenfällig, welche sind wichtig, ohne dass sie besondere Aufmerksamkeit in der Öffentlichkeit genießen? Brennpunkte politischer Kultur sind nicht nur dort, wo es in der Tat bereits brennt, wenn es um Demokratie, Gerechtigkeit und Frieden geht. Brände entstehen auch dort, wo etwas im Untergrund schwelt und erst ein starker Windstoß, ein dramatischer Anlass das Feuer entfacht. In alten und neuen Demokratien gibt es selten größere politische Brände, wohl aber Brandherde, auf die man achten muss.

Demokratie ist nicht nur eine Staatsform, sondern auch eine Gesellschafts- und Lebensform. So geschieht die Herausbildung und Stabilisierung einer demokratischen politischen Kultur bereits in der alltäglichen Lebenswelt der Bürger. Sie vollzieht sich in vielen gesellschaftlichen Handlungsfeldern und ist daher nicht nur bezogen auf staatliches Handeln, so sehr dies auch im Zentrum der Politik steht. Wie demokratisch es in einer Gesellschaft zugeht, zeigt sich vor allem darin,

- wie wir in Familie und Schule, am Arbeitsplatz und in der Freizeit miteinander umgehen,
- wie wir Werte vermitteln und in Gemeinschaften vorleben,
- wie wir Macht ausüben und Autorität begründen,
- wie wir Interessen wahrnehmen, Konflikte regeln und für faire Lösungen sorgen,
- inwieweit wir Verantwortung für uns selbst und andere übernehmen,

- ob wir interessiert und politisch informiert sind, wie wir mit anderen über Politik reden, ob wir uns politisch beteiligen und demokratische Parteien wählen.
- Allgemein ist zu fragen: Verfolgt man nur die eigenen Interessen, privatistisch und engstirnig, taktisch clever, aber unsolidarisch? Oder verfolgt man sie zugleich im Blick auf andere, fair, nach demokratischen Spielregeln, auch am Prinzip des Gemeinwohls orientiert?

1. Eine notwendige Klärung: Was ist politische Kultur?

Der Begriff der politischen Kultur wird in der *Öffentlichkeit* meist normativ verstanden als *Kultiviertheit im öffentlichen Handeln* von Bürgern und Politikern. Es soll geprägt sein von Fairness, Toleranz und Sachlichkeit, von demokratischen Orientierungen, rechtstaatlicher Korrektheit und moralischer Integrität. Politische Kultur meint dann: ein guter Stil im öffentlichen Umgang miteinander; den friedlichen, sachlichen, rationalen und „zivilisierten" Austrag von Konflikten. Manche sprechen dann von einem niedrigen oder hohen Entwicklungsstand der politischen Kultur eines Landes. Wenn man den Begriff in dieser Weise normativ gebraucht, verbinden sich Vorstellungen von dem, wie Politik, wie Bürger und Politiker sein *sollen*, mit Beobachtungen von dem, was *ist*.

In der *Politikwissenschaft* wird der Begriff für analytische Zwecke meist *nicht* in dieser Weise normativ-wertend, sondern „nur" beschreibend und erklärend gebraucht. Allerdings gibt es, wie so oft in den Sozialwissenschaften, nicht nur eine, allgemein akzeptierte Definition. Im Kontext nationaler Kultur und Geschichte verbinden sich mit diesem Konzept unterschiedliche Bedeutungen und Konjunkturen seiner Verwendung. In Westdeutschland fand der Begriff, aus den USA kommend, seit den 1960er Jahren Eingang in die Demokratieforschung und später dann auch in die Publizistik. Er ist heute in ganz Deutschland allgemein akzeptiert und verbreitet. In Polen dagegen findet er sich seit ca. 10 Jahren nur noch selten im öffentlichen Sprachgebrauch, am ehesten noch in den Sozialwissenschaften. In den ersten Jahren des Umbruchs nach 1989 diente er, wie in manchen anderen postautoritären Systemen auch, zur kritisch-wertenden Abgrenzung des neuen gegenüber dem alten System: Nach dem eklatanten Mangel an (demokratischer) politischer

Kultur war nun die Zeit gekommen, in der sie sich entwickeln konnte und Bürger wie Politiker endlich die Chance hatten, demokratische Werte zu verwirklichen. Im Zuge der oft heftigen Diskussionen über die kommunistische Zeit wurde der Begriff stark politisiert und ideologisiert und verlor so seinen analytischen Wert. Denn eine (vor allem nicht-demokratische) politische Kultur besitzen auch autoritäre oder totalitäre Systeme. Und jede politische Kultur trägt wesentlich zur *Legitimität und Stabilität von politischen Systemen, aber auch zu ihrem Wandel* bei.

Dimensionen und Aspekte des Konzepts

Ungeachtet von Bedeutungsunterschieden und Verwendungsweisen in Wissenschaft und politischer Öffentlichkeit, stelle ich für die Zwecke dieses Bandes zunächst eine kurze Arbeitsdefinition vor, die in den meisten Punkten eine Art *Minimalkonsens* in der Politikwissenschaft repräsentiert. Danach erläutere ich eine wichtige Variante des Konzepts. In einem *Anhang* gebe ich außerdem einen Überblick über die Komplexität des Untersuchungsfeldes der politischen Kultur.

Eine ***kurze Definition*** lautet: Politische Kultur umfasst die *Werte, Einstellungen und Meinungen ebenso wie das Verhalten* der Bürger bezogen auf die Welt des Politischen. Werte werden meist verstanden als grundlegende, dauerhaft verankerte Überzeugungen und Handlungsorientierungen von dem, was für die eigene Person wie für die Gesellschaft wünschenswert ist und gelten soll. Einstellungen sind eher auf politische Objekte (z.B. das politische System mit seinen Institutionen, politische Programme und Parteien) bezogen und weniger tief verankert. Meinungen gelten als die relativ oberflächlichste Form, bestimmte Einschätzungen oder momentane Präferenzen zu äußern, die sich relativ kurzfristig verändern können. Allerdings sind die Unterschiede zwischen diesen drei Formen fließend.

Diese *subjektiven Orientierungen* sind kognitiv, emotional und evaluativ oder wertend verankert. Bewusst oder unbewusst, verbal artikuliert oder nicht beeinflussen sie als Dispositionen das Handeln von Individuen und sozialen Gruppen. Sozioökonomischer Status, Milieuzugehörigkeiten und Interessen einer Person oder Gruppe sind häufig wichtige Bestimmungsfaktoren. Zur politischen Kultur gehören nicht nur politisches Wissen und die Wahrnehmung (Perzeption) dessen, was politische Realität *ist*. Sie umfasst auch Deutungen, Diskurse und Symbole sowie das, was Menschen politisch erstreben und erhoffen, also was sein *soll oder sein könnte.* Mit der Idee einer *demokratischen* politischen Kultur verbinden sich dann zusätzlich Vorstellungen davon, wie Einstellungen und Verhalten all derer aussehen *sollten*, die am politischen Geschehen teilhaben, also von bestimmten Werten und Normen, die von ihnen einzuhalten sind und an denen sie gemessen werden. In diesem Sinne versteht man unter politischer Kultur die *„subjektive Dimension der Politik“* (Dirk Berg-Schlosser).

Jede politische Kultur hat eine *historische und eine systemische Dimension.* Politische Kultur ist eingebettet in Traditionen und Gewohnheiten, in allgemeine Mentalitäten und Kulturmuster einer Gesellschaft. Genetisch entwickeln sich die subjektiven Bezüge zum Politischen als individuell-biographische und kollektiv-historische Erfahrungen und Lernprozesse. Systemisch entwickelt sich das politische Denken und Handeln der Bürger in Wechselwirkung zum gesamtgesellschaftlichen und globalen Kontext von Geschichte, Wirtschaft, Gesellschaft, Kultur und politischen Strukturen. Dies geschieht auf verschiedenen, miteinander zusammenhängenden Handlungsebenen, vom Individuum bis hin zur Weltgesellschaft. Politische Kultur als Handlungsprozess bewegt sich, nimmt man nur die wichtigsten Akteure, im Spannungsfeld von Bürgern und politischer Elite, von Institutionen und Parteien, von organisierten Interessen und Massenmedien.

Das politische Denken, Fühlen und Handeln der Bürger bezieht sich auf die Sphäre des Politischen, die häufig untergliedert wird mit Hilfe der englischen Begriffe/Konzepte:

1. *polity:* die politische Ordnung des Gemeinwesens, Institutionen, Normen/Regeln, Entscheidungsverfahren und Modi der Konfliktregelung.
2. *politics:* der Prozess der politischen Meinungs- und Willensbildung, der Entscheidungsfindung in seinem konkreten Verlauf; die Akteure und ihr Verhalten, einschließlich der Rolle der eigenen Person; das „Spiel der Kräfte“ im Erwerb und Erhalt wie in der Ausübung von Macht und Herrschaft.
3. *policies:* Ziele, Inhalte, Instrumente, Ergebnisse und Folgen politischen Handelns (meist bezogen auf staatliches Handeln, Eliten und Interessengruppen) in verschiedenen Politikfeldern (z.B. Sozial-, Steuer-, Bildungspolitik; „materielle Politikanalyse“).

Politische Kultur vollzieht sich als *Interaktion* der Bürger in und mit ihrer politischen Umwelt. Politische Kultur ist das *Resultat permanenter politischer Sozialisation*, d.h. jenes Prozesses, in dem sich Individuen Werte, Einstellungen und Meinungen zum Politischen erwerben, verinnerlichen und in ihrem Handeln mehr oder weniger wirksam werden lassen.

Politische Sozialisation kann bewusst geleitet sein (z.B. durch Träger organisierter politischer Bildung) und/oder sie ist nicht gesteuert und geschieht dann eher unbewusst. Sie vollzieht sich in der Familie, in peer groups, in der Schule, durch die Medien, am Arbeitsplatz, in Gruppen und Organisationen, ganz allgemein im sozialen Zusammenleben. Politische Sozialisation ist ein lebenslanger Prozess, er findet nicht nur „in der prägenden Zeit der Jugend" statt, sondern in Auseinandersetzung mit Politik bis ins Alter hinein. Politische Kulturen sind also ständig im Fluss, heute mehr denn je.

So bilden sich bestimmte *Charakteristika und dominante Muster* nationaler und regionaler politischer Kulturen heraus. Überholt sind Auffassungen von einem nahezu unveränderlichen „Nationalcharakter"; eher spricht man von nationalen oder partikularen Identitäten und veränderlichen Elementen der politischen Kultur. Politische Sozialisationsprozesse und Kulturen können überwiegend demokratisch oder autoritär, stark patriotisch oder religiös geprägt sein. Sie können eine größere oder geringere Nähe zum Staat, zur eigenen Nation oder anderen Nationen aufweisen. Politische Kulturen entwickeln sich in komplexen Mischungen zwischen den Polen Konsens, Anpassung und Identifikation einerseits, Konflikt, Opposition und Protest andererseits. Das Verhalten der Bürger kann schwanken zwischen Interesse, Informiertheit und aktiver Teilnahme einerseits und Gleichgültigkeit, Passivität und Rückzug andererseits. Politische Kultur in pluralistischen Gesellschaften ist immer relativ heterogen und unterschiedlich je nach Klasse oder Schicht, nach Regionen und Ethnien, nach Geschlecht und Altersgruppen, nach Subkulturen und Religionen. Nationale politische Kulturen zunehmend durchdrungen von transnational-gesellschaftlichen und international-politischen Einflüssen und Entwicklungen.

Soziokultur und Deutungskultur als Grundlagen politischer Kultur

Karl Rohe vertritt eine wichtige *Variante des Konzepts* der politischen Kultur. Er wendet sich dagegen, politische Kultur als die Summe der – meist in repräsentativen, quantitativ messenden Umfragen ermittelten –Verteilungsmuster politischer Werte, Einstellungen und Meinungen zu verstehen. Er plädiert für ein breit angelegtes, *sozio-kulturelles Verständnis* politischer Kultur, das diese historisch und in ihren normativen Grundlagen versteht und qualitativ interpretiert. Rohes Verständnis wird prägnant in diesem Zitat deutlich: „Etwas verkürzt formuliert, geht es um die für ein gesellschaftliches Kollektiv maßgebenden grundlegenden

Vorstellungen darüber, was Politik eigentlich ist, sein kann und sein soll. Diese Grundannahmen stellen so etwas wie Maßstäbe dar, an Hand derer Politik wahrgenommen, interpretiert und beurteilt wird.“ (Rohe 1994:1). Da sie in der Regel auf einer grundsätzlicheren Ebene anzusiedeln seien, genüge es nicht, bestimmte Einstellungen punktuell und kurzfristig zu erfassen und zu beschreiben. Vielmehr müsse man nach „jenen Wahrnehmungsmustern und Beurteilungsmaßstäben, die solchen Einstellungen zugrunde liegen“ (Rohe 1994:1) fragen. Politische Kultur stellt nach Rohe also „einen mit Sinnbezügen gefüllten, politischen Denk-, Handlungs- und Diskussionsrahmen dar, innerhalb dessen sich das Denken, Handeln und öffentliche Reden politischer Akteure vollzieht“ (Rohe 2003:111). Sie fungiere als „kognitiv-normative ‚Landkarte‘, die die politische Welt geistig absteckt und strukturiert“ (Rohe 1994:2). Dann erst mache es Sinn, sich den beobachtbaren, messbaren Phänomen zuzuwenden.

Es geht ihm – wie vielen Kulturwissenschaftlern, Soziologen und Psychologen auch – um eine stärkere lebensweltliche, gesellschaftliche und allgemein-kulturelle Einbettung und Verankerung politischer Kultur. Denn sie stehe in einem unauflöslichen Zusammenhang mit dem Leben der Menschen in Arbeit und Freizeit, mit ihrem Konsum- und Umweltverhalten, mit Erziehungsstilen und religiösen Überzeugungen. Privates und Öffentliches, das Persönliche und das Politische durchdringen sich. Politische Kultur sei auch zu sehen im Kontext mit anderen „Teilkulturen“, also etwa kulturellen Mustern in der Wirtschaft, in Unternehmen und Verwaltungen, in den Medien, in Freizeit und Kunst. Das wirft allerdings die schwierige Frage auf, wie die verschiedenen Lebensbereiche und Handlungsebenen zusammenwirken. So bleibt offen, ob und wie Erfahrungen, Urteilsmaßstäbe und Vorstellungen von der Mikroebene der Individuen und Primärgruppen (Familie, Freunde) auf die Mesoebene der Gruppen und Organisationen sowie auf die Makroebene nationaler oder gar internationaler Politik übertragen werden (können).

In den Mittelpunkt seines Konzeptes stellt Rohe also gesellschaftliche, historisch gewachsene *Deutungen und Vorstellungen von Politik*. Ein solcher Beurteilungsmaßstab ist z.B. die Überzeugung, dass Gesellschaft und Politik vom Handeln einzelner Personen oder von Gruppen abhängen und für deren Entwicklung daher primär diese Akteure verantwortlich seien. Dem steht womöglich die Überzeugung entgegen, Wohl und Wehe des Landes hingen vor allem „vom System“, vom Staat, von „den Machtstrukturen" ab, so dass Individuen und Gruppen, also gesellschaftliche Akteure nur in zweiter Linie Verantwortung tragen. Entsprechend werden, so Rohe, meist größere oder kleinere Handlungs- und Einflussmöglichkeiten der Akteure auf unterer oder mittlerer Ebene gesehen. Wie diese Beurteilungsmaßstäbe aussehen, hänge von der individuellen Sozialisation wie von den historischen Erfahrungen und Denkmustern einer Nation ab. Rohe selber hat in einem aufschlussreichen Vergleich der politischen Kulturen Deutschlands, Großbritanniens und der USA solche Unterschiede zwischen bürgerschaftlich orientierter, anglo-amerikanischer „Zivil- oder Gesellschaftskultur" und deutscher „Staatskultur" mit einem entsprechenden Systemdenken herausgearbeitet (Rohe 1990: bes. 343/344).

Insgesamt hat Rohes Verständnis von politischer Kultur, in dem er Soziokultur und Deutungskultur einer Gesellschaft mit ihren konkreten Einstellungen und Verhaltensweisen verbindet, die Forschung vor allem theoretisch-konzeptuell befruchtet. Auch wenn manche Punkte umstritten sind, so ist sein Beitrag doch gerade für den Vergleich und das Verständnis unterschiedlicher Systeme und politischer Kulturen wichtig.

Wo immer man politische Kulturen vergleicht und Typologien benutzt, sollte man jedoch beachten, dass es sich meistens um *Mischtypen* handelt, um komplexe und dynamische Gebilde, die zumal in Umbruchs- und Krisenzeiten oder in postautoritären Transformationsprozessen zum Teil erheblichem Wandel unterliegen. Dabei ist politische Kultur nicht nur etwas durch veränderte Umstände und Erfahrungen Bewirktes, sondern auch etwas Wirkendes, wenn es z.B. um die Legitimität und Konsolidierung von neuen politischen Regimes geht.

Unabhängig von Unterschieden in Bedeutung und Verwendungsweise des Begriffs gilt im Blick auf die analytische Funktion des Konzepts: Politische Kultur kann *als abhängige wie als unabhängige Variable* dienen. So kann man z.B. fragen, wie bestimmte politische Einstellungen zustande kommen (abhängige Variable). Oder man kann die Stabilität einer Demokratie, die Arbeitsweise ihrer Institutionen auf bestimmte Merkmale der politischen Kultur zurückführen (unabhängige Variable). In einzelnen Fällen kann politische Kultur auch als intervenierende Variable fungieren, z.B. wenn man fragt, wie sich Gewaltbereitschaft umsetzt in organisiertes politisches Handeln in Parteien oder in Straftaten von politischen Extremisten oder gar Terroristen.

Wenn wir uns nun der *vergleichenden Analyse* der politischen Kulturen Polens und Deutschlands zuwenden, so ist zu berücksichtigen, dass es zwar keine einheitlichen, national wie international anerkannten *Bewertungsmaßstäbe* für die Qualität politischer Kulturen gibt. In der öffentlichen Diskussion, in Wissenschaft, Politik und Publizistik finden wir daher zum Teil sehr unterschiedliche Einschätzungen und Urteile für dieselben oder ähnliche Phänomene. Wir orientieren uns jedoch hier an humanen und demokratischen Werten, kritisch und offen für andere Sichtweisen. Dabei gibt es eine Reihe offener Fragen und Kontroversen, wie z.B.: Wer oder was gefährdet eine Demokratie? Wie viel Desinteresse, Apathie und Entfremdung, wie viele Nichtwähler verträgt eine Demokratie? Wann können wir von einer Krise oder von der Konsolidierung einer Demokratie sprechen? Dies dürfte auch für jene Problemlagen gelten, die hier als *Brennpunkte* der politischen Kultur in Polen und Deutschland vorgestellt werden.

2. Politische Kultur und Demokratisierung

Es gehört inzwischen zu den Binsenweisheiten der Demokratieforschung, dass eine stabile Demokratie nicht nur auf einer demokratischen Verfassung sowie entsprechenden Institutionen und Verfahrensweisen beruht, sondern mindestens ebenso auf demokratischen Einstellungen und Verhaltensweisen von Bürgern und Eliten, die dieses System aktiv und aus Überzeugung tragen, ungeachtet aller Konflikte um Macht, Überzeugungen und alternative Handlungsstrategien. Oder abgekürzt: demokratische Struktur und Kultur müssen möglichst übereinstimmen und sich gegenseitig stützen. Dies war und ist ein wesentliches Ziel jedes Bemühens um Demokratisierung bzw. den Erhalt der Demokratie in einem Land.

2.1. Ein Modell

Wollen wir diesen Zusammenhang historisch und systematisch im Blick auf die gegenwärtige Situation in Polen und Deutschland untersuchen, so ist es hilfreich, mit Hilfe eines Modells den komplexen Prozess der Demokratisierung zu erfassen. Näherungsweise ist dies m. E. am besten Wolfgang Merkel und seinem Forschungsteam gelungen (vgl. Merkel 1999:135-170, Schaubild S. 147, hier S. 18). Merkel bettet den Prozess der Demokratisierung des politischen Systems zunächst ein in seine „Umwelt“, d.h. in verschiedene Kontexte systemischer (Wirtschaft,

Gesellschaft) und räumlicher Art (regionale, internationale Einflüsse). Er unterscheidet sodann vier Handlungsebenen, auf denen sich die Interaktion von „Eliten“ und „Massen“ abspielt, mit der Perspektive einer Zunahme der Legitimität und Stabilität der sich konsolidierenden Demokratie.

Die *Ebene der institutionellen Konsolidierung* umfasst zunächst die Verabschiedung einer neuen Verfassung. Dieser Schritt schließt ein neues Institutionensystem und einen funktionierenden Rechtsstaat ein, sorgt also für die grundlegenden „Spielregeln“ und Garanten demokratischen Handelns des Staates und der neuen Eliten. In der BRD wurde eine neue Verfassung 1949 ohne Volksentscheid verabschiedet, danach gab es fortlaufend Revisionen, zuletzt vor allem im Zuge der deutschen Vereinigung nach 1990. In Polen gab es 1992 zunächst nur eine vorläufige, aber substantiell veränderte „kleine Verfassung“, eine endgültige Verfassung jedoch erst nach dem Referendum von 1997.

Die *Ebene der repräsentativen Konsolidierung* umfasst die Bildung von Parteien und Interessenverbänden. Nicht zuletzt gehört dazu auch die Etablierung möglichst unabhängiger Massenmedien mit ihren vielfältigen Funktionen der Information, Kontrolle und des öffentlichen Konfliktaustrags in und gegenüber der Politik.

Die *Ebene der Verhaltenskonsolidierung* bezeichnet (mit einem wenig glücklichen Begriff) eine weitere Bedingung erfolgreicher Demokratisierung: „mächtige informelle Akteure“ (z.B. das Militär, Finanzkapital, kriminelle Organisationen, Terrorgruppen), im Unterschied zu den in der Verfassung vorgesehenen „institutionellen“ Akteuren, müssen sich an die Spielregeln der Demokratie halten und dürfen keine Vetomacht gegenüber den demokratisch legitimierten Akteuren und Institutionen besitzen, um partikulare Interessen und Herrschaftsansprüche gegen oder jenseits der Verfassung durchzusetzen.

Die *Ebene der Staatsbürgerkultur* umfasst schließlich die Herausbildung einer demokratischen politischen Kultur wie ich sie oben beschrieben habe, in engem Zusammenhang mit der Entwicklung einer Zivilgesellschaft, also der autonomen Zusammenschlüsse von Bürgern, um gesellschaftliche und „private“ Interessen unabhängig von Staat und Wirtschaftsunternehmen im Sinne eines bürgerschaftlichen Engagements zu verfolgen. Was aber verstehen wir genauer unter einer *demokratischen* politischen Kultur, die bestimmten normativen Ansprüchen in Theorie und Praxis entsprechen muss und eines der zentralen Ziele langfristig angelegter Demokratisierungsprozesse darstellt?

Schaubild: Mehrebenenmodell der demokratischen Konsolidierung

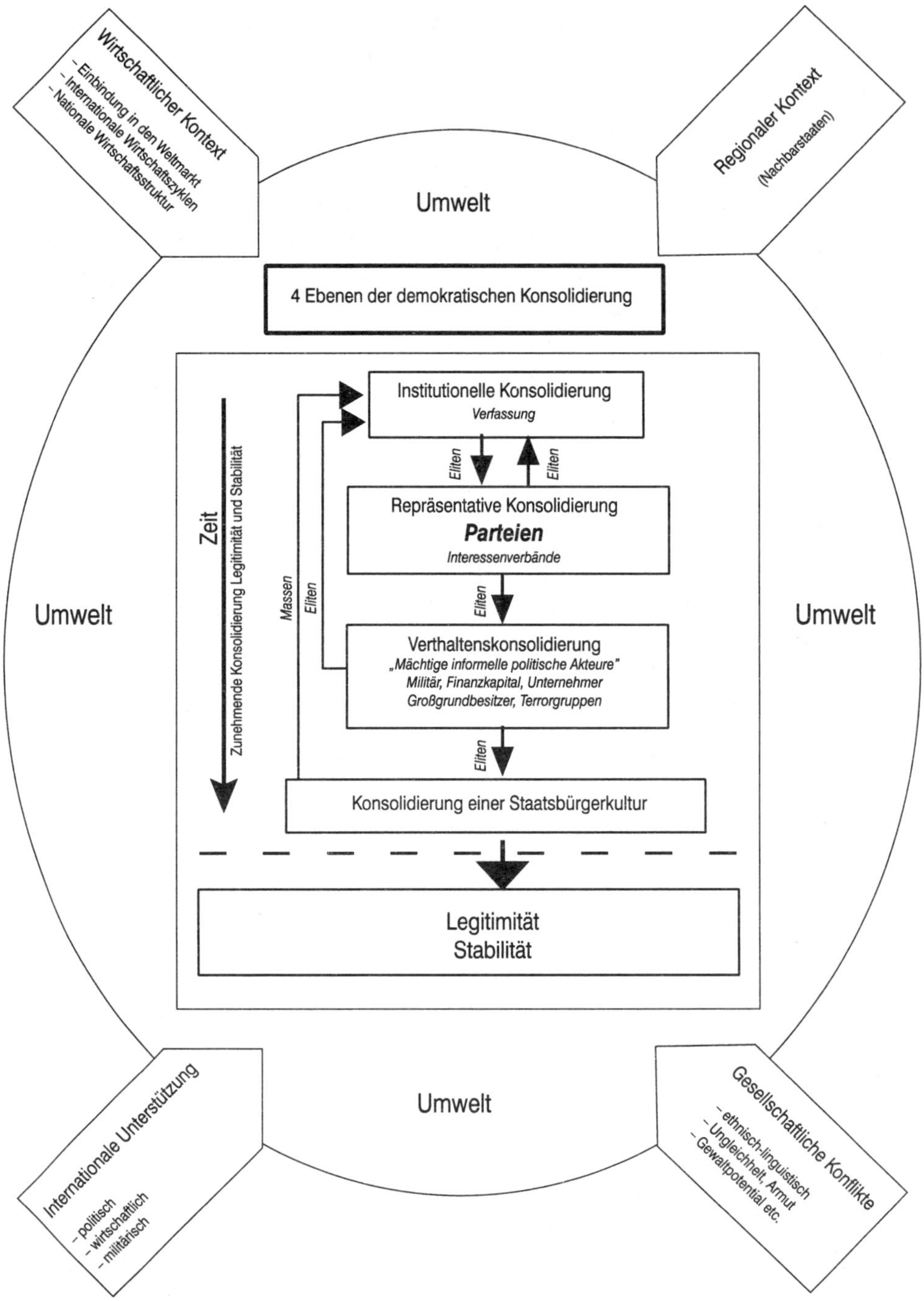

Quelle: Merkel, W./Sandschneider, E. (Hrsg.): Systemwechsel 3, Opladen 1997, S. 11.

Eine *stabile demokratische politische Kultur* ist dadurch gekennzeichnet, dass demokratische Werte und Normen (1) allgemein, d.h. von der großen Mehrheit der Bevölkerung anerkannt und (2) von ihr faktisch mindestens im Verhalten beachtet werden; ihre Verletzung wird (3) nicht gebilligt und falls nötig sanktioniert. Es geht also nicht nur um die offiziell proklamierten, sondern vor allem um die *tatsächlich gelebten Werte*, von denen die Bürger mindestens im Grundsatz überzeugt sind, für die es einen breiten Konsens gibt und die das soziale und politische Handeln weitgehend regulieren.

Dieser Konsens umfasst *vier Bereiche*: Werte und Normen, rechtlich-institutionelle Grundlagen, Beurteilungskriterien für das Handeln der Machteliten und notwendige Leistungen des politischen Systems. Werden diese normativen Kriterien für das, was politisch „gut und rechtens" ist, nach Auffassung einer deutlichen Mehrheit des Volkes auch in der politischen Praxis hinreichend erfüllt, so sind die wichtigsten objektiven und subjektiven Voraussetzungen für eine demokratische politische Kultur erfüllt. Dann sind die im Folgenden aufgeführten Werte und Normen zugleich Ausdruck und Kennzeichen einer demokratischen politischen Kultur. Sie wiederum bildet die *Grundlage für die demokratische Legitimität* eines politischen Systems *und trägt wesentlich zu seiner Stabilität bei*. Das Anspruchs*niveau* an eine demokratische politische Praxis ist allerdings variabel und in pluralistischen Systemen häufig kontrovers, im Blick auf die Realität wie auch hinsichtlich der konkreten Interpretation demokratischer Werte. Was ist damit im Einzelnen gemeint? Dazu eine Übersicht.

2.2. Grundlagen einer demokratischen politischen Kultur

Grundwerte und Normen

- Menschenwürde („Humanität"), freie Entfaltung der Persönlichkeit
- Freiheit, Demokratie, bürgerschaftliche Selbst- bzw. Mitbestimmung
- Gleichheit, Gerechtigkeit, Solidarität, Fairness
- ökonomische, ökologische und soziale Staatsziele
- physische und soziale Sicherheit („Wohlfahrtsstaat"), soziales Vertrauen
- Rationalität, Bereitschaft zum Kompromiss
- Toleranz, kulturelle Offenheit und Integrationsfähigkeit
- demokratische Gehalte „nationaler Identität" als „aufgeklärter" Patriotismus
- Frieden, Völkerverständigung, internationale Zusammenarbeit

Normativ-rechtliche und institutionelle Grundlagen

(1) Grund- und Menschenrechte, insbesondere:
- allgemeine Persönlichkeitsrechte, Schutz und freie Entfaltung des Individuums
- politische Grundrechte: Meinungs-, Medien- und Informationsfreiheit; Versammlungs- und Organisationsfreiheit, aktives und passives Wahlrecht; Beteiligungsrechte
- Religionsfreiheit, Freiheit von Kunst und Wissenschaft
- ökonomische und soziale Grundrechte (z.T. umstritten)

(2) Rechtsstaatlichkeit, demokratische Ordnungsprinzipien und Institutionen, vor allem:
- Geltung von Recht und Gesetz; Vorrang der Verfassung und verfassungsgemäßes Handeln des Staates, der Bürger, Organisationen und Parteien
- Gleichheit, Willkürverbot und materiale Gerechtigkeit als Normen staatlichen Handelns
- unabhängige, mehrstufige Gerichtsbarkeit
- geregelte, gewaltfreie Austragung von politischen und sozialen Konflikten
- nicht-repressives oder primär von parteipolitischen Interessen bestimmtes Verhalten von Justiz, Armee und Polizei
- Gewaltenteilung, Dezentralisierung/Föderalismus, lokale Selbstverwaltung
- frei gewählte, starke Parlamente auf allen politisch-administrativen Ebenen

(3) Pluralismus, demokratische Prozesse der politischen Meinungs- und Willensbildung:
- rechtlich gesicherter, politischer Meinungspluralismus; Mehrheitsprinzip und Minderheitenschutz
- Mehrparteiensystem und Legitimität politischer Opposition
- unabhängige Massenmedien und kritische Öffentlichkeit
- Effektive Teilnahme- und Einflusschancen, innerparteiliche und innerorganisatorische Demokratie; Minimum freiwilliger Unterstützung und realer politischer Partizipation der Bürger, ausgewogenes Verhältnis von Individualismus und Gemeinschaftsorientierung

- Transparenz und Kontrollierbarkeit politisch-administrativer Entscheidungen; „bürgerfreundliche“ Verwaltungen
- Die Mehrzahl der Bürger ist politisch informiert und interessiert.
- möglichst autonome, d.h. vom Staat unabhängig organisierte Vielfalt politischer, sozialer, ökonomischer, kultureller Interessen = „zivilgesellschaftliche Strukturen“
- Bildung und Erziehung sind an diesen Normen und Werten orientiert, weltoffen und nicht-nationalistisch.

Machteliten und sozial-moralische Handlungsqualitäten

Für Wachstum und Stabilität einer demokratischen politischen Kultur spielen Eliten als sichtbare und erlebbare Repräsentanten des politischen Systems eine immer größere Rolle. Das Handeln der Machteliten und die persönlichen Qualitäten der obersten Repräsentanten des politischen Systems müssen in einem bestimmten Maße übereinstimmen mit den in einer demokratischen Gesellschaft vorherrschenden sozial-moralischen Bewertungsmaßstäben und Verhaltensnormen. Dazu gehören insbesondere:

- Verantwortlichkeit gegenüber der Gesellschaft („responsiveness“), Vorrang allgemeiner vor Partikularinteressen („Gemeinwohlorientierung“), Integrationsfähigkeit
- Rationalität, „Sachgerechtigkeit“, Einsichtigkeit von Problemlösungen
- Kompetenz, Effizienz, „Leistungsfähigkeit“
- Legalität des Handelns, individuell und sozial gerechte Regelanwendung
- Machteliten sollen moralisch und persönlich glaubwürdig, vertrauenswürdig, berechenbar, integer, nicht korrupt und mindestens überwiegend ehrlich sein.
- „guter demokratischer Stil“, „zivilisierter“ und fairer Konfliktaustrag.

Materielle Lebensgrundlagen, ausreichende Leistungen des Staates

Bürger bewerten den demokratischen Gehalt von Staat und Gesellschaft wesentlich auch nach den für sie unmittelbar spürbaren Leistungen, Erfolgen und Gratifikationen in zentralen Wert- und Lebensbereichen. Die Unterstützung der demokratischen Ordnung, und damit Wachstum und Stabilität einer demokratischen politischen Kultur, stützen sich (nicht nur in jungen Demokratien) sehr stark auf die Rationalität und Leistungsfähigkeit staatlichen Handelns in zentralen Politikfeldern. Dazu gehören: Wirtschaft, soziale Sicherheit und Wohlfahrtsleistungen, Gesundheit, Wohnen, Umwelt, Sicherheit. Das politische System soll hier vor allem für öffentliche Wohlfahrt, Effektivität und soziale Gerechtigkeit sorgen. Mindestens aber muss es – dem Leistungsvermögen einer Gesellschaft entsprechend – die historisch-kulturell angemessene Befriedigung bestimmter Grundbedürfnisse gewährleisten. Zu ihnen gehören: Essen, Wohnen, physische und soziale Sicherheit, Gesundheit, Bildung, Verkehr. Für manche Autoren gehören in modernen Demokratien dazu auch soziale und politische Partizipation sowie die Lern- und Reformfähigkeit von Machteliten und des Staates insgesamt.

Offensichtlich gibt es nun grundlegende *Unterschiede in den Voraussetzungen und Erfolgsaussichten* einer umfassenden Demokratisierung beider Gesellschaften und ihrer politischen Kulturen im europäischen Kontext. Darauf verweisen bereits die unterschiedlich langen Zeitspannen postautoritärer Transformationsprozesse in beiden Ländern. Seit der Installation eines demokratischen Institutionensystems nach der friedlichen Revolution im Jahr 1989 sind in Polen 16 Jahre, nach Gründung der Bundesrepublik Deutschland im Jahr 1949 56 Jahre, nach der deutschen Vereinigung 1990 15 Jahre vergangen. Diese unterschiedlichen historischen und systemischen Voraussetzungen, ihre für eine Demokratisierung von Politik und Gesellschaft förderlichen und hinderlichen Faktoren nach dem Zweiten Weltkrieg können hier nicht dargestellt werden. Dieser Band beabsichtigt auch nicht, Stand und Entwicklung der Demokratisierung der wichtigsten politischen und gesellschaftlichen *Strukturen* zu bilanzieren. Sie bilden jedoch den Bezugsrahmen und bestimmen wesentlich die Entwicklung der Demokratien in beiden Ländern.

3. Problemlagen in Deutschland und Polen: Themen und Thesen

Unsere Aufmerksamkeit gilt den politischen *Kulturen* diesseits und jenseits der Oder. Kann man von einer *Konsolidierung* einer demokratischen politischen Kultur in beiden Ländern sprechen? Wie kann man dies überhaupt feststellen und messen? Schon eine Definition des Begriffs Konsolidierung fällt schwer, erst recht seine empirische Umsetzung.

Das vorläufige Fazit einer ausgedehnten Diskussion zu diesem Thema lautet: Es ist kaum möglich, ein so komplexes, sich ständig veränderndes Phänomen anhand von bestimmten Indikatoren *insgesamt* zu erfassen und den Grad seiner *dauerhaften* Konsolidierung zu bestimmen. Gleichwohl macht es Sinn, Verbreitung, Kontinuität und demokratische Qualität der politischen Einstellungen und Verhaltensweisen der Bevölkerung zu untersuchen, um aufzuzeigen, was erreicht wurde und wo Defizite liegen, die die demokratische Entwicklung behindern.

Um Stellenwert und Größenordnung von Problemen und Defiziten angemessen einzuschätzen, ist es notwendig, die Befunde und Analysen des Bandes in eine allgemeine Einschätzung der Situation in beiden Ländern einzubetten. In aller Vorsicht wage ich die folgende Bewertung in Form von zwei *Thesen:*

1. In Polen und Deutschland gibt es einen prinzipiellen gesellschaftlichen Konsens der großen Mehrheit über die wesentlichen normativen Elemente *und* strukturellen Voraussetzungen einer demokratischen politischen Kultur.
2. In beiden Ländern haben sich trotz unterschiedlich großer Defizite insgesamt stabile demokratische politische Kulturen entwickelt. In Polen ist die demokratische Entwicklung dieser Dimension der jungen Demokratie mindestens so stabil, dass sie nicht mehr umkehrbar erscheint. In Deutschland wird man darüber hinaus von einer insgesamt schon tiefer verwurzelten, gefestigteren demokratischen politischen Kultur sprechen können, trotz aller unübersehbaren Probleme und „Schattenseiten".

Da es hier jedoch *nicht um eine Gesamtbilanz* der demokratischen Entwicklung der nationalen politischen Kulturen geht, gebe ich nur einige Hinweise auf alte und neue Problemlagen, die den Kontext und die Begründung für die Auswahl der „Brennpunkte" bilden. Dies soll *in Stichworten* geschehen, und zwar anhand der vier Dimensionen, nach denen ich die demokratische Qualität einer politischen Kultur und die Legitimität des politischen Systems bestimmt habe: Normen und Werte; Ordnungsprinzipien und Institutionen, einschließlich der Parteien; Qualitäten der politischen Elite; Leistungen des Systems in verschiedenen Politikfeldern, ergänzt um eine internationale Dimension. Es handelt sich dabei um summarische Einschätzungen auf der Basis der vorhandenen Literatur.

Der Prozess der Demokratisierung in Polen und Deutschland beruht auf sehr unterschiedlichen strukturellen Voraussetzungen und

Zeitspannen, die im Falle Deutschlands zu einer partiellen Zweiteilung zwischen Ost und West, im Falle Polens zu einer wachsenden *regionalen Differenzierung* der politischen Kultur eines gleichwohl jeweils einheitlichen Staatsverbandes geführt haben. In Ost- und Westdeutschland gibt es deutliche Unterschiede u.a. in den Einstellungen zu Institutionen, Wertorientierungen, Parteipräferenzen, zur DDR-Vergangenheit und zur kapitalistischen Wirtschaftsordnung, wie auch im Ausmaß der Fremdenfeindlichkeit. Unübersehbar sind auch Nord-Süd-Unterschiede: Bei Bundestagswahlen gibt es im Norden (etwa bis zur Mainlinie) insgesamt eine überwiegend sozialdemokratische Mehrheit „links der Mitte", im Süden eine überwiegend christdemokratische Mehrheit „rechts der Mitte". In Polen entwickeln sich zunehmend regionale Unterschiede zwischen dem Norden und Westen (moderner, liberaler, europafreundlicher) auf der einen Seite, und dem anders gepolten Osten, der Mitte und dem größeren Teil des Südens auf der anderen Seite, mit einer Sonderstellung Warschaus im Zentrum. Das ausgeprägt föderalistische System der BRD und die erst vor wenigen Jahren eingeführte Regionalisierung der Verwaltung in Polen fördern diese Entwicklung.

3.1. Normen und Werte

Der Umgang mit der kommunistischen Vergangenheit

Der Umgang mit der kommunistischen Vergangenheit bildet bis heute einen Streitpunkt in der politischen Kultur beider Länder, allerdings mit deutlich unterschiedlichem Gewicht. In der „alten" Bundesrepublik *Deutschland* gab es bis in die 70er Jahre hinein einen ausgeprägten, ideologisch aufgeladenen Antikommunismus und nur kleine kommunistisch-sozialistische Gruppierungen links von der SPD. Das vereinte Deutschland trat das Erbe der DDR an, mit dem sich die etablierten demokratischen Parteien sehr kritisch auseinandersetzten. Die Nachfolgepartei der SED, die PDS, hatte dagegen Mühe (und hat z.T. bis heute), ihre Position in einer Mischung aus sozialistischer Kontinuität, vorsichtiger Selbstkritik und demokratischem Neuanfang zu bestimmen. Schon bald nach 1989 begann eine umfassende, staatlich geförderte Aufklärung über das untergegangene Regime. Die Akten des Staatssicherheitsdienstes der DDR („Stasi") wurden weithin zugänglich gemacht – kontrolliert, aber sehr „liberal" in der Praxis. Bis heute umstritten, aber im Ton entschärft ist die Frage, ob Regierungskoalitionen mit der PDS (seit Herbst 2005 „Die Linkspartei") wünschenswert und möglich sind. Insgesamt aber hat diese Thematik keine große Bedeutung mehr für die Bürger des Landes.

In *Polen* dagegen bildete die Frage, wie die kommunistische Vergangenheit des Landes, insbesondere der damaligen Verantwortlichen bzw. der nach 1989 weiterhin vor allem in der SLD aktiven früheren Partei- und Staatsfunktionäre zu beurteilen ist, eine zentrale Konflikt- und Trennlinie in Politik und Gesellschaft. Die wichtigsten Streitpunkte der „Dekommunisierung": Wie gehen wir mit den Akten des Geheimdienstes um? Müssen alle im demokratischen Polen aktiven Politiker „durchleuchtet" und gegebenenfalls von staatlichen Ämtern ausgeschlossen werden („Lustration")? Sind die neue Sozialdemokratie/die Allianz der SLD und ihre Führung nicht bloß die Nachfolger der kommunistischen Partei (PZPR) in neuem Gewand? Wem kann man also insgesamt politisch noch oder wieder vertrauen? In Debatten und Wahlkämpfen, für Parteien und Wähler spielten diese Fragen mindestens bis Ende der 90er Jahre eine zentrale Rolle, z.T. begleitet von heftiger Polemik und tief greifenden ideologischen und persönlichen Auseinandersetzungen.

Die Rolle religiöser Orientierungen

Ähnlich unterschiedlich ist der politische Stellenwert religiöser Orientierungen und konfessioneller Unterschiede. In *Polen* spielen katholische Kirche und katholischer Glaube weiterhin eine sehr wichtige Rolle in der Politik allgemein wie für die politische Orientierung eines größeren Teils der Wähler vor allem „rechts der Mitte". Die katholische Kirche fungierte seit jeher als Hüterin der Einheit und Identität der Nation, in kommunistischer Zeit als widerständige wie vermittelnde Kraft, zunehmend auch als Dach für Personen und Förderer von Bewegungen, die mehr Freiheit und Demokratie anstrebten, vor allem nach den Besuchen des von den meisten Polen hoch geschätzten Papstes Johannes Paul II (Karol Wojtyła) im Jahre 1988 und später. Nach 1989 verlor sie zwar als politische Kraft an Einfluss; aber in Erziehung und Alltag, für die Wertorientierungen der Bürger wie für das politische Denken des christlich-nationalen, konservativen Lagers spielt der Katholizismus immer noch eine wichtige Rolle. Der katholische Fundamentalismus und Traditionalismus bildet eine der Quellen für illiberales, anti-westliches, sozialprotektionistisches und nationalistisches Denken. Umgekehrt haben katholische Gläubige und mutige Bischöfe zur Aussöhnung mit Deutschland, zum Sturz kommunistischer Herrschaft, nach anfänglichem

Zögern seit etwa 1996 auch zur Öffnung gegenüber der EU beigetragen und sich innenpolitisch für mehr soziale Gerechtigkeit eingesetzt.

Politische Zurückhaltung prägt noch viel stärker die politische Rolle der beiden großen Kirchen in *Deutschland*. Sie sind zwar in vielen öffentlichen Bereichen formell vertreten (z.B. in den Aufsichtsgremien der öffentlichen Medien) oder (eher informelle) politische Gesprächspartner. Die Bindung der Menschen an Kirchen nimmt in Glauben und Mitgliedschaft seit den 60er Jahren des letzten Jahrhunderts ständig ab; auf dem Gebiet der ehemaligen DDR bekennen sich höchstens ein Drittel zu einer der großen Kirchen. Christliche Werte spielen immer noch eine wichtige Rolle für eine Minderheit von Gläubigen, als allgemeine, teilweise aber recht diffuse Orientierung auch für eine Mehrheit der Bürger. Konfessionelle Traditionen wirken abgeschwächt fort auch im Wählerverhalten: Protestanten wählen immer noch überwiegend „links der Mitte", Katholiken eher „rechts der Mitte".

Die größte *Herausforderung für den Wertekonsens* in Deutschland stellen aber wahrscheinlich konservative Muslime dar, die jene Lebensformen und -auffassungen ablehnen, die sie als zu liberal, westlich, „christlich", moralisch verwerflich und gefährlich für ihre eigene religiöse Identität, als Gefährdung des Zusammenhalts ihrer Familien und Gemeinschaften ansehen. Zwangsheiraten und die Verfolgung junger Frauen vor allem türkischer Herkunft, die sich gegen solche Bevormundung und Repression wehren, die sich integrieren wollen, durch männliche Familienangehörige stellen ein gewichtiges, ungelöstes Problem dar. In Deutschland spricht man vom latenten, teilweise bereits manifesten Konfliktpotential einer *muslimisch geprägten „Parallel-Gesellschaft"*, deren Werte und Moralauffassungen, bei einer Minderheit auch deren radikale politische Vorstellungen den Grundwerten und teilweise auch der Verfassung des Landes, also dem Grundkonsens der Gesellschaft widersprechen.

In Deutschland gibt es daher in Abständen immer wieder eine Diskussion um den Begriff einer *„Leitkultur in Deutschland"* (z.T. „deutsche Leitkultur"). Hier wird die Frage gestellt, was den „gemeinsamen Wertehorizont der Nation", ihren Zusammenhalt und ihre Identität ausmacht. Das ist eine legitime Frage. Der Kern demokratischer Antworten lautet: die Verfassung, also das Grundgesetz der BRD und ihr „ethischer Minimalkonsens", die Beachtung von Recht und Gesetz, Toleranz und der Wille zum friedlichen Zusammenleben auf dieser Basis. Das setzt auf Seiten der Migranten ein bestimmtes Maß an Integrationsbereitschaft (insbesondere Sprachkenntnisse und Bildungsbereitschaft) voraus sowie eine Distanzierung von jenen, die sich nicht an die Gesetze halten (nur bei bestimmten Typen von Straftaten sind Ausländer überrepräsentiert). Fragwürdig wird diese Diskussion jedoch, wenn sie eine andere Richtung nimmt, wenn Identität ethnisch-national und moralisierend begründet wird. Bei konservativen, vor allem christlich-demokratischen Politikern finden sich mehr oder weniger ausgeprägt der Ruf nach national-patriotischen Gefühlen (z.B. „Stolz auf das eigene Vaterland", demonstrative, emotionalisierende Verwendung von nationalen Symbolen). Betonter Patriotismus und nationalistische Forderungen zielen, ausgesprochen oder nicht, auf Abgrenzung, ja Ausgrenzung abweichender, missliebiger, „fremder" Gruppen, die sich nach Meinung dieser Kritiker nicht an diese Leitkultur halten und damit „unserer nationalen Identität ablehnend" gegenüberstehen, also „eigentlich nicht zu uns Deutschen gehören". Im Blick auf die Erweiterung der EU verbindet sich diese Diskussion oft mit der Frage, was denn die europäische Identität ausmache. Konservative argumentieren dann, diese Identität beinhalte eine „abendländische", „westliche", „christlich geprägte" Kultur und Wertewelt, so dass jene, die sie nicht teilen, auch nicht zu Europa gehören. Was damit gemeint ist, bleibt oft unklar oder dient meist einer ideologisierenden Abwehr, die überdies „das Fremde" meist nur ungenügend kennt. Hier gibt es auch Berührungspunkte mit national-konservativen, christlich-fundamentalistischen Positionen in Polen.

Gewalt, Fremdenfeindlichkeit und Rechtsextremismus

Normen und Werte werden in Deutschland heute vor allem auch unter dem Eindruck wachsender *Gewalt* in Schulen und auf der Straße, im Blick auf Fremdenfeindlichkeit und Rechtsextremismus thematisiert. Entgegen einer landläufigen Annahme handelt es sich hier nicht um Phänomene, die vor allem in Ostdeutschland zu beobachten sind. Sie sind dort nur ausgeprägter in den letzten Jahren vorhanden. In ihrem Ursprung, in ihren sozio-kulturellen Voraussetzungen und Äußerungsformen finden sich jedoch überwiegend Ähnlichkeiten zwischen Ost und West. Gewalt und Rechtsextremismus sind auch nicht allein in sog. sozialen Problemgruppen („Modernisierungsverlierer", „verwahrloste", „perspektivlose" Jugendliche) zu finden, also nicht nur „am Rande", sondern in der Mitte der Gesellschaft. Gewaltbereitschaft und ausgeübte Gewalt sind vor allem unter Jugendlichen auch nicht an bestimmte politische Überzeugungen gebunden, auch wenn Gewalt gegen

Ausländer häufig fremdenfeindlich und rechtsextremistisch motiviert ist. Eine wachsende Zahl von Jugendlichen (heute mindestens ein Viertel) ist vielmehr davon überzeugt, dass Konflikte im Alltag häufig letztlich nur mit Gewalt zu lösen sind und Gewaltanwendung daher legitim sei. Elemente von Norm- und Regellosigkeit (Anomie; etwa auch in der Form von Vandalismus) nehmen eher zu als ab.

Politisch sind rechtsextremistische Einstellungen und Aktivitäten heute eine der größten dauerhaften Herausforderungen für die deutsche Demokratie. Wahlerfolge auf Länderebene (deutlich geringer auf der Bundesebene) verweisen auf ein *dauerhaftes Potential von rechtsextremistischen Einstellungen* von 5-10%, teilweise auch mehr, je nachdem wie man misst. Der Rechtsextremismus hat mehrere Dimensionen und Aspekte, die keineswegs immer zusammen auftreten: Rassismus und Fremdenfeindlichkeit; verschiedene Spielarten eines defensiven oder aggressiven Nationalismus; Islamfeindlichkeit und Antisemitismus; Autoritarismus und Anti-Eliten-Affekte; Neo-Nazismus (z.B. Leugnung des Holocaust, Beschönigung der NS-Herrschaft); Gewaltbereitschaft und Gewaltanwendung. Es gibt 20-30.000 organisierte Rechtsextremisten, unter ihnen mindestens einige Hundert gewaltbereite. Kaum kontrollierbare Kameradschaften, eine rechtsradikale Musikszene und neuerdings die Nationaldemokratische Partei Deutschlands (NPD) als Sammelbecken bilden den Kern des organisierten Rechtsextremismus. Rechtsextreme Aktivitäten (wie z.B. sog. Propagandadelikte) und Gewalttaten bis hin zu Brandanschlägen und Morden an Ausländern hatten vor allem nach 1990 enorm zugenommen. Sie haben seit ca. 2000 langsam abgenommen, stellen aber noch immer ein erhebliches Problem für Politik und Erziehung dar.

Bei Rechtsextremen, gelegentlich allerdings auch im rechtskonservativen Lager, oder wo es um „Recht und Ordnung“ geht, findet sich – auch in Reaktion auf den Zustrom von Migranten und eine verzerrte Wahrnehmung seiner Folgen – *Rechtspopulismus* in der öffentlichen Argumentation und in der Denkungsart etlicher Wähler. Und auch auf der Linken gibt es in jüngster Zeit verstärkt einen sozial gefärbten Linkspopulismus, ohne dass man bestimmte Parteien als primär populistische Parteien bezeichnen könnte. Eher handelt es sich um *Ausdrucksformen sozialen Protestes*, von Frustration und Zorn über vermeintliche oder reale soziale Ungerechtigkeiten.

In *Polen* trifft man dagegen sehr viel weniger auf einen in dieser Weise begründeten, verbreiteten und organisierten Rechtsextremismus und Gewaltphänomene im Alltag wie in Deutschland. Zwar gab es und gibt es im politischen Raum kleine Parteien und Gruppen, die eindeutig dem rechtsextremen Spektrum zuzuordnen sind. Eher treffen wir jedoch auf ein patriotisch-konservativ und religiös-fundamentalistisch geprägtes nationalistisches Denken. Da es noch nicht sehr viele Migranten gibt, die sich in Sprache, Religion, Kultur und öffentlichem Erscheinen von der Mehrheit der Bevölkerung deutlich unterscheiden (oder so wahrgenommen werden), gibt es auch sehr viel weniger Fremdenfeindlichkeit. Eher stößt man auf einen durchaus virulenten, mehr oder weniger latenten Antisemitismus, der lange historische Wurzeln hat und politisch auch nach 1945 immer wieder instrumentalisiert wurde. Weit verbreitete soziale und politische Unzufriedenheit verdichtet sich in Polen weniger in rechts- oder linksextremen Bewegungen als in einem mehr oder weniger organisierten Sozialprotest, in einem regressiven Fundamentalismus und einem Rechtspopulismus, der immer wieder auch anarchische Züge annehmen kann.

Diesen wichtigen *Brennpunkten* der politischen Kultur beider Länder haben wir daher jeweils zwei Beiträge gewidmet, nicht zuletzt auch im Bewusstsein der je unterschiedlichen Lasten der Vergangenheit. Wir fragen zum einen: Sind *Populismus und Rechtsextremismus* im Vormarsch? Wahrscheinlich handelt es sich wohl doch um ungleiche Geschwister diesseits und jenseits der Oder. Umso wichtiger ist es, zunächst einmal das allgemeine Profil der beiden Phänomene in Polen und Deutschland nachzuzeichnen. Vor allem soll hier informiert werden über die soziale Basis, die politische „Herkunft“ und die Einstellungen der Wähler populistischer und rechtsextremer Parteien, besonders auch in der jungen Generation. Zum anderen betrachten wir den alten und neuen Antisemitismus im Spannungsfeld von Geschichte, Moral und Politik. Gewinnt er eine neue Qualität zu Beginn des 21.Jahrhunderts? Will man darüber nicht nur spekulieren, so ist es zunächst wichtig, Antisemitismus zu definieren und z.B. von der Kritik „an Israel“, genauer: an der jeweiligen Regierungspolitik Israels, abzugrenzen. Neuere empirische Befunde über antisemitische Einstellungen bilden den Hintergrund für eine Analyse der Äußerungsformen und Spielarten des Antisemitismus in öffentlichen Diskussionen.

3.2. Institutionen, Parteien und Politiker im politischen Prozess

In beiden Ländern zeigen Umfragen ein hohes Maß an Unterstützung für die Idee und die Ordnungsprinzipien der freiheitlichen, pluralistischen, rechtsstaatlichen *Demokratie* (etwa 60-80%). Allgemeine Menschenrechte und die bürgerlichen politischen Freiheitsrechte sind beiden Nationen sehr wichtig. Dieser Befürwortung im Grundsatz steht jedoch ein relativ hohes Maß an Unzufriedenheit mit dem konkreten Funktionieren der Demokratie gegenüber, in Polen (55-70%) stärker als in Deutschland (30-50%), dort im Osten stärker als im Westen (ca. 20% Differenz). Diese Unzufriedenheit bezieht sich zunächst auf bestimmte *Institutionen* und Träger der politischen Willensbildung: die Parteien, die Politiker, das nationale Parlament, die Regierung. Je politiknäher die Institutionen und Akteure, desto stärker der Mangel an Unterstützung, Vertrauen und Prestige. In einer seit Jahrzehnten institutionell relativ stabilen Demokratie wie Westdeutschland seit 1949 und zunehmend auch in Ostdeutschland seit 1989 ist ein solcher Mangel an Vertrauen weniger gravierend als in einer relativ jungen Demokratie wie in Polen – trotz jahrhundertealter Freiheitstraditionen.

Parteien- und Politikerverdrossenheit – Nichtwähler als Sorgenkinder der Demokratie?

In *Deutschland* genießen insbesondere *Parteien und „Politiker"* seit drei Jahrzehnten ein relativ geringes Ansehen (20-40%) – und werden doch immer wird gewählt. Die Unzufriedenheit nährt sich aus vielerlei Quellen. In Deutschland wird in jüngster Zeit die unzureichende und verspätete, vor allem sozial unausgewogene Reformpolitik der jeweiligen Regierung kritisiert, insbesondere um das Dauerproblem der hohen Arbeitslosigkeit zu lösen. Hinzu kommen einzelne Skandale, die den Eindruck verstärken, Politiker dächten vor allem an ihren eigenen Vorteil, aber nicht an die Interessen des „kleinen Mannes auf der Straße". In *Polen* scheint die Situation auf den ersten Blick ähnlich, aber wohl doch belastender für die junge Demokratie. Entfremdung und Misstrauen gegenüber dem politischen System, seinen Institutionen und Akteuren (historisch und kulturell bedingte „Sonderfälle" sind die Armee und die katholische Kirche) sitzen viel tiefer als in Deutschland. Umfang und Gewicht der nicht abreißenden finanziellen Skandale und zweifelhaften politischen Machenschaften an der Spitze des Staates, zweifelhafte Verstrickungen mit alten und neuen Seilschaften, Ämterpatronage und Korruption sind in ihren Wirkungen auf Entscheidungsprozesse, Machtverteilung und politische Kultur des Landes *insgesamt* vergleichsweise größer als die Verfehlungen deutscher Politiker und Verwaltungsbeamter, ohne dass damit ein pauschales moralisches Urteil verbunden sein soll.

In *Deutschland* gibt es seit vielen Jahren den Begriff der *Politikverdrossenheit*, der ein ganzes Syndrom von Gefühlen der Distanz, der Frustration und Enttäuschung, der Gleichgültigkeit und Abkehr gegenüber „der Politik" bezeichnet. Bei näherer Betrachtung zeigt sich jedoch: Die große Mehrheit der Deutschen bezeichnet sich als politisch interessiert und informiert sich regelmäßig über Politik, vor allem im Fernsehen, aber auch in hohem Maße durch die Tageszeitung. Fragt man genauer nach, so handelt es sich vor allem um eine Verdrossenheit gegenüber Parteien und Politikern, vielleicht auch mit erfolglosen Reformen, nicht jedoch um eine allgemeine Gleichgültigkeit oder Abkehr von „der Politik" oder „dem politischen System". Zwar ist die Wahlbeteiligung insgesamt gesunken. Sie bewegt sich bei Bundestagswahlen (70-80%) aber auf relativ hohem Niveau (auch im Vergleich mit den Nachbarländern) und liegt bei Landtagswahlen meist zwischen 50-60%, bei Kommunal- und Europawahlen eher darunter.

In *Polen* dagegen gibt es bei mindestens einem Viertel der Bevölkerung sehr viel mehr dauerhaftes Desinteresse und habituelle Gleichgültigkeit gegenüber der Politik insgesamt: dieses Viertel, wenn nicht mehr, geht selten oder nie zur Wahl, ist uninformiert, findet sich nur mühsam zurecht in der Moderne und lebt in einer sehr kleinen privaten Welt, eher auf dem Lande und in Kleinstädten als in Großstädten. Das Misstrauen und die Ablehnung von Parteien und Politikern scheint noch tiefer zu sitzen als in Deutschland. Das spiegelt sich auch in einer – auch im Vergleich mit anderen postkommunistischen Reformländern in Mittel- und Osteuropa – besonders niedrigen Wahlbeteiligung wider. Angesichts einer hohen Dauerarbeitslosigkeit von 15-20% in den letzten Jahren und immer wieder verzögerten oder unzureichenden Reformen verwundert es nicht, wenn Parlamentswahlen jedes Mal zu einem Machtwechsel führen, wenn sich generelle Zweifel an der Kompetenz der Machteliten verfestigen und das Führungspersonal politisch schnell „verbraucht" ist. Polnische Politik, so sagen viele Beobachter, ist in Meinungs- und Willensbildung überdies viel stärker personalisiert, individualisiert und fragmentiert als anderswo in Ostmitteleuropa, oft polemisch, dogmatisch und im Übermaß ideologisiert. Die Politiker seien wenig bereit oder gar unfähig zum vernünftigen Kompromiss. Rivalitäten, Ehrgeiz und Machthunger verhinderten die nötige Gemeinsamkeit für grundlegende, oft schmerzhafte Reformen. Mehr als anderswo seien die Bürger davon abgestoßen.

Paradoxien politischer Partizipation

Müssen wir daher heute von einer „Krise der politischen Partizipation“ (Hans Maier) sprechen, von einer Zuschauerdemokratie, in der Distanz und Entfremdung gegenüber „der Politik“ vorherrschen? Meine *These:* Wo es in *Deutschland* um das Verhältnis von Bürgern und professioneller Politik geht, stehen sich in unaufgelöster Widersprüchlichkeit zwei Muster gegenüber: Bei den Bürgern politische Gleichgültigkeit *und* Engagementbereitschaft, bei den Mächtigen ein Verhalten, das effektive Mitbestimmung von unten zugleich *er*mutigt und *ent*mutigt.

Einerseits sinkt das Vertrauen der Wähler in die Bürgerorientierung und in zentrale Institutionen professioneller Politik. Die Mehrheit der Bürger interessiert sich zwar für Politik, aber im politischen Fühlen und Handeln wenden sich immer mehr Menschen, insbesondere Jugendliche von der „großen Politik“ ab und engagieren sich allenfalls im unmittelbaren sozialen Umfeld. Doch so driften Politik und Lebenswelt auseinander. Und: Die Mächtigen an der Spitze der Machthierarchien in Politik, Verwaltung und Wirtschaft, in Bildung und Wissenschaft gewähren nicht genügend Spielräume für eine effektive Mitbestimmung von unten. Zu viele Bürger meinen, dass sie nur zu Wahlzeiten von den Politikern ernst genommen werden, dass es sich nicht lohnt, öffentlich etwas zu sagen, dass man kaum etwas bewirken kann, wenn man sich einmischt. Zugleich aber zeigen etliche Umfragen, dass mehr Menschen als man oft annimmt, grundsätzlich bereit sind, sich gemeinnützig zu engagieren: Liegt da ein großes Potential brach? Und wie kann es geweckt werden? Durch mehr direkte Demokratie? *Andererseits* kritisieren Politiker zu Recht, dass sich die Bürger selbst dort, wo sie etwas bewirken *könnten*, nicht engagieren und sich weithin mit der Rolle von nörgelnden Zuschauern begnügen. Die Bürger messen die Erfolge der Politik – nach dem Motto „was bringt mir das?“ – oft zu eng an ihren nicht weiter reflektierten, meist privaten Eigeninteressen. In welcher Weise also lässt sich heute das Leitbild des sozial und eigenverantwortlichen Bürgers noch verwirklichen? Was können, was müssen politische Elite und Bürger voneinander erwarten? Ich vermute, diese Probleme stellen sich in *Polen* ganz ähnlich dar.

Diesem *Brennpunkt der Nichtwähler und verdrossenen Bürger* haben wir daher ebenfalls jeweils einen Beitrag gewidmet. Sind Nichtwähler verdrossene, entfremdete Bürger? In welcher Weise stellt eine (zu niedrige) Wahlbeteiligung eine Herausforderung an die Demokratie dar, gefährdet sie sie gar? Gibt es einen neuen Typus des Nichtwählers und einen Wandel in den Motiven? Diese Fragen werden in beiden Ländern kontrovers diskutiert und sollen hier auf der Basis empirischer Befunde zu den nationalen Wahlen nach 1990 untersucht werden.

Parteienkonkurrenz und Politik in den Medien

In beiden Ländern hört man nachhaltige Kritik an den Parteien und an der Art, wie sie und ihre Führungen mit drängenden Problemen des Landes in öffentlichen Auseinandersetzungen umgehen. Eine Kritik lautet: *Sachfragen werden im politischen Machtkampf der Parteien im Übermaß instrumentalisiert*. Sie werden dem Machterhalt bzw. dem partei- und wahltaktischen Kalkül unterworfen und primär unter dem Gesichtspunkt relativer Gewinne im Konkurrenzkampf der Parteien behandelt. Politik wird im Übermaß personalisiert, die mediale Selbstinszenierung, die Bilderwelt dominiert das Weltbild und ersetzt zunehmend den sachbezogenen Diskurs. Imagepflege im Fernsehen und an der kommerziellen Werbung orientierte Vermarktungsstrategien personalisieren und vereinfachen Politik *jenseits* des Notwendigen. Zumal bei den privaten TV-Sendern besteht die Gefahr der Verwandlung von Politik in Unterhaltung („infotainment"). Der öffentliche Parteienstreit dient zu wenig dem besseren Argument für optimale Problemlösungen. Vorrangig ist die strategische „Besetzung" von Themen und die medial wirksame Selbstdarstellung und Behauptung von Machtpositionen. Viele Bürger sind der polemischen, überzogenen Art des Parteienstreits überdrüssig. Oder aber Relevanz und Komplexität von Streitfragen werden kaum noch verstanden. Zumal Intellektuelle vermissen bei ihren Repräsentanten den Mut zum nonkonformen, programmatischen und langfristigen Denken.

Eine andere Kritik lautet: Es gibt eine seit langem andauernde Verselbständigung der Parteien und eine gefährliche Schieflage in der Rekrutierung des politischen Personals. Es scheint so, als ob nur noch psychisch und ethisch sehr robuste, vor allem an Macht, Karriere und Prestige interessierte Menschen in die Politik gehen und dort aufsteigen. Müssten sich die Parteien nicht mehr öffnen und mehr unabhängige, lebenserfahrene Menschen rekrutieren? Ein bestimmtes Maß an *Professionalisierung in der Politik* ist unausweichlich, aber es besteht seit langem die Gefahr unausgewogener sozialer Repräsentation und einer verengten Wahrnehmung der Gesellschaft durch die Politiker. Dabei dürften die Abhängigkeit der Politik von der Wirtschaft und organisierten Interessen keine geringe Rolle spielen.

Entwicklung der Parteiensysteme – die Herausforderung der Wechselwähler

Eng damit verbunden ist die ganz unterschiedliche Entwicklung der Parteiensysteme und des Wahlverhaltens in beiden Ländern. Das Parteiensystem *Polens* ist seit Beginn des Transformationsprozesses extrem instabil und wechselhaft; nirgendwo sonst in Ostmitteleuropa sinken selbst regierende Parteien schon nach einer Legislaturperiode wieder in die Bedeutungslosigkeit, nirgendwo sonst formieren sich so schnell wieder neue politische Gruppierungen. Parteien sind mit einzelnen Ausnahmen nur wenig in der Bevölkerung sozial verankert, meist relativ schlecht organisiert, von wenigen Führungspersonen oder Machtcliquen dominiert, die Bindung der Wähler an diese Parteien ist relativ gering. Im Gegensatz gibt es in *Deutschland* seit 1949 eine kontinuierliche Präsenz von 3 größeren Parlamentsparteien (CDU/ CSU, FDP, SPD), seit 1980 ergänzt um Die Grünen (nach 1993: Bündnis 90/Die Grünen), seit 1990 um die PDS (jetzt „Die Linkspartei"). Das *Parteiensystem Deutschlands* ist also relativ stabil, auch wenn die Mehrheitsverhältnisse und Regierungskoalitionen wechseln. Die Wählergruppen weisen immer noch relativ klare sozio-kulturelle Trennlinien auf, auch wenn die Prägekraft sozialer Herkunftsmilieus nachlässt. Ihre Verankerung auf allen Ebenen des politischen Systems, in einer relativ großen Mitgliedschaft und in der Wählerschaft ist immer noch stark, selbst wenn die Mitgliederzahlen besonders in der jüngeren Generation sinken und die Parteiidentifikation nachlässt. Neben einem hohen Anteil an Stammwählern gibt es jedoch eine wachsende Zahl von *Wechselwählern.* Sie halten den Parteienwettbewerb in Fluss. Auf Landesebene gab es schon immer eine Fülle unterschiedlicher Parteienkoalitionen in den Regierungen. Seit der Bundestagswahl 2005 scheinen die Chancen dafür auch auf Bundesebene langfristig zu steigen.

Variabilität und Volatilität des Wahlverhaltens ist erst recht kennzeichnend für *Polen*. Seit 1990 haben hier die meisten Wähler Schwierigkeiten, sich in dem schnell wechselnden Spektrum der Parteien und Führungspersönlichkeiten überhaupt erst einmal zu orientieren, um sich dann immer wieder neu zu entscheiden. Angebot und Nachfrage auf dem Wählermarkt, Stimmungen und Parteipräferenzen wechseln hier viel schneller als in Deutschland. Eine relativ hohe Fluktuation zwischen einzelnen Parteien bedeutet jedoch ebenso wenig wie in Deutschland automatisch auch ein Wechsel zwischen den großen politischen Lagern.

Die Zunahme der Wechselwähler ist jedoch zugleich ein allgemeines Phänomen in den modernen Demokratien der EU-Mitgliedstaaten. Gründe dafür sind vor allem: die wachsende Bildung und Informiertheit der Bevölkerung, die Abschwächung traditionaler Bindungen und sozialer Integration, die stärkere Orientierung an Problemen und Personen, der wachsende Einfluss der Medien in Vermittlung von Politik. Damit verbinden sich grundsätzliche Fragen nach der Zukunft unserer politischen Systeme.

Aus diesem Grund haben wir auch diesem *Brennpunkt* zwei Beiträge gewidmet, die der Frage nachgehen sollen, warum es immer mehr Wechselwähler in beiden Ländern gibt. Sind Wechselwähler ein konjunkturelles oder ein strukturelles Problem? Gefragt wird hier also nach neueren Trends im Wählerverhalten auf der Basis empirischer Befunde zu den nationalen Wahlen nach 1990, aber auch nach den Auswirkungen der zunehmenden Zahl von Wechselwählern auf die Entwicklung des Parteiensystems.

Demokratie an der Basis: Politische Teilnahme in den Gemeinden

Wählen ist nur eine, wenn auch die am weitesten verbreitete Form politischer Partizipation. *Politische Teilnahme* und Teilhabe ist eine Forderung vor allem von Bürgern mit höherer Bildung aus der Mittel- und Oberschicht. Sie hat in den letzten Jahren vor allem in Deutschland einen immer größeren Stellenwert erhalten – ohne dass deshalb die Partizipationsraten im Bereich der Politik nennenswert gestiegen sind. Der Maßstab, die Erwartung sind gleichwohl vorhanden, und immerhin gibt es ein beachtliches Engagement in Vereinen und einer Vielzahl gesellschaftlicher Organisationen und Interessengruppen, die mehr oder weniger wohl organisiert Einfluss auf die öffentlichen Angelegenheiten nehmen. Diese zivilgesellschaftlichen Aktivitäten finden vor allem auf der Ebene der Gemeinden statt. Sie stärken die Demokratie von unten und haben zur Entwicklung einer starken Bürgergesellschaft geführt – ein wichtiges Feld des Engagements zwischen Familie, Unternehmen und politischen Institutionen, jedoch unabhängig von ihnen, wobei Parteien und Medien als wichtige Mittler zwischen Gesellschaft und Politik fungieren.

Während in *Deutschland* die kommunale Selbstverwaltung eine ungefähr 200 Jahre alte Tradition hat, gibt es die entsprechenden Institutionen und Partizipationsmöglichkeiten in *Polen* erst seit 1991 – zunächst eher auf dem Papier, seitdem zunehmend ausgeweitet und vertieft, in jüngster Zeit eng verbunden mit dem Prozess der Regionalisierung der Verwaltung. Demokratie wurde in Deutschland nach 1945 von unten aufgebaut und zunächst auf Gemeindeebene, dann auf der Ebene der Länder erprobt und verankert bis es zur Gründung der Bundesrepublik im Jahr 1949 kam. In der DDR dagegen wurde wie im kommunistisch beherrschten *Polen* sehr bald eine zentralistische Staats- und Parteistruktur aufgebaut, in der die Kommunen und ihr Führungspersonal eher Befehlsempfänger mit geringem Handlungsspielraum waren. Alles Wichtige wurde „in Berlin, Hauptstadt der DDR“ oder in Warschau entschieden. Entsprechend gering waren zunächst das Engagement der Bürger wie die Kompetenz der neuen lokalen Eliten nach 1989 für die „von oben“ installierte Selbstverwaltung und Mitbestimmung auf dieser Ebene, in Ostdeutschland wie in Polen. Dies ist zu sehen im weiteren Kontext der längerfristigen Entwicklung und Stärkung einer autonomen Zivilgesellschaft als Ausdruck der Selbstorganisation und Eigenverantwortung der Bürger wie als Partner der Politik. Dabei ist offen, in welchem Maße Lokal- und Regionalpolitik parteipolitisch geprägt sein sollen. Faktisch ist dies in sehr unterschiedlichem Maß der Fall. In beiden Ländern hat man außerdem diskutiert, ob es sinnvoll ist, die Bürgermeister direkt durch die Bürger oder indirekt durch den Gemeinderat zu wählen. In Deutschland geschieht dies inzwischen in fast allen Bundesländern. Kann man so auch das politische Interesse, die Partizipation der Bürger fördern? Doch machen nicht nur der Aufbau und die Konsolidierung einer kommunalen Selbstverwaltung in Polen noch immer Schwierigkeiten. Auch die deutschen Kommunen stehen vor großen Problemen, wenn auch anderer Art. Hier geht es vor allem um deren gesicherte Autonomie und finanzielle Ausstattung gegenüber den höheren Ebenen von Politik und Verwaltung.

Da die Kommunen in vieler Hinsicht die Basis einer stabilen Demokratie sowie ein wichtiges Praxis- und Übungsfeld für engagierte Bürger sind, haben wir auch diesem *Brennpunkt* je einen Beitrag gewidmet. Die Autoren stellen die unterschiedlichen Traditionen und Probleme des Aufbaus und der Konsolidierung der kommunalen Selbstverwaltung in Polen und Deutschland dar, wobei Ostdeutschland sich am ehesten für einen Vergleich eignet. Wenn es stimmt, dass Demokratie in der Gemeinde beginnt, dann ist die Förderung des bürgerschaftlichen und politischen Engagements zentral für die Lebensfähigkeit der Kommunen – und ein Prüfstein für die Vitalität einer demokratischen politischen Kultur.

3.3. Reformpolitik und Leistungen des politischen Systems

In beiden Ländern besteht nicht nur die Notwendigkeit, sondern auch die grundsätzliche Bereitschaft zu *Reformen*, die teilweise grundlegender Natur sind, insbesondere: Steigerung der Produktivität und internationalen Wettbewerbsfähigkeit, Sicherung und Schaffung von Arbeitsplätzen im Zeichen der Globalisierung; Reform der Systeme sozialer Sicherheit, von Gesundheit und Bildung; Wandel der Energiepolitik und Schutz der natürlichen Lebensgrundlagen; Veränderung von Aufgaben und Struktur der Armee. Ausgangslage und Bedingungen, Reformkonzepte und Stand der Reformpolitik in diesen Feldern sind naturgemäß sehr unterschiedlich diesseits und jenseits der Oder. Doch hier geht es nicht um eine Analyse der objektiven Problemlagen, sondern um die Art und Weise, wie die Bürger mit dieser Situation umgehen.

In beiden Ländern beklagen viele Bürger die Unfähigkeit der politischen Führung, die wichtigsten Probleme des Landes durch Reformen zu lösen, die wirtschaftliche Effizienz und soziale Gerechtigkeit, Leistungsorientierung und Solidarität, Eigenverantwortung und wohlfahrtsstaatliche Fürsorge, unternehmerische Initiative und gewaltige Sozialtransfers ausgewogen miteinander verbinden. Vielfach werden jedoch teils berechtigte, teils überzogene Erwartungen an staatliche Reformpolitik und Steuerungsfähigkeit enttäuscht – und dies nicht nur wegen der mangelnden Fähigkeit oder Bereitschaft der Politiker, die Probleme zu meistern. Denn bei der Realisierung dieser Erwartungen handelt es sich oft um die berühmte Quadratur des Kreises, um ein Dilemma, das noch dadurch vergrößert wird, dass der Staat im privatwirtschaftlich organisierten, globalisierten Kapitalismus nicht das leisten *kann*, was er nach Meinung der Bürger leisten sollte: Arbeitsplätze sichern und schaffen, nationalstaatliche autonome Steuerung der Wirtschaft trotz Einbindung in die Strukturen der Europäischen Union und mit nur geringem Einfluss auf das internationale Finanzkapital.

In *Deutschland* stand der politische Prozess in den letzten Jahren ganz im Zeichen der Frage, wie die wachsende Arbeitslosigkeit im Kontext eines schwachen Binnenmarktes abgebaut werden kann. 60-70% aller Erwerbstätigen fürchten um ihren Arbeitsplatz, berechtigt oder nicht. Reformkonzepte greifen nur teilweise oder versagen, nicht zuletzt wegen zu geringer Einnahmen des Staates. Etwa ein Drittel der Bürger meint, keine der Parteien sei in der Lage, die Probleme zu lösen; ebenfalls ein Drittel meint, es sei egal, wer regiere. Der Ausgang der Bundestagswahlen im Herbst 2005 zeigt, dass die Bürger und die Machteliten in ihrer großen Mehrheit Reformen zwar wollen, aber gespalten sind zwischen einem eher wirtschaftsliberalen und einem wohlfahrtsstaatlichen Politikansatz, mit relativen Mehrheiten für die beiden großen Volksparteien. Die Bürger fragen sich, welche der politischen Kräfte es denn besser machen kann. Reformbereitschaft und Reformskepsis, Einverständnis und stiller oder manchmal auch lauter Protest, Hoffnung und Zukunftsangst verbinden sich zu einer allgemeinen Verunsicherung.

Nicht nur die Bürger in Ostdeutschland, diese aber besonders nachdrücklich, fordern mehr soziale Gerechtigkeit in der Verteilung von Lasten. Im Osten Deutschlands rangieren Werte wie soziale (Chancen-)Gleichheit und Gerechtigkeit, Steuerung der Wirtschaft und Daseinsfürsorge durch den Staat höher als in Westdeutschland. Sie verbinden sich mit einer kritischeren Haltung gegenüber „dem Kapitalismus" und seinen „Auswüchsen". Hintergrund für diese Einstellungen bilden besonders bei Älteren die Erfahrungen in der DDR, die vor allem im Hinblick auf die soziale Sicherheit immer positiver bewertet werden. Weit verbreitet sind auch eine kritische Beurteilung der Folgen der deutschen Einheit und Klagen über die mangelnde Berücksichtigung der Interessen der Ostdeutschen im politischen Entscheidungsprozess. All dies sind subjektive Wahrnehmungen, die man ernst nehmen muss, ob sie nun berechtigt sind oder nicht, ob sie Projektionen und eigene Versäumnisse enthalten oder nicht.

In *Polen* ist die wirtschaftliche Lage womöglich objektiv noch schwieriger, weil grundlegende Reformen im Zuge des postkommunistischen Transformationsprozesses noch immer nicht erfolgreich abgeschlossen sind. Die sozialen Sicherungssysteme, das Gesundheitssystem, einige Industriebranchen und weniger entwickelte Regionen, die private Landwirtschaft und nicht zuletzt die Infrastruktur (Verkehrswege, öffentlicher Personen- und Gütertransport, Telekommunikation, Wohnungsbau) sind noch immer in einem Zustand, den die meisten Polen als unzureichend empfinden – und Politikern und Parteien die Schuld dafür geben. Nicht zuletzt ist es für viele Polen schwer, die enormen sozialen Unterschiede zwischen Arm und Reich im Kapitalismus zu akzeptieren. Dazu tragen illegale Machenschaften, Korruption und Skandale, ein Mangel an öffentlicher Moral bei nicht wenigen Mitgliedern der Machtelite wesentlich bei. Eine wirtschaftlich starke, dynamische Mittelschicht wächst erst langsam. Angesichts der radikalen Umbrüche und Herausforderungen, der Schwierigkeiten der Umstellung auf eine

Marktwirtschaft, die den sozialen Ausgleich nicht in gleichem Maße kennt und etwa auch mit Hilfe starker Gewerkschaften durchsetzt wie in Deutschland, ist es nicht verwunderlich, dass der Ruf nach sozialer und nationaler Protektion durch einen starken Staat und nach ausgedehnten Transferleistungen zunimmt. So wächst die Zahl der Protestwähler ebenso wie die Unzufriedenheit mit instabilen und wenig leistungsfähigen Regierungen.

Politische Kultur im EU-Kontext: Europafreundlichkeit und Europaskepsis

In beiden Ländern besteht die Notwendigkeit nach langfristig angelegter Politik, die die strukturellen Herausforderungen nicht leugnet oder kleinredet, sondern sie mutig und kompetent angeht. Nachhaltige Lösungen, die auch die Interessen der nachfolgenden Generationen berücksichtigen, sind jedoch diesseits und jenseits der Oder schwierig und nur ansatzweise angedacht. Dies kann heute nur im Kontext der Europäischen Union und der NATO, in einer funktionierenden transatlantischen Partnerschaft, durch multilaterale Kooperation und Friedenspolitik im globalen Maßstab geschehen. Die große Mehrheit der Bürger bejaht die Mitgliedschaft ihres Landes in der EU und sieht durchaus Vorteile, vor allem auch in der Öffnung der Grenzen und Märkte, in der kulturellen Bereicherung. Zugleich aber begegnen in beiden Ländern viele Bürger der Europäischen Union (und den USA) mit viel Skepsis: die EU sei wenig demokratisch organisiert, zu bürokratisch, vieles sei überreglementiert, „Brüssel“ beanspruche zu viele Kompetenzen gegenüber den Nationalstaaten und Regionen, den Unternehmen und Gewerkschaften. Die EU und ihre Institutionen kosteten zu viel Geld und leisteten zu wenig, Subventionen seien nicht effektiv und würden missbraucht. In Deutschland ist man besorgt über die Verlagerung von Arbeitsplätzen „nach Osten“, über die Zuwanderung von Arbeitnehmern „aus dem Osten“ (die sich real bisher in Grenzen hält). Ob diese Vorwürfe zu Recht bestehen oder nicht, kann hier nicht diskutiert werden. Sehr wohl aber muss man die Europaskepsis in beiden Ländern ernst nehmen, die sich ja auch in einer sehr geringen Beteiligung an den Wahlen zum Europäischen Parlament zeigt.

In Polen sieht man sich überdies nicht nur traditionell zwischen den großen Mächten Deutschland und Russland und neigt eher zu einer Unterstützung der USA als etwa die deutsche Außenpolitik der letzten Jahre und die sie unterstützende öffentliche Meinung. *Patriotismus und Nationalismus,* die Angst vor dem Verlust nationaler Identität und Souveränität sind hier viel stärker verbreitet als in Deutschland.

Ein ausgeprägtes Geschichtsbewusstsein bis in die weniger gebildeten Schichten hinein, nationale Traditionen und Vorbehalte spielen eine größere Rolle in Außenpolitik und öffentlicher Meinung als beim westlichen Nachbarn, dem gegenüber man noch immer eine gewisse Vorsicht walten lässt – was verständlich ist angesichts nicht nur historischer Erfahrungen. Gleichwohl ist das Interesse und die wirtschaftliche Orientierung an Deutschland in Polen ungleich stärker als umgekehrt. Mindestens die gebildeten Polen wissen wesentlich besser Bescheid über Deutschland als ihre deutschen Nachbarn, Reisen von Ost nach West sind wesentlich häufiger als in die umgekehrte Richtung.

Auch diese Unterschiede prägen die politischen Kulturen beider Länder, und so haben wir der *Europafreundlichkeit bzw. -skepsis als einem der wichtigen Brennpunkte* im Spektrum der außenpolitischen Orientierungen am Ende je einen Beitrag gewidmet. Stimmt die Formel vom gemeinsamen Haus Europa? Oder begegnen wir auf dem Weg zur Integration immer mehr Europaskepsis? Gibt es hier eine Trennlinie in der Wählerschaft, in Polen womöglich stärker als in Deutschland? Auch hier sollen empirische Befunde Aufschluss geben über vorherrschende Einstellungen, die Einblick geben in die Heterogenität nationaler politischer Kulturen im Prozess der EU-Integration.

Betrachtet man auf diesem Hintergrund Problemlagen der politischen Kultur beider Länder unter der Perspektive der Demokratisierung von Politik und Gesellschaft, so muss man realistisch bleiben, was *Erwartungen und Zeitperspektiven* angeht. Viele Forscher sind beim Studium postautoritärer Systeme und ihrer Transformation zu dem Schluss gekommen, dass es mindestens zwei Generationen bedarf, um eine einigermaßen stabile demokratische politische Kultur in der Bevölkerung, in ihren Köpfen und Herzen zu verankern. Nicht weniger schwierig und langwierig war und ist teilweise immer noch eine Aussöhnung ehemaliger Kriegsgegner, in der Deutschland die Rolle des Angreifers und verbrecherischen Täters einnahm. Noch immer beschäftigen uns in beiden Völkern die so verursachten und von den Siegermächten legitimierten Vertreibungen und die Frage, wie der gemeinsamen Geschichte angemessen zu gedenken ist. Jedoch nicht nur im Blick zurück, sondern vor allem in der Gegenwart und für eine gemeinsame Zukunft in Europa bleibt in beiden Ländern in je unterschiedlicher Weise noch viel zu tun.

Ausgewählte Literatur

Almond, Gabriel/Verba, Sidney: The Civic Culture. Political Attitudes and Democracy in five Nations, Princeton 1963.
Almond, Gabriel/Verba, Sidney: The Civic Culture Revisited, Boston/Toronto 1980.
Almond, Gabriel: Politische Kultur-Forschung – Rückblick und Ausblick, in: Berg-Schlosser, Dirk/
Berg-Schlosser, Dirk/Schissler, Jakob (Hrsg.): Politische Kultur in Deutschland. Bilanz und Perspektiven der Forschung, PVS-Sonderheft 18(1987).
Berg-Schlosser, Dirk: Entwicklung der politischen Kultur in der BRD, in: Aus Politik und Zeitgeschichte, B7/90(1990).
Berg-Schlosser, Dirk: Politische Kultur-Forschung – Rückblick und Ausblick, in: Haberl, O. N./Korenke, T. (Hrsg.): Politische Deutungskulturen. Festschrift für Karl Rohe, Baden-Baden 1999, S. 77-92.
Beichelt, Timm: Demokratische Konsolidierung im postsozialistischen Europa, Opladen 2002.
Breit, Gotthard (Hrsg.): Politische Kultur in Deutschland, Schwalbach/Ts 2004.
Dornheim, Andreas/Greiffenhagen, Sylvia: Identität und politische Kultur, Stuttgart 2003.
Fuchs, Dieter: Das Konzept der politischen Kultur: Die Fortsetzung einer Kontroverse in konstruktiver Absicht, in: Fuchs, Dieter/Klingemann, Hans-Dieter: Bürger und Demokratie in Ost und West, Wiesbaden 2002, S. 27-49.
Fenner, C.: Politische Kultur, in: Nohlen, Dieter (Hrsg.): Wörterbuch Staat und Politik, München 1991, S. 511- 517.
Gabriel, Oscar W.: Politische Einstellungen und politische Kultur, in: Gabriel, Oscar W./Holtmann, Everhard (Hrsg.): Handbuch politisches System der BRD, München 2005.
Gabriel, Oscar W.: Politische Einstellungen und politisches Verhalten, in: Gabriel, Oscar W./Holtmann, Everhard (Hrsg.): Handbuch Politisches System der BRD, München 1997a, S. 381-498.
Gabriel, Oscar W. (Hrsg.): Politische Orientierungen und Verhaltensweisen im vereinigten Deutschland, Opladen 1997b.
Gensicke, Thomas: Die neuen Bundesbürger. Eine Transformation ohne Integration, Opladen 1998.
Greiffenhagen, Martin und Sylvia: Ein schwieriges Vaterland. Zur politischen Kultur im vereinigten Deutschland, München 1993.
Greiffenhagen, Martin: Politische Legitimität in Deutschland, Gütersloh 1997a.
Greiffenhagen, Martin und Sylvia: Politische Kultur, in: Bundeszentrale für politische Bildung (Hrsg.): Grundwissen Politik, Bonn 1997b, S. 167-238.
Greiffenhagen, Martin und Sylvia (Hrsg.): Handwörterbuch zur politischen Kultur der Bundesrepublik Deutschland, Wiesbaden 2002.
Merkel, Wolfgang: Theorien der Transformation: Die demokratische Konsolidierung postautoritärer Gesellschaften, in: Beyme, K./Offe, C. (Hrsg.): Politische Theorien in der Ära der Transformation, PVS Sonderheft 26(1996).
Merkel, Wolfgang: Systemtransformation. Eine Einführung in die Theorie und Empirie der Transformationsforschung, Opladen 1999.

Meyer, Gerd: Deutschland – ein Staat, zwei politische Kulturen, in: Wehling, Hans-Georg (Red.): Politische Kulturen, Stuttgart 1993, S. 13-41.

Meyer, Gerd: Zwischen Haben und Sein. Psychische Aspekte des Transformationsprozesses in postkommunistischen Gesellschaften, in: APuZ 5(1997), S. 7-28.

Niedermayer, Oskar/Beyme, Klaus von (Hrsg.): Politische Kultur in Ost- und Westdeutschland, Berlin 1994.

Niedermayer, Oskar: Bürger und Politik. Politische Orientierungen und Verhaltensweisen der Deutschen. Eine Einführung, Wiesbaden 2001.

Patzelt, Werner J.: „Was wächst zusammen – und was nicht? Deutsche Demokratiekonzepte seit der Wiedervereinigung“, in: Mayer, Tilman [u.a.] (Hrsg.): Der Kampf um die politische Mitte: Politische Kultur und Parteiensystem seit 1989, 2002, S. 200-217.

Rapp, Wolfgang/Meyer, Gerd (Hrsg.): Politische Kultur in Deutschland – Herausforderungen und Perspektiven, Baden-Baden 2003.

Rohe, Karl: Politische Kultur und ihre Analyse. Probleme und Perspektiven der politischen Kulturforschung, in: Historische Zeitschrift 250(1990), S. 321-346.

Rohe, Karl: Politische Kultur. Zum Verständnis eines theoretischen Konzepts, in: Niedermayer, Oskar/Beyme, Klaus von (Hrsg.): Politische Kultur in Ost- und Westdeutschland, Berlin 1994.

Thumfahrt, Alexander: Die politische Integration Ostdeutschlands, Frankfurt a.M. 2002.

Wehling, Hans-Georg: Regionale/Lokale politische Kultur, in: Greiffenhagen, Martin und Sylvia (Hrsg.): Handwörterbuch zur politischen Kultur der Bundesrepublik Deutschland, Wiesbaden 2002, S. 521-525.

Wehling, Hans-Georg: Das Konzept der regionalen politischen Kultur, in: Sarcinelli, Ulrich/Falter, Jürgen W./Mielke, Gerd/Benzner, Bodo (Hrsg.): Politische Kultur in Rheinland-Pfalz, Mainz/München 2000, S. 25-43.

Westle, Bettina: Kollektive Identität im vereinten Deutschland. Nation und Demokratie in der Wahrnehmung der Deutschen, Opladen 1999.

ASPEKTE UND DIMENSIONEN DER ERFORSCHUNG POLITISCHER KULTUREN

A. SUBJEKTIVE DIMENSION	KENNTNISSE UND WAHRNEHMUNGEN	WERTORIENTIERUNGEN, INTERESSEN EINSTELLUNGEN	„KOMPOSITA“	VERHALTEN, POLITISCHER LEBENSSTIL
	Wissen Informiert sein **Perzeptionen** (Wahrnehmungen, ‚images' politischer Objekte und Situationen; Deutungen) **Bilder/Stereotype** von internen und externen ‚Feinden' und ‚Verbündeten', von ‚Fremden', Minderheiten und anderen Nationen	**Politisches Interesse** Bedeutung von Politik im Alltagsleben **Gefühle** Stimmungen, politisch-psychologisches ‚Klima' **Meinungen** (‚opinions') **Einstellungen** (‚attitudes') **Überzeugungen** (‚beliefs/belief systems', convictions) **Motive und Interessen** (Bedürfnisse, Wünsche, Hoffnungen) **Normen** (Verhaltenserwartungen) **Werte/Wertorientierungen** (‚values') **Gesellschafts- und Weltbilder** ‚Ideen', Ideologien/ Religiöse Orientierungen, Konfession	**Politisches/ gesellschaftliches Bewusstsein** **Einstellungssyndrome** (z.B. Autoritarismus, Links-/Rechtsextremismus, Nationalismus, Antisemitismus) **Mentalitäten** **Identitäten** (nationale, europäische regionale/lokale, kulturelle, ethnische) **Legitimität** Unterstützung/Entfremdung, Massenloyalität in Legitimationsprozessen	**Handlungsfelder** formelle und informelle Kontexte inner- und außerhalb von Institutionen **Handlungsarten** erzwungen/freiwillig, innen/außengesteuert, (un-)organisiert, gewohnheitsmäßig, ritualisiert, spontan **Handlungsformen – politische Partizipation** (nicht-)institutionalisiert, (il-)legal, (un-)friedlich/ gewaltsam, (il-)legitim konventionell (z.B. wählen, parlamentarische Aktivitäten) vs. unkonventionell (z.B. wilde Streiks, Hausbesetzung) Grad der Aktivität/ Passivität, ‚Privatismus', Apathie **Politischer Lebensstil** (Informations- u. Kommunikationsverhalten, politische Rollen z.B. ‚Zuschauer', Wähler, Aktivist, Amtsträger)

B. TRÄGER	**INDIVIDUEN**	**PRIMÄRGRUPPEN**	**SCHICHTEN/MILIEUS, ETHNIEN**
	Persönlichkeitsmerkmale (z.B. Persönlichkeitsstruktur, Kompetenzen) **Geschlecht** **Altersgruppen** (z.B. ‚politische Generationen'), **Sozio-ökonomischer Status** (z.B. Bildung, Einkommen, Beruf, Positionshöhe im Beruf, Prestige) **Politisch-soziale Macht** Rechte, Rolle, Einfluss **Lebensstil, Habitus**	**Partner/in** **Familie** **Freundeskreis** **Nachbarn** **Berufskolleg/Innen** **Wichtigste Gesprächspartner**	**Schichten / Klassen** Berufs- und Statusgruppen nach verschiedenen Differenzierungsmerkmalen **Sozio-kulturelle Milieus** (kulturell, ästhetisch, kommunikativ und wertbestimmte Lebensstilgruppen; ‚Szenen', Subkulturen) **Ethnien** (Nationalitäten, Minderheiten, ‚Fremde')
	ORGANISIERTE SEKUNDÄRGRUPPEN	**MACHTELITEN**	**GESAMTGESELLSCHAFT**
	Vereine/private Organisationen **Verbände/Interessengruppen** (bes. Gewerkschaften, Unternehmerverbände, Berufsverbände) **Politische Parteien** Bürgerinitiativen/Bewegungen Non-governmental organizations (NGOs)	**Die politische Elite** (‚politische Klasse', ‚die Politiker', clans, informelle Gruppen) einzelne politische Führer (‚leader') **Andere Machteliten** (z.B. ökonomische, religiöse, Medien)	**‚Die Gesellschaft'/‚Die Nation'** **Öffentlichkeit(en)** im Kontext internationaler und globaler Zusammenhänge (Un-/Abhängigkeit von Nationen, Verflechtungen/Integration)

<table>
<tr><td colspan="4">C. KONTEXTE UND BEZUGSOBJEKTE</td></tr>
<tr><td colspan="4">SYSTEM KONTEXTE</td></tr>
<tr><td colspan="2">Charakter des politischen Systems
Demokratische vs. autoritäre, totalitäre Systeme
Mischsysteme/Hybridregime

Prozesse der Modernisierung, Demokratisierung
Internationalisierung/Globalisierung</td><td colspan="2">Politischer, sozio-ökonomischer, technologischer Wandel
bes. vor, während und nach Umbruchssituationen
Sozialstruktur, Kultur/Bildungssystem
Lebensweise/Alltag
Inter- und transnationale Beziehungen
(z.B. EU, NATO, UN)</td></tr>
<tr><td>HANDLUNGSBEREICHE UND „BEZUGSOBJEKTE“</td><td>POLITY
die politische Ordnung</td><td>POLITICS
der politische Prozess, die Prozesse der Meinungs- und Willensbildung</td><td>POLICIES
bes. staatliches Handeln in Politikfeldern</td></tr>
<tr><td></td><td>Institutionen
z.B. Parlament, Regierung, Präsident, Verwaltung, Justizorgane, Polizei, Armee, Sicherheitsdienste, Massenmedien
(Rechtsordnung)

Demokratische Ordnungsprinzipien
Menschenrechte, Demokratie, Rechts-/Sozial-/Wohlfahrtsstaat, Marktwirtschaft/ Staatsintervention; Parlamentarismus; Pluralismus

Autoritäre Ordnungsprinzipien
(J. Linz): Machtkonzentration, eingeschränkter Pluralismus, Basis: Mentalitäten, keine ausformulierte Ideologie; Entpolitisierung der Bürger, variable Formen begrenzter Partizipation bzw. Mobilisierung</td><td>Entscheidungsprozesse
(Anlage, Verlauf, Effizienz)
Aktivitäten der Führungsgruppen, Parteien, Verbände, NGOs)

Interaktionen der Akteure In verschiedenen Handlungsfeldern
Art und Regeln des Konfliktaustrags
Individuelle und kollektive Verhaltensweisen, Politischer Stil der Führungsgruppen

Politische Teilnahme der BürgerInnen
(z.B. Wahlen, Referenden, Protestdemonstrationen)</td><td>Öffentlich diskutierte Streitfragen (issues)
Problemlösungen und Handlungsstrategien

Ziele, Entscheidungen, Maßnahmen und Ergebnisse besonders staatlichen Handelns
‚Erfolge‘, Leistungen in verschiedenen Politikfeldern (z.B. Wirtschafts- und Sozialpolitik, Bildungs- Gesundheits-, Sicherheits- und Außenpolitik)</td></tr>
<tr><td></td><td>IDEOLOGIEN UND GRUNDWERTE</td><td>SYMBOLE</td><td>GESCHICHTE</td></tr>
<tr><td></td><td>Allgemeine gesellschaftliche Ideologien und Wertorientierungen Grundwerte
(z.B. Freiheit, Chancengleichheit, soziale Gerechtigkeit, ‚Einheit der Nation‘, Frieden)

Politische Grundströmungen/ Programmatik der Parteien
(z.B. Konservatismus, Liberalismus, Sozialismus, Faschismus)

Patriotismus, Nationalismus

Religiöse Orientierungen</td><td>Fahne, Hymne, Staatswappen

Nationalfeiertage

Nationalhelden und -dichter

öffentliche Sprache

Stil öffentlicher Repräsentation</td><td>Historische Ereignisse, Perioden, Akteure
(z.B. Staatsgründung, ‚glorreiche Zeiten‘, Revolutionen, Schlüsselerlebnisse ‚Helden‘, große Familien, Herrschaftshäuser)

Traditionen und ‚Mythen‘
Sitten, Regeln, Institutionen
Sprache und Identität der ‚Kulturnation‘
Traditionen der Freiheit/ Repression
‚nationale Mythen‘
(z.B. nationale Befreiung)</td></tr>
</table>

D. ZEITLICHE UND RÄUMLICHE DIMENSIONEN	ZEITLICHER FOKUS	ZEITACHSE	RÄUMLICHE AUSDEHNUNG
	Vergangenheit politisch-kulturelle Sozialisation politische Kultur als ihr Ergebnis **Gegenwart** Aspekte heute zu beobachtender ‚erlebter und gelebter' politischer Kultur **Zukunft** Erwartungen, Wünsche, Ziele, Vorstellungen (Zukunftsbilder, Szenarien, Optionen)	**Historisch-genetisch Längsschnittanalyse** (chronologisch, diachron; Wandlungsprozesse) **Aktuelle Querschnittsanalyse** (synchron, systematisch, Momentaufnahme) **Traditionen und Erfahrungen** Biographische Perspektive, Schlüsselerlebnisse; Generationsunterschiede	**Geographischer Raum** Größe, Umfang; physische, soziale, ökonomische, historische, kulturelle Merkmale Lokale, regionale, nationale Studien Internationale Zusammenhänge

E. TYPOLOGIEN UND INTERNE DIFFEREN-ZIERUNGEN	TYPOLOGIEN	INTERNE DIFFERENZIERUNGEN
	homogen-heterogen, monistisch-pluralistisch zweigeteilt-fragmentiert, polarisiert/‚Lager' konflikt-/konsensorientiert regelorientiert/spontan-anarchisch individualistisch/bürger- vs. staatsorientiert ‚parochial, subject, civic political culture' (Almond/Verba)	schicht-, klassen-, gruppenspezifisch milieuspezifische, subkulturelle Unterschiede ethnische und regionale Differenzen Unterschiedliche Generationen und Sozialisationserfahrungen

F. THEORETISCHE UND NORMATIVE DIMENSIONEN	WISSENSCHAFTS-THEORETISCHER STATUS UND SACHLICHER FOKUS VON AUSSAGEN	ANALYSEEBENEN	NORMATIVE AUSRICHTUNG	THEORIEKONTEXTE
	beschreibend **erklärend, verstehend** **wertend-kritisch** **handlungsbezogen/ normativ-programmatisch** **Variablenstatus politischer Kultur** abhängige, unabhängige intervenierende Variable **Fokus der Untersuchung** Wird nur die ‚subjektive Dimension des Politischen', (z.B. Einstellungen) *oder* Interaktion von ‚subjektiven' und ‚objektiven' Momenten (z.B. in politischen Prozessen, mit System-strukturen) untersucht?	**Mikroebene** Individuen, kleine Gruppen **Mesoebene** Großgruppen, Organi sationen, Parteien **Makroebene** Politisches System auf nationaler Ebene **Internationale Beziehungen** **Mehrebenenanalyse** Verknüpfung/Interdepen-denzen mehrerer Ebenen **Vergleichende Studien**	**Politische Kultur als implizit und/oder explizit normatives Konzept** Politische Kultur als wertfrei beschrei-bendes, analytisches Konzept *oder* norma-tives Konzept (z.B. als ‚demokratische Kultiviertheit')? **Definitionen von Werten und Normen politischer Kultur** individuelle und kollektive, wissen-schaftliche und poli-tische, gruppen-spezifische und nati-onale Definitionen	**Demokratietheorien** z.B. ‚demokratische politische Kultur'; Legitimität) **Modernisierungs-theorien** ‚Politische Entwicklung' Fortschrittserwartungen **Sozialisationstheorien** Individual- und sozial-psychologische Theorien **Handlungs-, Akteurs- und Systemtheorien** **Transformations-/ Revolutionstheorien**

II. RECHTSEXTREMISMUS UND POPULISMUS

Josef Held/Wolfgang Schmidt

„Verunsicherte Modernisierungsverlierer“? Rechtsextremismus in Deutschland: Empirische Befunde und Erklärungsansätze

Ist der Rechtsextremismus in Deutschland auf dem Vormarsch? Wie wird er definiert, gemessen und erklärt? Die Polizei und teilweise auch die Jugendarbeit unterscheiden in Deutschland zwischen *Rechtsradikalismus und Rechtsextremismus*. Rechtsradikal können das Weltbild, das Denken und Meinen, d.h. die Orientierung als innere Ausrichtung einer Person sein. Rechtsextremismus meint dagegen das extreme, meist strafbare Handeln. Diese Unterscheidung zwischen Orientierung und Handeln hat einen praktischen Sinn. Orientierungen und Handlungen sind jedoch *psychologisch* nicht voneinander zu trennen, da es kein politisches Handeln ohne Orientierung gibt. In der Politikwissenschaft wird der Begriff *Rechtsradikalismus* in Frage gestellt. „Weil die Bezeichnung ‚radikal‘ (von Lateinisch radix, die Wurzel) in der Aufklärung und der bürgerlichen demokratischen Revolution eine positive Bedeutung hatte, nämlich meint, das ‚Übel an der Wurzel zu packen‘ und auf diese Weise gesellschaftliche Missstände zu beseitigen, sollte man auf den Begriff Rechtsradikalismus lieber verzichten. Stattdessen hat sich der Ausdruck ‚Rechtsextremismus‘ eingebürgert“ (Butterwegge 1996: 26), der auch eine erhebliche (straf-)rechtliche Relevanz besitzt: Wird eine Aktivität als rechts*extrem* eingeschätzt, so begründet dies eine Beobachtung durch den Verfassungsschutz, also jener staatlichen Behörde, die auf Bundes- und Landesebene verfassungswidrige, potenziell staatsgefährdende Aktivitäten und Gruppen überwacht und darüber berichtet.)

Rechtsextremismus stellt eine Zuspitzung rechter Orientierungen/ Handlungen dar, es handelt sich um eine extreme Ausprägung auf einer kontinuierlichen Skala (vgl. Stöss 2000). Es scheint deshalb fraglich, ob Rechtsextreme als isolierte Extremgruppe betrachtet werden sollten. Auffällig ist, dass Rechtsextreme im Allgemeinen ein soziales Umfeld haben und brauchen, das ähnliche Orientierungen hat und das sie trägt. Darin unterscheidet sich zumindest der jugendliche Rechtsextremismus deutlich von linken Szenen, die sich eher über Kritik und Abgrenzung von der Mehrheit definieren. Die Rechtsextremen sehen sich eher als Vollstrecker des von ihnen angenommenen Volkswillens. In einem entsprechenden Umfeld können sie deshalb ein großes Selbstbewusstsein entwickeln und zeigen dies auch in ihrem öffentlichen Auftreten. Nicht so viele wie oft unterstellt wird dürften unter Verunsicherung, Vereinzelung und Ohnmachtsgefühlen leiden (dazu kritisch Held 2000: 42).

1. Spezifische Merkmale des Rechtsextremismus in Deutschland

Rechtsextremismus wird in Deutschland unterschiedlich definiert. Weit verbreitet ist eine Definition der Bielefelder Jugendforschungsgruppe um Wilhelm Heitmeyer, nach der Ungleichheitsorientierung und Gewaltakzeptanz die beiden Komponenten des Rechtsextremismus bilden (vgl. Heitmeyer 1987). Diese Bestimmung hat den Nachteil, dass sie den Rechtsextremismus von rechten Orientierungen abtrennt und dadurch das Kontinuum zwischen rechten Orientierungen und ihrer Zuspitzung im Rechtsextremismus ausklammert. Was aber ist das Gemeinsame von rechten Orientierungen und Rechtsextremismus? Für Deutschland kann man feststellen, dass rechte Orientierungen immer etwas mit *sozialer Ausgrenzung* zu tun haben. Nicht umsonst steht der Diskurs über die so genannten „Ausländer" im Mittelpunkt rechter Argumentation. Rechte, ausgrenzende Orientierungen bestehen zumindest in Deutschland aus drei Komponenten, dem Rassismus, dem Autoritarismus und dem Nationalismus (vgl. Held u.a. 1996).

Die geringste Rolle scheint dabei die Ideologie des *Rassismus* zu spielen, da sie öffentlich stark tabuisiert ist. Dies gilt vor allem für Jugendliche, die kaum die Schranke zum rassistischen Diskurs überschreiten wollen. Alltagsrassismus scheint dagegen eher üblich. Rassistische oder antisemitische Diskurse spielen bisher nur bei ganz rechtsextremen Gruppen eine Rolle. Das Ausgrenzungskriterium ist hier die Rasse, die nach äußeren Merkmalen (Hautfarbe, Aussehen) festgestellt und genetisch, ethnisch oder kulturalistisch begründet wird.

Der *Autoritarismus* bedeutet im Zusammenhang mit rechter Orientierung nicht mehr Unterordnung unter personale Autoritäten oder unter einen Führer. Unterordnung unter konventionelle Normen und die aggressive Durchsetzung dieser Normen gegenüber von der Norm abweichenden Gruppen scheint heute charakteristischer als die Sehnsucht nach einem Führer. Das ausgrenzende Moment besteht darin, dass konventionelle Normen zum Kriterium für die Zugehörigkeit gemacht werden und die Abweichung davon zum Ausschluss führt.

Der *Nationalismus* scheint in Deutschland die zentrale Komponente politisch rechter Orientierungen zu sein. „Der Nationalismus (kann) als politisch-ideologischer Kern betrachtet werden“ (Loch/Heitmeyer 2001: 15f.). Für Deutschland scheint heute nicht der pathetische Nationalismus („ich bin stolz Deutscher zu sein“) charakteristisch, sondern eher ein „*defensiver Nationalismus*“ (Held 1996: 73). Er beruht nicht darauf, dass man sich allen anderen Nationalitäten überlegen fühlt, sondern dass man sich selbst gegenüber anderen benachteiligt fühlt und der Meinung ist, die anderen würden sich auf Kosten der Einheimischen Vorteile verschaffen. Diese Art von Nationalismus stellt also eher eine Form der Abwehr auf Grund des Kriteriums der Nationalität dar. Bei eigenen Jugenduntersuchungen fanden wir bei diesem Nationalismus drei Komponenten: den ausgrenzenden, den expansiven und den völkischen Nationalismus (vgl. Held 1996). Bei allen diesen Komponenten spielen ausgrenzende Tendenzen wie auch Momente völkischer Zugehörigkeit und der expansive Vorteil Deutschlands in der Welt eine Rolle. Nach Butterwegge u.a. (1998: 121) scheint heute in Deutschland eher der auf wirtschaftliche Stärke bezogene „Standortnationalismus“ charakteristisch. Er „stellt ein Bindeglied zwischen Neokonservativismus und Rechtsextremismus dar“ (ebenda: 124). Alle drei Komponenten des Rechtsextremismus zielen darauf, alle sozialen und wirtschaftlichen Probleme dadurch zu lösen, dass man irgendwelche Gruppen ausgrenzt. Im Mittelpunkt steht dabei in Deutschland der Ausländerdiskurs. Deshalb bildet die so genannte Ausländerfeindlichkeit den Kern des Rechtsextremismus.

2. Ergebnisse empirischer Forschung besonders unter Jugendlichen

Rechtsextremismus wurde in Deutschland lange Zeit als ein Jugendphänomen betrachtet. Erst in den letzten Jahren gibt es größere Forschungsprogramme, die sich mit rechten politischen Tendenzen in der Bevölkerung generell auseinandersetzen. Das bekannteste ist derzeit das Projekt „Gruppenbezogene Menschenfeindlichkeit" des Bielefelder Forschungszentrums (vgl. Heitmeyer 2005). Auch wenn man Rechtsextremismus nicht als Jugendphänomen betrachtet, können doch Jugendstudien aufschlussreich für die Entwicklung und Erklärung für Rechtsextremismus sein, da Jugendliche in deutlicherer Form als andere Gruppen Strömungen in der Gesellschaft zum Ausdruck bringen und die politische Kultur eines Landes in bestimmter Form auch widerspiegeln. Deshalb werden im Folgenden einige Ergebnisse der Tübinger Jugendforschungsgruppe wiedergegeben (vgl. Held 1996 u. 2002), die erste Hinweise auf Erklärungsmöglichkeiten geben. Es handelt sich jeweils um repräsentative Umfragen unter jungen Arbeitnehmern und Arbeitnehmerinnen in Ost- und Westdeutschland.

Verunsicherung und Zukunftsangst führen nicht automatisch zu rechten Orientierungen. Wir fanden in unseren Untersuchungen keinen signifikanten Zusammenhang zwischen der subjektiven Beunruhigung über eine unsichere Zukunft und den politischen Orientierungen der Befragten. Auch subjektiv geringe Chancen auf dem Arbeitsmarkt standen in keinem signifikanten Zusammenhang mit rechten Orientierungen. Dagegen fanden wir erstaunlicherweise einen signifikanten Zusammenhang zwischen positiver subjektiver Zukunftserwartung („meine Zukunft sieht gut aus") und den rechten Orientierungen in allen drei Komponenten. Positive Zukunftserwartungen immunisieren also nicht gegen rechte Orientierungen.

Zukunftswünsche für die gesellschaftliche Entwicklung korrespondieren mit politischen Orientierungen. Der Wunsch nach einem Europa ohne Grenzen und einer multikulturellen Gesellschaft stehen in einem signifikant positiven Zusammenhang mit internationaler Orientierung, jedoch in einem signifikant negativen Zusammenhang mit den Komponenten rechter Orientierungen. Dagegen steht der Wunsch nach Entwicklung einer nationalen Gesellschaft in sehr signifikantem Zusammenhang zu nationalistischen, rassistischen und autoritären Orientierungen. Dies bedeutet, dass rechte Orientierungen offenbar keine blinden Reaktionen auf schlechte soziale Bedingungen sind, sondern gesellschaftliche Zukunftsentwürfe enthalten, die die Lösung der gesellschaftlichen Probleme in sozialer Ausgrenzung sehen.

Kontakte zu Angehörigen anderer Nationalitäten in Arbeit und Freizeit verringern deutlich die Anfälligkeit für rechte politische Orientierungen. Deutsche Jugendliche, die mit Kollegen/Kolleginnen anderer Nationalitäten in der Arbeit zu tun haben, zeigen signifikant geringere nationale und rassistische Orientierungen als solche, die keinen Kontakt bei der Arbeit haben. Das gilt auch für die Kontakte in der Freizeit.

Rechte Orientierungen haben in den 90er Jahren zugenommen. Von 1993-1999 haben zumindest in Südwestdeutschland nationalistische und autoritäre Tendenzen bei den Jugendlichen zugenommen, die Attraktivität rassistischer Ideologien hat dagegen abgenommen. Offenbar begegneten rechte Jugendliche der neoliberalen Globalisierung eher mit einer nationalistischen Strategie. Bedenklich scheint, dass viel stärker noch die Unzufriedenheit mit der Politik insgesamt zugenommen hat. Das wird in Deutschland unter dem Begriff „Politikverdrossenheit" diskutiert (vgl. u.a. die Studie des Deutschen Jugendinstituts in: Gille/Krüger 2000).

Ostdeutsche Jugendliche neigten signifikant stärker zu nationalistischen, autoritären und rassistischen Orientierungen. Die Unterschiede zwischen westdeutschen und ostdeutschen Jugendlichen waren bei den ausgrenzenden rechten Orientierungen signifikant. Es gibt jedoch auch gemeinsame Tendenzen: Sowohl in Ost- als auch in Westdeutschland haben Nationalismus und Autoritarismus von 1993-1999 zugenommen und Rassismus abgenommen. In Ostdeutschland dominiert aber im rechtsextremen Einstellungsspektrum die Fremdenfeindlichkeit, und es gibt besonders unter Jugendlichen eine höhere Gewaltbereitschaft und relativ mehr verübte, rechtsextrem motivierte Straf-, insbesondere mehr Gewalttaten. Schwierige soziale Lebensverhältnisse und Perspektivlosigkeit spielen hier als Kontext eine wichtige Rolle.

3. Entstehung und Erklärung rechter und rechtsextremer Tendenzen

Sieht man sich vor dem Hintergrund der obigen Ergebnisse die in Deutschland populären Theorien zur Erklärung von Rechtsextremismus an, so sieht man, dass sie solchen empirischen Forschungsergebnissen widersprechen.

Dies gilt in hohem Maß für die Erklärung der Zunahme des Rechtsextremismus durch die *Verschlechterung der Lebensbedingungen*. Vor allem Sozialdemokraten und Gewerkschafter haben in den 90er Jahren vor weiterem Sozialabbau gewarnt, weil dadurch der Rechtsextremismus verstärkt werde. Schon 1990 stellten wir in einer Untersuchung fest, dass sozial stark benachteiligte junge Arbeitnehmer und Arbeitnehmerinnen eher weniger zu rechten Orientierungen neigten als solche, die in zukunftsorientierten Betrieben eine gute Ausbildung bekamen (vgl. Held u.a. 1996). Inzwischen gibt es weitere Untersuchungen, die zu dem Ergebnis kamen, dass die „Belastung mit sog. sozialen Problemen" in keinem direkten Zusammenhang zur Fremdenfeindlichkeit stehen (vgl. Wellmer 1995). Auch unsere Untersuchung im Jahr 2000 hat das bestätigt (vgl. Bibouche/ Held 2002). Schlechte Lebens- und Arbeitsbedingungen erklären also nicht für sich genommen den Rechtsextremismus und rechte Gewalt.

Einen komplexeren, gesellschaftstheoretischen Ansatz liefert die Modernisierungstheorie von Ulrich Beck (1986). Sie ist in Deutschland weit verbreitet und liefert auch eine Erklärung für zunehmenden Rechtsextremismus. Der Argumentationsgang ist verkürzt folgender: Die Modernisierung kapitalistischer Gesellschaft greift soziokulturelle Bestände an, d.h. es werden soziale Milieus, traditionelle Lebensformen und andere soziale Absicherungen zerstört. Die soziale Ungleichheit individualisiert sich, Desintegration greift um sich. Die Folge dieser „Individualisierung" ist, dass Jugendliche vereinzelt, verunsichert und politisch ohnmächtig werden bzw. sich so fühlen. Sie suchen, so Beck, neue Sicherheiten, und deshalb wird für sie der Rechtsextremismus attraktiv. Individualisierung und Desintegration führen demnach zu Rechtsextremismus und Gewalt(bereitschaft). Für Ostdeutschland lautet die Erklärung ähnlich, hier soll es sich um eine „nachholende Modernisierung" handeln.

Auch dieser Theorie, die den Rechtsextremismus aus Defiziten erklärt, widersprechen wesentliche empirische Ergebnisse. So neigen z.B. Gruppen, die in besonderer Weise dem Individualisierungsdruck ausgesetzt sind, wie junge Frauen, ausländische Jugendliche und Benachteiligte, eher weniger zu politisch rechten Orientierungen. Auch Desintegration als Erklärung kollidiert mit unseren empirischen Ergebnissen. Jugendliche, die sich als in ihrem Beruf gut integriert bezeichnen und die eine hohe Zufriedenheit mit Arbeit Familie und Freizeit zeigen, neigen nicht weniger zu rechten Orientierungen als die schlecht integrierten. Wenn man die rechten Jugendlichen als *Opfer* von schlechten sozialen Bedingungen bezeichnet, so rechtfertigt man in gewisser Weise auch ihre politischen

Orientierungen und man verbleibt bei einem Defizitansatz, der in der Praxis nach kompensatorischen Maßnahmen verlangt. Die Erfahrung hat gezeigt, dass solche kompensatorischen Maßnahmen bei rechten Jugendlichen eher als Bestätigung erfahren werden.

Jugendliche sind nicht einfach oder direkt von sozioökonomischen Bedingungen bestimmt, sondern handeln in Auseinandersetzung mit einer sich verändernden Realität und ihren Anforderungen. Schlechte Entwicklungs- und Lebensbedingungen (z.B. Arbeitslosigkeit, geringe Berufsaussichten, Empfänger von Arbeitslosengeld II oder Sozialhilfe, Alleinerzieher, schlechte Wohnverhältnisse/-umgebung, geringe Bildung) sowie gesamtgesellschaftlich erzeugte Verunsicherungen und Bedrohungen werden individuell sehr unterschiedlich „verarbeitet" und führen nicht automatisch zu einer rechtsextremen Orientierung. Prekäre objektive Lebenslagen werden erst durch die Art ihrer subjektiven Wahrnehmung, Interpretation und Bewertung, also indirekt wirksam. Die Herausbildung rechtsextremer Deutungsmuster und Einstellungen ist ein komplexer Prozess, der nur multifaktoriell und im Kontext der politischen Kultur, von Sozialisation, Medieneinflüssen und politischen Entwicklungen zu erfassen und zu erklären ist. Nicht selten gehen der Entwicklung prekärer Lebenslagen bereits entsprechende Einstellungen wie die Ausgrenzung von Missliebigen *voraus*. Prekäre Lebenslagen können somit *indirekt* Rechtsextremismus fördern, indem sie z.B. Gefühle der relativen Deprivation und sozialen Ungerechtigkeit erzeugen. Wenn Jugendliche z.B. die Ausgrenzung von anderen befürworten, dann sind nicht nur ihre schlechten Lebensbedingungen schuld, sondern sie handeln auf der Basis von *gesellschaftlichen* Vorstellungen darüber, welche die richtigen Lösungen für gesellschaftliche Probleme aus ihrer Sicht sind. Solche Einstellungen wiederum begünstigen rechtsextreme Aktivitäten und Parteipräferenzen. Selbstverständlich spielen auch *Sozialisationserfahrungen* im Elternhaus und vor allem in peer groups eine wichtige Rolle bei der Herausbildung rechtsextremer Orientierungen. Dies gilt insbesondere für die Gewaltbereitschaft von Rechtsextremen, die häufig auf Gewalterfahrungen, Demütigungen und Verletzungen in Kindheit und Jugend zurückgeht und bei nicht wenigen subjektiv alternativlos zu neuer Gewalt führt.

Rechtsextremismus ist also insgesamt gesehen kein Betriebsunfall in einer ansonsten intakten Gesellschaft, sondern ein *Produkt der Gesellschaft selbst*. In diesem Sinn kommt die Entwicklung nach rechts aus der Mitte der Gesellschaft: Er ist strukturell, institutionell und kulturell breit verankert. Um welche Prozesse handelt es sich dabei? Die ökonomische Entwicklung hat sich globalisiert und dadurch den nationalen Sozialstaat geschwächt. In der weitgehend unregulierten internationalen Konkurrenz geht es nur um Standortvorteile; soziale Absicherung wird zum Standortnachteil. Die damit verbundene soziale Kälte führt zu einer „Verrohung des sozialen Klimas". „Standortnationalismus und Wohlstandschauvinismus greifen immer weiter um sich (...). Neoliberalismus und Marktradikalismus bereiten den Boden für die extreme Rechte." (Butterwegge u.a. 1998: 7).

Hat es sich in den 90er Jahren bei den Rechtsextremen noch eher um vagabundierende, lose vernetzte rechte Kameradschaftsgruppen gehandelt, so hat inzwischen die Organisierung der politischen Rechten unter Führung der NPD ihren Einfluss verstärkt und mehr Wähler angezogen. Diese rechten Organisationen sind attraktiv, weil sie ein klares Weltbild vermitteln, bei vielen zur Selbstwerterhöhung beitragen und Sündenböcke als Ersatz für wirkliches politisches Handeln liefern.

4. Wahlerfolge rechtsextremer Parteien seit 1987

Die „dritte Welle" rechtsextremer Wahlerfolge in der BRD begann Ende der 80er Jahre mit Erfolgen der „Deutschen Volksunion" (DVU) und den „Republikanern" (REP) in Bremen und Berlin. Seitdem gelangen REP, DVU und der „Nationaldemokratischen Partei Deutschlands" (NPD) zwölf Mal der Einzug in Länderparlamente (s. Abb. 1). Die REP zogen 1989 einmalig ins Europaparlament ein. Bei bundesweiten Wahlen binden rechtsextreme Parteien bisher meist etwa 3% der gültigen Stimmen, schafften jedoch seit 1957 nie den Einzug in den Bundestag. Die soziale und rechtliche Stigmatisierung des Rechtsextremismus wirken hier womöglich stärker verhaltensrestriktiv als bei anderen Wahlen (vgl. Decker 2005).

Seit 1998 hat sich der Schwerpunkt rechtsextremer Wahlerfolge auf die ostdeutschen Bundesländer verlagert. Jedoch sollte rechtsextremes Wahlverhalten auch heute keineswegs als Ostphänomen abgetan werden. Die REP erhielten 2001 immer noch 4,4% der Stimmen in Baden-Württemberg, die NPD kam 2004 im Saarland auf 4,0%. Die Zersplitterung im rechtsextremen Parteienlager vereitelte zudem mehrfach den Einzug in Landesparlamente: 1997 scheiterte die DVU in Hamburg mit 4,9% knapp an der Fünfprozenthürde, die REP erhielten 1,8% der Stimmen. Bei den Landtagswahlen 2004 in Sachsen und Brandenburg sprachen sich DVU und NPD erfolgreich ab, verzichteten auf Konkurrenzkandidaturen und zogen in die Landtage beider Länder ein. Auch für die vorgezogene Bundestagswahl am 18. September 2005 hatten sich die beiden Parteien auf ein Wahlbündnis unter dem Dach der NPD geeinigt, das ihnen bundesweit allerdings nur zu 1,6% der Stimmen verhalf In ihrer sich verfestigenden Hochburg Sachsen kam die NPD auf 4,9%. Hier die Ergebnisse im Überblick:

Abbildung 1: Wahlerfolge rechtsextremer Parteien seit 1987

Wahl	Jahr	Partei	(Zweit)Stimmenanteil
Brandenburg	2004	DVU	6,1%
Sachsen	2004	NPD	9,2%
Bremen	2003	DVU	2,3% *)
Brandenburg	1999	DVU	5,3%
Bremen	1999	DVU	3,0% *)
Sachsen-Anhalt	1998	DVU	12,9%
Baden-Württemberg	1996	REP	9,1%
Schleswig-Holstein	1992	DVU	6,3%
Baden-Württemberg	1992	REP	10,9%
Bremen	1991	DVU	6,2%
Berlin (West)	1989	REP	7,5%
Europawahl	1989	REP	7,1%
Bremen	1987	DVU	3,7% *)

*) Nur aufgrund der Ergebnisse in Bremerhaven schaffte die DVU den Sprung in die Bürgerschaft.

Quelle: Statistisches Bundesamt

REP, DVU und NPD eint ideologisch ein übersteigerter Nationalismus, Fremdenfeindlichkeit bis Rassismus, Antipluralismus und autoritäre Ordnungsvorstellungen sowie geschichtsrevisionistische Positionen. Die NPD ist die am weitesten rechts außen anzusiedelnde Partei; sie steht in deutlicher Systemopposition und bezieht sich mit ihrer Verbindung aus völkisch-kollektivistischen und antikapitalistischen Positionen am stärksten auf den Nationalsozialismus (vgl. Bundesministerium des Inneren 2005). Die REP hingegen verfolgen einen legalistischen Kurs, geben sich gemäßigt und grenzen sich strategisch von DVU und NPD ab. Die REP werden deshalb z.T. als Partei des „modernisierten Rechtsextremismus" bezeichnet.

Vollständig haben sich jedoch auch die REP nicht vom Nationalsozialismus distanziert, weshalb oft alle drei Parteien der „alten Rechten“ zugerechnet werden (vgl. Arzheimer 2004). Wie sich zeigen wird, sind nicht nur die rechtsextremen Parteien REP, DVU und NPD aus ideologischen Gründen einer Parteienfamilie zuzuordnen; auch ihre Wählerschaft eint ein eigenes sozialstrukturelles und ideologisches Profil.

Rechtspopulismus in Deutschland?

In der vergleichenden Wahl- und Parteienforschung werden Parteien wie die REP mittlerweile häufig als *rechtspopulistisch* oder *nationalpopulistisch* bezeichnet und mit europäischen Parteien wie der FPÖ, der Front National, dem Vlaams Blok oder den skandinavischen Fortschrittsparteien verglichen. Dieser Begriff ist jedoch auf einer anderen Ebene angesiedelt als der des *Rechtsextremismus*. Populismus ist auf der Ebene der politischen Führung oder Eliten angesiedelt und meint im Grunde eine bestimmte Strategie der Bürgermobilisierung zu Zwecken des Machterwerbs, eine Darstellungs-, Argumentations- oder auch „Agitationstechnik“ (Butterwegge 2002: 23): Populistische Parteien orientieren sich, so sagen sie, am „einfachen Volk“, dem „kleinen Mann“ (oder besser: wen sie dafür halten und wie sie ihn sehen). Sie greifen Stimmungen, Ressentiments, Ängste und Bedürfnisse auf, um sich gegen „die Etablierten“ zu profilieren. Mit plakativen Worten werden scheinbare Lösungen für komplexe gesellschaftliche Zusammenhänge angeboten, indem beispielsweise alle wirtschaftlichen und sozialen Probleme Ausländern zugeschrieben werden. Als weitere Charakteristika (rechts)populistischer Parteien werden zudem genannt: Charismatische Führungspersönlichkeiten und ein gewisses Maß an programmatischer Flexibilität, um je nach Themenlage verschiedene Wählerschichten mobilisieren zu können. Insofern ist Butterwegge (2002: 22f.) beizupflichten: „Durch sein populistisches Auftreten verändert der Rechtsextremismus sein Gesicht, aber nicht sein Wesen“.

Die REP z.B. sind folglich eine *rechtsextreme* Partei, jedoch keine neonazistische, die insbesondere in der Ära Schönhuber *populistisch* auftrat. Anders dagegen die sog. „Schill-Partei“, die 2001 in Hamburg 19,4% der Stimmen erhielt und mit der CDU eine Regierungskoalition bildete. Die mit Law and Order-Parolen auftretende Ein-Mann-Partei des Richters Ronald Schill sollte trotz fremdenfeindlicher Anklänge nicht als rechtsextrem bezeichnet werden, sondern als „rechtskonservativ-populistisch“ (Raschke/Tils 2002). Nach einer skandalträchtigen Regierungsbeteiligung ist die

„CSU des Nordens" wieder in der Bedeutungslosigkeit verschwunden. Doch nicht nur zu einem modernen Rechtsextremismus oder sich kurzfristig formierenden kleineren Protestparteien auf der Rechten passen populistische Elemente. Sie sind auch auf der Linken zu finden, wo gegen soziale Ungerechtigkeit oder die „zügellose Profitgier von Kapitalisten" mobilisiert wird, wie z.B. im Bündnis der „Linkspartei", bestehend aus der „Wahlalternative Soziale Gerechtigkeit" (WASG) und der „Partei des demokratischen Sozialismus" (PDS), vor der Bundestagswahl im Herbst 2005. Populismus fand sich aber auch z.B. bei dem führenden FDP-Politiker Jürgen Möllemann (vgl. den Beitrag von S. Ruoff). Festzuhalten bleibt: *Im Gegensatz zu Polen spielt der Rechtspopulismus in Deutschland bisher eine weitaus geringere Rolle, zumal in organisierter Form oder als Partei in Parlamenten.*

5. Das Sozialprofil der Wähler von REP, DVU und NPD

Die Wählerschaft rechtsextremer Parteien wurde oft als sozialstrukturell heterogen bezeichnet. Betrachtet man den Zeitraum von 1987 bis 2004, sind allerdings durchaus Schwerpunkte zu erkennen (vgl. Arzheimer 2004; Falter 2002; Pfahl-Traughber 2004; Stöss 2000):

- Zwei Drittel der Wähler von REP, DVU und NPD sind Männer.
- Die Wähler verfügen über eine geringe formale Bildung. Der Schwerpunkt liegt bei Wählern ohne Schulabschluss und mit Hauptschulabschluss, seit neuestem auch bei Wählern mit mittlerer Reife.
- Un- und angelernte Arbeiter, Arbeitslose, z.T. auch Facharbeiter, Landwirte und kleinere Selbständige wählen überdurchschnittlich REP, DVU und NPD.
- Bei Jungwählern sind die rechtsextremen Parteien überdurchschnittlich erfolgreich.
- Bezogen auf das Haushaltseinkommen zeigen sich Schwerpunkte bei Geringverdienenden, allerdings sind die Befunde dazu nicht eindeutig.
- Zwischen Stadt und Land zeigen sich kaum Unterschiede, in protestantischen Gebieten sind rechtsextreme Parteien etwas erfolgreicher als in katholischen.
- Die Wähler sind parteilich, kirchlich und gewerkschaftlich wenig gebunden. Eine Gewerkschaftsbindung wirkt jedoch nicht in gleichem Maße „immunisierend" wie die Kirchenverbundenheit. Eine

rein nominelle Kirchenmitgliedschaft übt kaum einen verhaltensrestriktiven Einfluss auf die Rechtswahl aus.

- Die Wähler von REP, DVU und NPD stammen in ihrer Mehrzahl ursprünglich aus dem Lager der Volksparteien. Ehemalige Unionswähler sind stärker vertreten als Wähler der SPD, es folgen ehemalige Nichtwähler und Erstwähler.

Die heutige Wählerschaft rechtsextremer Parteien unterscheidet sich von den ersten beiden Wellen rechtsextremer Wahlerfolge in den 50er und 60er Jahren. Damals wählten hauptsächlich ältere, männliche Angehörige des alten Mittelstands die Rechtsextremisten, d.h. Einzelhändler, Landwirte, kleinere Gewerbetreibende und Handwerker, die vorwiegend aus ländlich-protestantischen Gebieten stammten.

6. Erklärungsansätze rechtsextremen Wahlverhaltens

Bei der Erklärung rechtsextremen Wahlverhaltens können vier prominente Thesen ausgemacht werden.

Die Protestwahlthese (vgl. Roth/Schäfer 1994): Rechtsextreme Parteien werden auf Grund von Politiker- und Parteienverdrossenheit und Unzufriedenheit mit dem Funktionieren des politischen Systems gewählt. Als *rationale Protestwahl* wird ein Verhalten bezeichnet, das den etablierten Parteien einen „Denkzettel" verpassen will und sie zur Änderung ihrer Politik bewegen will. Eine ideologische Nähe sei bei den meisten Wählern nicht gegeben. Der Begriff „Protest" wird v.a. in der öffentlichen Diskussion weiter gefasst und meint oft Motive, die hier im Bereich der „Modernisierungsverliererthese" aufgeführt werden.

Die Modernisierungsverliererthese (vgl. Veen u.a. 1993): Rechtsextreme Parteien werden von Menschen gewählt, die entweder *objektiv* benachteiligt oder zumindest *subjektiv* mit ihrer wirtschaftlichen und sozialen Lage unzufrieden sind und sich benachteiligt fühlen (*relative Deprivation*) bzw. für die Zukunft einen Statusverlust befürchten (*antizipierte Deprivation*).

Die Bekenntniswahlthese (vgl. Schumann 2001): Rechtsextremem Wahlverhalten geht notwendigerweise eine rechte Orientierung voraus. Die Wähler rechtsextremer Parteien seien „Überzeugungstäter" und wählten nicht aus diffusen Protestmotiven: Wirtschaftliche Unzufriedenheit, Politiker- und Parteienverdrossenheit spiele, wenn überhaupt, eine untergeordnete Rolle.

Die Modernisierungsgegnerthese (vgl. Minkenberg 1998): Das rechtsextreme Wahlverhalten in Deutschland und ganz Europa ist eine Reaktion auf einen Wertewandel hin zu postmaterialistisch-libertären Werten. Die Agenda der „Neuen Linken" (Gleichberechtigung, sexuelle Freiheit, Umweltschutz, Freizügigkeit von Lebensstilen, Multikulturalismus) werde radikal abgelehnt. Die Anhänger rechtsextremer Parteien betonten ihrerseits traditionelle Werte wie Ordnung, Sicherheit, Nationalkultur, Familie, Gehorsam und Pflichterfüllung.

In der Öffentlichkeit dominieren nach wie vor die Protestwahl- und die Modernisierungsverliererthese, wobei ideologische Motive fast vollständig ausgeklammert werden. Arbeitslosigkeit, wirtschaftliche Unzufriedenheit, Zukunftsängste und Politikverdrossenheit werden als entscheidende Gründe für die Wahl von REP, DVU und NPD angesehen. In der Wahlforschung setzt sich hingegen die Einsicht durch, dass nur *multifaktorielle Ansätze* rechtsextremes Wahlverhalten erklären können. Der Hinweis auf Protestmotive und eine schlechte sozioökonomische Lage erklärt nicht, warum sich der Protest nach rechts entlädt. Ideologische Motive allein können nicht die konjunkturellen Sprünge erklären. Nach Erkenntnissen von Jürgen Falter und Mitarbeitern (Klein/Falter 1996, Falter 2002, Arzheimer 2004) steigt die Wahrscheinlichkeit der Rechtswahl erst deutlich, wenn rechte Orientierungen, Politikverdrossenheit und/oder Benachteiligungsgefühle zusammen auftreten. Die Autoren sprechen von *„rechtsextremen Protestwählern"* (Falter 2002: 540). Zu diesem Ergebnis kommt auch Richard Stöss (2000: 134). Die Anhänger von REP, DVU und NPD ließen sich durch eine extrem rechte Grundorientierung, eine starke politische Entfremdung und das Gefühl sozioökonomischer Bedrohung beschreiben.

Ideologische Orientierungen zeigen sich in Falters und Stöss' Untersuchungen als mit Abstand stärkster Prädikator für rechtsextremes Wahlverhalten. So stimmten 61% der Wähler von DVU, NPD und REP von 1994 bis 2002 der Aussage zu, „der Nationalsozialismus hatte auch seine guten Seiten"; 50% waren der Meinung „auch heute noch ist der Einfluss der Juden zu groß" (Arzheimer 2004: 76). Sie unterscheiden sich damit fundamental von den Wählern anderer Parteien, wo „nur" 12% bzw. 17% diesen Aussagen zustimmten. Stöss (2000: 142) bescheinigt fast 60% der Wähler von REP, DVU und NPD ein „geschlossenes rechtsextremistisches Weltbild" mit autoritären, nationalistischen, fremdenfeindlichen, wohlstandschauvinistischen, antisemitischen und pro-nazistischen Einstellungen. Auch die restlichen Wähler seien überdurchschnittlich rechts eingestellt.

So sehr es gängigen Interpretationsmustern widerspricht: *Rechte Orientierungen sind eine conditio sine qua non für die Wahl von REP, DVU und NPD.* Zudem war zumindest bis 2002 rechtsextremes Wahlverhalten eng verknüpft mit der Konjunktur des Themas Ausländer und Asyl, für die Wähler rechtsextremer Parteien lange Zeit das wichtigste Problem (vgl. Falter 2002). Wenn Befragte den rechtsextremen Parteien bei diesem Thema „Lösungskompetenz“ zuschrieben, stieg die Wahrscheinlichkeit der Rechtswahl deutlich an. Weitere wichtige Themen der Rechtswähler sind Kriminalität und innere Sicherheit. Bemerkenswert ist, dass NPD und DVU 2004 erfolgreich waren, obwohl in der Gesamtbevölkerung wie unter den Rechtswählern die Arbeitsmarktlage als mit Abstand wichtigstes Problem genannt wurde.

Regionale Besonderheiten: ein vernachlässigter Aspekt

In der Forschung werden regionale Spezifika rechtsextremen Wahlverhaltens meist vernachlässigt. Die REP-Erfolge in Baden-Württemberg seit 1989 verdeutlichen, wie wichtig deren Berücksichtigung ist: Sozioökonomische Probleme und Protest sind im wohlhabenden „Musterländle“ als Motive wenig plausibel. Auffällig ist die starke Konzentration der Hochburgen auf das industriell-protestantische Nordwürttemberg. Ulrich Eith (2003) betont deshalb historisch-soziologische und regional-kulturelle Faktoren: Aufgrund der verspäteten, dezentralen Industrialisierung und fehlender Ballungsräume habe sich in Nordwürttemberg kaum ein traditionelles Arbeitnehmermilieu mit affektiven Bindungen zur SPD entwickelt. Die kleinbürgerlich-autoritäre Arbeitnehmerschaft stelle ein Potenzial für die REP dar. Als Nährboden für rechte Orientierungen gilt dort zudem der Jahrhunderte lange Einfluss des Pietismus mit seinen autoritären Grundströmungen und einer geringen Toleranz gegenüber Neuem und Fremdem.

7. Aktuelle Entwicklungen: Rechtsextreme Wahlerfolge in Ostdeutschland

„Eine spezifisch ostdeutsche Denkzettelwahl“ – so *Die Welt* nach den Erfolgen von DVU und NPD im September 2004. Die Reaktion spiegelt das gängige Bild in der Öffentlichkeit wider, wonach rechtes Wahlverhalten derzeit hauptsächlich ein Ost- und Protestphänomen ist. Doch insbesondere der Erfolg der neonazistischen NPD in Sachsen, die mit 9,2% der Stimmen erstmals seit 1968 wieder in ein Landesparlament einzog, wirft die Frage auf: War dieser Erfolg wirklich nur unideologischer Protest?

Der NPD-Erfolg in Sachsen: Nur unideologischer Protest gegen „Hartz IV"?

Bei den Landtagswahlen in Sachsen war die NPD besonders erfolgreich unter jungen Männern (21% bei 18-29jährigen Männern), Arbeitslosen (18%), Arbeitern (14%) und Menschen mit geringer und mittlerer Bildung (Forschungsgruppe Wahlen 2004). Die Wählerschaft der Partei setzte sich hauptsächlich aus früheren Nichtwählern und CDU-Wählern sowie Erstwählern zusammen. Wichtigstes Thema unter NPD-Wählern war mit über 60% die Arbeitsmarktlage, danach folgte mit zirka 40% bereits die Ausländerpolitik (Pfahl-Traughber 2004: 63).

Medien und Meinungsforschungsinstitute hoben in ihren Analysen stark auf Protestmotive im weitesten Sinn ab: Die Wähler seien objektiv wie subjektiv benachteiligt und fühlten sich als Verlierer der Wiedervereinigung. Sie seien unzufrieden mit der wirtschaftlichen Lage und der Politik der Bundesregierung und protestierten mit ihrer Stimme vor allen Dingen gegen die Arbeitsmarktreformen „Hartz IV"; 84% der NPD-Anhänger lehnten diese ab (Forschungsgruppe Wahlen 2004; Infratest dimap 2004).

Eine ideologische Überzeugung der NPD-Wähler wurde weitgehend ignoriert. Es sei wichtig, „zwischen den Positionen der Parteikader und den Wählern zu differenzieren" (Forschungsgruppe Wahlen 2004). Viola Neu (2004) interpretierte die Wahl als „reine Protestwahl" der „Modernisierungsverlierer": „Nichts deutet darauf hin, dass sich dahinter ein wie auch immer geartetes rechtsextremes Einstellungssyndrom verbirgt." Sicherlich: Die hohe Arbeitslosigkeit in Ostdeutschland und Abstiegsängste durch Hartz IV haben der NPD in die Hände gespielt. Hierfür sprechen die hohen Stimmenanteile bei Arbeitslosen sowie das hohe Maß an wirtschaftlicher und politischer Unzufriedenheit und Benachteiligungsgefühlen unter den NPD-Wählern. Von unideologischem Protest zu sprechen, ist jedoch ebenso verharmlosend wie falsch. Einzelne fremdenfeindliche und antidemokratische Statements können zwar nicht alle Aspekte einer rechten Orientierung ausleuchten, zeigen aber deutlich, dass die These der unideologischen Protestwahl zu kurz greift: 96% (!) der NPD-Anhänger sehen in den in Deutschland lebenden Ausländern eine „Überfremdungsgefahr“ (Forschungsgruppe Wahlen 2004). 50% bezeichnen die Demokratie als „keine so gute Regierungsform“ (Infratest dimap 2004). Analog zu den Erkenntnissen über die Wählerschaft rechtsextremer Parteien muss insbesondere bei der neonazistischen NPD davon ausgegangen werden, dass die Mehrheit ihrer Wähler nicht nur Protest artikulieren wollte, sondern über ein rechtsextremes Weltbild verfügt. Ein in der sächsischen Bevölkerung vorhandenes rechtes Einstellungspotenzial konnte mobilisiert werden und sich aufgrund der wirtschaftlichen, sozialen und politischen Unzufriedenheit, in Verbindung mit der ohnehin hohen Wählervolatilität in Ostdeutschland, im Wahlergebnis niederschlagen.

Der Wahlerfolg der NPD ist zudem auf eine seit Jahren zu beobachtende subkulturelle und milieuspezifische Verankerung des Rechtsextremismus in bestimmten Gebieten Ostdeutschlands, v.a. Sachsens zurückzuführen (vgl. Landesamt für Verfassungsschutz Sachsen 2004). Eine rechte Alltagskultur bildet den Humus für den NPD-Erfolg in Sachsen. Im Amalgam einer bewegungsförmigen extremen Rechten aus Kameradschaften, Skinheads und lose organisierten Gruppen konnte sich die NPD mithilfe ihrer Jugendorganisation „Junge Nationaldemokraten“ (JN) regionale Hochburgen aufbauen, z.B. in der Sächsischen Schweiz. Dort erzielte die NPD bereits bei den Kommunal- und Landtagswahlen 1999 z.T. zweistellige Ergebnisse und kam auch bei der Bundestagswahl 2005 auf 7,1% der Stimmen. Rechtsextremismus ist in Sachsen mitnichten nur ein Jugendproblem, sondern reicht bis in die „Mitte der Gesellschaft“. Mobile Beratungsteams beobachten, dass rechtsextreme Wertvorstellungen zunehmend Bestandteil des alltäglichen Lebens werden und warnen vor sich verfestigenden rechtsextremen Milieus. Armin Pfahl-Traughber (2000: 11) spricht von einer „alltagskulturellen Dominanz“ in manchen Gegenden. Auf diesem soziokulturellen Humus ist es der NPD gelungen, „tief in die Kapillaren der Gesellschaft einzudringen“ (Decker 2005). So ist es auch nicht verwunderlich, dass jeder fünfte Sachse die NPD mittlerweile als „normale demokratische Partei“ bezeichnet und jeder zweite angibt, die NPD würde „zumindest die Dinge beim Namen nennen“ (Infratest Dimap 2004).

8. Fazit

Das rechtsextreme Wahlverhalten in Ost- und Westdeutschland ist vielschichtiger als es das öffentliche Mantra der Protest- und Denkzettelwahl nahe legt. Zu seiner Erklärung bedarf es mehrstufiger und mehrfaktorieller Erklärungen. Als notwendige Bedingung zeigen sich (a) rechte Orientierungen der Wähler. Diese setzen sich verstärkt in eine Wahl für REP, DVU und NPD um, wenn (b) Politiker- und Parteienverdrossenheit, wirtschaftliche und soziale Unzufriedenheit, absolute, relative und antizipierte Deprivation hinzutreten. Die Rechtswahl wird zudem begünstigt durch (c) nachlassende bzw. nicht vorhandene Bindungen zu Parteien, Kirchen und Gewerkschaften und eine damit verbundene Wählervolatilität sowie (d) die Problemwahrnehmung des Themas Ausländer und Asyl und anderer ideologisch aufladbarer Themen. Berücksichtigt werden sollte außerdem (e) die regionale, milieuspezifische und subkulturelle Verankerung rechter Orientierungen und rechtsextremer Parteien.

Ausgewählte Literatur

Arzheimer, Kai: Wahlen und Rechtsextremismus, in: Bundesministerium des Inneren (Hrsg.): Extremismus in Deutschland. Erscheinungsformen und aktuelle Bestandsaufnahme, Berlin 2004, S. 56-81.

Beck, Ulrich: Risikogesellschaft. Auf dem Weg in eine andere Moderne, Frankfurt a.M. 1986.

Bibouche, Seddik/Held, Josef: IG-Metall-Jugendstudie. Lebenseinstellungen junger Arbeitnehmerinnen und Arbeitnehmer. Neue Orientierungen und Engagementformen, Marburg 2002.

Bundesministerium des Inneren (Hrsg.): Verfassungsschutzbericht 2004, Berlin 2005.

Butterwegge, Christoph: Rechtsextremismus, Rassismus und Gewalt. Erklärungsmodelle in der Diskussion, Darmstadt 1996.

Butterwegge, Christoph/Hickel, Rudolf/Ptak, Ralf: Sozialstaat und neoliberale Hegemonie. Standortnationalismus als Gefahr für dic Demokratie, Berlin 1998.

Decker, Frank: In Hitlers Schatten, in: Die Zeit vom 24.2.2005, S. 6.

Eith, Ulrich: Die Republikaner in Baden-Württemberg. Mehr als nur populistischer Protest, in: Werz, N. (Hrsg.): Populismus. Populisten in Übersee und Europa, Opladen 2003, S. 242-261.

Falter, Jürgen W.: Republikaner/DVU, in: Greiffenhagen, M./Greiffenhagen, S. (Hrsg.): Handwörterbuch zur politischen Kultur der Bundesrepublik Deutschland, Wiesbaden 2002, S. 533-541.

Forschungsgruppe Wahlen: Landtagswahlen in Sachsen und Brandenburg: NPD und DVU, Mannheim 2004.<http://www.forschungsgruppe.de/Ergebnisse/Wahlanalysen/Newsletter_NPD_DVU.pdf>.

Gille, Martina/Krüger, Winfried: Unzufriedene Demokraten. Politische Orientierungen der 16- bis 29jährigen im vereinigten Deutschland, Opladen 2000.

Held, Josef/Horn, Hans-Werner/Marvakis, Athanasios: Gespaltene Jugend. Politische Orientierungen jugendlicher ArbeitnehmerInnen, Opladen 1996.

Held, Josef: Politische Orientierungen – die Tübinger Jugendstudien, in: Dalbert, J./Brunner, E. J. (Hrsg.): Handlungsleitende Kognitionen in der pädagogischen Praxis, 2000, S. 43-63.

Heitmeyer, Wilhelm: Rechtsextremistische Orientierungen bei Jugendlichen, Weinheim-München 1987.

Heitmeyer, Wilhelm (Hrsg.): Deutsche Zustände. Folge 3, Frankfurt a.M. 2005.

Infratest Dimap: Analyse der Landtagswahlen in Sachsen und Brandenburg am 19. September 2004. <http://www.infratest-dimap.de/download/wahlreport_sn04_leseprobe.pdf>.

Klein, Markus/Falter, Jürgen W.: Die dritte Welle rechtsextremer Wahlerfolge in der Bundesrepublik Deutschland, in: Falter, J. W./Jaschke, H.-G./Winkler, J. R. (Hrsg.): Rechtsextremismus. Ergebnisse und Perspektiven der Forschung, Opladen 1996, S. 288-312.

Landesamt für Verfassungsschutz Sachsen (Hrsg.): Verfassungsschutzbericht 2003, Dresden 2004.

Loch, Dietmar/Heitmeyer, Wilhelm (Hrsg.): Schattenseiten der Globalisierung. Rechtsradikalismus, Rechtspopulismus und separatistischer Regionalismus in westlichen Demokratien, Frankfurt a.M. 2001.

Minkenberg, Michael: Die neue radikale Rechte im Vergleich. USA, Frankreich, Deutschland, Opladen 1998.

Neu, Viola: Landtagswahl in Sachsen am 19.9.2004. Wahlanalyse. KAS-Onlinepublikation, 2004. <http://www.kas.de/db_files/dokumente/7_dokument_dok_pdf_5343_1.pdf>.

Pfahl-Traughber, Armin: Die Entwicklung des Rechtsextremismus in Ost- und Westdeutschland, in: Aus Politik und Zeitgeschichte 39(2000), S. 3-14.

Pfahl-Traughber, Armin: Wer wählt warum rechtsextremistisch? Sozialstruktur und Motivation der Wähler von DVU, NPD und REP im Vergleich, in: Forum für Kultur, Politik und Geschichte 447(2004), S. 60-65.

Raschke, Joachim/Tils, Ralf: CSU des Nordens. Profil und bundespolitische Perspektiven der Schill-Partei, in: Blätter für deutsche und internationale Politik, 47(2002), S. 49-58.

Roth, Dieter/Schäfer, Hartmut: Der Erfolg der Rechten. Denkzettel für die etablierten Parteien oder braune Wiedergeburt?, in: Bürklin, W./Roth, D. (Hrsg.): Das Superwahljahr: Deutschland vor unkalkulierbaren Regierungsmehrheiten?, Köln 1994, S. 111-131.

Schumann, Siegfried: Die Wahl der Republikaner: Ideologisches Bekenntnis oder Ausdruck von Protest? Fortführung einer Debatte unter theoretischen und methodischen Gesichtspunkten, in: Klingemann, H. D./Kaase, M. (Hrsg.): Wahlen

und Wähler. Analysen aus Anlass der Bundestagswahl 1998, Wiesbaden 2001, S. 717-738.
Stöss, Richard: Rechtsextremismus im vereinten Deutschland, Berlin 2000.
Veen, Hans-Joachim/Lepszy, Norbert/Mnich, Peter: The Republikaner party in Germany. Right-wing menace or protest catchall?, Washington 1993.
Wellmer, Matthias: Fremdenfeindliche Einstellungen von Jugendlichen. Bericht über ein Forschungsprojekt im Fachbereich Erziehungswissenschaften, Wuppertal 1995.

Tomasz Słomka

Rechtspopulismus und Rechtsradikalismus in Polen – eine Bestandsaufnahme

Untersuchungen über Rechtspopulismus und -extremismus müssen vermeiden, Länder wie Polen und Deutschland in einen Topf zu werfen. Sie weisen in ihrer Natur und Dynamik national bedingte Besonderheiten auf, die man berücksichtigen muss. *Die Besonderheit des polnischen Rechtsradikalismus liegt in seiner breiten programmatischen Streuung und seiner Verteilung auf verschiedene politische Gruppierungen und gesellschaftliche Kreise. Vielleicht ist dies der entscheidende Faktor, der verhindert, dass Rechtspopulismus und Rechtsradikalismus in Polen die gleichen extremistischen Formen annehmen wie etwa in Deutschland.*

In Polen lässt sich der mitunter starke Rückhalt, den rechtsgerichtete Populisten und Extremisten in der Gesellschaft genießen, auf mehrere, häufig eng zusammenhängende Ursachen zurückführen. Eine ganze Reihe von Gründen ist hier zu nennen: zum einen (1) Religion und Tradition, mit denen man sich seit jeher verbunden gefühlt hat, (2) ein im Zuge der politischen Wende aufgekommener Modernismus und (3) der immer noch das Denken der Menschen bestimmende Sozialismus; zum anderen (4) die Instabilität der Prozesse und Resultate der politischen Meinungs- und Willensbildung und (5) die Schwäche, um nicht zu sagen das Fehlen der demokratischen Mitte. Radikalpopulistische Strömungen konnten im Laufe der letzten 16 Jahre in unterschiedlicher Form Fuß fassen und sich ausbreiten. Dabei geholfen haben politische Parteien und Gewerkschaften ebenso wie Jugendorganisationen und Bewegungen, die sich um die Massenmedien, und dabei insbesondere Radio Maryja, scharten.

Polen unterscheidet sich von Deutschland in einem sehr wichtigen Punkt: Während eine Regierungsbeteiligung rechtspopulistischer bzw. -extremer Parteien und Gruppierungen in Deutschland so gut wie ausgeschlossen ist, ist ein solches Szenario seit Mai 2006 in Polen Wirklichkeit. Als sich die Mitte-Rechts-Partei „Recht und Gerechtigkeit" [Prawo i Sprawiedliwość, PiS], die aus den Parlamentswahlen vom September 2005 als Sieger hervorgegangen und mit der Regierungsbildung beauftragt worden war, im Sejm vorstellte, standen die führenden Vertreter des rechtspopulistischen Lagers geschlossen hinter ihr. Gemeint sind damit die Abgeordneten der „Liga Polnischer Familien" [Liga Polskich Rodzin, LPR] und der von Andrzej Lepper geführten Partei „Selbstverteidigung" [Samoobrona], der sog. Lepper-Partei. Zusammen mit der sog. „Bauernpartei", der „Polnischen Volkspartei" [Polskie Stronnictwo Ludowe, PSL], die ebenfalls ihre Unterstützung signalisierte, stellten diese Parteien die Mehrheit der Abgeordneten im Parlament. Zunächst wurde jedoch keine offizielle Koalitionsvereinbarung getroffen und Ministerpräsident Kazimierz Marcinkiewicz führte eine Minderheitsregierung an, die bei ihren Entscheidungen um die Gunst des rechtspopulistischen Lagers buhlen musste. Angesichts der unübersehbaren Schwäche dieses Kabinetts verständigten sich im Mai 2006 die besagten Gruppierungen mit Ausnahme der PSL darauf, aktiv in die Regierung einzutreten, und bilden seitdem eine Dreiparteien-Koalition. Dies ist ein denkwürdiges Ereignis, denn noch nie gab es nach der Wende in Polen eine Regierung mit einer dezidiert radikal-populistischen Ausrichtung.

1. Populismus und Extremismus von rechts: eine begriffliche Abgrenzung

Die Begriffe Populismus und Extremismus sind nicht eindeutig und sind in ihren Inhalten nicht notwendig rechtsgerichtet. Unter *Populismus* versteht man allgemein das Verhalten eines Politikers, der es vor allem darauf anlegt, um jeden Preis beim „kleinen Mann auf der Straße" anzukommen, und der selbst dann noch um dessen Unterstützung wirbt, wenn bereits jedermann klar ist, dass es sich um Angelegenheiten handelt, in denen der Normalbürger aufgrund mangelnden Wissens keine rationale Entscheidung treffen kann (Scruton 2002: 292). Populisten halten es mit der Maxime: „Das Volk hat immer Recht" – „vox populi vox Dei". In den Tönen, die sie anschlagen, schwingt stets eine demagogische Note mit. Populisten haben es ferner an sich, dass sie die Menschen gegen bestimmte Klassen bzw. Gruppen in der Gesellschaft aufhetzen, indem sie ihnen Angst einjagen und weismachen, diese hätten sich gegen sie verschworen und würden lediglich danach trachten, ihnen Schaden zuzufügen (Scruton 2002: 65). Populistische Kräfte brauchen einen charismatischen Anführer, der es versteht, sich bei der Menge Gehör zu verschaffen. Eine solche „Lichtgestalt" entlarvt „den Feind" und verheißt sofortige Abhilfe von aller Not, wenn man nur zur Gefolgschaft bereit ist (Marczewska-Rytko 1999: 283). Charakteristisch für Populisten ist ihre Schwarz-Weiß-Malerei. Sie wecken den Glauben an den guten Kern im Volk und dessen Überlegenheit gegenüber den Eliten, die nur damit beschäftigt seien, sich auf Kosten des einfachen Bürgers zu bereichern (Jankiewicz 2004: 100). Diese anti-elitäre Einstellung „äußert sich im Misstrauen gegenüber Berufspolitikern, in der Befürwortung der direkten Demokratie, im Ruf nach einem charismatischen Führer oder in Lobeshymnen auf die Anarchie" (Marczewska-Rytko 1999: 284).

Populistische Gruppierungen positionieren sich oft in der Mitte zwischen Kapitalismus und Sozialismus und versuchen, diese gegensätzlichen Gesellschaftsordnungen in einer neuen Synthese miteinander zu vereinen, indem sie Positionen von beiden übernehmen. Sie wollen damit dem Wähler den Eindruck einer echten Alternative vermitteln und geben vor, mit ihnen könne man einen neuen sog. dritten Weg beschreiten. In Polen zum Beispiel wird diese Strategie konsequent von der Bauernpartei (PSL) und der Lepper-Partei verfolgt. Aber auch die Parteien am rechten Rand des politischen Spektrums, sei es die gemäßigtere Partei „Recht und Gerechtigkeit", sei es die radikale „Liga Polnischer Familien" (LPR), bekennen sich in ihren Programmen relativ unverhohlen zu dieser politischen Synthese.

In der Fachliteratur wird immer wieder behauptet, dass gerade die Region Mittel- und Osteuropa für populistische Agitation besonders empfänglich sei. Als Gründe werden genannt: (1) die sozialistische Vergangenheit, als Opposition nicht in Form einer konstruktiven politischen Auseinandersetzung und nur unter Vermeidung der offiziellen Institutionen betrieben werden konnte, (2) die Kosten der Wende und (3) der Preis, den man für die Integration in westliche Strukturen und die Liberalisierung der Wirtschaft zahlen musste (Markowski 2004: 27ff.).

Rechtsextremismus dagegen bedeutet eine grundsätzliche Intoleranz gegenüber anderen Meinungen und Ansichten, verbunden mit Fremdenfeindlichkeit bzw. Hass z.B. gegen religiöse oder sexuelle

Minderheiten. Dazu kommt die Bereitschaft, bei der Durchsetzung der eigenen Vorstellungen Mittel anzuwenden, die gegen allgemein gültige und akzeptierte gesellschaftliche Verhaltensnormen verstoßen, die menschenverachtend sind, Respekt vor dem Leben vermissen lassen und die Rechte und Freiheiten anderer mit Füßen treten (Scruton 2002: 90). Rechtsextremistische Gruppierungen lassen sich deshalb nicht selten zu illegalen Handlungen hinreißen, begehen Verfassungsbruch und schrecken auch nicht vor Gewalt und Terror zurück.

Extremismus muss nicht unbedingt mit Populismus oder allgemeinem politischem Radikalismus einhergehen; aber die Erfahrung zeigt, dass beide Erscheinungen miteinander harmonieren. Das, was beide miteinander vereint, sind das Aufbegehren gegen die bestehende Ordnung und das Abweichen von der Normalität. Im Zusammenhang mit den im vorliegenden Beitrag behandelten Gruppierungen lässt sich feststellen, dass diese sich weniger durch Rechtsextremismus – solange man diesen im klassischen Sinne versteht – als vielmehr durch Rechtsradikalismus und -populismus auszeichnen. Für die rechtsradikalen Parteien in Polen ist es kennzeichnend, dass sie unter keinen Umständen auch nur einen Fingerbreit von ihren programmatischen Positionen abrücken, dass sie tiefgreifende Einschnitte ins politische System fordern, wobei sie die Verfassung der III. Republik in Frage stellen und bisweilen auch die bestehende Rechtsordnung anzweifeln. Außerdem halten sie eisern am Führerprinzip fest, womit sie gegen die Verfassung verstoßen und das für politische Parteien und sonstige gesellschaftliche Vereinigungen geltende Recht verletzen. Rechtsradikale Gruppierungen in Polen neigen im Gegensatz zu ihren Pendants in Deutschland oder Russland nur selten zur Gewalt, so dass ihr extremistisches Potential auf die programmatische Ebene und die Sphäre des politischen Handelns beschränkt bleibt.

2. Rechtspopulistische und rechtsradikale Parteien in der polnischen III. Republik

Die Präsenz rechtsradikaler Parteien zieht sich wie ein roter Faden durch die gesamte III. Republik. Solche Gruppierungen waren und sind u.a. die „Konföderation Unabhängiges Polen“ [Konfederacja Polski Niepodległej, KPN], die bereits 1979 entstand, dann aber nach der Wende von 1989 in zahlreiche Splitterparteien zerfiel, die antisemitische „Polnische Nationale Gemeinschaft – Polnische Nationale Partei“ [Polska

Wspólnota Narodowa – Polskie Stronnictwo Narodowe, PWN-PSN] (Paszkiewicz 2004: 89), die „Nationale Partei“ [Stronnictwo Narodowe, SN], aus der später die „Liga Polnischer Familien“ (LPR) hervorging, die „Bewegung für den Wiederaufbau Polens“ [Ruch Odbudowy Polski, ROP] sowie die „Christlich-Nationale Vereinigung“ [Zjednoczenie Chrześcijańsko-Narodowe, ZChN].

Von all diesen Gruppierungen spielte die *„Christlich-Nationale Vereinigung“* bis Ende der 1990er Jahre eine Hauptrolle auf der politischen Bühne Polens. Ihre Kraft schöpfte sie daraus, dass sie mit Ausnahme der Legislaturperiode 1993-1997 bis zum Zusammenbruch der Koalition „Wahlbündnis Solidarität“ [Akcja Wyborcza Solidarność, AWS] im Jahr 2000 ständig im Parlament vertreten war. Die „Christlich-Nationale Vereinigung“ entstand im Oktober 1989 als Ergebnis des Zusammenschlusses verschiedener national-katholischer Gruppierungen, die der „Solidarität“ nahe standen. Sie gilt zwar als die „erste Partei, die auf radikale, ja aggressive Weise der Gesellschaft ihre christlich-nationale Weltanschauung vor Augen führte“ (Paszkiewicz 2004: 211). Jedoch muss man ihr zugestehen, dass sie die Radikalität, mit der sie sich zu präsentieren pflegte, „durch ihre Beteiligung an der Macht mit der Zeit immer weiter abstreifte und schließlich ganz aufgab“ (Paszkiewicz 2004: 211). Bereits 1996 als Koalitionspartner innerhalb des „Wahlbündnisses Solidarität“ legte die „Christlich-Nationale Vereinigung“ eine gemäßigtere Haltung an den Tag und steuerte fortan einen Rechtskurs, der sie in die Nähe der Christdemokraten rückte. Sie war von Anfang an antikommunistisch, kämpfte vor der Wende für eine freie und offene Gesellschaftsordnung und vertrat nach dem Systemwechsel jene Strömung in der polnischen Politik, die eine stärkere Verbundenheit und Zusammenarbeit zwischen Kirche und Staat forderte. So machte sie sich für die Familie stark und fühlte sich dem Schutz des ungeborenen Lebens verpflichtet und erteilte jedweden Praktiken des Schwangerschaftsabbruchs eine klare Absage (Raciborski 2003: 217). Die „Christlich-Nationale Vereinigung“ konnte sich zwar behaupten, doch musste sie nach 2001 die Spitzenposition, die sie bis dahin unter den im Parlament vertretenen radikalen Parteien eingenommen hatte, an die „Liga Polnischer Familien“ abtreten.

Die *„Liga Polnischer Familien“* gewann bei den Parlamentswahlen vor vier Jahren fast 8% der Stimmen, in den Prognosen zu den letzten Wahlen schwankte sie zunächst zwischen 8% und 11% und bekam schließlich erneut 8%, womit sie ihr gutes Ergebnis von 2001 wiederholte. Die „Liga Polnischer Familien“ wurde also bei den Wahlen von 2005 zur führenden

Kraft im rechten Lager des polnischen Parteienspektrums. Vor den Wahlen hatte man zwar versucht, ihr diesen Rang streitig zu machen, indem man mit der „Patriotischen Bewegung" [Ruch Patriotyczny, RP] unter Antoni Macierewicz und Jan Olszewski, zwei Politikern, die Mitte der 90er Jahre ihre größten Erfolge zu verzeichnen hatten, eine Konkurrenz aufzubauen versuchte. Doch diese fiel trotz der Unterstützung von Radio Maryja bei den Wahlen mit einem Stimmenanteil von weniger als 1% glatt durch und schaffte es somit nicht, die Liga vom ersten Platz zu verdrängen. Als wichtige Gruppierung ist allerdings die „Allpolnische Jugend" [Młodzież Wszechpolska, MW] einzustufen, die der Liga nahe steht und die man aufgrund ihres wachsenden politischen Einflusses sowie ihrer spezifischen Vorgehensweise unbedingt im Auge behalten muss.

Will man den gegenwärtigen Zustand der rechtsextremen Parteien beurteilen, so darf man auf keinen Fall die entsprechenden *Medien* außer Acht lassen, die hinter ihnen stehen. Diese sind in erster Linie Radio Maryja, der Fernsehsender „Trwam" und das Tagesblatt „Nasz Dziennik" [Unsere Zeitung] (Kostrzębski 2005: 276-279). Besondere Rätsel dürfte all jenen, die sich mit der politischen Szene Polens befassen, die Partei „Recht und Gerechtigkeit" unter Führung der Brüder Jarosław und Lech Kaczyński aufgeben. Diese Partei gibt sich einerseits gemäßigt, andererseits radikal, indem sie Parolen wie die von der moralischen Wende oder vom Aufbau einer neuen IV. Republik in die Welt hinausposaunt. Sie erfährt aus dem Kreis der Sympathisanten von Radio Maryja immer mehr Zuspruch und kooperiert immer öfter mit der „Liga Polnischer Familien" – etwa auf der Kommunalebene und seit der Berufung Kazimierz Marcinkiewicz' zum Ministerpräsidenten seit Mai 2006 auch in der Regierung.

Die „Liga Polnischer Familien"

Die „Liga Polnischer Familien" entstand im Frühjahr des Jahres 2001, also zu einem Zeitpunkt, als der Wahlkampf bereits in vollem Gang war, gestützt auf einige andere rechtsgerichtete Gruppierungen wie die „Nationale Partei" und die „Nationaldemokratische Partei", um nur die wichtigsten zu nennen, und unter Nutzung der dort bereits vorhandenen Organisationsstrukturen. Die Initiative zur Parteigründung wurde gefördert von Pater Tadeusz Rydzyk, dem Direktor des Senders Radio Maryja (Paszkiewicz 2004: 57). Von Beginn an verstand sich die Liga als Sprachrohr verschiedener, darunter vor allem katholisch-nationaler, konservativer und völkischer Kreise. In diesem rechten Sammelbecken kamen in der Folge ambitionierte Politiker mit hoch gesteckten Zielen zusammen – etwa Roman und Maciej Giertych, die dem nationaldemokratischen Lager entstammten, Zygmunt Wrzodak, der zuvor im Rahmen des „Wahlbündnisses Solidarität“ gewirkt hatte, Antoni Macierewicz von der „Katholisch-Nationalen Bewegung“ [Ruch Katolicko-Narodowego, RKN] und Bogdan Pęk von der Bauernpartei (PSL). Vorsitzender der Liga wurde der weitgehend unbekannte und wenig charismatische Marek Kotlinowski, der nun die schwierige Aufgabe zu meistern hatte, für Ausgleich unter all den innerparteilichen Strömungen zu sorgen. Bald stellte sich heraus, dass er die Erwartungen, die man in ihn gesetzt hatte, nicht erfüllen konnte und mit dem Posten eines Parteiführers völlig überfordert war.

In diesem Moment trat ein junger Politiker in Erscheinung, der sich bereits in der „Allpolnischen Jugend“ durch politisches Geschick und Talent profiliert hatte und dem man folglich zutrauen konnte, das Geschick der neuen Partei in die richtigen Bahnen zu lenken: *Roman Giertych*. Er war es, der im Zeitraum zwischen 2001 und 2005 der Liga seinen Stempel aufdrückte und mit der Zeit zu ihrem Erkennungsmerkmal wurde: Er legte ihr Programm fest, verlieh der Partei Konturen und schwor die Anhänger aufeinander ein. Zu seiner Popularität hat zweifellos seine Mitgliedschaft in einem parlamentarischen Untersuchungsausschuss beigetragen, der aufklären sollte, ob und inwieweit die Geheimdienste an der Verhaftung des Vorsitzenden des Treibstoffkonzerns Orlen beteiligt waren. Das Ganze hatte aber auch eine Schattenseite, denn Roman Giertych polarisierte die Partei und mit ihm an der Spitze wuchsen die innerparteilichen Spannungen, die mehrfach Zerreißproben nach sich zogen. Giertych wurde gelegentlich ein diktatorischer Führungsstil vorgeworfen, so etwa vom Europaabgeordneten der Liga Bogdan Pęk. Er beklagte: „In der Liga ist eine Situation entstanden, die nichts mit Demokratie zu tun hat, und es herrscht dort im Grunde einer allein in Übereinstimmung mit nur einigen wenigen ihm Hörigen, nämlich Roman Giertych, der Diktator“ (Szacki 2005). Nicht nur die „Liga Polnischer Familien“, sondern extreme Parteien im Allgemeinen pflegen einen autokratischen Führungsstil, so auch Parteien wie die „Selbstverteidigung“ und hie und da auch „Recht und Gerechtigkeit“.

Das charakteristische Merkmal der „Liga Polnischer Familien“ ist ihre Ablehnung der Errungenschaften der III. Republik. Die derzeitige

Gesellschaftsordnung ist dieser Partei zufolge das Resultat einer Verschwörung jener Eliten, die sich aus der Zeit des Kommunismus herübergerettet haben, mit der Bewegung „Solidarität“ Ende der 80er Jahre. Denn es komme nicht von ungefähr, dass gerade diese beiden Gruppierungen am meisten von der Wende profitierten. Vor dem Hintergrund dieser Gesamteinschätzung plädiert die Liga für eine *neue Verfassung.* Sie gießt damit Wasser auf die Mühlen der Partei „Recht und Gerechtigkeit“, die schon früher die Parole vom Übergang von der III. zur IV. Republik ausgegeben hat. Die Verfassung müsse, so die Liga weiter, auf festen moralischen und religiösen Wertvorstellungen basieren (U.a. gehöre die Anrufung Gottes, die Invocatio Dei, in die Präambel der Verfassung, was 1997 nicht geschah.). Das in ihr verankerte nationale Recht müsse stets Vorrang vor internationalem Recht haben. So verwundert es nicht, dass die Gruppierung um Giertych gegen eine Mitgliedschaft Polens in der Europäischen Union zu Felde zieht und sich vehement gegen die Unterzeichnung und Ratifizierung der europäischen Verfassung zur Wehr gesetzt hat, weil diese die Kompetenzen der nationalen polnischen Verfassung beschneide.

Die Liga will außerdem Veränderungen auf der Regierungsebene vornehmen. Sie möchte die Stellung des Staatspräsidenten durch eine Verlängerung seiner Amtszeit auf sechs Jahre stärken und unter Rückgriff auf das amerikanische Vorbild das Amt eines Vizepräsidenten einführen, der dann den Vorsitz im Senat innehätte. Ferner tritt die Liga für eine Reduzierung der Mandate im Sejm, der ersten Kammer des Parlaments, auf 360 und eine Neuregelung der Sitzverteilung im Senat ein (U.a. plant man, 22 Senatoren von im Ausland lebenden Polen wählen und bis zu 20 Senatorenplätze von den Hochschulsenaten besetzen zu lassen.).

Die Vorschläge zur Ausarbeitung einer neuen Verfassung sind jedoch bei genauerer Betrachtung unausgewogen und in sich nicht schlüssig. Ihnen, wie im Übrigen auch den Entwürfen von „Recht und Gerechtigkeit“ und „Selbstverteidigung“, haftet der Makel an, dass sie von der falschen Überzeugung ausgehen, mit einer neuen Verfassung ließen sich alle Krankheiten, an denen Gesellschaft und Politik in Polen leiden, auf einen Schlag beseitigen. Die Einsicht, dass im Fall der praktischen Umsetzung eines wie auch immer gearteten neuen Institutionensystems die vorherrschende politische und Rechtskultur den Ausschlag gibt, wird von den Verfassern der jeweiligen Entwürfe wenn nicht verworfen, so doch zumindest sträflich vernachlässigt.

Was das *Wirtschaftsprogramm* der „Liga Polnischer Familien" angeht, so dominiert, wie bei den meisten Parteien, die sich nach der Wende von 1989 nach rechts orientiert haben, der Etatismus. Privatisierungen stoßen daher bei der Liga auf strikte Ablehnung, erst recht in Bereichen, die für den Staat von strategischer Bedeutung sind, wie etwa das Energie- und Transportwesen. Außerdem sei Eigentum, das rechtswidrig verkauft oder vertragswidrig genutzt wurde oder staatliche Wirtschafts- und Finanzeinrichtungen in ihrer Arbeit beeinträchtigt, konsequent zu verstaatlichen. Die Liga und vor ihr die „Christlich-Nationale Vereinigung" erheben die Familie in den Rang einer alles beherrschenden Kerninstanz, deren Interessen die Leitlinien für das gesamte gesellschaftliche Leben vorgeben. Daraus erwachse für den Staat die Verpflichtung, eine familienfreundliche Politik zu betreiben, d.h. Wirtschafts- und Sozialpolitik seien vor allem auf die Bedürfnisse der Familie abzustimmen.

Ein weiteres wesentliches Merkmal, das die „Liga Polnischer Familien", aber auch die übrigen Gruppierungen der äußersten Rechten kennzeichnet, ist der *Euroskeptizismus*. Man kann sogar so weit gehen zu sagen, dass der Widerstand gegen eine Integration Polens in die Europäische Union im Programm der Liga gegenüber allen anderen Punkten dominiert (Paszkiewicz 2004: 60). Es sind vor allem zwei Motive, die sich hinter dieser Vorgehensweise verbergen. Sie gestattet zum einen, sich von den anderen Parteien, die Polens EU-Mitgliedschaft durchweg mehr oder weniger begrüßen, deutlich abzuheben. Zum anderen kann man sich als Kämpfer für den katholischen Glauben und die nationale Identität aufspielen, die man beide durch die EU gefährdet sieht. Das neue Europa wurde von der Liga ohnehin schon früher in einem dunklen Licht dargestellt. Das Bild verdüsterte sich nun noch zusätzlich, als sich die europäischen Verfassungsväter weigerten, das ausdrückliche Bekenntnis zu den christlichen Wurzeln und Werten Europas in die Präambel des EU-Verfassungsentwurfs aufzunehmen. Im Jahr 2003 richtete sich die „Liga Polnischer Familien", unterstützt von Radio Maryja, in *Nasz Dziennik* mit dem Appell an die polnische Bevölkerung, sich beim bevorstehenden Referendum gegen eine EU-Mitgliedschaft Polens auszusprechen – genauer gesagt ging es weniger um die Mitgliedschaft selbst als vielmehr darum, die Ratifizierung des Beitrittsvertrags durch den polnischen Staatspräsidenten zu missbilligen und damit zu verhindern.

Als man jedoch einsah, dass die Rechnung nicht aufging und man mit seinem Vorhaben gescheitert war, wandte man sich in den Folgejahren

2004 und 2005 der *Europäischen Verfassung* zu und machte massiv Front gegen sie. Man versuchte, in der Bevölkerung eine Stimmung zu erzeugen, die die Regierung veranlassen sollte, von einer Unterzeichnung bzw. Ratifizierung des Verfassungsentwurfs Abstand zu nehmen. Die Liga und die „Allpolnische Jugend" verfassten zu diesem Zweck einen Text, in dem es hieß: „Vor unseren Augen wird in Europa und damit auch in Polen eine neue Rechtsordnung eingeführt. An die Stelle des bisherigen Staatenbundes, dem freie und souveräne Länder angehörten, soll nach der Vorstellung der Föderalisten ein Super-Staat treten, der alle Merkmale aufweist, die einen Nationalstaat ausmachen. Die Völker Europas werden dadurch in ihrer Freiheit bedroht, die bewährten gesellschaftlichen und moralischen Grundlagen, auf die sich Europa so lange gestützt hat, geraten ins Wanken. Stattdessen soll eine ganz neue soziale und politische Wirklichkeit geschaffen werden" (Wierzejski/Sulowski/Pawłowski/Farfal/Parda/Ślusarczyk/Rzeźniczak 2004: 4).

Die „Allpolnische Jugend"

Der Radikalismus der „Liga Polnischer Familien" sollte m.E. auch vor dem Hintergrund ihrer Verbindungen zur *„Allpolnischen Jugend"* gesehen werden; zumal diese gewissermaßen als ihre Nachwuchsorganisation angesehen werden kann. Ihr Ursprung reicht zurück ins Jahr 1922, als der Akademische Verband der „Allpolnischen Jugend" ins Leben gerufen wurde. 1989 wurde er dann auf Betreiben von Roman Giertych reaktiviert. Die „Allpolnische Jugend" verfolgt das Ziel, ihre Mitglieder – vor allem Schüler und Studenten – durch verschiedene Veranstaltungen wie z.B. Vortragsreihen, Ferienlager und Wallfahrten im Geist nationaler und katholischer Werte zu erziehen. Die Publikationen und Aktionen der „Allpolnischen Jugend" lassen außerdem eine eindeutig antisemitische Orientierung erkennen. Sie ist nach dem Führerprinzip aufgebaut, predigt und praktiziert Fremdenhass, wendet sich gegen die EU-Mitgliedschaft Polens und geht gegen gesellschaftliche, vor allem sexuelle Minderheiten vor. Aufgefallen ist die Organisation aber vor allem durch radikale Aktionen, die oft mit Gewalt einhergingen. Man denke nur an die Angriffe auf Demonstrationen von Schwulen, Lesben oder Feministinnen. Im Juni 2003 protestierten Aktivisten der „Allpolnischen Jugend" und der „Liga Polnischer Familien" gegen das Abtreibungsschiff „Langenort" der holländischen Stiftung Women on Waves, als dieses in Polen vor Anker gehen wollte. Es sind dies nur einige wenige Beispiele; aber sie genügen, um zu zeigen, dass es sich im Falle der „Allpolnischen Jugend" um eine Schlägertruppe handelt, die ähnlich wie neonazistische Skinheads vor nichts Halt macht und die deshalb zu Recht im Ruf des extremistischsten Ablegers der polnischen Rechten steht.

Resümierend lässt sich festhalten, dass die „Allpolnische Jugend" zu den wichtigsten rechten Formationen Polens zählt. Bei den Wahlen vom Vorjahr trat die „Allpolnische Jugend" zwar an, aber nicht mit einer eigenen Liste, sondern über den Umweg der „Liga Polnischer Familien". Viele ihrer Kandidaten schafften es tatsächlich, ins Parlament einzuziehen und dort vor allem im Sejm eine relativ starke Fraktion aufzubauen. Wer dort dann letztlich wen beeinflussen wird, ob die „Rechtsaußen" das Parlament in ihrem radikalen Sinne umkrempeln oder von diesem gemäßigt werden, bleibt abzuwarten.

Die Partei „Selbstverteidigung"

Was die Liga für die Rechten ist, das ist die „Selbstverteidigung" für die Linken. Trotz ihrer Zugehörigkeit zu verschiedenen Lagern des politischen Spektrums weisen beide radikal-populistischen Parteien viele Gemeinsamkeiten auf, die besonders während des Wahlkampfes 2005 immer wieder deutlich hervortraten. Zu den wichtigsten und hervorstechendsten Merkmalen gehören zum einen ihre nahtlose Eingliederung in die Reihen jener Parteien, die von Radio Maryja begünstigt werden, zum anderen ihr dezidiertes Eintreten für ein linksgerichtetes Wirtschaftsprogramm, das auf den Sozialstaat abstellt. Wie man sieht, bläst man nicht nur ideologisch, sondern auch gesellschaftlich und wirtschaftlich ins selbe Horn, wobei im Fall der „Selbstverteidigung" die Frage offen bleibt, ob diese Positionen ernst gemeint und von Dauer oder nur gespielt und vorübergehend sind. Beide Gruppierungen folgen in ihrem Aufbau dem Führerprinzip und sind darin vielen extremistischen Parteien ähnlich.

Die Partei „Selbstverteidigung" entstand 1992 als Teil der „Sozialen Bewegung Selbstverteidigung", einer übergeordneten, größeren Organisation, die u.a. die „Bauerngewerkschaft Selbstverteidigung" umfasste (Paszkiewicz 2004: 147). An ihre Spitze setzte sich der Bauer Andrzej Lepper. Die Bewegung machte durch unkonventionelle Methoden wie z.B. Straßenblockaden von sich reden und versuchte, damit die Aufmerksamkeit der Öffentlichkeit auf die Probleme der dörflichen Existenzen, der Landwirtschaft und besonders der hoch verschuldeten Bauernhöfe zu lenken. Nach und nach wandelte sich jedoch Leppers Gruppierung und verlagerte den Schwerpunkt ihrer Aktivitäten auf das politische Handeln. Sie kandidierte bei Wahlen und schaffte nach zwei gescheiterten Versuchen 1993 und 1997 im Jahr 2001 im dritten Anlauf mit stattlichen 10% den ersehnten Einzug ins Parlament. Ihr Vorsitzender Lepper wurde sogar zum Stellvertretenden Parlamentspräsidenten gewählt, konnte sich in diesem Amt allerdings nur kurze Zeit halten. Denn schon nach zwei Monaten sah man sich gezwungen, ihn wieder von seinen Pflichten zu entbinden, und nahm damit einen politischen Skandal in Kauf. Andrzej Lepper ging bei den Wahlen 2005 als Präsidentschaftskandidat an den Start, erhielt 15% der Stimmen und beendete damit den ersten Wahlgang hinter Donald Tusk und Lech Kaczyński als Drittplatzierter. Bei den Parlamentswahlen im Jahr 2005 konnte die „Selbstverteidigung" gegenüber der letzten Legislaturperiode zwei Prozentpunkte zulegen und avancierte mit 12% der Stimmen zur drittstärksten Kraft im Sejm. Dabei wurde ihr Anführer Lepper übrigens erneut zum Stellvertretenden Parlamentspräsidenten gewählt.

Die „Selbstverteidigung" tritt seit ihrem Bestehen mit einem auf Etatismus und Sozialstaat ausgerichteten Programm auf. Sie wehrt sich gegen eine Politik der zunehmenden Privatisierung staatlicher Unternehmen und verlangt die Gleichstellung aller Wirtschaftsbereiche, die Wiederherstellung der staatlichen Monopole sowie die weitgehende Aufhebung der Unabhängigkeit von Nationalbank und Finanzrat. Im gleichen Atemzug fordert sie einen grundlegenden Kurswechsel in der Sozialpolitik, der u.a. auf eine deutliche Anhebung der Sozial- und Arbeitslosenhilfe hinausläuft. Die Lepper-Partei plädiert auch vehement für einen möglichst umfassenden staatlichen Interventionismus in der Agrarpolitik.

Gekrönt wird ihr politisches Programm jedoch ebenso wie im Fall der „Liga Polnischer Familien" durch den *Entwurf einer neuen Verfassung*, den man 2005 vorlegte. Die Veränderungen zielen dabei weniger auf die allgemeinen Grundsätze, auf denen der Staat basiert, und den Katalog der Menschenrechte ab. Sie sollen beide in ihrer derzeitigen Form mehr oder weniger erhalten bleiben. Vielmehr möchte man das Regierungssystem an entscheidenden Stellen umgestalten. So plant man, auf der einen Seite den Parlamentarismus zu schwächen, indem man die zweite Kammer des Parlaments, den Senat, abschafft, um dafür auf der anderen Seite die Stellung des Staatspräsidenten zu stärken. Nach der Vorstellung von Lepper und seinen Gefolgsleuten soll das Staatsoberhaupt in der Innen- und Außenpolitik die Richtung bestimmen. Die Erweiterung der

Kompetenzen des Präsidenten soll dadurch gewährleistet und juristisch abgesichert werden, dass man den gesamten Ministerrat seiner Leitung unterstellt (Im Verfassungsentwurf der „Selbstverteidigung" wird darauf verzichtet, Akte des Präsidenten durch die Regierung gegenzeichnen zu lassen.). Die Rechte des Präsidenten gegenüber dem Sejm sollen ausgebaut werden, u.a. mit der Absicht, das Parlament der Möglichkeit zu berauben, einen Einspruch des Präsidenten gegen eine Gesetzesvorlage mit Zweidrittel-Mehrheit abzuschmettern. Der Präsident soll für eine Amtszeit von vier Jahren in allgemeinen Wahlen ermittelt werden. Der Hang zur Stärkung der Rolle des Präsidenten im politischen Machtgefüge des Staates ist allerdings kein Merkmal, das ausschließlich der Lepper-Partei oder der „Liga Polnischer Familien" vorbehalten ist, sondern haftet grundsätzlich allen Gruppierungen an, die sich dem radikal-populistischen Lager zurechnen lassen. Dies verwundert niemanden, handelt es sich dabei doch um die Übertragung des innerparteilichen Führerprinzips auf die Struktur des Staates. Unverkennbar ist darin das Bestreben, den Entscheidungsprozess abzukürzen und effizienter zu gestalten.

Die Wahlen im September 2005 haben im Falle der Lepper-Partei und der Liga an den bisherigen Verhältnissen und an deren Sitzverteilung im Parlament nichts Wesentliches geändert – beide haben sich etwa auf ihre Werte bei den letzten Wahlen eingependelt. Dass sie trotz gleichgebliebener Zahlen dennoch an Macht hinzugewonnen haben, liegt daran, dass sie von der Partei „Recht und Gerechtigkeit" hofiert werden und mit ihr zunächst eine inoffizielle Koalition im Parlament eingingen, bevor diese sich im Mai 2006 in eine offizielle Regierungskoalition, allerdings ohne Beteiligung der Bauernpartei PSL, verwandelte.

3. Die Wähler der radikal-populistischen Parteien

Will man sich einen Überblick darüber verschaffen, wer radikal-populistische Parteien wählt, so tut man dies am besten, indem man die „Liga Polnischer Familien" und Leppers „Selbstverteidigung" als Beispiele heranzieht. Denn diese beiden Parteien werden in Meinungsumfragen besonders favorisiert und bieten am meisten Anschauungsmaterial für eine Analyse. (Im vorliegenden Artikel berufe ich mich auf die Mitteilungen des Zentrums für Umfragen und Analysen/CBOS aus den Jahren 2004 und 2005 sowie auf die Daten, die die Meinungsforschungsinstitute OBOP-PBS und die Gesellschaft für Konsumforschung/GfK-Polonia in einer Umfrage am Wahltag, dem 25. September 2005, erhoben haben und die anschließend in den Tageszeitungen „Gazeta Wyborcza" und „Rzeczpospolita" veröffentlicht wurden.)

Die Wähler der „Liga Polnischer Familien"

Die Wähler der „Liga Polnischer Familien" kann man als Zweifler an der Wirklichkeit bezeichnen, die weder mit der Lage des Landes noch mit ihrer eigenen, vor allem materiellen Situation zufrieden sind. Die Ablehnung des Vorhandenen in Politik und Gesellschaft erstreckt sich auf die unterschiedlichsten Ebenen. Sie wurzelt in der Zeit der sozialistischen Volksrepublik Polen bis 1989 und griff von dort aus auf die III. Republik über. Die Ablehnung der III. Republik war und ist umfassend: Jede Regierung wurde in gleichem Maße mit Kritik überschüttet; nur die unter Ministerpräsident Jan Olszewski kam etwas besser weg als der Rest. Nach der Meinung dieser Wählerschaft sind es immer nur einige wenige – z.B. diejenigen, die der „Demokratischen Linksallianz" [Sojusz Lewicy Demokratycznej, SLD] nahe stehen –, die aus sozialen und wirtschaftlichen Veränderungen einen Nutzen ziehen, während der Großteil der Bevölkerung unberücksichtigt bleibt. Regierungsmannschaften werden von ihr unabhängig von ihrer Ausrichtung und Zusammensetzung grundsätzlich als unglaubwürdig und korrupt hingestellt.

Diese Wähler vertreten extreme und antiliberale Ansichten. Sie meinen, Polen solle unbedingt danach streben, seine relative wirtschaftliche Unabhängigkeit zu bewahren, und winken ab, wenn von einer Intensivierung der internationalen Zusammenarbeit die Rede ist. Polens Mitgliedschaft in der Europäischen Union kann man in diesen Kreisen so gut wie nichts Positives abgewinnen: Man fürchtet, dass Europa Polen immer mehr die wirtschaftliche und kulturelle Schlinge um den Hals legt. Dieselben Vorbehalte hegt man im Übrigen auch gegenüber Polens Engagement innerhalb der NATO, wobei diese, so scheint es jedenfalls, durch die militärische Intervention der Vereinigten Staaten im Irak noch um ein Vielfaches verstärkt wurden. Nicht umsonst gehören die Anhänger der „Liga Polnischer Familien" zu den stärksten Befürwortern eines polnischen Truppenabzugs aus dem Irak.

Die Anhänger der „Liga Polnischer Familien" plädieren für mehr staatliche Präsenz in der Wirtschaft und fordern eine drastische Erhöhung der öffentlichen Ausgaben für soziale Zwecke. Privatisierungen stuft man als eher schädlich für die Wirtschaft ein und in den Fällen, in denen sie bereits geschehen sind bzw. sich nicht umgehen lassen, soll wenigstens gewährleistet sein, dass der Besitz in polnischer Hand bleibt. Insgesamt vereint Roman Giertychs Partei Wähler unter ihrem Dach, die in anderen Ländern entweder bei der „fordernden" sozialistischen Linken oder bei rechtsextremen Parteien – in Frankreich wäre dies etwa die Front National – zu Hause sind.

Die Wähler der „Liga Polnischer Familien" verteidigen zwar den Schutz des ungeborenen Lebens und verurteilen Abtreibung; aber gleichzeitig drücken sie beim Thema Todesstrafe beide Augen zu und signalisieren, dass sie sich mit deren Wiedereinführung durchaus abfinden könnten (womit sie allerdings nicht allein dastehen). Darüber hinaus wünschen sie sich eine katholische Kirche, die sich stärker um weltliche Belange kümmert und häufiger in öffentliche Debatten einmischt.

Der überwiegende Teil der Wähler der Liga stammt vom Land oder aus kleineren Städten, ist arbeitslos, besitzt einen Haupt- oder Mittelschulabschluss – lediglich 3% haben studiert – und verfügt über ein verhältnismäßig niedriges Einkommen. Den größten Zulauf erhält die Liga aus den Reihen der Vierzig- bis Sechzigjährigen. Ihre Anhänger wohnen vor allem in strukturschwächeren Gebieten, wobei der Hauptanteil aus dem Karpatenraum kommt.

Die Wähler der „Selbstverteidigung"

Die Wähler der „Selbstverteidigung" plädieren für einen unbegrenzten staatlichen Interventionismus in der Wirtschaft wie im Sozialbereich. Es handelt sich hier wohl in erster Linie um jene Menschen, die mit den Gegebenheiten der freien Marktwirtschaft nicht zurechtkommen. Auch haben sie ein gestörtes Verhältnis zur Privatisierung und können diese, wenn überhaupt, nur dann akzeptieren, wenn sie polnischen Investoren zugute kommt. Ebenso wie die Wähler der Bauernpartei wehren auch sie sich vehement gegen eine Öffnung des polnischen Marktes für ausländische Konkurrenten und vermögen kaum positive Ergebnisse der Integration Polens in die Europäische Union zu erkennen. Interessant ist, dass die Wähler der „Selbstverteidigung" im Gegensatz zu denen der Liga einem verstärkten Engagement der katholischen Kirche in weltlichen Fragen eher kritisch gegenüberstehen – was deren Anführer allerdings nicht davon abgehalten hat, sich 2005 unter die Fittiche von Radio Maryja und in dessen Einflusssphäre zu begeben.

Wahlgeographisch gesehen sind die „Selbstverteidigung“ und ihre Galionsfigur Andrzej Lepper am erfolgreichsten in Westpommern und im Lebuser Land. Die Anhänger der „Selbstverteidigung“ haben in der Regel einen niedrigen Bildungsstand – der Anteil der Studierten liegt bei 4% – und rekrutieren sich vor allem aus der ländlichen Bevölkerung. Die zahlenmäßig größte Wählergruppe stellen die Über-Vierzigjährigen; und die meisten von ihnen sind Männer.

Die Untersuchung hat gezeigt, dass die „Liga Polnischer Familien“ und die „Selbstverteidigung“ einander nicht nur programmatisch, sondern auch in Bezug auf ihre Wählerschaft sehr ähnlich sind.

4. Schlussfolgerungen

Vor dem Hintergrund der dargelegten Fakten lässt sich nur schwer behaupten, dass sich Radikalismus und Populismus in Polen auf ein ganz bestimmtes politisches Lager beschränken, nämlich das der Rechten. Es handelt sich vielmehr um ein breites Spektrum von Gruppierungen, das rechte Gruppierungen ebenso umfasst wie linke. Dabei handelt es sich nicht nur um die hier besprochenen Gruppen, sondern auch um solche wie z.B. die „Patriotische Bewegung“, die „Neue Linke“ oder die „Alternative“, auf die ich nicht näher eingegangen bin. Ich habe mich in meiner Betrachtung auf die beiden im Parlament vertretenen Parteien „Liga Polnischer Familien“ und „Selbstverteidigung“ konzentriert, die einen umso größeren Stellenwert besitzen, als sie seit September 2005 einen direkten Zugang zur Macht haben. Damit ist es ihnen gelungen, sich aus der politischen Isolation zu befreien, um nun erheblichen politischen Einfluss ausüben zu können.

Diese Gruppierungen sind nicht nur in sehr ähnlicher Weise nach dem Führerprinzip organisiert, sondern ähneln sich darüber hinaus auch in ihren Programmen: So widersetzen sie sich etwa mit aller Kraft der Einbindung Polens in internationale und erst recht in europäische Strukturen, lehnen Privatisierungen ab und treten für weitreichende staatliche Eingriffe in die Wirtschaft ein.

Was stärkt diesen Parteien den Rücken und sorgt dafür, dass sie sich auf der politischen Bühne so frei bewegen, im Wettstreit mit anderen behaupten und sogar an der Regierung teilhaben können? In einem von tiefen gesellschaftlichen und politischen Umbrüchen geprägten

Land lässt sich eine solche Entwicklung auf verschiedene Ursachen zurückführen. Die wichtigsten sind m.E. die folgenden:

1. Viele gesellschaftliche Gruppen haben in den Wirren des demokratischen Wandels die Orientierung verloren. Schuld daran sind zum Teil die Erfahrungen aus der Zeit des real existierenden Sozialismus, als es an demokratischen Mechanismen zur Herbeiführung politischer Entscheidungen fehlte und die Gesellschaft sich lediglich im Rahmen einstudierter Rituale, zu denen vor allem Wahlen gehörten, politisch beteiligte (Słomka 2004). Nicht minder bedeutsam ist in diesem Zusammenhang das ziemlich niedrige Bildungsniveau und das weitgehend fehlende politische Bewusstsein in weiten Teilen der Gesellschaft. Viele Wähler zieht es zu den Parteien, die ihnen ein einfaches und überschaubares Programm anbieten, die ihre Bedürfnisse erkennen und ihnen versprechen, diese rasch und umfassend zu befriedigen, ohne ihnen eine Eigenleistung abzuverlangen. Man fühlt sich unwillkürlich an den *Homo sovieticus* erinnert, der für eine politische Kultur der rezeptiven Passivität und Unterwürfigkeit steht.
2. Viele gesellschaftliche Gruppen haben im Zuge des politischen Systemwechsels ihre materielle Absicherung eingebüßt und sind verarmt. Menschen, die als Verlierer aus der Wende hervorgegangen sind, neigen eher dazu, solchen Parteien ihr Vertrauen zu schenken, die sich den Schutz der Gesellschaft vor Veränderungen auf die Fahnen geschrieben haben.
3. Viele gesellschaftliche Gruppen haben Angst vor einer Integration in den Westen und sind davon überzeugt, dass Polen aufgrund seiner Tradition mit den hoch entwickelten westlichen Gesellschaften nicht Schritt halten kann und deshalb dort als ein Fremdkörper empfunden wird. Sie meinen auch, dass die westliche Gemeinschaft jeglichen sozialen Zusammenhalt vermissen lasse, was daher rühre, dass man sich von Werten wie der Nation, Religion und Familie weitestgehend verabschiedet hat. Vor diesem Hintergrund scheint es vielen Polen ratsam zu sein, sich abzuschotten und auf sich selbst und die eigene Kultur zurückzuziehen, um auf diese Weise die traditionellen Wertvorstellungen zu bewahren. Menschen, die so denken, sind bei radikal-populistischen Parteien gut aufgehoben.
4. Unter den Bürgern hat sich zunehmend Enttäuschung über die Eliten breit gemacht. Man versteht darunter vor allem Politiker und ihre Parteien, die die Regierung bildeten bzw. bilden. Man wirft

ihnen Korruption, Klüngelei und Machtmissbrauch vor, womit sie die Gesellschaft spalten. Und so ruft man nach neuen, „gesunden, ehrlichen und sozial eingestellten" politischen Kräften, die die alten, die ihre Chance hatten, sich aber nicht bewährten, ablösen sollen.

Alles in allem kann man sich der Einschätzung Jakubowskas anschließen, nach der bei der Herausbildung extremistischer Strömungen in einem demokratischen Staat die politischen Entscheidungsträger und die Entwicklung der demokratischen Prozesse den Ausschlag geben (2005: 111). Je mehr diese versagen und je weniger sie zu den Bürgern durchdringen, desto größer ist die Wahrscheinlichkeit, dass sich radikale Gruppierungen formieren und Fuß fassen.

Aus dem Polnischen übersetzt von Hans-Jörg Schwenk

Ausgewählte Literatur

Gebethner, Stanisław (Hrsg.): Wybory 97. Partie i programy wyborcze [Wahlen 1997. Parteien und ihre Programme], Warszawa 1997.

Jakubowska, Urszula: Ekstremizm polityczny. Studium psychologiczny [Politischer Extremismus: ein Psychogramm], Gdańsk 2005.

Jankiewicz, Joanna: Populistyczne partie protestu w Europie Zachodniej [Populistische Protestparteien in Westeuropa], in: Wrocławskie Studia Politologiczne 4(2004).

Knyżewski, Krzysztof: Partie i system partyjny w Polsce w okresie transformacji [Parteien und Parteiensystem in Polen zur Zeit der Wende], Warszawa 1998.

Kostrzębski, Karol: Przeciwko wspólnej Europie. Populizm, eurosceptycyzm i skrajna prawica w krajach Europy Środkowo-Wschodniej. Analiza porównawcza [Gegen ein geeintes Europa. Populismus, Euroskeptizismus und die äußerste Rechte in den Ländern Mittel- und Osteuropas. Eine vergleichende Studie], in: Studia Politologiczne 9(2005).

Marczewska-Rytko, M. (1999). Populizm [Populismus], in: Chmaj, M./Sokół, W. (Hrsg.), Polityka-ustrój-idee. Leksykon politologiczny [Politik-System-Ideen. Ein politikwissenschaftliches Lexikon], Lublin 1999.

Markowski, Radosław (Hrsg.): Populizm a demokracja [Populismus und Demokratie], Warszawa 2004.

Paszkiewicz, Krystyna A. (Hrsg.): Partie i koalicje polityczne III Rzeczypospolitej [Parteien und Koalitionen in der III. Republik], Wrocław 2004.

Raciborski, Jacek: Wybory i wyborcy [Wähler und Wahlen], in: Wiatr, Jerzy/Raciborski, Jacek/Bartkowski, Jerzy/Frątczak-Rudnicka, Barbara/Kilias, Jarosław (Hrsg.), Demokracja polska 1989-2003 [Die polnische Demokratie zwischen 1989 und 2003], Warszawa 2003.

Scruton, Roger: Słownik myśli politycznej [Wörterbuch des politischen Denkens], Poznań 2002.

Słomka, Tomasz: Kultura uczestnictwa czy kultura absencji? Problemy z partycypacją w polskich wyborach prezydenckich i parlamentarnych [Wahl- oder Wahlverweigerungskultur? Probleme mit der Wahlbeteiligung bei polnischen Präsidentschafts- und Parlamentswahlen], in: Drobczyński, S./Żyromski, M. (Hrsg.), Rola wyborów w procesie kształtowania się społeczeństwa obywatelskiego w Polsce [Die Rolle von Wahlen bei der Herausbildung einer Bürgergesellschaft in Polen], Poznań 2004.

Szacki, Wojciech: Liga się sypie [Die Liga bröckelt auseinander], in: Gazeta Wyborcza vom 9.8.2005.

Wierzejski, Wojciech/Sulowski, Paweł/Pawłowski, Szymon/Farfal, Piotr/Parda, Radosław/Ślusarczyk, Piotr/Rzeźniczak, Bartosz: Odrzućmy unijną konstytucję! [Europäische Verfassung – nein danke!], Warszawa 2004.

III. ANTISEMITISMUS

Silke Ruoff

Alter und neuer Antisemitismus im Spannungsfeld von Geschichte, Moral und Politik

Im Raum zwischen Gedenken und Erinnerung an die nationalsozialistischen Verbrechen und der in der Bevölkerung wachsenden Schlussstrichforderung ist der Umgang mit der Vergangenheit 60 Jahre nach Kriegsende ein geschichtspolitisch umkämpftes Terrain, das durch widersprüchliche Entwicklungen gekennzeichnet ist. Gerade innerhalb erinnerungspolitischer Kontroversen ist die Tendenz gestiegen, Antisemitismus öffentlich zu artikulieren (Rensmann 2004, Brumlik 2000). Die „Gegenwart der Vergangenheit" ist ausgelöst durch eine Reihe von Konflikten um Antisemitismus auch – und gerade – mit Beginn des 21. Jahrhunderts Gegenstand des öffentlichen Diskurses.

Im Mittelpunkt meines Beitrages stehen daher die Fragen: Was verstehen wir unter Antisemitismus und was charakterisiert ihn in der politischen Kultur Deutschlands? Inwiefern ist eine neue Qualität von Antisemitismus zu beobachten und wenn ja, wie ist diese einzuordnen und zu bewerten?

Antisemitismus ist ein Phänomen, das die gesamte Gesellschaft betrifft. Daher werde ich im Folgenden nicht auf die Diskussionen um Antizionismus und Antisemitismus der radikalen Linken sowie den politischen Antisemitismus der extremen Rechten eingehen. Judenfeindliche Stereotype und Wahrnehmungsmuster sind weit über das rechtsextreme Spektrum in der Bevölkerung virulent und in der politischen Öffentlichkeit heute quer durch die politischen Lager und bei unterschiedlichen Akteuren verbreitet (vgl. Rensmann 2004).

Um die Bedeutung und Dynamik von Antisemitismus in der politischen Kultur Deutschlands erfassen zu können, soll nicht nur die Ebene der privaten Einstellungen, sondern der öffentlich-politische Umgang mit Antisemitismus einbezogen werden. Der öffentlichen Skandalisierung und Thematisierung von antisemitischen Vorkommnissen durch die politischen Eliten und Medien kommt im „langen und zähen kollektiven Lernprozess“ der Etablierung und der Bekräftigung des anti-antisemitischen Grundkonsenses in der BRD eine wichtige Rolle zu (Bergmann 1997). Während Bergmann vor allem auf die positiven Reaktionen (Lernprozess) und die Bekräftigung der anti-antisemitischen Grundnorm durch politische Eliten und Medien abhebt, steht für Rensmann der Prozess der Durchbrechung und des Infragestellens der Norm durch diese Akteure seit der deutschen Einheit 1989/90 im Vordergrund. Auf der Grundlage differenzierter Analysen von Antisemitismus im medialen und politischen Diskurs seit den 90er Jahren kommt er zu dem Schluss, dass antijüdische Vorurteile in Politik und Medien mehr und mehr enttabuisiert werden: „[...] antisemitische Manifestationen werden immer unverhüllter und erfahren immer seltener negative Sanktionen. Von daher ist von einer ‚Neudefinition des Antisemitismus’ in der politischen Kultur der Bundesrepublik zu sprechen.“(Rensmann 1998: 333). Auch Werner Bergmann diskutiert angesichts der aktuellen Entwicklungen die Frage, ob die Vorurteilsrepression in Deutschland ihre Wirkung verliert: „Wir haben es möglicherweise in der Zukunft mit einem riskanten Wechselspiel zwischen Eliten und größeren Teilen der Bevölkerung zu tun, mitsamt einem gefährlichen Dilemma. Es besteht darin, dass die Effektivität von politischen Tabus drastisch nachlässt, weil ‚rationale’ Umwegkommunikationen praktiziert werden.“ (Bergmann/ Heitmeyer 2005: 234)

Wie Antisemitismus kommuniziert und wie in der politischen Öffentlichkeit damit umgegangen wird, werde ich am Beispiel eines politischen Skandals ausgelöst durch Äußerungen und Handlungen zweier deutscher Politiker im Jahr 2002 zeigen. Dem Konflikt kommt eine Schrittmacherfunktion zu: Die internationale Diskussion um „neuen Antisemitismus“ und die Grenzen zwischen Israelkritik und Antisemitismus hat mit ihm die Öffentlichkeiten in Deutschland endgültig erreicht.

Zunächst aber müssen zentrale Begriffe wie Antisemitismus, Antizionismus etc. bestimmt und in ihren Erscheinungsformen aufgezeigt werden, nicht zuletzt um die Frage nach einem Qualitätswandel von Antisemitismus beantworten zu können. In einem zweiten Schritt soll geklärt werden, was sich hinter dem Begriff „neuer Antisemitismus“

verbirgt und wie sich Israelkritik und Antisemitismus wissenschaftlich voneinander abgrenzen lassen.

1. „Alte“ Vorurteile und „neuer“ Antisemitismus: Begriffsbestimmungen und Erscheinungsformen

Allgemein bezeichnet der Begriff Antisemitismus im modernen Sprachgebrauch „die Gesamtheit judenfeindlicher Äußerungen, Tendenzen, Ressentiments, Haltungen und Handlungen unabhängig von ihrer religiösen, rassistischen, sozialen oder sonstigen Motivation. Nach der Erfahrung nationalsozialistischer Ideologie und Herrschaft wird Antisemitismus als ein gesellschaftliches Phänomen verstanden, das als Paradigma für die Bildung von Vorurteilen und die politische Instrumentalisierung daraus konstruierter Feindbilder dient.“ (Benz 2002: 15)

Erste begriffliche Differenzierungen für Antisemitismus in der Demokratie nach dem Holocaust finden sich im Gegensatz zwischen offenem/manifestem und verdecktem/latentem Antisemitismus. Offener Antisemitismus gilt in der BRD weitgehend als illegitim und illegal, er wird in der Regel strafrechtlich geahndet. Größere Bedeutung gewinnt jedoch zunehmend der latente Antisemitismus. Er äußert sich in öffentlicher und privater Kommunikation dadurch, dass hier vor allem „implizit, chiffriert, codiert“ auf tradierte Vorurteile zurückgegriffen wird („Antisemitismus der Insinuation“). Die Grenzen zwischen manifestem/offenem und verdecktem/latentem Antisemitismus sind gleichwohl fließend, als auch die Grenzen variieren, wie Antisemitismus öffentlich artikuliert werden kann.

Sekundärer Antisemitismus

Der Begriff des sekundären Antisemitismus geht zurück auf das Frankfurter Institut für Sozialforschung. Bereits in den 50er Jahren hat insbesondere Theodor Adorno wichtige Aspekte der Motivation und Struktur des Antisemitismus nach Auschwitz in Deutschland aufgezeigt und diesen sog. sekundären Antisemitismus theoretisch-argumentativ analysiert (Rensmann 1998 u. 2004). Auf die kürzeste Formel gebracht, ist sekundärer Antisemitismus jener Antisemitismus, der sich „nicht trotz“, sondern „wegen“ Auschwitz gegen die Juden richtet. Diese spezifisch deutsche Form des Antisemitismus erwächst aus der Abwehr der deutschen Schuld am Völkermord, die sich über die Generationen hinweg in eine allgemeine Abwehr der Erinnerung und Verantwortung für den Völkermord transformiert. Den Kern des sekundären Antisemitismus bildet die Leugnung, Relativierung und Verharmlosung der nationalsozialistischen Verbrechen an den europäischen Juden. Damit geht die Forderung nach einem Schlussstrich unter die Vergangenheit einher.

Ein zentrales strukturelles Element des sekundären Antisemitismus ist die Opfer-Täter-Umkehr: Die Schuld für Schuldgefühle nach Auschwitz wird übertragen, mit dem Ziel, sich „befreit" von Erinnerung und Verantwortung wieder ungebrochen positiv mit einer nationalen Identität der Deutschen identifizieren zu können. Nicht die Vernichtung der Juden und die Geschichte von Auschwitz selbst ist Tatbestand, sondern „die Juden" werden als Repräsentanten der Erinnerung und als Täter wahrgenommen. „Die Juden werden als unversöhnliche, rachsüchtige Verfolger konstruiert und verachtet; wer sich der geschichtspolitisch ‚erpressten Versöhnung' der Opfer der Shoah mit den Tätern verweigert, der conditio sine qua non eines wieder erstarkenden deutschen Nationalismus, muss damit rechnen, dass er politisch-psychologische Aggression auf sich zieht." (Rensmann 1998: 234)

Die „Befreiung" von der Verantwortung und die Abwehr der Erinnerung erfolgt im sekundären Antisemitismus zumeist durch die Reproduktion oder „Aktualisierung" moderner antisemitischer Stereotype. So wird z.B. das moderne antisemitische Stereotyp jüdischer Unversöhnlichkeit und Rachsucht, welches wiederum dem Antijudaismus (der christlich motivierten Judenfeindschaft) entstammt, im sekundären Antisemitismus konsequent mit dem Holocaust in Beziehung gesetzt. Die Juden erscheinen hier als „lästige Mahner", die „überheblich" die Deutschen moralisch aburteilen. Ein weiteres Vorurteil des sekundären Antisemitismus besagt, dass Juden ihre weltweite Macht und den Holocaust ausnutzen, um finanzielle und politische Vorteile zu erlangen. Hier zeigt sich eine ganze Reihe aktualisierter Stereotype. Zunächst jene Verschwörungstheorie, nach denen die Juden die Weltherrschaft anstreben sowie nationale Kultur, Medien und Politik als „international verschworene Gruppe" zu beeinflussen suchen. Sodann wird die Präsenz des Themas Auschwitz und die Erinnerung an die Vergangenheit einer gegen Deutschland gerichteten jüdischen Medienmacht zugeschrieben (Rensmann 2004: 172ff.). Schließlich wird das Stereotyp des „geld-

und raffgierigen Judens“ aktualisiert, indem den Überlebenden und Nachkommen der Verfolgten unterstellt wird, die Erinnerung an den Holocaust für ihre finanziellen und politischen Vorteile zu nutzen.[1]

Im Kontext des sekundären Antisemitismus hat Israel als Bezugsobjekt ständig an Bedeutung gewonnen. Im Blick auf den Nahostkonflikt wird Israel mit dem Nationalsozialismus verglichen: „Israel führt einen Vernichtungskrieg gegen die Palästinenser”, „Nazi-Methoden von Israel“, „auch Israel ist heute ein Tätervolk“ – so lauten Vorwürfe, die letztlich der Relativierung der deutschen NS-Verbrechen dienen. Falsche Vergleiche und Überzeichnungen sind „offenbar von nationalen Entlastungsmotiven geprägt, also vom Wunsch, gerade Juden als Täter-Kollektiv vorzustellen, die als Kollektiv die Opfer des Holocaust waren, der von Deutschen begangen worden ist.“ (Rensmann 2004: 89)

Antizionismus und Israelkritik

Ob Israel zum Objekt eines „neuen globalen Antisemitismus“ geworden ist, wird seit Beginn der zweiten Intifada 2000 und im Zusammenhang mit dem seit 2002 zu beobachtenden Anstieg antisemitischer Gewalttaten in Europa international kontrovers diskutiert. Im Mittelpunkt steht dabei die Analyse neuer (bzw. „neu“ in den Blick geratener) Trägergruppen des Antisemitismus und die Frage, ob sich Antisemitismus im Gewand von Antizionismus und Israelkritik tarnt (ausführlicher Rabinovici 2004). „In dem Schlagwort des ‚neuen, globalen Antisemitismus’ werden Veränderungen begrifflich gefasst, die weniger darin bestehen, dass sich eine bisher nicht gekannte Form des Antisemitismus mit gänzlich neuen Trägerschichten entwickelt hätte, als vielmehr in der gleichzeitigen Präsenz, Virulenz und Vermischung vorhandener Ausprägungen, die im eskalierten Nahostkonflikt einen Anlass zur Mobilisierung finden.[...] Auch in Deutschland spielen Fragen der ‚Vergangenheitsbewältigung’ in der Motivstruktur des Antisemitismus weiterhin eine wichtigere Rolle. Auf der Ebene der Inhalte finden sich keine Neuerungen, hier dominieren die alten Vorstellungen von jüdischer Weltherrschaft, Finanzmacht,

---

[1] Im Kontext der öffentlichen Debatten um die Entschädigung von NS-Zwangsarbeitern seit Ende 1998 z.B. traten antisemitische Klischees über „skrupellose, gerissene jüdische Anwälte“ und das sekundär-antisemitische Motiv der jüdischen Geldgier offen und chiffriert im politischen und medialen Diskurs in Erscheinung. Siehe hierzu die ausführlichen Diskursanalysen von Rensmann 2004, S. 428-442.

alttestamentarischer Rachsucht bis hin zu Ritualmordlegenden.“ (Bergmann 2005)

Die Frage, inwiefern Antizionismus eine Erscheinungsform von Antisemitismus ist, ist älter als die Debatte um den „neuen Antisemitismus“ und nach wie vor umstritten. Eine Aktualisierung und Erweiterung hat die Fachdiskussion in Deutschland insbesondere durch den noch näher zu betrachtenden „Antisemitismus-Streit“ 2002 erfahren, in dem die Frage nach den Grenzen zwischen Israelkritik und Antisemitismus kontrovers erörtert wurde. Welche wissenschaftlichen Kriterien gibt es für die Unterscheidung von Antizionismus, Israelkritik und Antisemitismus? Seit der Staatsgründung Israels bezeichnet *Antizionismus* im deutschen und europäischen Kontext die grundsätzliche Leugnung des Rechts von Juden auf nationale Selbstbestimmung in Israel/Palästina. Als eindeutig antizionistisch werden Äußerungen klassifiziert, die Israel das Existenzrecht aberkennen und den Zionismus als eine imperialistische und rassistische Ideologie bezeichnen (Bergmann/Erb 1991: 191). *Kritik an Israel* – auch leidenschaftliche – richtet sich vor allem gegen staatliche Maßnahmen oder lehnt die Politik der jeweiligen Regierung ab. Das Bestreben einer Unterscheidung zwischen verschiedenen Formen der Kritik äußert sich häufig in der Formel der „legitimen Kritik“.

Israelkritik hat prinzipiell zunächst nichts mit Antisemitismus gemein. Ebenso ist eine grundsätzliche analytische Unterscheidung zwischen Antizionismus und Antisemitismus notwendig. Diese Trennung in zwei Erscheinungsformen negiert nicht, dass realiter die Grenzen zwischen einer radikal antizionistischen und antisemitischen Position fließend sein können und Antizionismus oft Werkzeug und Ausdruck von Antisemitismus ist. Rabinovici beschreibt prägnant das Problem, dass sowohl Antizionismus als auch Israelkritik Erscheinungsformen von Antisemitismus sein können, und erörtert, wann sie als antisemitisch zu bezeichnen sind: „Kaum einer will noch Antisemit sein. Das heutige Ressentiment spricht selten von der Rasse oder von einem biologischen Wesen des Juden. Der neue Antisemitismus ist schwer zu fassen, weil dem offenen Judenhass seit Auschwitz der Leichengeruch von Millionen anhaftet. So gibt sich, wer gegen Juden redet, kritisch, verwendet politische Begriffe, wenn auch im ethnischen Sinn, und obgleich Vorwürfe gegen Israel nicht antisemitisch motiviert sein müssen, sind sie es nicht selten. Erkennbar wird diese Leidenschaft, sobald das Jüdische und die Juden schlechthin angegriffen werden. Der klassische Antizionismus, die Ablehnung der Ideen Herzls vor hundert Jahren, hatte mit dem klassischen Antisemitismus wenig zu tun. Mittlerweile ist nicht mehr klar, was genau unter Antizionismus gemeint ist." (Rabinovici 2003: 9)

Antizionismus und Israelkritik sind dann als Erscheinungsformen von Antisemitismus zu bezeichnen, wenn sie mit antisemitischen Begründungen einhergehen und antisemitische Stereotype verwendet werden. Heyder et al. definieren drei wichtige Facetten von Antisemitismus in Abgrenzung zu Israelkritik. Als „antisemitische Separation" bestimmen sie die Abwertung und Ausgrenzung von Bürgern jüdischen Glaubens in Deutschland durch die Unterstellung einer größeren Loyalität zu Israel. Hier wird jüdischen Bürgern unterstellt, „Parteigänger Israels" zu sein, und sie werden als „nicht-deutsch" definiert. Israelkritik als Ausdruck von Antisemitismus differenzieren sie in „israelbezogenen Antisemitismus", d.h. Kritik an Israels Politik wird auf alle Juden übertragen, die als Kollektiv verantwortlich gemacht werden, und „NS-vergleichende Israelkritik" (Heyder 2005: 147ff.).

2. Empirische Befunde über antisemitische Einstellungen

Der Blick auf empirische Befunde über antisemitische Einstellungen nach 1945 lässt Entwicklung und Grenzen der empirischen Antisemitismusforschung erkennen. Die Messung von Antisemitismus erfolgt zum Teil höchst unterschiedlich in theoriegeleiteten empirischen Studien oder eher „ad hoc" durchgeführten repräsentativen Meinungsumfragen. Die Unterschiede in der Konzeptualisierung, in Frageformulierungen und Antwortkategorien, bei der Bildung von Alterskohorten und der Definition anderer demographischer Variablen erschweren den Vergleich und fördern widersprüchliche Ergebnisse zutage. Um dennoch Veränderungen und Trends in den Einstellungen der Bevölkerung feststellen zu können, greift die empirische Antisemitismusforschung vor allem auf den Vergleich von Ergebnissen zu einzelnen Fragen (Items) zurück, die über die Jahre hinweg wiederholt gestellt wurden. Die folgenden Befunde zu Verbreitung und Qualität antisemitischer Einstellungen in der Bevölkerung basieren auf Sekundäranalysen verschiedener Erhebungen, ausgewählten Folgeuntersuchungen sowie einzelnen Items aus aktuellen Erhebungen (vgl. v.a. Bergmann 2005, siehe auch Zick/Küpper 2005).

Das Nachleben des Nationalsozialismus in Gestalt des Antisemitismus belegen die ersten bundesweiten Umfragen: 1949 stufte sich ein Viertel und 1952 ein Drittel der Deutschen als Antisemiten ein. Empirische Untersuchungen seither zeigen einen „sehr langsamen, zäh und diskontinuierlich“ verlaufenden Rückgang antisemitischer Einstellungen (Bergmann/Erb 1997: 399ff.). Für den Zeitraum ab Mitte der 80er Jahre ermitteln verschiedene empirische Studien einen konstanten Bevölkerungsanteil von 15–20% mit einer deutlich antisemitischen Einstellung. Dieser Befund eines „stabilen Sockels“ wird durch die Ergebnisse von aktuellen Folgeuntersuchungen leicht nach oben korrigiert: Das Forsa-Institut ermittelt für 2003 gegenüber 1998 eine Anstieg des Anteils antisemitisch eingestellter Personen von 20% auf ca. 23%. Eine Zunahme zeigt sich auch in der Selbsteinschätzung der Verbreitung antisemitischer Einstellungen allgemein und im eigenen Bekanntenkreis der Befragten (Bergmann/Heitmeyer 2005: 224f.). Betrachtet man die Verteilung von antisemitischen Einstellungen in Ost- und Westdeutschland, so lässt sich seit ca. 1996 eine Angleichung des zunächst deutlich niedrigeren Niveaus in Ostdeutschland an den Westen feststellen. Fand sich 1990/91 lediglich eine Minderheit von knapp 4% antisemitisch Eingestellter in Ostdeutschland, so deuten einzelne Ergebnisse von 2003 darauf hin, dass kaum mehr Unterschiede zwischen Ost und West bestehen (Forsa 2003: 23% West; 21% Ost) (Bergmann 2005: 31ff.). Auch eine Erhebung von 2005 bestätigt: Die ost- und westdeutsche Bevölkerung unterscheidet sich in ihrer Zustimmung zu einzelnen Antisemitismusfacetten kaum (Heyder 2005: 154f.; vgl. ausführlich Bergmann 2005: 29ff.).

Als genereller Befund der empirischen Antisemitismusforschung der letzten Jahrzehnte gilt, dass antisemitische Vorurteile unter Jüngeren deutlich seltener auftreten und mit steigendem Alter ein Anstieg antisemitischer Einstellungen zu verzeichnen ist. Im Gegensatz dazu zeigen einzelne Jugendstudien für Ostdeutschland einen Anstieg von antisemitischen Einstellungen unter Jugendlichen, welcher weithin im Kontext des erstarkenden Rechtsextremismus interpretiert wird (Bergmann 2005: ebd.). Je höher der Bildungsgrad, desto geringer die Anfälligkeit für Vorurteile. Die angebliche Immunisierung durch die Faktoren „Jugend“ und „Bildung“ wird jedoch von aktuellen Studien nicht nur in Bezug auf „rechtsextreme männliche ostdeutsche Jugendliche“ relativiert. Der generelle Befund ist also im Hinblick auf einzelne Facetten von Antisemitismus kritisch zu überprüfen.

Manche Vorurteile, die dem modernen – auch als „klassischen“ bezeichneten – Antisemitismus zuzuordnen sind, erfahren nach wie vor hohe, teilweise sogar mehrheitliche Zustimmung in Deutschland. So etwa das antisemitische Bild vom „machthungrigen Juden“ und die Konstrukte von „Weltverschwörungstheorien“. Dem Statement „Auch heute noch ist der Einfluss der Juden zu groß“ stimmen 2002 60% der Befragten („voll“ und „teilweise“) zu (Brähler 2002). „Nach wie vor haben Juden auf die Vorgänge in der Welt zu viel Einfluss“ meinen 2005 36% der Deutschen (AJC 2005). Ein Merkmal des Antisemitismus in all seinen spezifischen Erscheinungsformen durch die Jahrhunderte hinweg besteht darin, die Ausgrenzung, Verfolgung und Ausrottung von Juden durch deren „Wesen“ oder „Verhalten“ zu begründen und zu rechtfertigen. Dass die Aussage „Juden sind mitschuldig, wenn sie gehasst und verfolgt werden“ (eher) zutreffe, meinen 29% der Befragten einer NFO-Infratest-Befragung im Juni 2002 (Bergmann 2005: 29). Die Erhebungen der GMF-Studien von 2002-2004 identifizieren 17-18% der Bevölkerung, welche der Ansicht sind, Juden seien durch ihr Verhalten an ihren Verfolgungen mitschuldig (Heitmeyer 2005: 22).

Als dominante Erscheinungsform der Judenfeindschaft in Deutschland ermitteln verschiedene empirische Studien seit Mitte der 80er Jahre den sekundären Antisemitismus. Die Zustimmungswerte erreichen auch in aktuellen Erhebungen alarmierende Werte. So stimmen 2002 insgesamt 51,8% der Befragten der Auffassung „Viele Juden versuchen aus der Vergangenheit des Dritten Reiches heute ihren Vorteil zu ziehen“ (voll und eher) zu. Die Zustimmung wächst 2003 auf 54,5% (Bergmann 2005: 54). Für 2005 gelangt die Umfrage von Emnid zu dem Ergebnis, dass 42% der Deutschen der Meinung sind, Juden würden die Erinnerung an den Holocaust heute zu eigenen Zwecken ausnutzen (AJC 2005).

Von sekundärem Antisemitismus sind die gesellschaftlichen Abwehrhaltungen gegenüber der Erinnerung an die Verbrechen im Dritten Reich kaum zu trennen. Im Wunsch, sich wieder „frei von der Geschichte“ mit der deutschen Nation zu identifizieren, „[...] wirkt die Erinnerung an Auschwitz jedoch störend, was eine ‚Schlussstrichmentalität‘ ebenso befördert wie sekundär-antisemitische Wahrnehmungen begünstigt, die die Geschichte abspalten, auf Juden delegieren und diese als ‚Repräsentanten der Erinnerung‘ ausgrenzen.“ (Rensmann 2004: 488). So stimmen 2004 62,2% der Deutschen der Feststellung zu: „Ich bin es leid, immer wieder von den deutschen Verbrechen an den Juden zu hören“. Weitere 68,3% vertreten die Auffassung „Ich ärgere mich darüber, dass den Deutschen auch heute noch die Verbrechen an den Juden vorgehalten werden“ (Heyder 2005: 151). Bemerkenswert ist, dass differenziert nach der politischen Selbsteinstufung diese Einstellung von denen, die sich in der politischen „Mitte" oder „links" einstufen, mehrheitlich vertreten wird. Der Unterschied zwischen den sich „rechts und eher rechts" Einstufenden und den sich in der Mitte Einstufenden beträgt nicht einmal 2%.[2] Ebenso offenbart sich empirisch eine hohe Korrelation dieses „Ärgers" mit dem Vorurteil, die Juden nutzten die Erinnerung um eigener Vorteile willen (Bergmann/Heitmeyer 2005: 231ff.).

Bezogen auf sekundären Antisemitismus und Erinnerungsabwehr ermitteln aktuelle Studien einen Wandel des Einflusses der Faktoren Alter und Bildung. So bestätigen Heyder et al., dass die 22-34jährigen in ihrer Erhebung über alle Einstellungen hinweg die niedrigsten Werte aufweisen. Zu Facetten des sekundären Antisemitismus unterscheiden sich die Zustimmungsquoten im Vergleich zu den Älteren jedoch nur gering (Heyder 2005: 153f.). Auch die Studie von Alheim und Heger über Antisemitismus und Erinnerungsabwehr unter Essener Studierenden kommt zu dem klaren Ergebnis: „Traditionelle" antijüdische Vorurteile sind bei den Studierenden kaum zu finden. Aussagen des sekundären Antisemitismus erhalten jedoch Zustimmungsquoten von 17–20%. Klarer als bei den Zustimmungsquoten zeigt sich das Spezifische im Umfang entschiedener Ablehnung (Alheim 2002: 48ff.). Der Aussage „Es wird Zeit, dass unter die nationalsozialistische Vergangenheit ein Schlussstrich gezogen wird" stimmen 36% – hier vor allem die jüngeren – der Studierenden zu (ebd.: 24ff.). Die Ergebnisse der Studie veranschaulichen weiter die deutliche Korrelation von sekundärem Antisemitismus, Erinnerungsabwehr und Forderungen nach einem „gesunden Nationalbewusstsein" (ebd.: 54ff.).

Doch nicht nur im Kontext der „Vergangenheitsbewältigung" tritt der Antisemitismus der Bevölkerung in Erscheinung. Als „deutschen Zustand" ermitteln Heyder et al. für NS-vergleichende Israelkritik einen Anteil von 51,2% der Befragten, die der Meinung sind: „Israel führt einen Vernichtungskrieg gegen die Palästinenser".[3] Diese Relativierung

[2] Zustimmung in Prozent in Abhängigkeit von der politischen Selbsteinstufung 2004: rechts/eher rechts: 73,3%; Mitte: 71,9%; links/eher links: 58,5%. 2003 zeigen sich zudem keine Geschlechts-, Ost-/West- und 2004 nur Altersdifferenzen (Bergmann/Heitmeyer 2005: 231ff.).

[3] Heyder et al. verweisen aufgrund des „unerwarteten Ergebnisses" darauf, dass der Begriff Vernichtungskrieg möglicherweise nicht von allen Befragten mit dem Nazi-Regime assoziiert wird und die mediale Berichterstattung über den Nahostkonflikt die Wahrnehmung beeinflusst. Für sie stellt sich die Frage, ob die nahezu inflationäre Verwendung von Vergleichen mit dem Dritten Reich in der Öffentlichkeit zu einer Desensibilisierung großer Teile der Bevölkerung geführt hat (Heyder 2005: 152).

der nationalsozialistischen Vergangenheit durch falschen Vergleich findet ihre Fortsetzung in der von 68,3% der Deutschen geteilten Meinung „Was der Staat Israel heute mit den Palästinensern macht, ist im Prinzip auch nichts anderes als das, was die Nazis im Dritten Reich mit den Juden gemacht haben“ (Heyder 2005: 150ff.). Über zwei Drittel der Deutschen bestätigt hier die Aussagen der Kritischen Theorie zu Verharmlosung und Verleugnung der NS-Vergangenheit durch das Moment der Opfer-Täter-Umkehr. Zustimmung in Höhe von 31,7% und 44,4% erfahren auch die Items zum israelbezogenen Antisemitismus, der die Juden als Kollektiv sieht und für die Politik Israels verantwortlich macht: „Durch die israelische Politik werden mir die Juden immer unsympathischer“; „Bei der Politik, die Israel macht, kann ich gut verstehen, dass man etwas gegen Juden hat“. Die Zustimmung zu Aussagen, welche Bürgern jüdischen Glaubens eine größere Loyalität zu Israel unterstellen und diese als „Parteigänger Israels“ (antisemitische Separation) bezeichnen, fällt mit 55,6% bzw. 47,8% sogar noch höher aus.

Das Verdienst von Heyder et al. ist, klare Kategorien dafür zu entwickeln, wann Israelkritik Ausdruck von antisemitischen Einstellungen ist. Die empirischen Korrelationsanalysen des Forscherteams verdeutlichen, „dass sekundärer und israelbezogener Antisemitismus, antisemitische Separation und NS-vergleichende Israelkritik in enger Verbindung mit klassischen antisemitischen Vorurteilen stehen. Hierbei handelt es sich nicht um legitime Kritik, sondern um Ausdrucksformen einer antisemitischen Einstellung, also um Umwegkommunikationen von Antisemitismus.“ (ebd.: 158ff.)

3. Tabubruch? Antisemitismus im öffentlichen Diskurs am Beispiel des „Antisemitismus-Streits“ um Jürgen W. Möllemann

Ausgangspunkt dieses Skandals waren Äußerungen und Handlungen zweier Politiker: zum einen Jamal Karsli, ehemaliger Abgeordneter der „Grünen“ im Landtag von Nordrhein-Westfalen, der dann in die Fraktion der FDP wechselte und (am Ende erfolglos) versuchte, in die FDP einzutreten; zum anderen und wichtiger noch, Jürgen W. Möllemann, damals stellvertretender Bundes- sowie Landes- und Fraktionsvorsitzender der FDP in Nordrhein-Westfalen. Der von den Medien als „neuer Antisemitismus-Streit“ betitelte Konflikt bestimmte über sechs Wochen hinweg im Vorwahlkampf des Frühjahrs 2002 den öffentlichen Diskurs und wurde durch das kurz vor der Bundestagswahl im Herbst verteilte Kandidatenfaltblatt Möllemanns neu aufgelegt.

Den Beginn des „Antisemitismus-Streits“ markieren die Äußerungen von Jamal Karsli in einem Interview gegenüber der „Jungen Freiheit“, dem bedeutendsten publizistischen Organ der „Neuen Rechten“: „Man muss allerdings zugestehen, dass der Einfluss der zionistischen Lobby auch sehr groß ist: Sie hat den größten Teil der Medienmacht in der Welt inne und kann jede auch noch so bedeutende Persönlichkeit ‚klein‘ kriegen. Denken sie nur an Präsident Clinton und die Monika-Lewinsky-Affäre. Vor dieser Macht haben die Menschen in Deutschland verständlicherweise Angst.“ (Junge Freiheit, 3.5.2002). Das hier formulierte klassische Stereotyp einer „zionistischen Weltherrschaft“ in deren Hand die USA ist, ergänzt Karsli im weiteren Verlauf des Interviews konsequent durch sekundär antisemitische Aussagen. So zeichnet er die Deutschen als Opfer der „jüdischen Macht“, welche die Erinnerung an den Nationalsozialismus instrumentalisiere zu dem Zweck, den Deutschen Angst einzujagen, damit sie sich nicht zum „Thema Israel“ äußern.

Gegen die berechtigte Kritik des Zentralrats der Juden in Deutschland seinen Schützling Karsli „verteidigend“, äußert Jürgen W. Möllemann gegenüber verschiedenen Fernsehsendern: „dass kaum jemand den Antisemiten, die es in Deutschland gibt, mehr Zulauf verschafft als Herr Scharon und in Deutschland Herr Friedman mit seiner untoleranten, gehässigen, überheblichen Art.“[4] Damit geht Möllemann seinerseits zu Argumentationen mit antisemitischen Stereotypen über – was zur Eskalation und endgültigen Erweiterung des Skandals auf Jürgen W. Möllemann führte. Im Verlauf der folgenden Wochen wiederholt er gegenüber verschiedenen Fernsehsendern und Zeitungen seine Vorwürfe an den Vizepräsidenten des Zentralrats der Juden in Deutschland Michel Friedman. In einer Stellungnahme anlässlich Karslis Rückzug des Aufnahmeantrags in die FDP bekräftigt Möllemann: „Ich wiederhole meinen leider gefestigten Eindruck, dass die Politik von Herrn Scharon und der unerträgliche, aggressiv-arrogante Umgang von Herrn Friedman mit jedem Scharon-Kritiker leider geeignet sind, antiisraelische und antisemitische Ressentiments zu wecken.“[5]

---

[4] Zitiert nach: Frankfurter Rundschau, 18.5.2002, S. 1; Frankfurter Allgemeine Zeitung, 18.5.2002, S. 1.

[5] Zitiert nach: Frankfurter Allgemeine Zeitung, 23.5.2002, S. 3.

Durch die Personalisierung – dem israelischen Ministerpräsidenten Scharon auf der einen, dem Vizepräsidenten des Zentralrats der Juden Michel Friedman auf der anderen Seite – wird das Bild Friedmans als „Parteigänger Israels" gezeichnet und die Verallgemeinerung auf „die Juden" als Kollektiv impliziert. Damit bedient sich Möllemann des Musters des klassischen Antisemitismus: dass Antisemitismus eine Reaktion auf das darstellt, wie sich „die Juden" selbst verhalten, bzw. wie „sie tatsächlich" sind. Dies macht er noch ausdrücklich klar in seinem kurz vor der Bundestagswahl im September 2002 verteilten Kandidatenfaltblatt „Klartext. Mut. Möllemann. Einer wie wir."[6]

Über den gesamten Zeitraum des Skandals hinweg inszenieren sich Möllemann und Karsli als Opfer, die aufgrund ihrer Israelkritik mit dem Antisemitismusvorwurf versehen werden. Sowohl Karsli und Möllemann als auch der Bundesvorsitzende der FDP Guido Westerwelle betonen immer wieder, „dass Kritik an Israel erlaubt sein müsse". Sie operierten so erneut mit den Vorurteilen, „es gebe in Deutschland herrschende ‚Meinungswächter' und ‚Denkverbote', und artikulierte(n) damit auch sekundär-antisemitische Ressentiments, die mit dem Bedürfnis nach einer ‚Befreiung' von der ‚Last der Vergangenheit' verbunden sind" (Rensmann 2004: 475).

Im „Antisemitismus-Streit 2002" wurden offen und chiffriert antisemitische Stereotype in die Öffentlichkeit getragen. Die Inhalte dieses verlautbarten Antisemitismus sind nicht neu, neu ist die Form, in der er kommuniziert wird: Der Kontext der „Vergangenheitsbewältigung" wird um den Bezugspunkt Israel bzw. den Nahostkonflikt erweitert. Die Inszenierung eines Tabubruchs „Israelkritik", wo es doch um den Bruch der anti-antisemitischen Norm ging, waren schließlich Elemente einer von Jürgen W. Möllemann und Teilen der FDP verfolgten Wahlkampfstrategie. Erstmals in der Geschichte der Bundesrepublik wurde Antisemitismus so im Frühjahr und September 2002 von Vertretern einer etablierten Partei der demokratischen Mitte zu Wahlkampfzwecken eingesetzt (ausführlich Ruoff 2004; ebenso Rensmann 2004, Funke 2002, Benz 2004).

---

[6] Über den das Faltblatt dominierenden Porträts Ariel Scharons und Michel Friedmans prangt das Porträt Möllemanns. Das Faltblatt stilisiert Möllemann als Kämpfer für eine „friedliche Lösung des Nahostkonfliktes" und gegen Ariel Scharon und Michel Friedman. Beide werden in diesem Faltblatt zu Feinden gemacht: Scharon als Feind einer friedlichen Lösung im Nahen Osten und Friedman ebenso als dessen „Verteidiger". Zusätzlich findet sich auch hier die bereits bekannte Konstruktion, Friedman habe versucht, den „Scharon-Kritiker Jürgen W. Möllemann als ‚anti-israelisch' und ‚antisemitisch' abzustempeln."

Bezogen auf Neudefinitionen von Antisemitismus in der politischen Kultur sind 2002 widersprüchliche Elemente zu identifizieren: sowohl im Hinblick auf den Konflikt selbst als auch im Umgang mit dem Konflikt im politisch-öffentlichen Diskurs. Die Tatsache, dass wiederholt antisemitische Vorurteile von Vertretern der politischen Elite geäußert wurden, deuten auf abnehmende Wirkungen der anti-antisemitischen Norm hin. Die Durchbrechung der Norm von Jürgen W. Möllemann wurde zudem nicht in dem Maße sanktioniert wie dies noch in den 80er Jahren der Fall war.

Nicht nur im Hinblick auf die Instrumentalisierung von Antisemitismus und in Anbetracht der Dauer und Intensität des gesamten Skandals zeigen sich Erweiterungen des öffentlich „artikulierbaren" Antisemitismus. Auch im widersprüchlichen politisch-öffentlichen Umgang sind partielle Erosionen der anti-antisemitischen Norm festzustellen. Der politische und mediale Diskurs im Frühjahr 2002 ist von konträren Bewertungen und Reaktionen bestimmt, die sich von deutlicher Abwehr über Relativierung bis hin zur Legitimation von Antisemitismus bewegen. Zum einen verurteilen führende Politiker aller im Bundestag vertretenen Parteien den verlautbarten Antisemitismus. Gleichzeitig findet Möllemann prominente Fürsprecher in der Verteidigung gegen „Antisemitismusvorwürfe". Eine einhellige Verurteilung von Antisemitismus durch das Parlament scheitert. Die Aktuelle Stunde wird dominiert vom gegenseitigen Vorwurf von Regierungs- und Oppositionsparteien, das Thema Antisemitismus zum Wahlkampf zu missbrauchen. Der Vorsitzende der FDP Guido Westerwelle vollzieht hier die Umkehrung, indem er nicht Antisemitismus, sondern den Antisemitismusvorwurf als eigentlichen Tabubruch zum Gegenstand der Debatte macht. Indirekte Unterstützung erhält er dabei durch Argumentationen und Ausführungen von Fraktionsrednern der CDU/CSU. Die Verurteilung der Aussagen Möllemanns und des rechtspopulistischen Kurses findet hier vor allem durch die Redner der SPD- und der BÜNDNIS 90/DIE GRÜNEN- Fraktion statt (ausführlich Ruoff 2004).

Die Debatte in den Medien ist gleichsam durch eine höchst umstrittene Beurteilung des Skandals gekennzeichnet.[7] Die Divergenzen sollen hier beispielhaft anhand zweier Kommentierungen veranschaulicht werden. So legitimiert Thomas Schmid die antisemitischen Aussagen in der

---

[7] siehe Ruoff 2004, vgl. auch die Diskursanalyse von Rensmann 2004. Siehe auch: Naumann 2002, der die Antisemitismusdebatte in den Medien von April-Juli 2002 dokumentiert.

„Frankfurter Allgemeinen Zeitung“, indem er es als positiv bewertet, dass im Mai 2002 das „Tabu der Israelkritik“, das er als Denk- und Äußerungsverbot bezeichnet, gefallen sei: „Unerwartet ist die kleine und auch deswegen bewegliche FDP in die Situation geraten, diese Kritik vom Ruch zu befreien, stets und unausweichlich Ausdruck von Antisemitismus zu sein. Das ist ein Fortschritt.“ Weiter bezeichnet Schmid die Generation des Nationalsozialismus und der nachfolgenden „68er Generation“ als Gefangene der deutschen Geschichte und sieht den von ihm diagnostizierten Wandel durch Möllemann und die FDP als „Vorbote eines neuen besseren Umgangs mit der Geschichte.“[8] Hingegen kritisiert Gunter Hofmann in der „ZEIT“ den Skandal als einen Höhepunkt im Prozess der Abkehr von Auschwitz und des angestrebten Schlussstrichs unter die nationalsozialistische Vergangenheit: „Radikal instrumentell gehen erst Möllemann und Westerwelle mit der Vergangenheit um. Sie betreiben die offizielle politische Approbation der Geisteshaltung von Ernst Nolte, die zum Historikerstreit über die Relativierung der Vergangenheit führte, sowie der Parolen Martin Walsers von der ‚Moralkeule‘ Auschwitz.“ Das „Versagen der FDP“ hat für Hofmann tief greifende Folgen: „Sie bricht nicht Tabus, sie stellt die innere Verfasstheit der Republik zur Disposition.“[9]

4. Fazit

Antisemitismus in der politischen Kultur Deutschlands zu Beginn des 21. Jahrhunderts zeichnet sich durch eine hohe Komplexität aus. Auf der Ebene der privaten Einstellungen erfahren einzelne tradierte Stereotype des modernen Antisemitismus weiterhin mehrheitliche Zustimmung. Die mit der zeitlichen Entfernung des Kriegsendes in der Bevölkerung wachsende Forderung nach einem Schlussstrich unter die nationalsozialistische Vergangenheit, sowie der Wunsch nach Restauration nationaler Identität sind Hintergrund für und fördern sekundären Antisemitismus. Er ist die dominante Erscheinungsform von Antisemitismus in Deutschland. Im Hinblick auf diesen sekundären Antisemitismus aus Erinnerungsabwehr relativieren aktuelle empirische Studien die generellen Befunde, dass die Faktoren „Jugend“ und „höhere

[8] Schmid, Thomas: Der Tabubruch, Frankfurter Allgemeine Zeitung, 23.5.2002, S. 1.

[9] Hofmann, Gunter: Der Aufstand der Unanständigen. So ist die FDP unwählbar, DIE ZEIT, 29.5.2002, S. 1.

Bildung" gegen Vorurteile immunisieren. Einzelne Studien identifizieren insgesamt eine Zunahme antisemitischer Orientierungen bei Jugendlichen und in den jüngeren Generationen. Hohe Zustimmungsraten erfahren Items zu antisemitischer Israelkritik: Große Teile der Bevölkerung kommunizieren Antisemitismus über den „Umweg" der Israelkritik. Diese Erscheinungsform kann in Erweiterung der angeführten empirischen Befunde als „neuer" Weg bezeichnet werden.

Der „Antisemitismus-Streit 2002" veranschaulicht, wie einzelne Facetten und Stereotype des Antisemitismus unter dem Vorwand der Israelkritik kommuniziert werden. Eingebettet in den Kontext der „Vergangenheitsbewältigung" dienen der Nahostkonflikt und Israel als Bezugspunkt für Antisemitismus. Von einer Neudefinition des Antisemitismus in der politischen Kultur der BRD ist zu sprechen, da der Raum des öffentlich artikulierbaren Antisemitismus durch Vertreter einer Partei der etablierten Mitte innerhalb des Bundestagswahlkampfes erweitert wurde – ob auf Dauer muss offen bleiben. Im Umgang mit Antisemitismus zeigt sich in den Eliten-Diskursen – dies gilt seit Mitte der 1990er – eine partielle Erosion der Abwehr gegenüber antisemitischen Klischees. Noch aber funktionieren politische und gesellschaftliche Kontrollmechanismen, die latentem und manifestem Antisemitismus deutliche Grenzen setzen und ihn bisher nicht zu einem dominanten Element in der politischen Kultur der BRD werden ließen.

Ausgewählte Literatur

Adorno, Theodor W.: Was bedeutet: Aufarbeitung der Vergangenheit (1959), in: Theodor W. Adorno, Eingriffe. Neun kritische Modelle, Frankfurt a.M. 2003, S. 125-146.

Alheim, Klaus/Heger, Bardo: Die unbequeme Vergangenheit. NS-Vergangenheit, Holocaust und die Schwierigkeiten des Erinnerns. Studien zu Politik und Wissenschaft, Schwalbach/Ts 2002.

American Jewish Committee (AJC): Thinking about the Holocaust 60 years later. A Multinational Public-Opinion Survey conducted for the AJC, March-April 2005.

Benz, Wolfgang: Antisemitismusforschung als Vorurteilsforschung, in: ders./Königseder, A. (Hrsg.), Judenfeindschaft als Paradigma. Studien zur Vorurteilsforschung, Berlin 2002.

Benz, Wolfgang: Was ist Antisemitismus?, München 2004.

Bergmann, Werner: Neuer oder alter Antisemitismus?, in: Das Parlament 15 (11.4.2005).

Bergmann, Werner: Die Verbreitung antisemitischer Einstellungen in der Bundesrepublik Deutschland, in: Bundesministerium des Inneren (Hrsg.), Extremismus in Deutschland. Erscheinungsformen und aktuelle Bestandsaufnahme, Berlin 2004, S. 25-55.

Bergmann, Werner: Antisemitismus in öffentlichen Konflikten. Kollektives Lernen in der politischen Kultur der Bundesrepublik 1949-1989, Frankfurt a.M. 1997.

Bergmann, Werner/Erb, Rainer: Antisemitismus in der Bundesrepublik Deutschland. Ergebnisse der empirischen Forschung von 1946-1989, Opladen 1991.

Bergmann, Werner/Heitmeyer, Wilhelm: Antisemitismus: Verliert die Vorurteilsrepression ihre Wirkung?, in: Heitmeyer, W. (Hrsg.), Deutsche Zustände. Folge 3, Frankfurt a.M. 2005, S. 224-238.

Bergmann, Werner/Erb, Rainer: Antisemitismus in Deutschland 1945-1996, in: Benz, W./Bergmann, W. (Hrsg.), Vorurteil und Völkermord. Entwicklungslinien des Antisemitismus, Freiburg 1997, S. 397-434.

Brähler, Elmar/Niedermeyer, Oskar: Rechtsextreme Einstellungen in Deutschland. Berlin 2002.

Brumlik, Micha/Funke, Hajo/Rensmann, Lars: Umkämpftes Vergessen. Walser-Debatte, Holocaust-Mahnmal und neuere deutsche Geschichtspolitik, Berlin 2000.

Funke, Hajo/Rensmann, Lars: Wir sind so frei. Zum rechtspopulistischen Kurswechsel der FDP, in: Blätter für deutsche und internationale Politik 7(2002), S. 822-828.

Heyder, Aribert et al.: Israelkritik oder Antisemitismus? Meinungsbildung zwischen Öffentlichkeit, Medien und Tabus, in: Heitmeyer, W. (Hrsg.), Deutsche Zustände. Folge 3, Frankfurt a.M. 2005, S. 144-170.

Heitmeyer, Wilhelm (Hrsg.): Deutsche Zustände. Folge 3, Frankfurt a.M. 2005.

Holz, Klaus: Die Gegenwart des Antisemitismus. Islamistische, demokratische und antizionistische Judenfeindschaft, Hamburg 2005.

Naumann, Michael (Hrsg.): „Es muß doch in diesem Lande wieder möglich sein ..." Der neue Antisemitismus-Streit, München 2002.

Rabinovici, Doron: Importware Judenhass. Antisemitismus und Antizionismus: Eine Begriffsklärung, Frankfurter Rundschau, 26.8.2003, S. 9.

Rabinovici, Doron u.a. (Hrsg.): Neuer Antisemitismus? Eine globale Debatte, Frankfurt a.M. 2004.

Rensmann, Lars: Demokratie und Judenbild. Antisemitismus in der politischen Kultur der Bundesrepublik Deutschland, Wiesbaden 2004.

Rensmann, Lars: Kritische Theorie über den Antisemitismus. Studien zu Struktur, Erklärungspotential und Aktualität, Berlin 1998.

Ruoff, Silke: Tabubruch? Eine Analyse des Antisemitismuskonfliktes um Jürgen W. Möllemann, unveröffentl. Magisterarbeit, Tübingen 2004.

Zick, Andreas/Küpper, Beate: Transformed Anti-Semitism – A Report on Antisemitism in Germany, in: Journal für Konflikt- und Gewaltforschung, April 2005.

Jan Błuszkowski

Das Judenstereotyp in Forschung und öffentlichem Diskurs in Polen

Das Konzept des ethno-politischen Stereotyps eröffnet ein breites Spektrum an Möglichkeiten, Aufschluss darüber zu erhalten, was Polen über Juden denken, wie sie sie beurteilen und wie sie sich ihnen gegenüber verhalten. Walter Lippmann erhob 1922 die Stereotype in den Rang eines festen Bestandteils der öffentlichen Meinung. Diese muss authentischer und akzeptierter Ausdruck des subjektiven Denkens einer Gesellschaft sein: Die Meinung des Einzelnen wird zur öffentlichen Meinung, wenn sie Gruppenstatus erlangt, d.h. wenn sie innerhalb größerer Gemeinschaften Akzeptanz findet, wenn sie von deren Vertretern unmissverständlich und offiziell geäußert und verfochten wird, wenn sie von der Gemeinschaft unterstützt wird und wenn in ihr der Wille zum kollektiven Handeln und manchmal sogar das Handeln selbst zum Ausdruck kommt. Stereotype spielen in der Politik eine wesentliche Rolle, indem sie die Richtung vorgeben, welche die politischen Eliten gegenüber bestimmten Gruppen einschlagen sollen. Damit stellen Stereotype ein wichtiges Element der politischen Kultur dar. Lippmann ging davon aus, dass sich politische Tatbestände weder auf direktem Wege noch in ihrer gesamten Bandbreite erkennen lassen. Da in der Politik nicht selten auf Spiel, Manipulation und Desinformation zurückgegriffen wird, kann man oftmals die wahren Absichten, die sich hinter einem Stereotyp, hinter einer politischen Einstellung oder Handlung verbergen, nur schwer erkennen.

1. Was heißt Antisemitismus?

Während der Antisemitismus in Polen eine facettenreiche Erscheinung ist, lassen sich mit Hilfe des Konzepts des ethno-politischen Stereotyps jedoch nur hauptsächlich solche *Ausprägungen des Antisemitismus* erfassen, die in sprachlichen, gedanklichen und emotionalen Äußerungen von Polen gegenüber Juden ihren Ausdruck finden. Das Londoner Institute for Jewish Affairs (Antisemitism World Report 1992: NNI, Datner-Śpiewak 1996: 25) bewertet die folgenden Erscheinungen als antisemitisch: die antisemitische Grundhaltung als Mainstream des politischen Lebens, politische Parteien mit antisemitischen Programmaussagen, die Veröffentlichung und der Vertrieb von Schriften mit antisemitischem Inhalt, Aggression gegenüber Juden und Vandalismus gegen jüdische Kultureinrichtungen, das Fehlen rechtlicher Grundlagen zum Vorgehen gegen antisemitische Straftaten sowie antisemitische Überzeugungen in Meinungsumfragen. Antisemitismus manifestiert sich darüber hinaus auch in den schönen Künsten, in antisemitischen Symbolen, in Akten der Barbarei, wenn beispielsweise jüdische Friedhöfe geschändet werden, in Maueraufschriften und in Parolen, wie sie etwa auf Demonstrationen oder bei Sportveranstaltungen zu vernehmen sind.

Das *Verständnis von Antisemitismus*, sei es im öffentlich-gesellschaftlichen, sei es im wissenschaftlichen Diskurs, fällt sehr unterschiedlich aus. Zum einen wird der Begriff eng gefasst und bezeichnet dann nur das aggressive Verhalten gegenüber Juden. Zum anderen gibt es einen weiteren Begriff, demzufolge nicht erst ausagierte Aggressionen, sondern bereits negative emotionale Einstellungen gegenüber Juden als antisemitisch eingestuft werden. In soziologischen Untersuchungen zum Thema Antisemitismus werden etwa die gesellschaftliche Distanz zu Juden, die Zuschreibung stereotyper negativer Eigenschaften sowie die Disposition zu diskriminierendem Verhalten gegenüber Juden als Indikatoren für eine antisemitische Haltung herangezogen.

Je nachdem, welche Bestimmungsfaktoren gewählt werden, lassen sich verschiedene *Arten von Antisemitismus* unterscheiden. Stehen negative Stereotype und eine große soziale Distanz gegenüber Juden im Vordergrund, dann liegt ein *gesellschaftlicher* Antisemitismus vor (Nowicka-Rusek 1990). Die Überzeugung, die Juden sind allmächtig und beherrschen die Welt, verweist auf einen *politischen* Antisemitismus. Werden die Juden für den Tod Christi verantwortlich gemacht, so ist der Antisemitismus *religiös* motiviert. Wer die physische Konstitution, die Psyche oder den Charakter der Juden für „entartet“ hält, der vertritt einen Antisemitismus mit *rassistischem* Hintergrund (Buryła 2004: 96-103). Unter Berufung auf empirische Studien unterscheidet Datner-Śpiewak (1996: 32) in der polnischen Gesellschaft zwei Arten von Antisemitismus: zum einen die traditionelle Ausprägung, die den Juden eine Kollektivschuld am Tod Christi zuschreibt und somit religiös motiviert ist; zum anderen die zeitgenössisch-moderne Spielart, die sich auf die Überzeugung stützt, die Juden üben in den verschiedensten Lebensbereichen, vor allem in der Politik, der Wirtschaft und den Massenmedien, einen zu großen Einfluss aus.

Die folgenden Überlegungen befassen sich hauptsächlich mit dem gesellschaftlichen Antisemitismus in Polen und orientieren sich dabei an den *Fragen*: Ist das im Bewusstsein der Polen verankerte Judenstereotyp wirklich antisemitisch geprägt? Und konnten die Soziologen in ihren Untersuchungen tatsächlich den Nachweis erbringen, dass im Denken, Reden und Fühlen der Polen negative Judenstereotype vorherrschen?

2. Stereotype im öffentlichen Denken: Charakter und Funktionen

Bevor ich versuche, diese Fragen zu beantworten, möchte ich das Wesen von Stereotypen als Ausdruck des gesellschaftlichen Bewusstseins und als einen vereinfachenden und willkürlichen Entwurf der Wirklichkeit knapp beschreiben. Unter dem Eindruck der bahnbrechenden Forschungen von Sumners („Folkways“, 1906) wurden Stereotype lange Zeit als ein Ausdruck kultureller Deformationen und Anomalien angesehen. Später – insbesondere nach dem Erscheinen der 1950 von Adorno et al. durchgeführten Studie „The authoritarian personality“ – wurden als Ursachen der Stereotypen-Bildung auch individuelle Faktoren berücksichtigt. Das Denken in stereotypen Kategorien wurde auf charakterliche Defizite und einen „beschränkten Horizont“ zurückgeführt. Vertreter der linguistischen Strömung brachten es mit einem Gehirndefekt in Verbindung, der eine adäquate Wirklichkeitswahrnehmung und eine reibungslose Kommunikation mit anderen weitgehend ausschließt. Die Kulturanthropologen hingegen deuten Stereotype als ein Instrument, das den Geist seiner Fähigkeit zu eigenständigem Denken beraubt und den Menschen ihre Spontaneität und Kreativität nimmt. Die Wissenssoziologen argumentieren demgegenüber, dass Stereotype überwiegend positive Funktionen erfüllen: In ihnen sind Überzeugungen verankert, zu denen man sich bekennt und die man verteidigt. Stereotype befriedigen grundlegende geistige und emotionale Bedürfnisse des Menschen, indem sie als Denkschemata dienen, um die Ingroup, die eigene soziale Gruppe, der man sich zurechnet und innerlich verbunden fühlt, von der Outgroup der Anderen und Fremden zu unterscheiden. Auf diese Weise wird ein Gefühl von Zugehörigkeit, Vertrautheit und Normalität vermittelt. Würde man die Stereotype in Frage stellen, liefe man Gefahr, ihre Anhänger der Orientierungslosigkeit auszuliefern und sie in eine Identitätskrise zu stürzen.

Lippmanns Theorie der Stereotypen

Der größte Vorwurf gegenüber Stereotypen ist, dass sie sachlich unbegründet und haltlos sind. *Lippmann* dagegen meint, dass Stereotype ebenso reale wie notwendige Vorstellungen von der Welt sind. Der Mensch, der von Natur aus darauf angelegt ist, Erkenntnis zu gewinnen, erträgt nach Lippmann kein Vakuum bei der Wahrnehmung der ihn umgebenden Welt. Wegen der subjektiv wie objektiv begrenzten Wahrnehmungsmöglichkeiten bedient sich der Mensch deshalb stereotyper Bilder, die jedoch auf einer sinnlichen oder geistigen Erfahrung der Welt beruhen. So macht er von seiner Vorstellungskraft Gebrauch, um zu erfassen, was er nicht selbst unmittelbar hört und sieht, was er nicht am eigenen Leib spürt, was er also nicht eigenständig aufnimmt, was er nicht persönlich verstehen und beurteilen kann. Indem der Mensch die einzelnen Teile der so perzipierten Welt zusammenfügt, entsteht ein kohärentes und glaubwürdiges Bild der nicht selbst erfahrenen Wirklichkeit. Beim Wahrnehmen und Denken muss der Mensch ökonomisch vorgehen. Um die Kosten der Informationsgewinnung zu reduzieren, verzichtet er auf unmittelbares und gesichertes Wissen und stützt sich stattdessen auf seine selbst generierten oder von anderen übernommenen Vorstellungen. Stereotype sind also das Produkt einer rationalen Erkenntnisstrategie.

Der Mensch, so Lippmann, verleiht den Dingen dadurch Konturen, dass er Generalisierungen vornimmt, die die betreffenden Gegenstände als wohlbekannt und größtenteils mit stereotypen Elementen angereichert repräsentieren. Er abstrahiert von Details, um einzelne Erscheinungen mit Hilfe von Stereotypen zu kategorisieren. Dies zieht zwar unweigerlich eine Vereinheitlichung seiner Vorstellungen nach sich; aber der völlige

Verzicht auf Stereotype zugunsten direkter Erfahrungen würde in eine gefährliche Wahrnehmungsarmut münden.

Lippmann erläutert auch, wie der Mensch Stereotype in zwei gegensätzlichen Wahrnehmungssituationen verwendet. Entweder er wird von einem Übermaß an Detailwissen über die komplexe Wirklichkeit überflutet; dann sorgen Stereotype dafür, diese Wirklichkeit durch Typologisierung in einer vereinfachten, verständlichen Form zu vermitteln. In der gegenteiligen Situation versorgt ihn die direkte Wahrnehmung nicht mit den notwendigen Daten, so dass ein Informationsdefizit auftritt. Dann kann er auf Stereotype zurückgreifen, die ihm tradierte, in der Kultur verankerte Muster der Eigen- und Fremdwahrnehmung zur Verfügung stellen, um so die Informationslücke zu schließen.

Außerdem erfüllen Stereotype eine wichtige Schutzfunktion und verleihen dem Menschen Handlungsmotivation – nach Lippmann das wichtigste Motiv für ihre häufige Verwendung. Unvollständige und verzerrte Informationen werden durch gesellschaftliche Vermittlungsinstanzen an uns herangetragen und beeinflussen unser Weltbild. Stereotype werden von den Menschen so aufgefasst, als spiegelten sich darin ihre eigenen Interessen wider. Daraus entstehen schließlich Überzeugungen, die zur öffentlichen Meinung überformt werden. Stereotype sind also ständig an der Definition und Wahrung unserer Interessen beteiligt. Aus diesem Grund kommt ihnen eine wichtige pragmatische Funktion zu, die gerade bei der Kommunikation innerhalb einer Gruppe oder zwischen verschiedenen Gruppen zum Tragen kommt. So können sie von den jeweiligen Eliten innerhalb einer Gruppe als Instrumente einer bewussten und gezielten sozialen Technik eingesetzt werden, die dazu dient, die Position der eigenen Gruppe in Abgrenzung gegenüber den übrigen Gruppen zu stärken und zu festigen.

Genau diese Art und diese Funktionen der stereotypen Wahrnehmung bestimmen auch das in Polen vorherrschende Judenstereotyp, das im Laufe der langen Geschichte der polnisch-jüdischen Beziehungen gewachsen ist. Die Juden bildeten über Jahrhunderte hinweg eine zahlenmäßig starke Minderheit innerhalb der polnischen Bevölkerung. Aus den verschiedensten Anlässen entbrannten zwischen der polnischen und der jüdischen Bevölkerung immer wieder Konflikte, die den idealen Nährboden lieferten, auf dem bei den Polen Vorurteile gegenüber Juden und negative Judenstereotype gedeihen konnten. Nach dem Holocaust stellen die Juden heute nur noch eine kleine Gemeinschaft innerhalb der polnischen Gesellschaft dar. Dies hat allerdings nichts daran geändert, dass die kulturell verankerten Wahrnehmungsmuster, mit denen die Polen den Juden seit jeher begegneten, erhalten geblieben sind. Insofern sich diese Wahrnehmungsmuster nicht auf gegenwärtige Erfahrungen mit Juden stützen, sondern auf tradierte Begegnungen vor der Schoah, besteht in Polen ein Antisemitismus ohne Juden (Cała 2006). Die Stereotype, wie sie heute anzutreffen sind, gründen somit in Bildern und Vorstellungen aus der Vergangenheit.

3. Der ambivalente Charakter der Wahrnehmung der Juden in Polen

Diese Vorüberlegungen sollten die Voraussetzungen schaffen für die konkrete Analyse des Judenstereotyps der Polen. Wie lässt sich das Judenstereotyp der Polen charakterisieren und einordnen? Ist es positiv oder negativ besetzt oder etwa neutral? Am Institut für Politikwissenschaft der Universität Warschau wurde zu Beginn dieses Jahrzehnts ein repräsentativer Querschnitt der erwachsenen polnischen Bevölkerung (N=1000) danach gefragt, wie sie die in Polen lebenden Angehörigen anderer Staaten und Nationen wahrnehmen. Nach dieser Studie gehören die Juden zunächst einmal zu jenen Volksgruppen, die den Polen bekannt und für sie und ihr Land von Bedeutung sind (Błuszkowski 2003: 103-107).

Die Daten zeigen, dass die Juden von der polnischen Gesellschaft als ein Volk angesehen werden, das über eine reiche *Tradition* verfügt, die ihm Kraft und Bedeutung verleiht. Die Juden, so die Befragten, sind sich dieses Zusammenhangs bewusst. Ihre Tradition gilt ihnen als ihr höchstes Gut, das um jeden Preis zu bewahren ist, sichert es doch ihren Fortbestand als eigenständige Nation. Sie pflegen deshalb ihre Tradition und sorgen dafür, dass sie in unveränderter Form erhalten bleibt. Aus ihrer Wertschätzung der Tradition leitet sich auch der hohe Stellenwert des *Familienlebens* ab. Es soll gewährleisten, dass das Volkserbe mit allen seinen Sitten und Bräuchen, Normen und Werten unverfälscht von Generation zu Generation weitergegeben wird. Die Polen vertreten die Auffassung, dass sich Traditionalismus und Konservatismus auch in der *tiefen Religiosität* der Juden widerspiegeln, d.h. in ihrem rigorosen Festhalten an Glaubensgrundsätzen sowie in der Beflissenheit, mit der sie ihre religiösen Praktiken ausüben. Allerdings klingen in diesem

Lobgesang auf die Juden auch negative Töne an. So wirft man den Juden etwa religiösen Fanatismus und Intoleranz gegenüber Andersgläubigen und Andersdenkenden vor (Błuszkowski 2003: 160-162).

Ähnlich ambivalent fällt das Urteil der Polen über die *jüdische Geisteskultur* aus. Dabei können sich positive Aspekte in ihr krasses Gegenteil verkehren. So halten die Polen die Juden einerseits für ein Volk, das sich durch besondere Fähigkeiten auszeichnet, die es von anderen Völkern abheben. Sie gelten als gebildet und weise, als kreativ und vielseitig begabt. So hätten sie einen wesentlichen Beitrag zur Wissenschaft und Kultur in der Welt geleistet. Gleichzeitig regen sich aber Vorbehalte gegen den Aberglauben, Mystizismus und Fatalismus der Juden (Błuszkowski 2003: 160-162).

Noch ambivalenter fällt das Urteil über die jüdische *Wirtschaftskultur* aus. Die Juden gelten den Polen als gute Gastgeber und als typische Vertreter des sog. Homo oeconomicus. Sie sind reich, sparsam und unternehmerisch. Sie verstehen es, für ihre eigenen Interessen einzutreten, und wahren sie erfolgreich. Sie sind fleißig und können gut mit Geld umgehen. Das ist die positive Seite der Medaille. Daneben gibt es aber noch eine negative, die ebenso fest im polnischen Bewusstsein verankert ist: So werden die Juden als geizig, habsüchtig, schlau und verschlagen dargestellt. Sie schrecken vor nichts zurück, wenn es auch auf Kosten anderer Gewinne zu machen gilt (Cała 1996: 226-228).

Diese widersprüchliche Auffassung der jüdischen Wirtschaftskultur steht, wie zahlreiche Untersuchungen beweisen, in engem Zusammenhang mit den Vorstellungen über die *Sitten und Bräuche* der Juden. Nach Ansicht der Polen praktizieren die Juden eine strenge Lebensweise. Sie amüsieren sich nicht, trinken keinen Alkohol, sind in sich gekehrt und meiden Gesellschaft. Stattdessen konzentrieren sie sich ganz darauf, möglichst viel Geld anzuhäufen. Statt in den Tag hineinzuleben, denken und planen sie weit voraus. Ihr gesamtes Sinnen und Trachten ist darauf ausgerichtet, für immer bessere Lebensbedingungen zu sorgen.

Auch bei der Einschätzung der *Psyche und des Charakters* der Juden halten sich positive und negative Aspekte die Waage. Die Polen schätzen an den Juden ihren vermeintlichen Ehrgeiz, ihre Einsatzbereitschaft, Besonnenheit und Selbstdisziplin. Verurteilt werden dagegen ihre angebliche Gerissenheit, Feigheit, Rachsucht, Arroganz, Verschlossenheit und Missgunst. Die negativen Eigenschaften, die man den Juden zuschreibt, zeugen dabei von Voreingenommenheit (Błuszkowski 2003: 160-162).

Eindeutig antisemitisch gefärbt ist die Einschätzung der *nationalen Identität* der Juden durch die Polen. Sie meinen, dass die Juden ihre nationale Identität, die sehr eng mit ihrer religiösen Identität verflochten ist, übermäßig stark betonen und allzu vehement schützen. Dies geschieht, indem sie einen starken Gruppenzusammenhalt kultivieren, der sich teilweise auf die Abschottung gegenüber anderen Nationen stützt (Cała 1996: 216). Sie sind nationalistisch und halten sich für das von Gott auserwählte Volk, das er mit einer besonderen Mission betraut hat. Sie streben die Weltherrschaft an (CBOS 1994: 15/6, CBOS 1996: 9).

Die Bewertung der Juden im Nationenvergleich

Die Wahrnehmung anderer Völker und Nationen einschließlich der Juden ist stets kontextgebunden. Nationale Stereotype werden im komplexen Wahrnehmungsfeld vieler Nationen geboren. Die Gemeinsamkeiten und Unterschiede der einzelnen Nationen kann man nur mit Hilfe der vergleichenden Methode untersuchen. Analog zu den kontextgebundenen nationalen Stereotypen funktionieren auch die virtuellen mentalen „Landkarten", die ein Mensch von den einzelnen Nationen entwirft, um sich in fremden Kulturen und deren Werteordnungen zu orientieren (Kłoskowska 1996: 38). Entsprechend sind Ähnlichkeiten und Unterschiede im Profil jeder Nation empirisch in den nationalen Wahrnehmungskarten angesiedelt. So werden die Juden auf der nationalen Wahrnehmungskarte der Polen dem westlichen Zivilisationskreis, bestehend etwa aus den Deutschen, Engländern, Österreichern, Schweden, Holländern und auch Japanern, zugerechnet. All diese Nationen gelten als gute Gastgeber, und die Polen halten sie für sparsam, fleißig, diszipliniert, ordnungsliebend, unternehmerisch und reich. Darüber hinaus werden Juden als traditionsbewusst und konservativ, verschlossen, asketisch und ernst beschrieben (Błuszkowski 2003: 164).

Ein wichtiges Ziel der Studie des politikwissenschaftlichen Instituts der Universität Warschau bestand darin, die *wertenden Inhalte* des Judenstereotyps in Polen festzustellen. In der Rational-Choice-Theorie (Theorie der rationalen Entscheidung) wird der funktionale Zusammenhang betont zwischen den evaluativen Inhalten nationaler Stereotypen und dem Versuch ethnisch-politischer Gemeinschaften, ihre eigenen Interessen zu wahren und ihre Ziele zu verwirklichen.

Der *Theorie des realistischen Gruppenkonflikts* zufolge sind negative Stereotype im eigenen Vorteilsstreben begründet. Diese Theorie geht von der Annahme aus, dass viele der internationalen Konflikte aus der Konkurrenz um knappe Ressourcen entstehen. Diese wiederum dienen der Bewahrung oder Verbesserung der eigenen Machtposition im Vergleich zu anderen. Außerdem können Konflikte auch durch kulturelle oder religiöse Unterschiede motiviert sein. Sie werden dadurch verschärft, dass eine Nation das Gefühl hat, durch eine andere Nation Nachteile, Schaden oder Leid erlitten zu haben, und sich deshalb rächen will. Die Vertreter der Theorie des realistischen Gruppenkonflikts betonen die Ungleichheit zwischen den einzelnen Gruppen und Gemeinschaften. Die stärkere Gruppierung will ihre privilegierte Position behaupten: Sie verteidigt die ungleiche Verteilung der Ressourcen zu ihren Gunsten als gerecht und will schwächere Gruppen von der Nutzung der knappen Ressourcen ausschließen. Dabei sind die Stereotype, die sich auf die eigene Gruppe beziehen, in der Regel positiv besetzt, um die Ingroup zu glorifizieren, während die Stereotype in Bezug auf andere Gruppen durchweg negativ besetzt sind, um durch die Abwertung des Fremden gegenüber dem Eigenen die eigene Vorherrschaft zu rechtfertigen.

Hieraus folgt, dass Stereotype von der politischen Führung bewusst und zielgerichtet als manipulative soziale Technik eingesetzt werden, um die Position der eigenen Gruppe bzw. Gemeinschaft zu festigen und auszubauen und ihr mehr Stärke und Durchschlagskraft zu verleihen. Manche Autoren meinen jedoch, ein Verständnis der Stereotype, bei dem lediglich deren positive und negative Polung berücksichtigt und neutrale Inhalte vernachlässigt werden, stelle eine unzulässige Vereinfachung dar. Der Grund dafür, dass man sich so stark für die positiven und noch mehr für die negativen Stereotype interessiert, liegt an deren großer Tragweite. Extreme, stark negativ besetzte Stereotype sorgen für großes Aufsehen. In der Forschung über wertende Stereotype verschiedener menschlicher Gemeinschaften lässt sich ein Kontinuum beobachten: Auf der einen Seite befinden sich Abneigung gegenüber und negative Bewertungen und Diskriminierung von Fremdgruppen, auf der anderen Seite positive Einschätzungen bis hin zu deren Idealisierung. In der Mitte zwischen beiden Extrempositionen des Kontinuums liegen die neutralen, also weder positiv noch negativ gepolten Stereotype. Ihnen werden auch solche Bilder und Vorstellungen von Fremdgruppen zugerechnet, die nur leicht werten (Wilska-Duszyńska 1971: 110-116).

Die wertenden Inhalte des Judenstereotyps wurden mit Hilfe der Methode des semantischen Differentials erfasst. Sie ergab, dass *neutrale Bewertungen, „Enthaltungen" und das Vermeiden wertender Äußerungen* bzw. die Flucht in ausweichende Antworten des Typs „schwer zu sagen“ gegenüber stark positiv oder negativ besetzten Aussagen dominierten. Urteile über Juden rangierten zumeist in der Mitte der Bewertungsskala. Die negativen Bewertungen wurden vermieden, indem sie durch neutrale Wertungen oder politisch korrekte Äußerungen ersetzt wurden. Den Polen fiel es beispielsweise schwer zu entscheiden, ob Juden hinterlistig oder aufrichtig, egoistisch oder hilfsbereit, verschlagen oder ehrlich, missgünstig oder wohlwollend, feige oder mutig, abergläubisch oder rational und aufgeklärt, rückständig oder modern, ruchlos oder ehrenhaft, ungesittet oder gesittet, schmutzig oder sauber sind. Hinter dieser Unschlüssigkeit und „Neutralität“ der Polen bei der Bewertung der Juden könnte sich ein verkappter Antisemitismus verbergen, der einer antijüdischen Grundeinstellung entspringt. Nur in einigen Bereichen wurden den Juden dezidiert positive Eigenschaften zugesprochen. So gelten sie bei den Befragten als sparsam und nicht als verschwenderisch, als besonnen und nicht leichtfertig im Umgang mit Geld, als diszipliniert, klug und fleißig, also nicht als disziplinlos, dumm und faul. Sie gelten schließlich auch als loyale Bürger und nicht als Anarchisten (Błuszkowski 2003: 168-206).

Anhand der Analyse der Ähnlichkeiten und Unterschiede bei der Bewertung der Völker und Nationen, die von den Polen als für sich und ihr Land wichtig eingestuft werden, lassen sich die ethnisch-nationalen Stereotype der Polen hinsichtlich ihrer positiven bzw. negativen Konnotationen entlang einer Skala in eine *Rangordnung* bringen. Am besten schneiden die Nationen mit dem höchsten zivilisatorischen Entwicklungsstand ab. Dazu gehören die Japaner, die Engländer, die Deutschen, die Österreicher, die Holländer, die Kanadier, die Schweden, die Amerikaner und die Franzosen. Auf die mittleren Plätze wurden insgesamt fünf Nationen verwiesen, zu denen neben den Juden die Spanier, die Polen selbst, die Ungarn und die Italiener zählen. In den hinteren Reihen wurden die Chinesen, die Tschechen, die Slowaken, die Litauer und die Türken platziert; am schlechtesten kamen die Weißrussen, die Russen und die Ukrainer weg (Błuszkowski 2003: 200-203).

Emotionale und soziale Nähe und Distanz zu Juden

In der Untersuchung des Judenstereotyps der Polen wurde auch die emotionale Dimension der Bewertung berücksichtigt. Hierunter werden alle eindeutig positiven oder negativen affektiven Handlungen und Reaktionen verstanden. Der emotionale Faktor schlägt sich in der sozialen Nähe oder Distanz gegenüber den einzelnen Nationen nieder. Er liegt in einem Spektrum, das von *Sympathie* und dem Wunsch nach engen *Kontakten*, die auf wechselseitigem Vertrauen basieren, über Gleichgültigkeit bis hin zum völligen Kontaktverzicht reicht. In der Studie wurden sowohl die mikro- als auch die makrosoziologische Dimension der emotionalen und sozialen Nähe bzw. Distanz der Polen gegenüber den Juden berücksichtigt.

Die mikrosoziologische Dimension umfasst die ursprünglichen Formen sozialer Bindungen, die dem Willen der Individuen entspringen, sich anderen anzuschließen und persönliche Beziehungen zu ihnen zu unterhalten. Sie manifestiert sich in Verbindungen, deren Angehörige sich zu einem engen, nach außen hin hermetisch abgeriegelten Kreis zusammenschließen, ein intimes Zusammenleben pflegen und sich gegenseitig bejahen und vertrauen. Zu solchen Kreisen sind die Arbeitskollegen, Nachbarn, Freunde und die Familie zu rechnen. Die emotionale und soziale Nähe nimmt in dieser Reihenfolge kontinuierlich zu. Sie wächst und kumuliert von einem Lebensbereich zum anderen, steigert den Grad der Vertrautheit, steuert das Kontaktverhalten – angefangen bei der Arbeit über enge Nachbarschaft und Freundschaft bis hin zur Eheschließung. Die Untersuchung der emotionalen und sozialen Nähe bzw. Distanz ergab, dass einem Großteil der befragten Polen ein direkter Kontakt mit Juden in ihrer unmittelbaren Umgebung und Lebenswelt als wenig wünschenswert erscheint (Błuszkowski 2003: 207-232, 300-307). So lehnen es 14,5% der Polen ab, ihren Arbeitsplatz mit einem Juden zu teilen; 17,3% möchten nicht in unmittelbarer Nachbarschaft zu einem Juden wohnen; 19,7% können sich nicht vorstellen, mit einem Juden befreundet zu sein; und sogar 47,2% wollen keinen jüdischen Ehepartner (Błuszkowski 2003: 301-303).

Die makrosoziologische Dimension erfasst losere zwischenmenschliche Kontakte innerhalb eines weiteren sozialen Umfelds. Diese Berührungspunkte können sich zwischen Polen und Juden in vier Bereichen ergeben: Juden besuchen Polen als Touristen; sie arbeiten und leben kurzzeitig in Polen; sie erlangen die polnische Staatsbürgerschaft; sie siedeln dauerhaft nach Polen über. Auch hier ist zu beobachten, dass die gesellschaftliche Distanz der Polen gegenüber den Juden von Bereich zu Bereich kontinuierlich wächst und kumuliert. So sprechen sich 6,4% der Befragten gegen einen Besuch Polens durch jüdische Touristen aus; 23,9% wollen nicht, dass Juden in Polen eine Arbeit aufnehmen und sich kurzzeitig im Land niederlassen; 31,7% wollen Juden die polnische Staatsbürgerschaft verweigern; und 32,3% möchten nicht, dass sich Juden dauerhaft in Polen ansiedeln (Błuszkowski 2003: 303-305).

Die emotionale und soziale Distanz, mit der die Polen anderen Nationen begegnen, lässt sich hierarchisch anordnen. Denn nicht zu allen Nationen hält man den gleichen Abstand. In dieser Hierarchie der Beliebtheit belegen die Juden sowohl in mikro- als auch makrosoziologischer Hinsicht jeweils untere Positionen. An der Spitze der *Beliebtheitsskala* stehen die Amerikaner, Franzosen, Engländer, Holländer, Kanadier, Österreicher, Spanier, Italiener und Schweden. Mit den Vertretern dieser Nationen verbinden die Polen durchweg positive Vorstellungen. Die Polen definieren sich selbst über den Wunsch, zu ihnen einen besonders engen und dauerhaften Kontakt aufzubauen und zu pflegen. All diese Nationen werden dem westlichen Zivilisationskreis zugerechnet. Sie gelten als reich, modern, gebildet, besonnen und unternehmerisch. Durch seine Sympathie, seine Offenheit und seine Bereitschaft zur Zusammenarbeit gegenüber diesen Nationen rechnet sich Polen selbst dem westlichen Zivilisationskreis zu. Auf der nächst tiefer liegenden Stufe der Beliebtheitsskala folgen die unmittelbaren Nachbarn Polens, also die Ungarn, Tschechen, Slowaken, Litauer und Deutschen sowie die Japaner. Den größten Abstand wahren die Polen zu den sowohl kulturell als auch geographisch heterogenen Gruppen der Chinesen, Juden, Weißrussen, Türken, Ukrainer und Russen (Błuszkowski 2003: 219-229).

Fazit: ein widersprüchliches Spektrum von Bewertungen

Lässt man die vom politikwissenschaftlichen Institut der Universität Warschau ermittelten Untersuchungsergebnisse noch einmal an sich vorüberziehen, dann kann man sich des Eindruckes nicht erwehren, dass das Judenstereotyp der Polen ein *Sammelsurium aus unterschiedlich besetzten Bewertungen* darstellt, in das negative, positive und neutrale Elemente eingegangen sind. Mit anderen Worten: Das Judenstereotyp in Polen ist ambivalent, da in ihm sehr widersprüchliche Äußerungen und Urteile nebeneinander stehen. Auf der einen Seite lobt man die Juden dafür, dass sie über eine reiche Tradition verfügen, diese in Ehren halten und an ihre Kinder weitergeben und dass ihr Traditionsbewusstsein in tiefer Religiosität gründet. Auf der anderen Seite werden ihnen religiöser Fanatismus und Intoleranz gegenüber Anders- bzw. Ungläubigen vorgeworfen. Ebenso wird im Bereich der jüdischen Geisteskultur das positive Bild vom besonders begabten, klugen und gebildeten Juden, der eine Bereicherung für Wissenschaft und Kultur bedeutet, dadurch konterkariert, dass man den Juden eine Neigung zum Aberglauben und Mystizismus unterstellt. Diese widersprüchliche Bewertung der Juden kommt besonders im Bereich der Wirtschaftskultur zum Tragen. Einerseits schätzt man die Juden aufgrund ihrer Gastfreundschaft, ihres Reichtums, ihrer Sparsamkeit, ihres Unternehmergeistes, ihres Fleißes und ihrer Fähigkeit zum besonnenen Wirtschaften; andererseits kritisiert man sie als geizig, habgierig, schlau, verschlagen und rücksichtslos gegenüber anderen, um den eigenen Profit zu steigern. Ebenso widersprüchlich ist das psychische und charakterliche Profil, das die Polen von den Juden erstellen. Demnach werden die Juden als ehrgeizig, aktiv, umsichtig und diszipliniert, aber auch als verschlossen, eingebildet, unaufrichtig, missgünstig, feige und rachsüchtig geschildert.

Die Koexistenz sehr widersprüchlicher Inhalte im Judenbild der Polen lässt darauf schließen, dass zwei Stereotype zugleich vorliegen: einerseits ein positives, in dem die so bewerteten Vorzüge der Juden zum Tragen kommen, und andererseits ein negatives, in dem die angeblichen Defizite der Juden gebündelt sind und das antisemitisch geprägt ist. Antisemitische Töne klingen insbesondere dann an, wenn es um die Einschätzung der Andersartigkeit und der nationalen Identität der Juden geht. Die Polen werden von merklichem Unbehagen befallen, wenn sie ihren Standpunkt in dieser Frage darlegen und darauf verweisen, dass Juden einen engen Zusammenhalt praktizieren und sich von anderen Völkern abkapseln, dass sie sich als die Auserwählten aufspielen und den Anspruch auf Weltherrschaft erheben.

4. Alter Antisemitismus und neue Wirklichkeit

Aber was meinen die Polen genau, wenn sie sagen, dass die Juden eine für sie und ihr Land wichtige Nation darstellen? Um dies nachvollziehen zu können, ist es notwendig, die gemeinsame Geschichte beider Völker knapp zu skizzeren. Polen beheimatete ein Jahrhundert lang die zahlenmäßig größte jüdische Gemeinschaft in Europa. Zwischen den beiden Weltkriegen lebten in Polen drei Millionen Menschen jüdischer Abstammung. Gegenwärtig liegt die Zahl der Juden, die sich in religiösen und weltlichen Organisationen zusammengeschlossen haben, bei sechstausend, während die Gesamtzahl der jüdischen Einwohner Polens auf zehn- bis fünfzehntausend geschätzt wird. Angesichts dieser Sachlage lässt sich der Antisemitismus in Polen kaum als ein realer Gruppenkonflikt auf ethnischer oder wirtschaftlicher Grundlage interpretieren. Deshalb unterscheidet sich die Judenfrage in Polen heute erheblich von der Situation vor dem Zweiten Weltkrieg. Das Wiederaufleben antisemitischer Tendenzen kann nach Cała (2006: 30) als *Antisemitismus ohne Juden* aufgefasst werden, da Polen und Juden heute kaum mehr direkt persönlich miteinander in Berührung kommen.

Cała stellt zugleich die These auf, dass in Polen ein *Antisemitismus ohne Antisemiten* vorherrscht. Diese Form des Antisemitismus besteht aus zwei Komponenten. Auf der einen Seite manifestiert sich der Antisemitismus auf der Ebene der gesellschaftlich dominanten, verbal geäußerten Meinungen. Wie die Forschungsergebnisse zeigen, weist nur ein geringer Teil der Polen eine antisemitische Grundhaltung auf, und auch der sog. Volksantisemitismus, der sich aus dem christlichen Antijudaismus speist, ist in Polen nicht sehr verbreitet. Kaum 10% der Befragten stimmten einer der folgenden, für diesen Typ von Antisemitismus charakteristischen Aussagen zu: „Die Juden haben Christus getötet." – „Die Juden sind die Feinde der Christen." – „Das Schicksal der Juden ist die Folge einer göttlichen Strafe." Auf ebenso wenig Zustimmung stößt die neuzeitliche Variante des Antisemitismus, die auf eine geschichtliche Verschwörungstheorie abhebt. Cała bezeichnet eine Person nur dann als Antisemiten, wenn sie den Juden überhaupt keine positive Eigenschaft zuschreibt. Auf dieser Definition des Antisemiten basiert ihre These vom Antisemitismus ohne Antisemiten. Untersuchungen des Jüdischen Historischen Instituts haben ergeben, dass 57% der befragten Polen den Juden keine einzige positive Eigenschaft zuerkennen (Datner-Śpiewak 1996: 32).

Auf der anderen Seite steht ein Antisemitismus, der die *Sphäre des öffentlichen Lebens* durchdringt. Cała (2006: 40-51) führt als Belege antisemitische Äußerungen von Politikern an sowie politische Gruppierungen, die öffentlich antisemitische Parolen verbreiten, die Duldung antisemitischer Schriften und die Zerstörung jüdischer Kulturdenkmäler in Polen. Der Antisemitismus hat sich in Polen im Laufe einer langen Geschichte herausgebildet und ist dabei einer bestimmten, tief verwurzelten Tradition der kulturellen Wahrnehmung der Juden gefolgt, der er sein Überleben verdankt. *Der Antisemitismus ist fest in der polnischen politischen Kultur verankert, unabhängig davon, wie viele Juden derzeit tatsächlich in Polen leben,* und auch unabhängig von der Bandbreite antijüdischer Einstellungen und Verhaltensweisen bei den polnischen Bürgern. Die Moderne, bemerkt Bauman, hat längst den Begriff Jude übernommen, und zwar losgelöst von den konkreten jüdischen Männern und Frauen, die in Städten und Dörfern leben (Bauman 1992: 111).

Wissenschaftler weisen darauf hin, dass sich im öffentlichen Leben Polens die Anzeichen von *Fremdenfeindlichkeit* mehren (Tazbir 2005: 11/2). Um sich davon zu überzeugen, genügt es, die Presse zu lesen und Wahlkämpfe zu verfolgen. In den politischen Programmen und Äußerungen einiger Politiker sowie in den Organen der polnischen Rechten sind fremdenfeindliche und vor allem antisemitische Töne immer lauter und deutlicher zu vernehmen – man denke etwa an die Diskussion um Jedwabny. Tazbir sieht den polnischen Antisemitismus hauptsächlich in dem Bedürfnis nach einem äußeren Feind begründet. Seine Existenz bildet im Empfinden so mancher Politiker eine unabdingbare Voraussetzung für den Zusammenhalt der Nation. Denn mit einer Verschwörungstheorie lassen sich die politischen und wirtschaftlichen Schwierigkeiten Polens und internationale Probleme in einer scheinbar überzeugenden Weise erklären. Und indem man die Bürger glauben machen will, Polen sei ins Kreuzfeuer einer allmächtigen weltweiten Verschwörung geraten, sorgt man überdies dafür, dass das Land im Bewusstsein seiner Bewohner an Bedeutung gewinnt.

Aus dem Polnischen übersetzt von Hans-Jörg Schwenk

Ausgewählte Literatur

Adorno, Theodor W./Frenkel-Brunswik, Else/Levinson, Daniel J./Sanford, Nevitt R.: The authoritarian personality, New York 1950.

Bauman, Zygmunt: Nowoczesność i Zagłada [Die Moderne und der Holocaust], Warszawa 1992.

Błuszkowski, Jan: Stereotypy narodowe w świadomości Polaków. Studium socjologiczno-politologiczne [Nationale Stereotype im Bewusstsein der Polen. Eine soziologisch-politologische Untersuchung], Warszawa 2003.

Buryła, Sławomir: Antyjudaizm czy antysemityzm? Kilka znaków zapytania [Antijudaismus oder Antisemitismus? Einige Fragezeichen], in: Studia Judaica 1(2004), S. 95-110.

Cała, Alina: Wizerunek Żyda w polskiej kulturze ludowej [Das Bild des Juden in der polnischen Nationalkultur], Warszawa 1992.

Cała, Alina: Autostereotyp i stereotypy narodowe [Autostereotyp und Nationalstereotype], in: Krzemiński, I. (Hrsg.), Czy Polacy są antysemitami? [Sind die Polen Antisemiten?], Warszawa 1996, S. 199-228.

Cała, Alina: Antisemitism without Jews and without antisemites, in: Jewish Studies. Center for teaching and research on Jewish history, culture and society, http://www.ceu.hu/jewishstudies/yb03/06cala.pdf.

CBOS: Antysemityzm w Polsce [Antisemitismus in Polen], Warszawa 1991.

CBOS: Nasz stosunek do innych narodów [Unser Verhältnis zu anderen Nationen], Warszawa 1994.

CBOS: Stosunek Polaków do innych narodowości [Das Verhältnis der Polen zu anderen Nationalitäten], Warszawa 1996.

CBOS: Żydzi i Polacy w opiniach społeczeństwa [Juden und Polen im Spiegel der öffentlichen Meinung], Warszawa 1997.

Datner-Śpiewak, Helena: Struktura i wyznaczniki postaw antysemickich [Struktur und Determinanten antisemitischer Einstellungen], in: Krzemiński, I. (Hrsg.), Czy Polacy są antysemitami? [Sind die Polen Antisemiten?], Warszawa 1996, S. 25-64.

Gross, Jan T.: Upiorna dekada. Trzy eseje o stereotypach na temat Żydów, Polaków, Niemców i komunistów. 1939-1948 [Eine gespenstische Dekade. Drei Essays über Stereotype zum Thema Juden, Polen, Deutsche und Kommunisten. 1939-1948], Kraków 1998.

Gross, Jan T.: Sąsiedzi. Historia zagłady żydowskiego miasteczka [Nachbarn. Die Geschichte der Vernichtung eines jüdischen Dorfs], Sejny 2000.

Hertz, Aleksander: Żydzi w kulturze polskiej [Die Juden in der polnischen Kultur], Warszawa 1988.

Institute of Jewish Affairs: Antisemitism. World Report, London 1992.

Jasińska-Kania, Aleksandra (Hrsg.): Bliscy i dalecy. Studia nad postawami wobec innych narodów, ras i grup etnicznych [Die Nahen und die Fernen. Eine Studie über die Einstellungen gegenüber anderen Nationen, Rassen und ethnischen Gruppen], Bd. 2, Warszawa 1992.

Jasińska-Kania, Aleksandra: Stosunek do Niemców i Żydów w badaniach OBOP [Das Verhältnis zu den Deutschen und den Juden in der empirischen Meinungsforschung], Warszawa 1989.

Johnson, Paul: Historia Żydów [Geschichte der Juden], Kraków, 2000.

Kłoskowska, Antonina: Kultury narodowe u korzeni [An den Wurzeln der Nationalkulturen], Warszawa 1996.

Kowalski, Piotr (Hrsg.): Polacy o sobie [Polen über sich], Łomża 2005.

Krzemiński, Ireneusz (Hrsg.): Czy Polacy są antysemitami? [Sind die Polen Antisemiten?], Warszawa 1996.

Krzemiński, Ireneusz (Hrsg.): Antysemityzm w Polsce i na Ukrainie: raport z badań [Antisemitismus in Polen und der Ukraine: ein Forschungsbericht], Warszawa 2004.

Krzemiński, Ireneusz: Polacy i Żydzi – obraz wzajemnych stosunków, antysemityzm i tożsamość narodowa [Polen und Juden – das Bild der gegenseitigen Beziehungen, Antisemitismus und nationale Identität], in: Kultura i Społeczeństwo 1(1999), S. 143-170.

Lippmann, Walter: Public opinion, New York 1922.

Nowicka-Rusek, Ewa (Hrsg.): Swoi i obcy. Studia nad postawami wobec innych narodów, ras i grup etnicznych [Die Eigenen und die Fremden. Eine Studie über die Einstellungen gegenüber anderen Nationen, Rassen und ethnischen Gruppen], Bd. 1, Warszawa 1990.

Ryszka, Franciszek/Jasińska-Kania, Aleksandra: Antysemityzm polski. Szkic do opisu i diagnozy [Der polnische Antisemitismus. Versuch einer Beschreibung und Diagnose], in: Jasińska-Kania, A. (Hrsg.), Bliscy i dalecy [Die Nahen und die Fernen], Warszawa 1992, S. 167-200.

Sumner, William Graham: Folkways, Boston 1906.

Tazbir, Janusz: Przed kolejnym zakrętem [Vor der nächsten Biegung], in: Kowalski, Piotr (Hrsg.), Polacy o sobie [Polen über sich], Łomża 2005, S. 9-14.

Wilska-Duszyńska, Barbara: Rozważania o naturze stereotypów etnicznych [Überlegungen zur Natur ethnischer Stereotype], in: Studia Socjologiczne 3(1971), S. 97-116.

Ziemny, Aleksander: Resztki mniejszości czyli Żydzi polscy dzisiaj [Reste einer Minderheit oder polnische Juden heute], Łódź 1997.

IV. ENTFREMDETE BÜRGER?

Michael Eilfort

Verdrossene, entfremdete Bürger? – Nichtwähler als Herausforderung für die Demokratie

Das Vorurteil, eine hohe Wahlbeteiligung zeige an, wie stabil ein politisches System und wie demokratisch gesinnt die Menschen seien, ist nirgends so verbreitet wie in Deutschland. Deshalb konnte und kann es immer noch nicht überraschen, dass der Rückgang des allgemeinen Wahleifers von der breiten Öffentlichkeit und auch von vielen politischen Akteuren vor allem als Krisenzeichen empfunden wird. Die dadurch ausgelöste eifrige Suche nach den Gründen der – vermeintlichen? – Krise trug wesentlich zum Aufkommen eines Begriffs bei, der inzwischen in den allgemeinen Wortschatz eingegangen ist: die „Politikverdrossenheit“ der Deutschen als reales oder mindestens teilweise auch nur konstruiertes Phänomen.

Bestärkt wurde die Annahme einer verbreiteten „Politikverdrossenheit“ durch den vom ersten deutschen „Nichtwahlforscher” Eugen Würzburger 1907 eingeführten, irreführenden Begriff von der „Partei der Nichtwähler“. So griffig aber dieser insbesondere von den Medien immer noch gern benutzte Ausdruck ist, so falsch ist er, weil er eine Homogenität vorgaukelt, die es erstens nicht gibt und die zweitens noch in eine bestimmte Richtung interpretiert wird. Durch das Wort von der „Partei der Nichtwähler“ ist verbal auch ein Gegensatz, eine Abgrenzung zu den anderen Parteien konstruiert – denn „die“ Nichtwähler müssten ja mit „den“ Parteien insgesamt und relativ dauerhaft unzufrieden sein, weil sie sonst wählen würden. In Wahrheit jedoch waren, sind und werden die Nichtwähler auch in Zukunft keine „Partei“ sein, sondern ein Sammelbecken mit von Wahl zu Wahl unterschiedlicher Zusammensetzung. Das einzige, was Nichtwähler verbindet, ist die Tatsache, dass sie nicht wählen.

1. Wahlenthaltung bleibt „im Trend“

Die Bundestagswahl am 18. September 2005 hat mit einer Wahlbeteiligung von 77,7% ungeachtet des bis zuletzt ungewissen Ausgangs weniger Wähler mobilisiert als die vorherige Entscheidung. Das entspricht nicht nur dem langjährigen Trend. Es ist in besonderer Hinsicht bemerkenswert, weil durch das Antreten der aus PDS und „Wahlalternative Soziale Gerechtigkeit“ (WASG) zusammengesetzten „Linken“ ein neues Angebot für potentielle Wähler der amtierenden rot-grünen Bundesregierung bestand, die besonders von „ihrer“ SPD enttäuscht, aber nicht bereit waren, in das andere politische Lager überzulaufen.

Insgesamt sprechen die Zahlen der Jahre 1985 bis 2005 eine klare Sprache: Wahlenthaltung liegt „im Trend“. Als numerische „Hauptgewinner” fast aller Wahlgänge seit der Jahrtausendwende hatten sich die Nichtwähler erwiesen. Mit Ausnahme der Bundestagswahlen haben sich meist mehr Wahlberechtigte enthalten als für die jeweils stärkste Partei entschieden. Bei nahezu allen Abstimmungen – auf Landesebene mit Ausnahme nur der Landtagswahlen in Berlin 2001, Bremen 2003, Brandenburg 2004 und Nordrhein-Westfalen 2005 mit dem nach 1947 immer noch zweitschlechtesten Beteiligungswert – fiel im Vergleich zum jeweiligen Urnengang zuvor die Beteiligung ab, meistens in starkem Maß: So unter anderem 2002 um gleich 15 Prozentpunkte in Sachsen-Anhalt, 2003 um 12,7 in Bayern, 2002 um 8,8 in Mecklenburg-Vorpommern, 2001 um 8,7 in Rheinland-Pfalz, 2004 um 7,2 im Saarland, 2003 um 6,8 in Niedersachsen und 2001 um 5 Prozentpunkte in Baden-Württemberg. In ähnlicher Weise wurden bei vielen Kommunalwahlen früher nicht für möglich gehaltene Werte erreicht bzw. verfehlt. Die 50-Prozent-Marke ist bei Kommunalwahlen nicht mehr „garantiert“ und wird auch auf Landesebene in absehbarer Zeit erstmals fallen. Von der unterschätzten Europawahl gar nicht zu sprechen – die in Brandenburg dabei 2004 „erzielten“ 26,9% Beteiligung sind schwer zu unterbieten.

Der seit Mitte der 80er Jahre erkennbare langfristige Trend zur Zunahme der Wahlenthaltung auf allen Ebenen setzt sich also fort. Das starke Anwachsen der Nichtwählerzahlen – eines der herausragenden politischen Phänomene der letzten zwei Jahrzehnte – führt offensichtlich weiterhin zu immer neuen Rekordtiefen der Wahlbeteiligung. Auch in den neuen Bundesländern ging, nachdem die Euphorie der Wiedervereinigung und der „Reiz des Neuen“ verflogen waren, der Wahleifer rasch und stark zurück.

All das bedeutete insgesamt die Umkehr einer Entwicklung, die in Deutschland länger als ein Jahrhundert andauerte. Nach Einführung des allgemeinen, bis 1919 aber auf die Männer beschränkten Wahlrechts hatte die Wahlbeteiligung generell relativ kontinuierlich zugenommen, so z.B. von der Reichstagswahl 1871 mit 51% bis zur Bundestagswahl 1972 mit 91,1%. Dann blieb sie mehr als ein Jahrzehnt auf hohem Niveau annähernd konstant, bis mit den Bundestagswahlen 1987 und 1990 eine Trendwende augenfällig und seitdem insgesamt bestätigt wurde.

2. Nichtwähler verändern die politische Landschaft und Agenda

Für politische Veränderungen von Wahl zu Wahl sorgen logischerweise nicht strukturelle, grundsätzliche Nichtwähler, z.B. Obdachlose oder völlig Desinteressierte. Politische Auswirkungen hat die konjunkturelle, also einer jeweils vorherrschenden politischen Konjunktur bzw. Lage geschuldete Wahlenthaltung.

Eine zentrale politische Veränderung zwischen 1999 und 2005, nämlich erst der „Machtwechsel“ im Bundesrat und dann die dort erdrückende Dominanz der CDU/CSU („Union“), war auf eine große Gruppe von konjunkturellen – und damit vorübergehenden – Nichtwählern zurückzuführen, deren Wahlverzicht besonders der Union und – im Osten – auch der PDS nützte: frustrierte SPD-Wähler der Bundestagswahlen 1998 und 2002. SPD-Stamm- wie Laufkunden sind scharenweise den Wahllokalen ferngeblieben. Was 1998 die „neue Mitte” gewesen sein soll, wurde die neue Leere – in den Urnen. Wo die Wahlbeteiligung merklich sank, verlor tendenziell vor allem die in der Hauptstadt regierende SPD deutlich, z.B. in Niedersachsen und Bayern 2003. Nur bei der Bundestagswahl 2002 konnte sie nochmals ausreichend mobilisieren und gewann mit wenigen Tausend Stimmen Vorsprung – ein Zeichen mehr wie entscheidend die Mobilisierung derer ist, die zögern zur Wahlurne zu gehen.

Neu ist diese Erscheinung nicht, sondern schon länger als „systematischer Oppositionseffekt” bekannt. Er hängt mit der traditionellen, fest in den Köpfen der Menschen verankerten „Wahlhierarchie” zusammen: Sie räumen der Bundestagswahl die mit Abstand größte Bedeutung ein, dann folgt die Landtagswahl und darauf wiederum mit großem Abstand die Europawahl sowie am Ende die Kommunalwahlen. Je unbedeutender eine Wahl eingeschätzt wird, desto größer die Neigung, Unmut oder Enttäuschung „auszuleben" und an der normalerweise bevorzugten Partei sein „Mütchen zu kühlen", z.B. durch bewusste Wahlenthaltung oder, einen Schritt weitergehend, durch Protestwahl.

Wer nun auf der als wichtigsten und besonders intensiv wahrgenommenen Ebene, im Bund, in der Regierungsverantwortung steht, macht fast zwangsläufig auch Fehler, enttäuscht vielleicht Erwartungen, muss Kompromisse suchen. Schnell treten Widersprüche und Streit zutage, wo vor der Machtübernahme niemand so genau hinschaute. Die Folge: Die Bonner und jetzt Berliner Regierenden können bei Landtags- und Kommunalwahlen ihre möglichen Wähler weniger gut motivieren als die Opposition im Bund, die von der dann geringeren Wahlbeteiligung mit prozentualen Gewinnen profitiert – ohne dabei zwangsläufig die eigenen Stimmen zu mehren.

Bis 1969 waren es eher bürgerliche Wähler, die regionale und kommunale Wahlen zum Protest nutzten, während nach dem Bonner Machtwechsel die Union ihrerseits in den 70er Jahren fast jedes Mal hinzugewann, wo die Beteiligung gegenüber der Vorwahl absank. Von 1982 bis 1998 wiederum erwiesen sich Landtags- und Kommunalwahlen tendenziell als Ventil für Unzufriedene aus dem regierenden bürgerlichen Lager. Mit der bekannten Folge, dass die Opposition im Bundestag über den Bundesrat je nach Sprachgebrauch mitregieren oder blockieren und in den Ländern personelle Alternativen entwickeln kann. Genau dies geschah bis zum Frühjahr 2005 mit umgekehrten Vorzeichen: Nichtwähler haben, um nur einige Beispiele aus der Landespolitik zu nennen, die Erfolge von CDU-Ministerpräsidenten erst möglich gemacht: so für Roland Koch in Hessen 1999, Peter Müller im Saarland 1999, Bernhard Vogel in Thüringen 1999, Ole von Beust in Hamburg 2001, Wolfgang Böhmer in Sachsen-Anhalt 2002, Christian Wulff in Niedersachsen 2003 und Peter Harry Carstensen in Schleswig-Holstein 2005, zuletzt Jürgen Rüttgers in Nordrhein-Westfalen im Mai 2005. Schon bei den nordrhein-westfälischen Kommunalwahlen 1999 und 2004 war das Muster erkennbar gewesen: Sinkender Wahleifer ging zu Lasten der in Berlin und Düsseldorf regierenden SPD, während die Union ihr Wählerpotential weitgehend ausschöpfen konnte.

Vor allem vormalige Nichtwähler, die im Mai 2005 bei der Landtagswahl in Nordrhein-Westfalen nunmehr die Union wählten, verursachten das Ende der letzten rot-grünen Landesregierung. Der Verlust der Regierungsbeteiligung der SPD in ihrem Stammland Nordrhein-Westfalen änderte die politische Agenda auch in Berlin dramatisch: Das Vorziehen der Bundestagswahl um ein Jahr war im wesentlichen eine Folge der Serie von verheerenden Wahlniederlagen für die SPD auf Landes- und Kommunalebene, mithin ein Ausfluss des „systematischen Oppositionseffekts“.

Diejenigen, die diesen „Oppositionseffekt” verursachen, können also – in den meisten Fällen wohl ungewollt – politische Weisheit an den Tag legen. Nichtwählen wird zum Politikum, weil es die Bundesregierung entweder daran hindert, zu mächtig zu werden oder, wie 2004/2005, ihre nicht mehr vorhandene Legitimation aufdeckt und den politischen Wechsel erzwingt. Wahlenthaltung entfaltet so eine ausgleichende Wirkung für das politische System, die Umfragen zufolge von der großen Mehrheit der Bevölkerung auch gewünscht und begrüßt wird: Wahlenthaltung ist in diesem Fall also als Krisenzeichen für die SPD (und die Grünen) zu sehen und für das politische System nicht nur als Normalisierung oder besser Normalität, sondern sogar als ausgleichender und damit stabilisierender Faktor.

Ernüchterung nach Regierungswechseln ist demokratische Normalität. Das muss nicht automatisch „Politikverdrossenheit” im Sinne allgemeiner Demokratieunzufriedenheit zur Folge haben. Erst wenn eine in Umfragen festgestellte breite Unzufriedenheit mit der jeweiligen Bundesregierung in eine Aversion gegen „die Politik“, gegen „die Parteien“ oder „die Politiker“ generell, und dies mit erheblicher Intensität und Dauerhaftigkeit, umschlägt, eine Wirtschaftskrise und/oder politische Affären nachhaltig das Vertrauen der Bürger in das Vermögen der Politik trüben, sind mehr als tagespolitische Sorgen angebracht. Es gab „Hochkonjunkturen” der Verdrossenheit in den Jahren 1992/93 und 2000, aber von einer generellen Politik- oder gar Demokratieverdrossenheit in der BRD zu sprechen, wäre nicht zutreffend. Politikverdrossenheit lässt sich kaum an der Höhe der Wahlbeteiligung festmachen. Was wir jedoch seit etwa 20 Jahren als gewichtiges Defizit der politischen Kultur in Deutschland beobachten, ist ein relativ geringes Vertrauen in bzw. Ansehen der Parteien, Politiker und relativ politiknaher Institutionen (Parlament, Regierung), im Osten

Deutschlands noch stärker als im Westen, ohne dass dies insgesamt die Stabilität und Funktionsfähigkeit des politischen Systems und seine grundsätzliche Legitimation in Frage stellen würde.

3. Die Stimmabgabe ist nicht mehr Bürgerpflicht

Dafür, weiter zunehmende Nichtwählerzahlen vornehmlich als Ergebnis eines Normalisierungsprozesses gerade im internationalen Vergleich zu werten und sie weniger dem politischen System und seinen Akteuren anzulasten, spricht ein anderer Punkt: Die Wahlteilnahme wird immer weniger als Bürgerpflicht empfunden. Dies ist ein zentraler, struktureller Grund dafür, dass immer mehr konjunkturelle Nichtwähler zu registrieren sind: Die jeweilige politische Konjunktur entscheidet nicht nur über das Wie, sondern auch über das Ob der Wahlentscheidung. Die Zahl der Unentschlossenen bzw. sich in letzter Minute Entschließenden wächst stetig an und führt die Demoskopie an den Rand ihrer Leistungsfähigkeit. Geradezu dramatisch wurde dies anlässlich der Bundestagswahl 2005 deutlich: So entschieden sich viele, die schon einem Lager „zugebucht" waren, in letzter Minute doch für die Enthaltung – und trugen zu einem Wahlergebnis bei, das niemand auf der Rechnung hatte.

Die starke soziale Norm des Wählen-Müssens war jahrzehntelang ein Charakteristikum der politischen Kultur in der Bundesrepublik und trug zu der im internationalen Vergleich enorm hohen Wahlbeteiligung entscheidend bei. Heute wird infolge des Wertewandels das Wahlrecht weitaus weniger als Wahlpflicht verstanden. Dies macht sich umso bemerkbarer, je jünger die Wahlberechtigten sind. Im Ergebnis führen viele und oft profane Gründe, die früher keinen vom Wahlgang abgehalten hätten, inzwischen zu Wahlenthaltung. Mit dem Rückgang der Auffassung von der Wahlteilnahme als Pflicht entstand wahrscheinlich erst die Voraussetzung dafür, dass es aus verschiedenen Gründen, die zuvor nur „verdeckt" wurden, zu vermehrter Wahlabstinenz kommen konnte. Und man kann annehmen, dass gerade mäßig motivierte Bürger, die vormals des „moralischen" wie des persönlichen Anstoßes zur Stimmabgabe bedurften, heute die Nichtwähler sind, deren Enthaltung aus einer Apathie herrührt, die sich aus Zufriedenheit mit dem Vorhandenen nährt. Solche Nichtwähler untermauern die Normalisierungsthese, die davon ausgeht, dass bei stabilen politischen Verhältnissen über einen längeren Zeitraum hinweg, bei Vertrauen in das politische System und seine Institutionen und bei einer allgemeinen Zufriedenheit mit der Funktionsweise des Systems die Bürger zu einer geringeren Beteiligung bei Wahlen neigen. Dies ist gut in etablierten Demokratien wie den USA oder der Schweiz zu beobachten.

So hat zunächst der Wertewandel mit der Abnahme staatsbürgerlichen Pflichtbewusstseins in den Jahren vor dem Regierungswechsel 2005 wohl auch zur Ausprägung des „Oppositionseffekts" beigetragen. Da man viele Menschen nicht nur inhaltlich überzeugen, sondern überhaupt erst einmal zum Wahlgang motivieren muss, schlägt die negative Stimmung gegenüber der Bundesregierung doppelt durch – ganz besonders bei den Jungen: Diejenigen, die wählen gingen, bevorzugten immer mehr die Union, und ein noch größerer Teil als bisher enthielt sich eben. Dabei sollten Jüngere eigentlich ein größeres Interesse daran haben, sich gerade mehr als bisher zu beteiligen. Weil nämlich die über 60-jährigen nicht nur schon jetzt knapp ein Drittel der Wahlberechtigten stellen, sondern auch wesentlich eifriger bei der Stimmabgabe sind, liegt ihr Anteil bei den Wählern entsprechend höher. Angesichts der bekannten demographischen Entwicklung dürften in nicht ferner Zeit Ältere fast allein Wahlen entscheiden und die Interessen Jüngerer – z.B. in der Rentendiskussion – für Wahlkampfstrategen an Bedeutung verlieren – eine womöglich gravierende politische Konsequenz von Wahlenthaltung.

Es gibt neben den konjunkturellen Nichtwählern jedoch auch „strukturelle" Nichtwähler. Schon in Zeiten höheren Wahleifers in Deutschland hatten unterschiedlichste Gründe Wahlenthaltung zur Folge, z.B. „technische" Fehler in Wählerverzeichnissen. Die anhand der Zahl der Wahlberechtigten sowie der abgegebenen Stimmen ermittelte statistische Wahlbeteiligung fällt prinzipiell geringer aus als die wirkliche Wahlbeteiligung. Denn zwischen der Erstellung der Wählerverzeichnisse und dem Wahltag Verstorbene sowie ohne Abmeldung Verzogene gehen als Nichtwähler in die amtliche Statistik ein, obwohl sie am entsprechenden Ort gar nicht wählen konnten. Zu diesen „unechten Nichtwählern" kommen „Nichtwähler wider Willen". Das sind z.B. kurzfristig erkrankte oder verreiste Bürger, die ohne erheblichen Aufwand keine Möglichkeit zur Stimmabgabe hatten, und Briefwähler, deren Stimmzettel zu spät oder ohne beiliegenden Wahlschein eintreffen. Zu den strukturellen Nichtwählern sind auch z.B. die Zeugen Jehovas (ca. 1% der Wahlberechtigten) zu zählen, die jedoch, da sie sich aus religiösen Gründen bei jeder Wahl enthalten, nicht für politische Veränderungen sorgen. Die Zahl aller „strukturellen Nichtwähler“ dürfte bei etwa 4-5% aller Wahlberechtigten liegen. In der Bundesrepublik wäre darum – wie übrigens im Ergebnis in Ländern mit gesetzlicher Wahlpflicht auch – eine Wahlbeteiligung von maximal 95 Prozent erreichbar.

4. Ohne Integration kaum Partizipation

In jedem Fall bedeutungsvoll für um Stimmen werbende Parteien und Politiker ist die Erkenntnis, dass bezüglich der Frage der Beteiligung an Wahlen die alte These, Wählerverhalten sei Gruppenverhalten, neue Nahrung bekommen hat. Die Realität sieht oft anders aus als die verbreitete Ideal- oder Wunschvorstellung, der „mündige Bürger“ entscheide nach reiflicher und unbeeinflusster Überlegung für oder gegen die Stimmabgabe, für eine Partei oder einen Kandidaten. Dass Wahlbeteiligungsverhalten in starkem Maß ein Gruppenverhalten ist, zeigt sich schon daran, dass die meisten Wahllokalwähler nicht allein zur Stimmabgabe kommen. Gerade die „Entscheidung“ für oder gegen die Stimmabgabe ist in vielen Fällen gar keine – Wahlbeteiligung oder Wahlenthaltung können relativ zufällig zustande kommen. Bei der gemeinsamen Unternehmung „Urnengang“ und unter Umständen selbst dann, wenn die Stimmabgabe einzeln erfolgt, mag nämlich ein stärker motivierter Wahlberechtigter einen anderen „mitziehen“. Auch deswegen beteiligen sich Verheiratete oder in eheähnlicher Gemeinschaft Lebende immer in deutlich höherem Maß an Wahlen als alleinlebende Ledige, Geschiedene und Verwitwete. Auch deswegen wächst tendenziell die Neigung zur Stimmabgabe mit der Zahl der in einem Haushalt lebenden Personen. Besonders deutlich fällt der Unterschied zwischen Single- und Zwei-Personen-Haushalten aus.

Der positive Einfluss von „Geborgenheit“ auf die Neigung zur Stimmabgabe liegt vor allem in einem simplen „Mitnahme-Effekt“ sowie dem nicht zu unterschätzenden „sozialen Druck“: Wahlberechtigte mit vorhandener, aber nicht starker Motivation zur Wahlbeteiligung werden im Wortsinn zum Mitläufer, wenn nahestehende Personen zur Wahl gehen. Je mehr Menschen das enge Umfeld ausmachen und je enger die Bindung ist, desto größer also die Chance, dass, falls der eigene Drang zur Wahlurne nicht ausreicht, ein ausschlaggebender Impuls von außen erfolgt.

Im Hinblick auf die Wahlbeteiligung spielt die mitmenschliche Verbundenheit überhaupt eine wesentliche Rolle. Die Neigung eines Wahlberechtigten, seine Stimme abzugeben, ist umso größer, je mehr Kontakt er zu anderen Menschen hat, je mehr Anteil er am Gesellschaftsleben nimmt. Es erstaunt darum nicht, wenn tendenziell die Wahlbeteiligung in einer Gemeinde oder Stadt umso höher ist, je weniger Einwohner diese hat: In der Regel nimmt mit wachsender Größe einer Kommune die Anonymität zu und die relative Menge an Kontakten ab. Aus dem gleichen Grund wächst der Wahleifer auch mit der Ortsansässigkeit, was sich besonders bei kommunalen Wahlen bemerkbar macht. Je länger jemand in einer Gemeinde oder Stadt lebt, desto eher dürfte er dort verwurzelt, sozial integriert sein.

Die Vereinzelungsdynamik in der Gesellschaft macht nicht halt bei der Familie. Genauso nehmen Bindungen an Kirchen, Gewerkschaften, Vereine und andere Organisationen ab – und auch damit die Wahlbeteiligung. Den positiven Zusammenhang insbesondere zwischen dem Wahleifer und dem Engagement in Vereinen und anderen Organisationen bestätigen die Angaben der in Stuttgart befragten Bürger. Erstaunlich ist dabei weniger, in welchem Maß z.B. der Wahleifer von Nicht-Vereinsmitgliedern von dem der Mitglieder eines Vereins abweicht, sondern vielmehr, wie er mit größer werdender Zahl der Vereinsmitgliedschaften fast linear zu steigen scheint.

Auch demzufolge ist nicht oder kaum vorhandene soziale Integration einer der Hauptschlüssel zur strukturellen Erklärung auch von konjunktureller Wahlabstinenz. Der allgemeine Rückgang der Beteiligung bei Wahlen in der Bundesrepublik ist in starkem Maß durch die Abnahme sozialer Bindungen bedingt und so ein Stück weit die logische und normale Folge gesellschaftlicher Entwicklungen. Langfristig wird sich die Zunahme der so begründeten Wahlenthaltung wohl fortsetzen, da ein Ende oder gar eine Umkehr der Prozesse, die zu immer mehr Desintegration führen, nicht absehbar ist: Die Individualisierung schreitet voran und „Instanzen“ wie Kirchen, Vereine, Familie, deren Wirken positive Folgen für die Neigung des Einzelnen zur Stimmabgabe hat, verlieren weiter an Einfluss.

Durch gesellschaftliche „Auflösungsprozesse“ begründete bzw. von diesen zumindest mitverursachte Wahlenthaltung mag man als Symptom einer Krise der Gesellschaft verstehen, die sich auf die Politik auswirkt. Für beides, für so begründete Wahlabstinenz wie für eine mögliche Gesellschaftskrise „die” Politik oder das politische System in die Verantwortung nehmen zu wollen, erscheint in jedem Fall gewagt, denn sie können sicher wenig dafür, dass die „Mobilisierungsmotoren”

Familie, Kirche oder Verein immer weniger Menschen ansprechen und zum Wahlgang ermuntern.

5. Die wählenden Nichtwähler

Wie gezeigt, gibt es mehrere Aspekte, die eine gelassenere Bewertung, wenn nicht Entdramatisierung wachsender Nichtwählerzahlen nahelegen. Dies bedeutet gleichwohl nicht, dass sie völlig verharmlost werden können. Denn zu einem in der Regel kleineren Teil stellt wachsende Wahlenthaltung durchaus ein Krisensymptom dar, weil es einen Nichtwählertypus gibt, der in Deutschland bis Mitte bzw. Ende der 80er Jahre keine messbare Größe war.

Bis zu diesem Zeitpunkt galt Nichtwählen als Funktion des politischen Interessiertheitsgrades: Hohes Interesse führe zur Stimmabgabe, niedriges zur Abstinenz. Dies traf tendenziell zu, auch wenn es – besonders in den frühen Jahren der Bundesrepublik – mehr Wähler als politisch interessierte Bürger gab. Kam es zur Wahlenthaltung, war diese kaum als bewusste politische Handlung zu deuten. Nach wie vor zu Recht kann man sagen: Je mehr sich ein Bürger für Politik interessiert und je mehr er sich darüber informiert, umso größer ist die Wahrscheinlichkeit, dass er an Wahlen teilnimmt. Nurmehr von eingeschränkter Aussagekraft ist der Umkehrschluss: Ausgeprägtes politisches Interesse hat nicht mehr die Stimmabgabe als quasi automatische Folge.

Beileibe nicht der Nichtwähler schlechthin, aber ein Teil der neuen Nichtwählerschaft der vergangenen zwei Jahrzehnte zeichnet sich durch starkes Interesse an Politik aus. Wahlenthaltung als Ergebnis einer bewussten, politischen Entscheidung durch politisch interessierte und informierte Bürger ist, neben dem Rückgang gesellschaftlicher Integration, eine weitere Ursache der allgemeinen Abnahme der Beteiligung bei Wahlen. Viele Nichtwähler sind Wähler. Ein Hinweis darauf liegt auch in der Tatsache, dass es trotz des stetig gestiegenen Bildungsniveaus und trotz des vielfach belegten generellen Anstiegs des politischen Interesses in Deutschland zu dem beschriebenen Rückgang der Wahlbeteiligung kam.

Nun ist der natürlich von Wahl zu Wahl differierende Anteil der wählenden Nichtwähler an der Gesamtnichtwählerschaft jeweils kaum präzise zu quantifizieren – methodische Probleme sprechen gegen die Seriosität jedes Versuchs, dies dennoch zu tun: Rationalisierung, andere

Verzerrungen durch Erhebungssituation und Erhebungsart und vor allem Probleme bei der Erfassung der Nichtwähler stehen dem im Weg.

Wenn in vielen Studien die Zahl politisch interessierter, bewusster Nichtwähler als vernachlässigbare Größe erscheint oder deren Existenz gar völlig verneint wird, liegt das vor allem daran, dass gerade diese Nichtwähler dazu neigen, sich bei Umfragen der sozialen Norm des Wählen-Müssens anzupassen, und deshalb falsche Angaben machen. Auch aus diesem Grund geben bis heute bei Vorwahlbefragungen immer deutlich mehr Bürger an, wählen gehen zu wollen, als es nachher tatsächlich tun.

6. Nichtwählen wegen „Politikverdrossenheit“

Wogegen richtet sich nun der Protest eines Teils der Nichtwähler? Als Gründe der subjektiv empfundenen Unzufriedenheit werden wählende Nichtwähler in der Regel politische Skandale und Affären („alle korrupt“), Bürgerferne („die da oben machen doch, was sie wollen“), ungelöste Probleme und fehlende Alternativen („Parteien sind alle gleich“) benennen – kurz: Vieles, was man gern mit dem Totschlagwort „Politikverdrossenheit“ umschreibt. Wahlenthaltung ist ein neues Ventil für die gewiss nicht neue Erscheinung „Politikverdrossenheit“ geworden. Fast erstaunlich ist dabei auch, dass sich diese diffuse Unzufriedenheit eher als ein schicht- denn als ein altersspezifisches Problem erweist. Die Vorstellung von den korrupten und schlechten Politikern, der Glaube an die eigene Ohnmacht ist vor allem bei den sogenannten „kleinen Leuten“ verbreitet – wohl einer der Gründe dafür, dass z.B. bei den Arbeitern die Neigung zu Wahlenthaltung wie zum oft nächsten, zweiten Schritt, der Protestwahl, zugenommen hat.

Nichtwählen als politisches Votum dürfte allerdings im Gegensatz zu der Hochphase der „Politikverdrossenheit” zu Beginn der 1990er Jahre etwas an Bedeutung verloren haben. Der 1998 erstmals nicht durch Koalitionswechsel, sondern durch Wählerentscheid herbeigeführte Regierungswechsel mag zudem dem demokratischen Souverän den möglichen „Erfolgswert” der Stimmabgabe wieder deutlich gemacht haben. Ebenso scheint bei manchem Bürger, der 1992/1993 und abgeschwächt auch um 2000 seiner Verdrossenheit bei jeder Gelegenheit Ausdruck verlieh, die Bereitschaft gewachsen zu sein, subjektiv empfundene Unzufriedenheit zu hinterfragen. Es konnte wohl auch kaum alles, was da auf Politikern und Parteien abgeladen wurde, objektiv von ihnen zu verantworten sein! Zum Anstieg der „Politikverdrossenheit“ und damit der Wahlenthaltung dürften eine veränderte Wahrnehmung politischer Geschehnisse durch Medien und Bürger sowie außen- und innenpolitische Wandlungsprozesse mit der Folge von Orientierungslosigkeit, nachlassendem Gemeinsinn und vielleicht überhöhten Erwartungen an die Politik zumindest beigetragen haben.

In jedem Fall sollte man sich davor hüten, Nichtwähler zu Helden zu erklären: Nicht jeder Akt von bewusster Abstinenz, vor allem nicht jeder erklärte, ist als Mahnung an die eigene Partei oder als flammender Protest und Produkt wachsamer Intelligenz eines um die Demokratie besorgten Staatsbürgers zu sehen. Weil es vielmehr immer gut aussieht, wenn man sich als solcher ausgibt, äußert auch so mancher, der es schlicht aus Bequemlichkeit nicht zum Wahllokal geschafft hat, in Umfragen angeblichen Verdruss: Rationalisierung trägt stark zur Überschätzung der „Politikverdrossenheit” bei.

7. Qualität einer Demokratie nicht an Wahlbeteiligung messbar

Nichtwähler sind nicht die Helden und genauso wenig die Totengräber der Demokratie. Wahlenthaltung bzw. die Höhe der Wahlbeteiligung sollte also weder idealisiert noch dramatisiert werden. Sie sagt ohnehin kaum etwas über das Funktionieren einer Demokratie aus. Noch keine – siehe die Beispiele Schweiz und USA – ist an zu niedriger Beteiligung gescheitert. Eher eine, nämlich die Weimarer Republik, an zu hoher Beteiligung, weil es der NSDAP offensichtlich gelang, in der Weltwirtschaftskrise politisch weniger interessierte, vormalige Nichtwähler zu mobilisieren. Einen Beleg dafür, dass die Stimmabgabe kein Wert an sich ist, stellten die Landtagswahlen in Sachsen-Anhalt 1998 und 2002 dar: In den Wahlkreisen mit den höchsten Zuwachsraten bei der Wahlbeteiligung erzielte die DVU 1998 ihre besten Ergebnisse! 2002 sank die Beteiligung um fast unglaubliche 15 Prozentpunkte – und die DVU schied sang- und klanglos aus dem Landtag in Magdeburg aus. Auch das Ausscheiden der „Republikaner“ aus dem baden-württembergischen Landtag 2001 bei Rekordwahlenthaltung oder der mit Hilfe einer niedrigeren Wahlbeteiligung 2004 in Hamburg erreichte

„Schill-Out" unterstreichen, dass Wahlabstinenz durchaus positive Seiten haben mag.

Überhaupt wird immer noch viel zu oft die Diskussion über Nichtwähler von falschen Annahmen geprägt, mit irreführenden Begriffen geführt, zuweilen zu politischen Zwecken instrumentalisiert. Penetrant hält sich in der Politik, in der politischen Bildung wie unter Journalisten die Auffassung, steigende Wahlbeteiligung signalisiere, alles sei in bester Ordnung, während man bei sinkender Wahlbeteiligung sofort auf eine Krise des Systems schließen und die Schuldigen dingfest machen müsse – je nach Perspektive „die" Politik generell oder die jeweils anderen Parteien.

Wie hoch aber eine „richtige" Wahlbeteiligung sein sollte, ist nicht normativ festzulegen. Die Beurteilung hängt, was zur Versachlichung der Diskussion über Nichtwähler nicht oft genug gesagt werden kann, vom demokratietheoretischen Blickwinkel ab. Nach der inputorientierten Demokratietheorie sollen in den politischen Prozess die Ansichten und Wünsche aller Bürger einfließen und das zu wählende Gremium sie möglichst vollständig repräsentieren. Die Stimmabgabe wird so zum Wert an sich, angestrebt wird ein Beteiligungsmaximum. Wahlenthaltung wäre also durchweg negativ zu bewerten. Dagegen sieht die outputorientierte Demokratietheorie in der Wahl vor allem ein Mittel zum Zweck. Macht soll zugewiesen und die Leistungsfähigkeit eines Systems garantiert werden. Eine hohe Wahlbeteiligung ist dazu nicht nötig, anzustreben wäre ein Beteiligungsoptimum. Wahlenthaltung kann nach dieser Theorie nützlich sein, insbesondere dann, wenn sie von Menschen ausgeübt wird, die nicht dem Idealbild des „mündigen Staatsbürgers" entsprechen. In diesem Sinne Schumpeters argumentierte 1972 der damalige bayerische Kultusminister Hans Maier, als er, politisch unkorrekt und sehr umstritten, von einer „erschreckend hohen Wahlbeteiligung" sprach.

Dabei hängen Wahlbeteiligung und -enthaltung von so vielen Faktoren ab und können auf so unterschiedlicher Basis betrachtet werden, dass pauschale Bewertungen wohl kaum sachgerecht sein können. Die Stimmabgabe darf beileibe nicht in jedem Fall als Ausdruck „guter", „demokratischer" Gesinnung oder als Unterstützung für das System bzw. Parteien und Politiker überhöht werden – schließlich gibt es nach wie vor auch „Formaldemokraten", die nur wählen, weil „es sich gehört", radikale Protestwähler und im Grunde unzufriedene „Gerade-noch-Wähler" etablierter Parteien. Auch Wahlenthaltung mag Ausfluss bewusster und durchdachter Entscheidungen „guter“ Demokraten sein, kann überdies gerade Systemzufriedenheit ausdrücken nach dem Motto: „Wer schweigt, stimmt zu“.

Systemopposition nach dem APO-Motto von 1969 „Schweine regieren, Esel wählen“ ist damals wie heute empirisch jedenfalls nicht feststellbar und der Sponti-Spruch „Wenn Wahlen etwas ändern würden, wären sie verboten“ spätestens seit 1998 ad absurdum geführt. Derjenige, bei dem ein wie auch immer ausfallendes Wahlergebnis nicht zu existentiellen Ängsten führt, mag leichteren Herzens einmal auf die Stimmabgabe verzichten.

8. Schluss

Auch deutlich niedrigere Werte beeinträchtigen das Funktionieren nicht zwangsläufig bzw. können sogar förderlich sein. Die Frage, ob Nichtwählen eher ein strukturelles oder eher ein konjunkturelles Problem sei, könnte man demnach durchaus mit der Gegenfrage beantworten, ob Wahlenthaltung überhaupt als Problem zu bewerten sei. Die Reaktion müsste dann wohl ein Hinweis auf die Notwendigkeit einer differenzierten Betrachtung von Fall zu Fall sein.

Die Zunahme der Nichtwähler in den vergangenen 20 Jahren ist, soweit man doch den Versuch einer Generalisierung wagen will, wohl ein Stück weit als Krisensymptom zu sehen, dürfte vor allem anderen aber Ausdruck einer Normalisierung bzw. von demokratischer Normalität sein – besonders im internationalen Vergleich. Dass sich beide Deutungen zwar auf der individuellen Ebene, nicht jedoch im Aggregat widersprechen, wurde wiederholt zu Recht festgestellt. Es gilt, Wahlenthaltung weder zu dramatisieren noch zu verharmlosen, vor allem aber, sie nie pauschal zu bewerten. Eine gelassene, nüchtern abwägende Betrachtung empfiehlt sich auch bei der Debatte um die Konsequenzen, die aus Wahlenthaltung zu ziehen seien – oder auch nicht: Mögliche Reformen in den Parteien, in der Festlegung, Gestaltung, Vermittlung von Politik und in den Verfassungen von Bund und Ländern sollte man nie ausschließen – blinden Aktionismus aber vermeiden. Die Wahlpflicht, mit der sich in regelmäßigen Abständen einzelne Politiker eine Tages-Schlagzeile sichern, ist als Förderprogramm für Protestparteien ebenso kritisch zu sehen wie die in manchen Bundesländern im Fall der Kommunalwahlen schon beschlossene Senkung des Wahlalters auf 16 Jahre. Ob die oft ins Spiel gebrachten „plebiszitären Elemente“ mehr sein können als eine Spielwiese für die Aktiveren der Bildungsbürger, ist auch nicht sicher. Man kann ihre vermehrte Anwendung sicher aus demokratietheoretischen Erwägungen fordern, sollte diesen Punkt aber nicht mit dem Phänomen Wahlenthaltung verknüpfen: Der Anteil der Nichtwähler, der sich durch andere Arten von Abstimmungen an die Urne locken ließe, dürfte sehr gering sein.

Wegen des nachlassenden „staatsbürgerlichen Pflichtbewusstseins” und wegen der Abnahme von gesellschaftlichen Bindungen wird die Wahlbeteiligung in Deutschland jedenfalls langfristig eher weiter absinken. Darin kann, aber muss kein Problem liegen. Laut Grundgesetz sind die Wahlen gleich, unmittelbar, geheim und frei. Letzteres schließt auch das Recht ein, nicht zu wählen. Wenn Bürger dieses Recht wahrnehmen, sollte man sie deswegen nicht verurteilen und, wenn es eine größere Anzahl ist, die Demokratie nicht gleich am Abgrund sehen. Deutschland wird sich an niedrigere Beteiligungsraten so oder so gewöhnen müssen. Für die Parteien in Deutschland werden die Nichtwähler, wird vor allem deren Mobilisierung in Wahlkämpfen eine noch zentralere Herausforderung werden. Eine Herausforderung bleibt der gelassene Umgang mit dem Phänomen „Wahlenthaltung“ auch für eine aufgeklärte und gefestigte demokratische Gesellschaft.

Ausgewählte Literatur

Arzheimer, Kai: Politikverdrossenheit. Bedeutung, Verwendung und empirische Relevanz eines politikwissenschaftlichen Begriffs, Wiesbaden 2002.

Eilfort, Michael: Die Nichtwähler. Wahlenthaltung als Form des Wahlverhaltens, Paderborn 1994.

Falter, Jürgen/Schumann, Siegfried: Der Nichtwähler – das unbekannte Wesen, in: Kaase, Max/Klingemann, Hans-Dieter (Hrsg.), Wahlen und Wähler, Analysen aus Anlaß der Bundestagswahl 1990, Opladen 1994.

Hoffmann-Jaberg, Birgit/Roth, Dieter: Die Nichtwähler. Politische Normalität oder wachsende Distanz zu den Parteien?, in: Bürklin, Wilhelm/Roth, Dieter (Hrsg.): Das Superwahljahr, Köln 1994.

Huth, Iris: Politische Verdrossenheit. Erscheinungsformen und Ursachen als Herausforderungen für das politische System und die politische Kultur der Bundesrepublik Deutschland im 21. Jahrhundert, Münster 2003.

Kepplinger, Hans Matthias: Die Demontage der Politik in der Informationsgesellschaft, Freiburg/München 1998.

Kleinhenz, Thomas: Nichtwähler, Opladen 1995.

Krämer, Jürgen/Rattinger, Hans: Wahlnorm und Wahlbeteiligung in der Bundesrepublik Deutschland: Eine Kausalanalyse, in: PVS, 2(1995).

Lavies, Ralf-Rainer: Nichtwählen als Kategorie des Wahlverhaltens. Empirische Untersuchung zur Wahlenthaltung in historischer, politischer und statistischer Sicht, Düsseldorf 1973.

Meier, Jürgen: Politikverdrossenheit in der Bundesrepublik Deutschland, Dimensionen – Determinanten – Konsequenzen, Opladen 2000.

Renz, Thomas: Nichtwähler zwischen Normalisierung und Krise: Zwischenbilanz zum Stand einer nimmer endenden Diskussion, in: ZParl, 4(1997).

Roth, Dieter/Kornelius, Bernhard: Politische Partizipation in Deutschland. Ergebnisse einer repräsentativen Umfrage, Gütersloh 2004.

Scharpf, Fritz: Demokratietheorie zwischen Utopie und Anpassung, Kronberg/Taunus 1970.

Schumpeter, Joseph: Kapitalismus, Sozialismus und Demokratie, Bern 1950.

Völker, Marion und Bernd: Wahlenthaltung. Normalisierung oder Krisensymptome?, Wiesbaden 1998.

Würzburger, Eugen: Die „Partei der Nichtwähler“, in: Jahrbücher für Nationalökonomie und Statistik, 33(1907)3.

Bartłomiej Biskup

Die polnischen Nichtwähler – enttäuscht, müde oder gleichgültig?

Die Polen mussten lange warten, bis sie ihre Freiheit und Unabhängigkeit wiedererlangten, die sie zunächst im Zuge der polnischen Teilungen, dann während der beiden Weltkriege und schließlich nach dem Zweiten Weltkrieg, als das Land dem sowjetischen Machtbereich zufiel, verloren hatten. Aber das Warten wurde stets belohnt, insbesondere 1918, als die Zweite Republik ausgerufen wurde, und 1989, als der Zusammenbruch des Sowjetimperiums den Weg in die Dritte Republik ebnete. Und mit der Freiheit hielt in Polen immer auch die Demokratie Einzug – mit all ihren Institutionen und den Rechten und Pflichten, die sie für die Bürger bereithält. Aber inwieweit waren die Polen willens und imstande, die Instrumente, die ihnen die demokratische Regierungsform an die Hand gab, anzunehmen und anzuwenden? Publizisten, Politikwissenschaftler und Soziologen vertreten mehrheitlich die Auffassung, dass sich Demokratieverständnis und -bewusstsein am Verhalten der Wähler, d.h. an ihrer Bereitschaft, den Urnengang anzutreten, messen lassen.

Ein Blick auf die polnische Geschichte fördert ein uneinheitliches Bild zutage: Die Entscheidung der Bürger, zur Wahl zu gehen oder ihr fernzubleiben, war häufig Schwankungen unterworfen. Bei den letzten Vorkriegswahlen im Jahr 1935 lag die Wahlbeteiligung beispielsweise bei gerade einmal 46%. Zur Zeit der Volksrepublik betrug sie zwar durchweg 95% und nicht selten ging sie sogar noch um einiges darüber hinaus; aber dabei handelte es sich nicht um tatsächliche Werte, da die Wahlen nicht frei und geheim waren und die Zahlen von den Behörden gefälscht wurden. In der Dritten Republik ging die Wahlbeteiligung konstant zurück. Ihren

Höchststand erreichte sie mit 66% bei den Parlamentswahlen 1989, im Jahr der Wende, als man sich darauf geeinigt hatte, ein Drittel der Sitze im Sejm durch das freie Wählervotum zu vergeben und zwei Drittel der Mandate von vornherein dem Regierungslager zuzuschlagen.

Das vorherrschende Bild von den Nichtwählern in Polen lässt sich zunächst einmal so skizzieren: Die politisch verwaisten Bürger, die Nichtwähler, entstammen in Polen ebenso wie in den meisten anderen demokratischen Ländern überwiegend der Schicht der weniger Gebildeten, der schlechter Verdienenden und derjenigen, die eher am unteren Ende der Karriereleiter angesiedelt sind. Oft sind es Jugendliche. Es sind Menschen, die der Politik gleichgültig gegenüberstehen; Menschen, deren Erwartungen in den Systemwechsel nicht erfüllt wurden und die mit dem aktuellen Stand der Demokratie in Polen nicht zufrieden sind; Menschen, die das Gefühl haben, der sozialen und politischen Wirklichkeit hilflos ausgeliefert zu sein und an den bestehenden Verhältnissen ohnehin nichts ändern zu können. Es sind Menschen, die Politikern und politischen Parteien mit Misstrauen begegnen, weil sie denken, dass den „Volksvertretern" mehrheitlich weniger am Gemeinwohl als vielmehr daran gelegen ist, in die eigene Tasche zu wirtschaften. Es sind Menschen, die es ablehnen, sich gesellschaftlich und politisch zu engagieren; Menschen, die davon überzeugt sind, dass ihre Stimme ohnehin nichts bewirkt. Es sind aber auch Menschen, denen es gleichgültig ist, in welchem politischen System sie leben, und die deswegen gar keine Notwendigkeit sehen, auf die Geschehnisse im Lande durch ihre Beteiligung an Wahlen Einfluss auszuüben. Es sind Menschen, die sich auch dann, wenn sie wirtschaftlich gut situiert sind, ausschließlich um sich selbst und ihr eigenes Wohlergehen kümmern.

Genau dieser Teil der Bevölkerung stellt ein Problem dar, wenn man nach den Ursachen dafür fragt, dass, trotz wieder errungener Freiheit und Unabhängigkeit, viele in der polnischen Gesellschaft mit der Demokratie und ihren Institutionen nichts anzufangen wissen und dass ein so hoher Prozentsatz der Bürger der Politik gleichgültig gegenübersteht und Wahlen fernbleibt. Kann man aus diesem Sachverhalt weiterreichende Konsequenzen ziehen und behaupten, die Demokratie in Polen macht eine ernsthafte Krise durch oder ist sogar gefährdet?

Um die Nichtwähler charakterisieren zu können, muss das Phänomen zunächst mit Hilfe statistischer Daten zur Beteiligung der Polen an den einzelnen Wahlen erfasst werden. Die unten aufgeführten Übersichten basieren auf den jeweiligen Angaben der Staatlichen Wahlkommission und zeigen das Verhalten der polnischen Wähler bei Parlaments-, Präsidentschafts- und Kommunalwahlen seit 1989.

Tabelle 1: Beteiligung an Parlamentswahlen

Wahljahr	1991	1993	1997	2001	2005	Durchschnitt
Beteiligung in %	43,20	52,08	47,93	46,29	40,57	46,01

Tabelle 2: Beteiligung an Präsidentschaftswahlen

Wahljahr	1990		1995		2000	2005		Durchschnitt		gesamt
1. und 2. Wahlgang	I	II	I	II	I	I	II	I	II	
Beteiligung in %	60,60	53,40	64,70	68,22	61,12	49,74	50,99	59,04	57,54	58,29

Tabelle 3: Beteiligung an Kommunalwahlen

Wahljahr	1990	1994	1998	2002	Durchschnitt
Beteiligung in %	42,27	33,80	49,52	44,12	42,43

Die Aufstellung lässt erkennen, dass die Wahlbeteiligung bei Präsidentschafts-Wahlen in Durchschnitt deutlich höher ausfällt als bei Parlaments- und Kommunalwahlen und diese um 12,28% bzw. 15,86% übertrifft. Dies ist Raciborski zufolge (1997: 250f.) vor allem darauf zurückzuführen, dass Präsidentschaftswahlen personalisierte Wahlen sind, zu denen wenige Kandidaten mit einem klar umrissenen Profil antreten. Dies erleichtert dem Wähler die Entscheidung, denn er muss nicht lange darüber nachdenken, in welcher Hinsicht sich die Kandidaten voneinander unterscheiden. Bei Parlaments- oder Kommunalwahlen hingegen kandidieren nicht nur wenige Einzelpersonen, sondern zahlreiche Gruppierungen unterschiedlichster politischer Couleur und lösen dadurch Verwirrung beim Wähler aus, die nicht selten in einer Wahlenthaltung resultiert. Besonders deutlich war dies 1991, als bei den Wahlen zum Sejm 111(!) größere und kleinere Gruppierungen um die Gunst der Wähler warben und damit offensichtlich viele Wähler vom Urnengang abschreckten.

Im Vergleich dazu wirken die *Präsidentschaftswahlen* einfacher und transparenter, besonders im zweiten Wahlgang, in dem nur noch zwei Kandidaten miteinander konkurrieren. Hinzu kommt, dass bei den bisherigen Präsidentschaftswahlen stets weitgehend der Eindruck vermieden werden konnte, die Stimme für einen der Kandidaten im ersten Wahlgang sei verschwendet, da bei diesem schon von vornherein feststeht, dass er nicht die erforderliche Prozentzahl erreichen wird, um sich für den zweiten Wahlgang zu qualifizieren. Dies änderte sich allerdings bei den letzten Wahlen, als bereits im ersten Wahlgang zwei Kandidaten weit vor allen Mitbewerbern lagen. Einige von ihnen schnitten sogar schlechter ab als ihre Parteien bei den Parlamentswahlen noch zwei Wochen zuvor.

Neben dem Fehlen eindeutiger Kriterien, die es gestatten, die einzelnen Parteien voneinander abzugrenzen, ist es bei *Parlamentswahlen* nicht zuletzt auch die Angst, eine verlorene Stimme abzugeben, die so manchen Bürger von der Wahl abhält. Selbst wenn man sich im Vorfeld einer Wahl auf eine ganz bestimmte Partei festgelegt hat, zieht man es oft vor, seine Stimme zurückzuhalten, wenn die Wahlprognosen darauf hindeuten, dass diese Partei kaum Chancen hat, die 5%-Hürde zu nehmen und so genügend Stimmen auf sich zu vereinigen, um als Fraktion in den Sejm einzuziehen. Am schlechtesten ist es um die *Kommunalwahlen* bestellt. Diese nehmen auf der Beliebtheitsskala der polnischen Wähler den untersten Rang ein, weil man die kommunale Selbstverwaltung insgesamt in Frage stellt und meint, eine Wahl erübrige sich, da diese Organe in ihren Befugnissen und in ihrem Handlungsspielraum zu stark eingeengt seien, um für die Bürger etwas ausrichten zu können.

1. Das Profil der Nichtwähler

1.1. Demographische Faktoren

Meinungsumfragen, die von der Zentralen Wahlkommission, dem Meinungsforschungsinstitut CBOS und Markowski im Anschluss an Wahlen durchgeführt wurden, fördern ein klares Bild der Nichtwähler zutage und zeigen, welche Gruppen man im Einzelnen unterscheiden kann. Demnach gehen *Männer* häufiger zur Wahl als *Frauen*. 2001 beispielsweise lag die Zahl der Nichtwählerinnen mit 43% um 8% höher als die der männlichen Nichtwähler mit 34%. Damit wurde eine Entwicklung fortgesetzt, die bereits 1990, also unmittelbar nach der Wende, eingesetzt hatte. Dass sich Frauen weniger für Politik interessieren und weniger bereit sind, sich in diesem Bereich zu engagieren, wird überwiegend auf kulturelle Faktoren zurückgeführt (Siemieńska 2005: 40).

Mit steigendem *Alter* nimmt das politische Pflichtbewusstsein der Wähler zu – mit einer wichtigen Ausnahme: Bei den Wählern über 60 geht die Wahlbeteiligung wieder zurück. Wohl auch aus gesundheitlichen Gründen scheuen sie den Gang zur Wahlurne. Bei den Wählern unter 35 liegt die Wahlbeteiligung am niedrigsten, nämlich unter 50%; am höchsten ist sie dagegen bei den Bürgern zwischen 45 und 54 Jahren.

Die Wahlbeteiligung der Bürger hängt auch von ihrem *Bildungsniveau* ab. Manche Autoren (z.B. Cześnik 2002: 366) sehen hierin sogar den zentralen Faktor. Allgemein gilt: Je gebildeter jemand ist, desto eher beteiligt er sich an einer Wahl. Und: Über je mehr Wissen und Verständnis für gesellschaftliche und politische Zusammenhänge jemand verfügt, je breiter sein Horizont ist, desto größer ist auch seine Bereitschaft, zur Wahl zu gehen. Wichtig ist auch, wie gut jemand über politische Themen informiert ist und welche Einstellung zur Demokratie er hat. Nicht zuletzt hängen Bildungsniveau und Beruf miteinander zusammen.

Tabelle 4: Beteiligung an Parlamentswahlen nach Berufszugehörigkeit und sozialem Status

Berufsgruppe bzw. sozialer Status	**Wahlbeteiligung (in %)**		
	1993	**1997**	**2001**
berufstätige Führungskräfte und Intelligenz	82	85	80
Privatunternehmer/Selbständige	85	71	72
Angestellte im mittleren, gehobenen und höheren Dienst	62	71	49
Angestellte im unteren Dienst	75	63	76
Landwirte	62	57	63
gelernte Arbeiter	63	51	55
ungelernte Arbeiter	63	33	48
nichterwerbstätige Leistungsempfänger	–	58	59
Ruheständler	69	73	73
Hausfrauen	57	46	49
Schüler und Studenten	50	45	55
Arbeitslose	49	34	40
gesamt	66	59	61

Quelle: Umfrage des Zentralen Meinungsforschungsinstituts CBOS

Die Daten der Tabelle 4 zeigen auch, dass das Wahlverhalten der Bürger stark von ihrer *beruflichen Situation und der Art der Arbeit*, die sie ausüben, beeinflusst wird. Will man diese Korrelation auf eine möglichst einfache Formel bringen, so lautet sie: je höher qualifiziert die Arbeit, desto größer der Wille zum politischen Engagement. Von den Befragten, die der Führungsschicht bzw. Intelligenz zuzurechnen sind, beteiligen sich nur etwa 20% nicht an Wahlen. Ähnlich verhalten sich die Angestellten des mittleren, gehobenen und höheren Dienstes sowie die mittelständischen Unternehmer, wenn auch dort der Anteil an Nichtwählern um 10% höher liegt. Deutlich sinkt die Wahlbeteiligung dagegen bei den Bauern und Arbeitern mit 40% bzw. 50% Nichtwählern, während die Quote bei den Arbeitslosen sogar auf 60% ansteigt. Schaut man sich die Gruppe der Nichterwerbstätigen näher an, dann mag frappieren, dass ein Wahlboykott gerade bei den Hausfrauen und Leistungsempfängern besonders beliebt zu sein scheint. Der Anteil derer, die sich mit dem Wählen schwer tun, beträgt hier 50%, während die Rentner im Vergleich dazu mit einem Nichtwähleranteil von 30% viel stärker politisch aktiv werden.

Auf das Wahlverhalten der Bürger wirken sich auch ihre wirtschaftlichen Verhältnisse aus. Hier gilt, je niedriger das *Einkommen* und damit auch der Lebensstandard ist, desto größer ist die Zahl der Nichtwähler. Das liegt sehr wahrscheinlich daran, dass Menschen, die weniger verdienen und dadurch mit ihrer persönlichen Lebenssituation eher unzufrieden sind, ihrem Unmut durch Wahlenthaltung Ausdruck verleihen.

In den 1991 durchgeführten Meinungsumfragen zum Wahlverhalten der Polen prüfte man auch, ob und inwieweit Nichtwählen *religiös motiviert* ist. Einen solchen Zusammenhang gibt es durchaus: Ein politisches Pflichtgefühl ist bei denjenigen besonders stark ausgeprägt, die an Gott glauben und regelmäßig zur Kirche gehen. Es ist zu vermuten, dass hier die katholische Soziallehre, der zufolge der Mensch in seine gesellschaftliche Wirklichkeit aktiv und verantwortlich eingreifen soll, zum Tragen kommt. Dies wird auch von einer Untersuchung bestätigt, die von der Zentralen Wahlkommission in Auftrag gegeben wurde (Cześnik 2002: 367).

Die Befunde zum Einfluss demographischer Faktoren auf das Wahlverhalten der Polen lassen sich mit Markowski (1993: 60) so zusammenfassen: In der polnischen Gesellschaft ist es nicht anders als in den meisten anderen Gesellschaften – politische Passivität legen vor allem diejenigen an den Tag, die sich als Vertreter der Unterschicht identifizieren lassen und die auf der Gesellschaftsleiter die unteren Sprossen einnehmen.

1.2. Geographische Faktoren

Versucht man, die Beteiligung der polnischen Bevölkerung an Wahlen auf geographische Parameter herunterzubrechen, so gewinnt man ebenfalls interessante Erkenntnisse. Betrachten wir zunächst anhand des ersten Wahlgangs der Präsidentschaftswahlen von 2005, in welchen Regionen bzw. Kreisen des Landes die Wahlbeteiligung besonders niedrig bzw. besonders hoch ausfiel.

Die niedrigste Wahlbeteiligung ist im Oppelner Land sowie in Ermland und Masuren zu verzeichnen, die höchste dagegen in Warschau. Das ist nicht verwunderlich, denn die Hauptstadt ist ein typischer Stadtkreis mit hoher Bevölkerungsdichte und die oberen Berufs- und Bildungsschichten sind hier besonders stark vertreten. Zwischen diesen beiden Extremen

Abbildung: Beteiligung an den Präsidentschaftswahlen von 2005 nach Regionen bzw. Kreisen

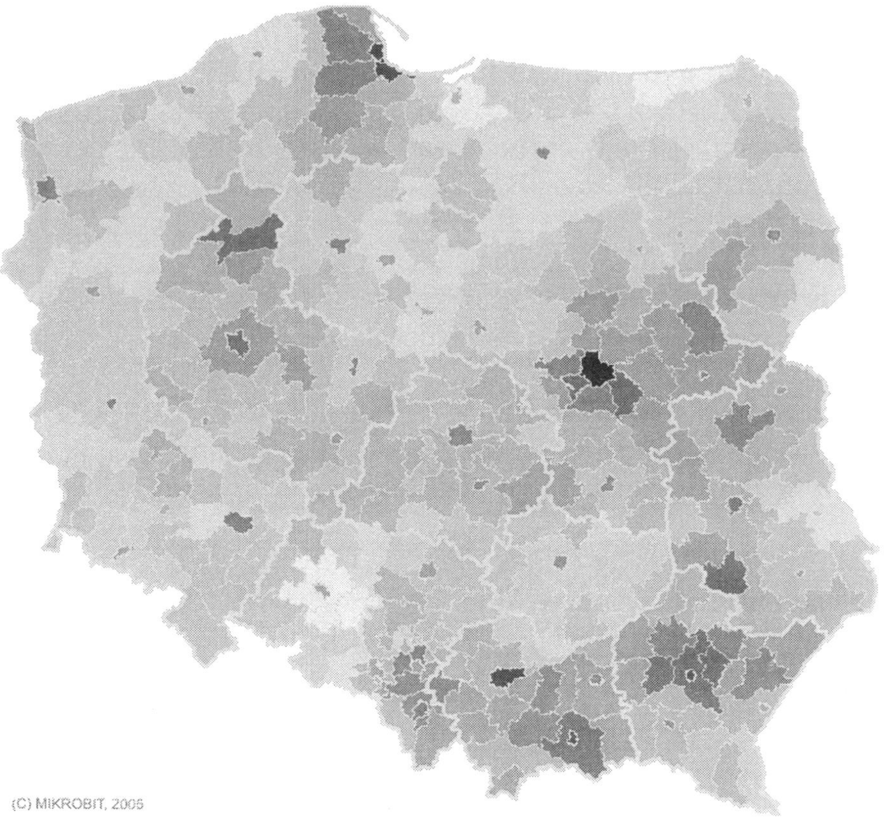

Quelle: Staatliche Wahlkommission
Legende: je dunkler die Farbkennzeichnung, desto höher die Beteiligung

liegen die Gebiete in Großpolen, Kleinpolen und im Vorkarpaten, die bei der Wahlbeteiligung alle in etwa gleichauf liegen.

Die *Gebiete mit der niedrigsten Wahlbeteiligung* sind:

(a) solche mit einer hohen Arbeitslosenquote und in denen die ehemals staatlich subventionierten Landwirtschaftlichen Produktionsgenossenschaften (LPGs) weggebrochen sind, also das Ermland und Masuren sowie Westpommern. Die LPGs entstanden in den 40er und 50er Jahren in schwach besiedelten Gebieten, meist in denjenigen, die nach der Konferenz von Jalta Polen zugefallen waren. Die ortsansässige Bevölkerung fand dort auf Kosten der wirtschaftlichen Rentabilität der Betriebe stets Arbeit. Nach der Wende 1989 gingen diese Betriebe jedoch größtenteils in Konkurs und die Belegschaften wurden mangels alternativer Beschäftigungsmöglichkeiten arbeitslos, denn die entsprechenden Regionen waren ausschließlich auf Landwirtschaft ausgerichtet.

(b) solche mit einem hohen Grad an sozialer Desintegration, in denen sich die Bewohner aus historischen Gründen traditionell nicht einheitlich zu Polen und zum Polentum bekennen (Raciborski 1997: 258), also die nach dem Zweiten Weltkrieg wiedergewonnenen Gebiete in Westpommern und im Lebuser Land.

(c) das Oppelner Land, dessen Bevölkerung zu einem Drittel aus Schlesiern besteht und die Doppelstaatsbürgerschaft, die polnische und die deutsche, besitzt. Die historische und politische Entwicklung hat dazu geführt, dass hier neben einer starken deutschen Minderheit Menschen leben, die sich weder als Deutsche noch als Polen, sondern als Schlesier fühlen. Sie haben schon verschiedene Anstrengungen unternommen, um als eigenständige Volksgruppe anerkannt zu werden. Viele Schlesier arbeiten im Ausland und scheuen die Mühe, die Fahrt nach Polen auf sich zu nehmen, nur um dort zur Wahl gehen zu können.

Die *Gebiete mit hoher Wahlbeteiligung* sind dagegen:

(a) solche mit einem hohen Anteil an praktizierenden *Christen* und

(b) solche mit einer geringen oder mittleren *Arbeitslosenquote*. Hierzu zählen vor allem Großpolen, aber auch die Gebiete des ehemaligen Galizien, also Kleinpolen und der Vorkarpaten.

(c) Was Großpolen angeht, so mag das Bedürfnis nach politischer Beteiligung nicht zuletzt auch mit dem sog. „preußischen Erbe" in Verbindung stehen (Raciborski 1997: 258). Nicht wenige Experten gehen nämlich davon aus, dass das ausgeprägte *politische Bewusstsein* der Bevölkerung auf jene Zeit zurückgeht, als Großpolen während der polnischen Teilungen von Preußen besetzt war, somit also unter Fremdherrschaft stand, und dass sich die historisch geprägten Einstellungen bis heute gehalten haben. Für die damaligen Polen zählte die Teilnahme an Wahlen zu einer Zeit, als ihr Vaterland gleichsam von der Landkarte gelöscht war, zu den obersten Bürgerpflichten.

Hinsichtlich des *Stadt/Land-Gefälles* zeigen die Daten, dass die Wahlbeteiligung auf dem Land deutlich geringer ausfällt als in den Städten. An den Präsidentschaftswahlen im Jahr 2000 beteiligten sich die Städter zu 64,19%, die Landbewohner hingegen nur zu 56,35%. Ähnliche Befunde gibt es für die Parlamentswahlen von 2001, als in den Städten die Wahlbeteiligung bei 47,99% lag und damit das Land um 5% übertraf. Die niedrigere Wahlbeteiligung wurde auf dem Land auf demographische Faktoren zurückgeführt; denn dort ist das Bildungsniveau niedriger und es leben dort mehr ältere Menschen (Raciborski 1997: 254).

1.3. Politische Faktoren

Wichtiger noch ist es, die relativ hohe Wahlabstinenz in Polen unter politischen Aspekten zu betrachten, indem man nach den politischen Einstellungen der Wahlverweigerer fragt. Die folgende Tabelle vermittelt einen ersten Eindruck.

Tabelle 5: Beteiligung der Bürger an den Parlamentswahlen von 1993 bis 2001 in Abhängigkeit von ihren politischen Einstellungen

Politische Einstellungen	Haben Sie gewählt? (Angaben in %)					
	1993		1997		2001	
	ja	nein	ja	nein	ja	nein
Links	76	24	68	32	75	25
Mitte	68	32	57	43	54	46
Rechts	79	21	74	26	74	26
Unentschieden	48	52	29	71	37	63

Quelle: Umfrage des Zentralen Meinungsforschungsinstituts CBOS

Die Daten zeigen, dass sich die meisten Politikverdrossenen in der Gruppe derer befinden, denen es schwer fällt, sich auf eine klare politische Richtung festzulegen. Was die Gründe angeht, so lässt sich vermuten, dass es sich bei diesen Wahlverweigerern überwiegend um Personen handelt, die sich in der Politik wenig oder gar nicht auskennen. Sie sind nur *unzureichend informiert*, wie Politik wirklich funktioniert. Oder aber sie haben sich noch gar keine oder nur eine wenig ausgeprägte Meinung zu sozialen und wirtschaftlichen Fragen gebildet. Oder aber der Meinungsbildungsprozess beschränkt sich auf die Themen, die die Betroffenen unmittelbar angehen. Untersuchungen des Staatlichen Meinungsforschungsinstituts zeigen übrigens, dass 70% von denjenigen, die bereits an einer Wahl teilgenommen haben, auch das nächste Mal wählen gehen.

Auffallend hoch ist die Zahl der Nichtwähler auch unter jener Gruppe der Befragten, die sich der politischen Mitte zuordnen lässt. Zwar wird „Mitte" normalerweise mit „gemäßigt" gleichgesetzt; doch wird dieser Begriff in Polen offensichtlich etwas anders verstanden, wie der geringe Grad an politischem Verantwortungsbewusstsein in dieser Gruppe zeigt. So lassen sich auch die mitunter schweren Wahlschlappen erklären, die die Parteien der politischen Mitte in der Vergangenheit erlitten. Das beste Beispiel dafür bietet das Schicksal der Freiheitsunion [Unia Wolności], die sich später in „Demokratische Partei" [Partia Demokratyczna] umbenannte. Sie ging sowohl mit der eher rechtsgerichteten Solidarność-Bewegung unter Tadeusz Mazowiecki als auch mit der Linken unter der Führung Jerzy Hausners eine Zusammenarbeit ein und positionierte sich damit eindeutig in der politischen Mitte. Außerdem sind die Anhänger der Linken bzw. der Rechten, wie die Meinungsumfragen zeigen, politisch sehr aktiv. Diejenigen, die sich auf ein politisches Lager festlegen, verfolgen das politische Geschehen mit größerem Interesse, identifizieren sich stärker mit einer Partei oder Gruppierung und fühlen sich deshalb eher aufgerufen, zur Wahl zu gehen. Nicht ganz ohne Bedeutung ist dabei sicherlich auch die traditionelle Einteilung der Wähler in ein politisch rechtes und ein linkes Lager, obwohl sich diese Polarisierung zunehmend auflöst.

2. Warum geht man nicht zur Wahl?

2.1. „Indirekte" Gründe für das Nichtwählen

Die mittelbaren Ursachen für das Nichtwählen ergeben sich aus dem wirtschaftlichen und sozialen Umfeld der Wähler, aus ihrem Alltag und ihrer spezifischen Lebensweise. Ob und inwieweit man sich berufen fühlt, seinen Bürgerpflichten nachzukommen, hängt auch davon ab, was man von Politik im Allgemeinen und von Demokratie im Besonderen hält. Beginnen wir mit der Frage, wie die Polen die Demokratie bewerten. Die folgende Tabelle zeigt, dass sie seit Beginn der 1990er Jahre dem demokratischen System zunehmend kritisch gegenüberstehen und die Zahl der Unzufriedenen stets die Zahl derer übersteigt, die mit den gegebenen Verhältnissen einverstanden sind.

Tabelle 6: Grad der Zustimmung zur Demokratie in Polen

Sind Sie mit dem derzeitigen Zustand der Demokratie in Polen zufrieden?	**Angaben zu den einzelnen Wahlterminen in %**															
	XI 93	**V 95**	**X 95**	**XI 96**	**X 97**	**V 98**	**III 99**	**XII 99**	**IV 00**	**X 00**	**XI 01**	**III 02**	**III 03**	**VII 03**	**V 04**	**XI 04**
Zufrieden	36	24	30	44	40	41	28	35	27	37	34	24	22	20	21	26
Unzufrieden	52	67	58	47	50	46	62	56	64	51	53	64	67	71	68	63
Weiß nicht	12	9	12	9	10	13	10	9	9	12	14	12	11	9	11	12

Quelle: Zentrales Meinungsforschungsinstitut CBOS

Der Grad der Zustimmung zur Demokratie hat in Polen wirtschaftliche und soziale Hintergründe. Werden die Bedingungen in dieser Hinsicht positiv bewertet, dann kommt auch die Demokratie entsprechend gut weg. Mit anderen Worten: In der Bewertung der Demokratie schlägt sich die (Un-)Zufriedenheit mit der eigenen aktuellen sozioökonomischen Lebenssituation nieder. Man hält Demokratie für ein gutes politisches System, wenn es einem gut geht, wenn man in stabilen wirtschaftlichen Verhältnissen lebt und klare Zukunftsperspektiven hat. Ist dem nicht so, dann begegnet man der Demokratie mit Skepsis. Diese Denkweise ist weit verbreitet und rührt von der natürlichen Neigung des Menschen her, die objektive Wirklichkeit durch die subjektive Brille zu betrachten. Entscheidend ist dabei die materielle Situation. So äußern sich diejenigen, die ihre individuellen materiellen Lebensbedingungen als gut bewerten, doppelt so häufig lobend über die Demokratie im Vergleich zu denjenigen, die ihre Lebensbedingungen als schlecht einstufen. Eine demokratische Haltung zeigen eher Menschen mit einem höheren Pro-Kopf-Einkommen (bei unserer Umfrage war es jeder Dritte), während nur jeder vierte Befragte mit mittlerem oder niedrigem Einkommen eine positive Einstellung zur Demokratie entwickelte.

Die Umfrage des Zentralen Meinungsforschungsinstituts gibt auch Aufschluss über die *Einstellung der Polen zur Staatsform*. 34% der Befragten sprachen sich für die *Demokratie* aus und halten sie für die beste aller Regierungsformen. 15% der Befragten ließen einen gewissen Hang zum *Autoritarismus* durchblicken und vertraten die Auffassung, dass eine nicht-demokratische Regierung unter bestimmten Umständen nützlich und deshalb einer demokratischen vorzuziehen ist. Der überwiegenden Mehrheit der Befragten allerdings ist das alles gleichgültig. 40% gestehen, dass es ihnen im Grunde egal ist, ob das Land demokratisch oder autoritär regiert wird. Rechnet man zu diesen die 12% jener Polen hinzu, die in dieser Frage unentschieden sind bzw. sich nicht festlegen wollen, dann gelangt man zu dem Schluss, dass über die Hälfte der polnischen Bevölkerung eine eindeutig demokratische Grundhaltung vermissen lässt. Am weitesten verbreitet ist eine nichtdemokratische Haltung bei den Befragten (1) mit einem niedrigen Bildungsgrad, (2) bei den Älteren, die mit ihren Lebensbedingungen unzufrieden sind, sowie (3) bei Bauern und Landbewohnern. Vergleicht man diese Befunde mit den Daten zu den demographischen Faktoren der Wahlenthaltung, so zeigen sich verblüffende Entsprechungen. Diejenigen, die der demokratischen Staatsform skeptisch oder indifferent gegenüberstehen, sind größtenteils dieselben, die den Wahlen fernbleiben; zumindest weisen sie etwa das gleiche Bildungsniveau und den gleichen Typ des Wohnorts auf. Nichtwähler rekrutieren sich also aus dem Personenkreis jener, die der Demokratie mit gemischten Gefühlen gegenüberstehen und die deshalb nicht einsehen, weshalb sie sich mit ihrer Stimmabgabe aktiv für dieses Regierungssystem einsetzen sollten.

Aber nicht nur die Demokratie im Besonderen stößt häufig auf Ablehnung, sondern auch die *Politik im Allgemeinen*. Vor allem diejenigen, die sie betreiben, sind bei den Polen nicht immer willkommen. So verbanden in einer Umfrage, die das Zentrale Meinungsforschungsinstitut unmittelbar nach der Wende 1989 durchführte, 25% der Befragten Politik mit der Vorstellung von etwas Gutem und Nützlichem. Beinahe ebenso viele (23%) assoziierten dagegen Politik mit negativen Attributen. 34% machten keine genauen Angaben (CBOS 4/1991). Nicht gerade überwältigend ist auch das *Interesse an Politik*. Das Zentrale Meinungsforschungsinstitut stellte für 2005 fest, dass sich etwa 60% der Befragten für Politik interessierten (gegenüber 64% im Jahr 2000 und 58% im Jahr 2002). Desinteressierte fanden sich hauptsächlich in folgenden Gruppen: Frauen, Landbewohner, Jüngere, Arbeitslose, Hausfrauen und Leistungsempfänger. Es handelte sich also um diejenigen, die nicht gerne zur Wahl gehen und die keine gefestigte politische Position haben. Dieser Sachverhalt scheint nur allzu logisch zu sein, denn es liegt auf der Hand, dass Menschen, die Politik keinerlei Interesse entgegenbringen, sich kaum dafür begeistern lassen dürften an der Gestaltung von Politik durch ihre Teilnahme an Wahlen mitzuwirken. Die Umfrageergebnisse bestätigen dies zweifelsfrei.

Weitaus schlechter werden diejenigen bewertet, die für die Politik Polens verantwortlich sind. Auch dies wirkt sich auf das Wahlverhalten aus: 88% der Befragten meinen, dass Politiker ungeachtet dessen, was sie sagen, eigentlich immer nur an sich selbst und ihre Karriere denken. 34% meinen sogar, dass ein Politiker kein ehrlicher Mensch sein kann. Allerdings widersprechen 53% diesem Urteil. Die Befragten, die *Politiker negativ bewerten*, verfügen meistens über ein niedriges Bildungsniveau und sind Landbewohner und Arbeiter. Sie weisen also dieselben demographischen und geographischen Merkmale auf wie die Nichtwähler. Das Zentrale Meinungsforschungsinstitut teilt die Polen nach ihrem Verhältnis zu Politikern in fünf Kategorien ein. Die erste und mit 41% zahlenmäßig größte Kategorie stellen die „gemäßigten Pessimisten“ dar. Damit sind diejenigen gemeint, die zwar davon überzeugt sind, dass es Politikern ausschließlich um die Durchsetzung ihrer eigenen egoistischen Interessen geht, diese Situation jedoch zugleich für veränderbar halten. An zweiter Stelle rangieren mit 30% die „extremen Pessimisten“, die im Hinblick auf die Politiker die Möglichkeit einer Wende zum Besseren grundsätzlich ausschließen. Mit großem Abstand folgen die Unentschiedenen mit 18%, dann mit 8% die Befragten, die sich nicht eindeutig zuordnen lassen, und schließlich mit 3% die „Optimisten“, die in den Politikern uneigennützige Kämpfer für das Gemeinwohl sehen. Ein Großteil der Nichtwähler fällt in die Kategorie der „extremen Pessimisten“, die in demographischer und geographischer Hinsicht zur Gruppe der gelernten und ungelernten Arbeiter, der materiell Schlechtergestellten und der Landbewohner gehören.

Ein weiterer wichtiger Einflussfaktor für das Wahlverhalten sind die Einstellungen der Bürger zu den politischen *Parteien* und deren Fähigkeit, die Meinungen und Interessen der Wähler zu repräsentieren. Die beiden Untersuchungen zu diesem Thema verweisen darauf, dass die Parteiidentifikation beständig abnimmt.

Die Daten in Tabelle 7 decken sich weitgehend mit den Befunden aus dem Jahr 2000. Damals beantworteten die Frage des Zentralen Meinungsforschungsinstituts „Glauben Sie, dass es in Polen eine politische Partei oder Gruppierung gibt, die Ihre politischen Vorstellungen, Bedürfnisse und Ansichten widerspiegelt?“ 31% der Befragten mit Ja und 44% mit Nein. In beiden Umfragen waren diejenigen, die sich eher bei keiner politischen Partei gut aufgehoben fühlten, nichtberufstätig (Hausfrauen, Arbeitslose), schlecht qualifiziert (Hilfsarbeiter), Menschen mit niedrigem Lebensstandard und Bildungsgrad, vor allem auch Jugendliche, also allesamt Vertreter der Nichtwählerschaft. Der Grad der Bereitschaft, sich mit einer bestimmten Partei zu identifizieren, geht einher mit dem Grad der politischen Interessiertheit: Je intensiver die Beschäftigung mit Politik ist, desto stärker ist das Bedürfnis nach der Bindung an eine Partei. Die Daten in Tabelle 7 weisen auf eine sinkende Bereitschaft zur Identifikation mit einer politischen Partei hin. Noch schlechter fielen die Ergebnisse einer Umfrage im Januar 2003 aus, als 62% der Teilnehmer die Frage, ob es eine Partei gebe, der man bedenkenlos seine Stimme geben könne, verneinten, 26% bejahten und 12% sich nicht festlegen wollten (CBOS 1/2003). Stark gesunken ist mittlerweile auch der Anteil derer, die geneigt sind, sich mit einer der existierenden Parteien zu identifizieren (CBOS 3/2005). Es liegt auf der Hand, dass dieser Trend sich auch im Wahlverhalten niederschlagen und die Neigung zur Wahlenthaltung verstärken wird.

Tabelle 7: Grad der Identifikation der Polen mit politischen Parteien (in %)

Gibt es unter den politischen Parteien eine,	**Datum der Erhebung**	
	3/1998	**11/2003**
die Ihnen besonders nahesteht?	57	39
die Ihnen nähersteht als andere?	16	14
Es gibt keine solche Partei.	27	47

Quelle: Umfrage des Zentralen Meinungsforschungsinstituts CBOS

Ein weiterer Faktor, der das Wahlverhalten der Polen bestimmt, ist das Gefühl der Bürger, ob und inwieweit sie meinen, auf das öffentliche Leben und die Geschicke des Landes tatsächlich einwirken zu können. Die folgende Tabelle liefert Befunde dazu.

Tabelle 8: Einflusschancen im öffentlichen Leben

Glauben Sie, dass Leute wie Sie auf die Geschicke des Landes einwirken können?	**Angaben zu den Wahlterminen (in %)**				
	VI 92	**VII 93**	**X 97**	**V 99**	**V 04**
Ja	7	10	19	11	15
Nein	91	86	76	87	83
Weiß nicht	2	4	5	2	2

Quelle: Umfrage des Zentralen Meinungsforschungsinstituts CBOS

Zwar hat sich 2004 im Vergleich zu 1992 die Zahl derer, die glauben, auf die Geschicke des Landes Einfluss ausüben zu können, verdoppelt, doch kann dies nicht über den hohen Prozentsatz jener hinwegtäuschen, die sich der Politik machtlos ausgeliefert fühlen. Diese Einstellung strahlt auch auf das Wahlverhalten ab: Die Angehörigen der ersten Gruppe machen eher von ihrem Wahlrecht Gebrauch, weil sie glauben, damit etwas bewegen zu können, während die Angehörigen der zweiten Gruppe eher dazu neigen, sich politisch nicht zu äußern, da sie der Meinung sind, dass ihre Stimme ohnehin nichts bewirkt. Ohnmachtsgefühle sind vor allem unter Jugendlichen und Menschen mit einem niedrigen Bildungsgrad weit verbreitet. Daraus kann man schließen, dass dieses Gefühl positiv korreliert mit dem Alter und Bildungsgrad der Befragten.

Die hohe Anzahl der Nichtwähler hängt auch mit dem geringen *sozialen oder bürgerschaftlichen Engagement* der Polen zusammen. 76 bis 79% der Erwachsenen geben an, sich an keiner gesellschaftlichen Organisation zu beteiligen (CBOS 2/2004). Nicht viel besser ist es um die politischen Organisationen bestellt, wie die Daten in Tabelle 9 zeigen.

Tabelle 9: Mitarbeit der Polen in politischen Organisationen

In Polen gibt es verschiedene Möglichkeiten des sozialen Engagements. Opfern Sie Ihre Freizeit, um in einer dieser Einrichtungen mitzuwirken? Es geht um die Arbeit für eine Organisation, nicht um die reine Mitgliedschaft.	**Ja-Antworten in % Zeitpunkt der Erhebung**				
	Platzierung	**II 98**	**XII 99**	**I 02**	**I 04**
Gewerkschaften	4	3,2	4,8	3,3	3,8
Gemeindeselbstverwaltung	18	1,1	1,3	0,2	1,1
Selbstverwaltung des Kreises bzw. der Siedlung, z.B. Bürgerforen oder Hausgemeinschaften	19	1,0	1,2	0,3	1,0
Berufsgenossenschaften	21	0,7	0,8	0,5	0,9
Betriebsräte	22	0,4	0,3	0,2	0,8
politische Parteien oder Gruppierungen	28	0,3	0,8	0,6	0,7
Regionale Selbstverwaltung	28	-	0,4	0,1	0,5

Quelle: Umfrage des Zentralen Meinungsforschungsinstituts CBOS

Soziales oder politisches Engagement zeigen vor allem diejenigen, die einen höheren Bildungsgrad aufweisen und wirtschaftlich besser gestellt sind. Arbeiter sind überwiegend in Gewerkschaften aktiv, während sich Jugendliche in Schüler- und Studentenorganisationen einbringen. Die Zahl derer, die sich gesellschaftlich oder politisch engagieren, ist allerdings sehr gering. Der mangelnde Wille, in irgendeiner dieser Einrichtungen mitzuwirken, der bei den Polen außerordentlich stark ausgeprägt ist, ist ebenfalls eine der Ursachen für die Wahlenthaltung. Wenn man sich schon nicht für das Wohl seiner Mitmenschen einsetzen möchte, dann sieht man oft auch keinen Anlass, sich für das Wohl des Staates zu engagieren, und bleibt den Wahllokalen fern.

Allerdings existieren Politik- und Politikerverdrossenheit oder Demokratieschelte nicht allein in Polen, sondern in ganz Mittel- und Osteuropa. Sie durchziehen alle Länder, die nach dem Zusammenbruch des Kommunismus den Weg in Richtung Freiheit und Rechtsstaatlichkeit beschritten haben. Diejenigen, die schon mit dem früheren System unzufrieden waren, gingen nach der Wende dazu über, ihren Unmut auf die neuen Verhältnisse zu übertragen und die neuen Eliten sowie die von ihnen eingeleiteten Reformen unter Beschuss zu nehmen (Miron 1999: 322).

2.2. „Direkte" Gründe für das Nichtwählen

Aber lassen wir die Polen nun selbst zu Wort kommen und hören wir, wie sie ihre Unlust, zur Wahl zu gehen, begründen. Tabelle 10 zeigt die Ergebnisse von Umfragen in den Jahren 1997 und 2001.

Als Gründe für eine Wahlenthaltung werden an erster Stelle Zeitmangel, Unpässlichkeit, Desinteresse an Politik und Zweifel am Nutzen von Wahlen angegeben. Es folgen mit einigem Abstand Krankheit und körperliche Behinderung. Die letztgenannten Gründe werden durch eine frühere Studie bestätigt, in der ein Rückgang der Wahlbeteiligung besonders unter älteren Bürgern konstatiert wurde. Unübersehbar ist allerdings der immer höhere Prozentsatz jener, die aus politischen Gründen von ihrem Wahlrecht keinen Gebrauch machen, sei es, dass man glaubt, an der bestehenden Situation und der eigenen Perspektivlosigkeit ohnehin nichts ändern zu können, sei es, dass man vergeblich nach einer geeigneten Partei oder einem Kandidaten Ausschau hält.

Tabelle 10: Spontan geäußerte Gründe für das Fernbleiben von den Parlamentswahlen

Gründe für das Fernbleiben	Angaben in %	
	1997	2001
Ich hatte keine Zeit, da ich andere wichtige Dinge erledigen musste. Ich befand mich außer Haus.	16	22
Ich war der Meinung, dass die Wahlen sowieso keine Veränderungen bewirken.	13	18
Ich bin an Politik völlig desinteressiert.	23	16
Ich war krank; ich bin behindert.	13	13
Ich glaubte nicht, dass ich mit der Wahl irgendeiner Partei meine eigene Lebenssituation verbessern würde.	11	8
Ich konnte keine Partei ausmachen, der ich vertrauen kann.	8	9
Ich werde nicht wählen, solange es im Lande immer übler zugeht.	2	6
Ich fand auf den Wahllisten keine geeigneten Kandidaten.	4	5
Die Partei, die ich wählen wollte, hatte keine Chance, ins Parlament einzuziehen.	3	3
sonstige Gründe	7	1

Quelle: Umfrage des Zentralen Meinungsforschungsinstituts CBOS

Dies bedeutet jedoch nicht, dass die Polen generell die Daseinsberechtigung von Wahlen bestreiten. Auf die Frage, ob Wahlen für die Demokratie wichtig sind, antworteten dieselben, die zuvor nach den Gründen ihrer Wahlenthaltung befragt worden waren, zu 85% bzw. 84% mit einem uneingeschränkten Ja und nur 8% jeweils skeptisch bzw. mit einem Nein. Im Lager der dezidierten Nichtwähler gibt es zwar mehr Menschen, die die Bedeutung von Wahlen in der Demokratie bezweifeln, als bei denjenigen, die fest entschlossen sind, zur Wahl zu gehen, bzw. unter den noch Unschlüssigen. Doch selbst bei diesen beiden Gruppen überwiegt die Meinung, dass Wahlen unverzichtbar sind, um das Funktionieren der Demokratie zu gewährleisten.

Stellt man die „direkten“ und „indirekten“ Gründe für das Nichtwählen einander gegenüber, so erkennt man, dass diese eng miteinander verflochten sind. Nichtwählen gründet hauptsächlich in politischem Desinteresse, im

Zweifel am Einfluss der eigenen Stimme auf das öffentliche Leben und im Misstrauen gegenüber der Demokratie und den Spielregeln, nach denen sie funktioniert.

Nach dieser Analyse sei nun noch die Frage erlaubt, ob Wahlverweigerung in Polen *eher strukturell oder konjunkturell bedingt* ist. Die Antwort lautet: sowohl als auch. Das Bild des typischen Nichtwählers hat sich über fünfzehn Jahre hinweg gehalten und stabilisiert. Es sind immer dieselben, die nicht wählen gehen, und das spricht für die strukturelle Verfestigung und Bedingtheit der Erscheinung. Diejenigen, die noch nie gewählt haben, werden auch weiterhin nicht zur Wahl gehen. Auffallend ist lediglich ein gewisser Trend nach oben, d.h. die einzelnen Gruppierungen der Nichtwähler wachsen. Hält man sich die Ergebnisse vor Augen, die die Untersuchungen zum Thema Demokratieentwicklung und -zufriedenheit in Polen zu Tage gefördert haben, dann kann man in dem besagten Trend ein gewisses Maß an konjunktureller Bedingtheit erkennen. Obwohl der Lebensstandard nachweislich steigt und die demokratischen Institutionen sich stetig fortentwickeln, fühlen sich viele Bürger der Politik nach wie vor wehrlos ausgeliefert und Politiker werden weiterhin misstrauisch beäugt. Die Diskrepanz zwischen eher positiven realen Entwicklungen und der negativen Meinung der Bürger verursacht ein Anwachsen der Nichtwählerschaft. Die Mehrheit der Polen, vor allem aber die Nichtwähler, glaubt weiterhin, dass Politik stinkt, dass Politiker lügen und sich keiner von ihnen um ihr Wohlergehen schert – und deshalb bleiben sie an Wahltagen lieber zu Hause. Somit wird die Konjunktur dieser Denkweise zu einem ernst zu nehmenden Faktor, der die Bereitschaft, sich an Wahlen zu beteiligen, erheblich beeinträchtigen kann.

3. Die Nichtwähler – eine Gefahr für die polnische Demokratie?

Wirkt sich Wahlverweigerung auf den Fortbestand der Demokratie aus und, wenn ja, wie? In der einschlägigen Literatur werden hierzu zwei Ansätze verfolgt. Die einen gehen davon aus, dass Wahlverweigerung, wenn sie in großem Umfang auftritt, der Demokratie schadet, da sie dazu führt, dass einzelne Bevölkerungsgruppen und soziale Schichten, insbesondere die materiell Schlechtergestellten, nicht ausreichend vertreten sind. Hieraus folgt, dass es einzelnen Gruppen innerhalb der Gesellschaft vorbehalten ist, auf die Geschicke des Landes einzuwirken, während andere bei politischen Entscheidungen außen vor bleiben. Dies kann sozialen Unfrieden stiften und eine politische Krise hervorrufen (Lijphart 1997). Wahlverweigerung, die auf breiter Front stattfindet, kann auch bewirken, dass sich die Bürger immer weniger mit dem politischen System identifizieren und sich ihm gegenüber nicht mehr loyal verhalten. Die Konsequenz bleibt dieselbe (Markowski 1993: 84). Schließlich kann Wahlverweigerung auch ein Zeichen für soziale und politische Entfremdung sein bzw. diese vertiefen (Korzeniowski 1995: 144).

Im Gegensatz dazu wird auch die Auffassung vertreten, Wahlverweigerung zeuge gerade davon, dass die Demokratie eine hohe Entwicklungsstufe und Stabilität erreicht habe, lasse sich daraus doch Zufriedenheit und der Wunsch nach Beibehaltung der bestehenden Verhältnisse ableiten. Darüber herrsche Konsens, eine Art stillschweigende Übereinkunft der einzelnen Gesellschaftsgruppen. Die Nichtwähler seien die Inkompetenten und Desinteressierten, die sich aus der Politik heraushalten. Das sei nur zu begrüßen, denn würden sie sich plötzlich einschalten, dann würde dies das stabile Gerüst der Demokratie möglicherweise zum Einsturz bringen. Mit einem drastischen Anstieg der Wahlbeteiligung laufe man also Gefahr, einen gesellschaftlichen Umbruch herbeizuführen (Tingsten 1937: 12).

Stellen also die Nichtwähler die modernen Gesellschaften vor eine ernsthafte Herausforderung? Bedrohen Wahlverweigerer die Demokratie im Allgemeinen und eine so junge Demokratie wie die Polens im Besonderen? Schwer zu sagen. Ich folge hier eher Seymour Lipset, der die These vertritt, dass weder eine hohe noch eine niedrige Wahlbeteiligung als solche gut oder schlecht für die Demokratie sind und sich ihre Folgen nur in Bezug auf eine konkrete Situation messen lassen (Lipset 1995: 234). Im Fall einer jungen und noch nicht stabilen Demokratie wie in Polen neige ich allerdings dazu, eine niedrige Wahlbeteiligung als eher schädlich einzustufen. Ein demokratisches politisches System wächst mit der Zeit und ist darauf angewiesen, dass sich möglichst viele Bürger mit ihm identifizieren und sich an seiner Entwicklung beteiligen. Je mehr dies tun, desto stabiler ist das System. Die niedrige Wahlbeteiligung in Polen ist jedoch kein Zeichen für politische Stabilität oder für gesellschaftlichen Konsens. Sie verweist eher auf die politische Entfremdung in großen Teilen der Gesellschaft vom politischen

System. Sie rührt vor allem daher, dass die Bürger es prinzipiell ablehnen, sich in der Gemeinschaft zu engagieren, und dass sehr viele von ihnen wirtschaftlich schlecht gestellt sind. Mit dieser Diagnose liege ich genau auf der Linie der Verfechter des ersten Ansatzes, die voraussagen, dass ein weiteres Absinken der Wahlbeteiligung eine soziale und politische Krise heraufbeschwören kann.

Aber was kann man tun, um eine höhere Wahlbeteiligung zu erzielen? Hier sind vor allem die politischen Parteien und die Politiker in der Pflicht und zum Handeln aufgerufen. Aber auch der Bildungssektor muss hier Verantwortung zeigen, denn gerade die Jugendlichen gehen nicht zur Wahl. In einer Gesellschaft, die erst seit 15 Jahren die Demokratie kennt und frei wählen darf, braucht es noch viel Zeit, um den Menschen durch politische Bildung demokratische Einstellungen zu vermitteln und entsprechende Traditionen zu begründen. Aber auch dann noch hängt vieles von der Situation und vom Verhalten jedes Einzelnen in der konkreten Situation ab. Robert Dahl hat dies auf den Punkt gebracht, als er sagte, dass die Beteiligung an Wahlen zwar zu den demokratischen Pflichten der Bürger zähle, diese Pflicht aber ausschließlich eine moralische Pflicht sei. „Ich kann nicht sagen, dass die Entscheidung eines Bürgers, sich politischen Aufgaben zu verweigern, die aus demokratischen Prozeduren erwachsen, stets zu verwerfen ist“ (Dahl 1995: 165).

Aus dem Polnischen übersetzt von Hans-Jörg Schwenk

Ausgewählte Literatur

Cześnik, Mikołaj: Absencja wyborcza w Polsce: strukturalne korelaty zjawiska [Wahlverweigerung in Polen: strukturelle Korrelate], in: Walczak-Duraj, Danuta (Hrsg.), Marketing polityczny a postawy i zachowania wyborcze społeczeństwa polskiego [Politisches Marketing und Wahlverhalten in der polnischen Gesellschaft], Płock k/Łódź 2002, S. 351-372.

Dahl, Robert: Demokracja i jej krytycy [Die Demokratie und ihre Kritiker], Kraków 1995.

Korzeniowski, Krzysztof: Alienacja polityczna a zachowania wyborcze w warunkach transformacji systemowej w Polsce [Politische Entfremdung und das Wahlverhalten der Polen unter den Bedingungen der Systemtransformation], in: Gebethner, Stanisław (Hrsg.), Wybory parlamentarne 1991 i 1993 a polska scena polityczna [Die Parlamentswahlen von 1991 und 1993 und die politische Szene in Polen], Warszawa 1995, S. 214-226.

Lijphart, Arend: Unequal Participation: Democracy's Unresolved Dilemma, in: American Political Science Review, Bd. 91, S. 13-21.

Lipset, Seymour: Homo politicus. Społeczne podstawy polityki [Der Homo politicus. Gesellschaftliche Grundlagen der Politik], Warszawa 1995.
Markowski, Radosław: Milcząca większość – o bierności politycznej społeczeństwa polskiego [Die schweigende Mehrheit: Zur politischen Passivität der Polen], in: Gebethner, Stanisław (Hrsg.), Polska scena polityczna a wybory [Die polnische politische Szene und Wahlen], Warszawa 1993, S. 57-86.
Miron, Dorina: Grabbing the Nonvoter, in: Newman, Bruce I. (Hrsg.), Handbook of Political Marketing. Thousand Oaks/London/New Delhi 1999, S. 321-346.
Raciborski, Jacek: Polskie wybory. Zachowania wyborcze społeczeństwa polskiego 1989-1995 [Wahlen in Polen. Das Wahlverhalten der Polen zwischen 1989 und 1995], Warszawa 1997.
Siemieńska, Renata: Płeć a przekonanie o efektywności działań politycznych obywateli i zainteresowanie wyborami (parlamentarnymi w 2001 roku i samorządowymi w 2001 roku) [Die Geschlechtszugehörigkeit und die Überzeugung von der Wirksamkeit politischen Handelns. Das Interesse an den Parlaments- und Kommunalwahlen von 2001], in: ders. (Hrsg.), Płeć, wybory, władza [Geschlecht, Wahlen, Macht], Warszawa 2005, S. 35-54.
Tingsten, Herbert: Political Behavior. Studies in Election Statistics, London 1937.

Studien des Zentralen Meinungsforschungsinstituts CBOS

Sollte es in Polen eine neue Partei geben?, unveröffentlichter Bericht, Januar 2003.
Wähler und Nichtwähler zu ihrem Verhalten bei den Wahlen zum Europäischen Parlament – eine Analyse nach der Wahl, unveröffentlichter Bericht, Juli 2004.
Soziale Gruppendynamik in Polen in den Jahren 1998-2004, unveröffentlichter Bericht, Februar 2004.
Wahlverweigerer – Gründe für das Nichtwählen, unveröffentlichter Bericht, September 1997.
Politiker lügen – Gründe für das Nichtwählen, unveröffentlichter Bericht, November 2004.
Schon wieder zum Thema Demokratie, unveröffentlichter Bericht, Januar 2005.
Ansichten über Politiker und Demokratie, unveröffentlichter Bericht, Juli 1995.
Die Macht oder Ohnmacht des Wählers, unveröffentlichter Bericht, Juni 2004.
Der polnische Homo politicus, unveröffentlichter Bericht, April 2000.
Der polnische Homo politicus 2002 (1), unveröffentlichter Bericht, Januar 2003.
Meinungen über Politiker, unveröffentlichter Bericht, Juli 2003.
Handeln politische Parteien nach dem Willen der Wähler?, unveröffentlichter Bericht, März 2005.
Die politischen Parteien und ihr Verrat am Wähler, unveröffentlichter Bericht, Januar 2004.
Welche Parteien kommen beim Wähler an? – Fest Entschlossene, Unschlüssige und Nichtwähler, unveröffentlichter Bericht, Februar 2005.
Gründe für das Nichtwählen, unveröffentlichter Bericht, Oktober 2001.
Was weiß der Bürger über Politik und Gesellschaft?, unveröffentlichter Bericht, April 1991.

V. WÄHLER AUF WANDERUNG

Dieter Roth

Warum immer mehr Wechselwähler? – Neuere Trends im Wählerverhalten

Einleitung

„Der Wechselwähler ist das schmutzige kleine Geheimnis der Parteiendemokratie", „er ist die Versicherung gegen den politischen Stillstand, denn er kippt Regierungen, rechts wie links", so schrieb vor kurzem DIE ZEIT[1]. So „sexy" formulieren das Journalisten. Nicht grundsätzlich anders, aber viel nüchterner fällt das Urteil empirisch arbeitender Sozialwissenschaftler aus: „Wechselwähler (…) üben auf das politische Geschehen einen größeren Einfluss aus als andere Wählersegmente".[2] Sie steigern die Intensität des politischen Wettbewerbs. Allerdings kann dieser gesteigerte Wettbewerb nur dann einen Beitrag zur sachgerechten Lösung politischer Probleme leisten, wenn die Argumente fundiert sind. Wechselwähler sind also – und zwar durchaus viele davon – das Salz in der Suppe, aber sie sind nur dann erwünscht, wenn sie politisch kompetent urteilen. Kurzum: Wechselwähler sind wichtig für Parteien und Kandidaten, sie sind interessant für die politische Journalistik, und sie sind unabdingbar für die Dynamik der Demokratie. Man möchte daher möglichst viel über ihre Struktur, ihre Motive, zumindest über ihr politisches Kalkül wissen.

Die demokratietheoretisch motivierten Wahlforscher der 50er und 60er Jahre gingen noch davon aus, dass die Wechselwähler keinesfalls den Idealvorstellungen des informierten und reflektierten Lehrbuchdemokraten

---

1 Lau, Jörg: Und plötzlich wählst du CDU, DIE ZEIT, 30.6.2005, S. 57.

2 Schoen, Harald: Wählerwandel und Wechselwahl, Wiesbaden 2003, S. 39.

entsprechen[3] und deshalb eine mögliche Gefahr für die Demokratie darstellen. Später gab es auch andere Stimmen, die in dem von Parteibindungen freien Wähler, der sich rein sachorientiert und ohne Parteifilter entscheidet, durchaus den gewünschten Typ des politisch interessierten, gut informierten und verantwortlich handelnden Wählers entdeckten.[4] Höchstwahrscheinlich sind Wechselwähler keine homogene Gruppe, wie schon Sebastian Haffner, einer der großen politischen Kommentatoren seiner Zeit, vermutete. Denn unter ihnen gebe es zwar auch „die bloß launischen, wankelmütigen, oberflächlichen und leicht beeinflussbaren; aber neben ihnen auch die nüchternsten, vorurteilsfreiesten, kritischsten und staatsbewusstesten, die bei ihrer Wahl wirklich das Wohl des Ganzen im Auge haben“[5]. Jedenfalls wäre es für die empirische Wahlforschung eine wichtige und lohnenswerte Aufgabe, hier mehr Licht ins Dunkel zu bringen.

Mit Aggregatdaten konnte und kann man noch immer die Größenordnung des Wechsels mit vielen Annahmen erahnen und in der Längsschnittanalyse auch vergleichen. Aber man kann die Befunde nicht validieren und den Umfang genau bestimmen, weil die Tauschbewegungen zwischen den Parteien aus dem gesamten Aggregat nicht ersichtlich sind. Außerdem darf von der Aggregatebene nicht auf die Individualebene geschlossen werden (ökologischer Fehlschluss).[6] Um sich den Gründen für das Wahlverhalten zu nähern, war man auf relativ breite strukturelle Erklärungen beschränkt. Mit dem Zugang zu Individualdaten über die Einstellungen der Wähler schien man der Lösung dieser Aufgabe näher gekommen zu sein. Insbesondere wurden in den 60er Jahren international, aber auch in Deutschland einige wichtige empirische Studien in diesem Bereich mit Hilfe von Umfragedaten durchgeführt.[7] Danach ebbte das Interesse ab.[8]

---

[3] Berelson, Bernhard R./Lazarsfeld, Paul F./McPhee, William N.: Voting, Chicago 1954.

[4] Dalton, Russell J.: Cognitive Mobilization and Partisan Dealignment in Advanced Industrial Democracies, in: Journal of Politics 46(1984); Dalton, Russell J./ Wattenberg, Martin P.: Partisan Change and the Democratic Process, in: dieselben (Hrsg.), Parties without Partisans, Political Change in Advanced Industrial Democracies, Oxford 2000.

[5] Haffner, Sebastian: Überlegungen eines Wechselwählers, München 1980, S. 139.

[6] Robinson, William S.: Ecological Correlations and the Behavior of Individuals, in: American Sociological Review 15(1950).

[7] Z.B. Kaase, Max: Wechsel von Parteipräferenzen, Meisenheim am Glan 1967; Milne, Robert S./Mackenzie, Hugh C.: The Floating Vote, in: Political Studies 3(1955), S. 65-77.

[8] Schoen, ebenda, S. 17.

Fragestellung

Bevor man empirische Befunde zu Wechselwählern bei nationalen Wahlen in Deutschland darstellen kann, müssen drei Fragen beantwortet werden, die sich allen empirisch Arbeitenden stellen:

1. Die Definitionsfrage: Wen will ich als Wechselwähler betrachten?
2. Die Theoriefrage: Mit welchem Erklärungsmodell will ich für welche Wechselwählergruppe arbeiten?
3. Die Methodenfrage: Mit welcher Methode will ich Wechselwähler erfassen?

Die Definitionsfrage

In empirischen Untersuchungen wird der Wechselwähler oft definiert als derjenige, der bei zwei aufeinanderfolgenden Wahlen zwei unterschiedliche Parteien wählt. Wer dagegen jeweils die gleiche Partei wählt, wird als konstanter Wähler oder als Stammwähler bezeichnet. Das ist sicherlich eine relevante Definition im Hinblick auf die geforderte Flexibilität des demokratischen Systems, und sie hat den großen Vorteil, dass sie auch ohne größere Schwierigkeiten operationalisierbar erscheint. Sie grenzt jedoch offensichtlich eine Reihe weiterer Wechselmöglichkeiten aus.

Eine noch engere und politisch besonders interessante Definition des Wechselwählers ist die des Wechslers zwischen Regierungs- und Oppositionslager, weil er möglicherweise den Regierungswechsel herbeiführt. Sein Gewicht ist besonders groß, weil er dem Gewinner des Wechsels eine Stimme bringt, den Verlierer aber eine Stimme kostet. Diese enge Definition produziert automatisch den qualitativ davon zu unterscheidenden Wechselwähler, der innerhalb eines politischen Lagers wechselt, also gar keinen Gewinn für die sich als Regierung oder Opposition verstehende Parteienkonstellation bringt. Er ist möglicherweise auch gar kein echter Wechsler, sondern nur ein taktischer Wechsler, ein rationaler Wähler jedenfalls, der das Gewicht seiner Stimme optimieren will. Als Beispiel sei hier der Wechsler zwischen SPD und Grünen kurz vor der Bundestagswahl 2002 genannt, der – obwohl er sich mit der SPD identifiziert – die Grünen wählt. Auf diese Weise schmälert er zwar das Gewicht „seiner Partei“, aber er verfolgt damit ein „höheres“ Ziel: Auf der Basis ihm zugänglicher Informationen aus

Umfragen will er z.B. eine zahlenmäßig mögliche Koalition von SPD und FDP verhindern. Ein anderer Wechsel innerhalb des Lagers ist z.B. der CDU/CSU-Wähler, der zur FDP wechselt, weil er dieser über die 5%-Hürde verhelfen will, um eine Koalition „seiner" Partei mit der FDP zu ermöglichen. Dieses ist der häufiger in Erscheinung tretende Typ des innerhalb des Lagers Wechselnden. Er trat besonders häufig bei der Bundestagswahl 2005 auf und zwar sozusagen in letzter Minute: In der Woche der Wahl haben sich viele unionsnahe Wähler dafür entschieden der FDP ihre Zweitstimme zu geben, um eine schwarz-gelbe Koalition zu sichern. Über 40% der FDP-Wähler geben in der Befragung kurz vor der Wahl zu Protokoll, dass sie der CDU/CSU näherstehen als der FDP, 37% bezeichnen sich als Parteiidentifikateure der Union.[9]

Wenn man bei der engen Definition des Parteienwechslers zwischen zwei Wahlen (gleicher Ordnung) bleibt, so sollte man bei den gegebenen Parteienverhältnissen in der Bundesrepublik und den Wahrscheinlichkeiten alternativer Koalitionen den lagerübergreifenden Wechsel vom lagerinternen Wechsel unterscheiden und diesen wiederum von einem Wechsel, der beide Lager weniger oder nicht betrifft.

Darüber hinaus findet aber ohne Zweifel sehr viel mehr Wechsel statt, z.B. der Wechsel von der (früheren) Wahlenthaltung hin zur Wahl einer Partei, weil es für den Wechselwähler eine neue alternative Partei gibt oder eine früher gewählte Partei jetzt wieder für ihn wegen des Programms oder des Personenangebots attraktiv wird. Umgekehrt kann ein (früherer) Wähler sich jetzt der Stimme enthalten und auch dies kann als Wechsel angesehen werden.

Ein weiteres Problem bei der Definition ist die zeitliche Einschränkung des Wechsels auf zwei Wahltermine. Jeder Wähler kann demnach relativ schnell wechselnd oder auch mehrfach wechselnd in seinem Leben Stammwähler oder auch Wechselwähler sein. Dies entspricht in der Regel nicht dem allgemeinen Gebrauch des Wortes „Stammwähler", der als ein Wähler verstanden wird, der einer Partei über strukturelle, also längerfristig wirkende Bindungen zuneigt. Dies schließt nicht aus, dass der Wähler sich unter einer besonderen Issue- oder Kandidatenkonstellation einmal von seiner Stammpartei kurzzeitig entfernt und eine andere Partei wählt, möglicherweise „nur" den Koalitionspartner. Ist er damit bereits ein Wechselwähler? Bezieht man noch die verschiedenen Wahlebenen in die Betrachtung ein, so kann der Wähler auf einer, z.B. der ihm am

[9] Forschungsgruppe Wahlen, Umfrage in der Woche vor der Wahl, Studie 1545.

wichtigsten erscheinenden Ebene Stammwähler bzw. konstanter Wähler sein, auf einer anderen Ebene Wechselwähler.

Wir müssen uns also festlegen, und wir tun das unter der pragmatischen Zielsetzung, Wechselwähler auch mit Hilfe von Umfragedaten erfassen zu können. Die gestellte Frage heißt ja, ob es einen zunehmenden Wechsel gibt, und wenn ja, ob dieser Wechsel strukturell oder konjunkturell begründet ist.

Wir unterscheiden also unter dem Gesichtspunkt der Machtzuordnung:

- den „vollen" Wechsel über die politische Mitte hinweg vom Regierungslager (z.B. bis Herbst 2005: linkes Lager aus SPD und Grünen) zum Oppositionslager (z.B. bis Herbst 2005: rechtes Lager, CDU/CSU und FDP)
- den „halben" Wechsel von der Wahlenthaltung hin zu einer Partei (Mobilisierungsgewinn) oder von einer Wahlentscheidung in die Wahlenthaltung (Mobilisierungsverlust)
- den „kleinen" Wechsel innerhalb des Regierungs- bzw. Oppositionslagers
- und den machtpolitisch (meist) „zweitrangigen" Wechsel zum Rand oder vom Rand zu den Parteilagern.[10]

Die Theoriefrage: Erklärungsmodelle

In vielen westlichen Demokratien ist seit einiger Zeit ein Abschmelzen der Parteibindungen zu beobachten, allgemein als „dealignment"[11] bezeichnet. Dies gilt im Besonderen auch für die Bundesrepublik. Der gesellschaftliche Wandel in Deutschland vollzieht sich langsam aber stetig. Das zeigt sich in einer starken Veränderung der Berufsstruktur, in einer teilweisen Auflösung von Gruppenbindungen, z.B. bei Kirchen und Gewerkschaften, höheren Bildungschancen, einem breiter gestreuten Wohlstand, einer großen Zunahme der Mobilität, einer weitgehenden Neuordnung des Kommunikationssektors und des Kommunikationsverhaltens usw. Diese sehr grundlegenden Wandlungsprozesse konnten auf das politische Verhalten der Bürger nicht ohne Einfluss bleiben.

[10] Dies gilt nicht für 2005, da die großen Verluste der SPD an die Linke.PDS (Rand) die machtpolitische Position der SPD doch erheblich eingeschränkt hat.

[11] Inglehart, Ronald/Hochstein, Avraham: Alignment and Dealignment of the Electorate in France and the United States, in: Comparative Political Studies 5(1972).

Hinzu kamen andere, politische Veränderungen wie z.B. das Aneinanderrücken der Volksparteien nach der deutschen Einheit als Folge des Wegfalls des Ost-West-Gegensatzes der Ideologien und Systeme. Die einfachen Muster, mit denen man bis in die 80er Jahre Wahlkämpfe als Auseinandersetzungen zwischen politischen Systemen führen konnte, taugten nicht mehr. Die gewohnten Feindbilder und der „Krieg" entlang ideologischer Grundpositionen, die in Wahlkämpfen besonders gut zur Mobilisierung der engeren Klientel genutzt werden konnten, verschwanden allmählich im parteipolitischen Wettbewerb. Dadurch wurde es für große Teile der Wählerschaft schwieriger, die beiden großen Parteien zu unterscheiden. Ihr programmatisches Profil wurde undifferenzierter. Alle Parteien strebten in die politische Mitte, auch die meisten Wähler siedelten sich nicht weit „links" oder „rechts" davon an. Dies wird eindrucksvoll durch die Links-Rechts-Einstufung der Parteien von der wahlberechtigten Bevölkerung belegt. Alle Parteien rücken signifikant in die Mitte, zumindest bis 2002. Nicht zuletzt dort meinten sie entscheidende Stimmenanteile und damit die Wahlen zu gewinnen. 2005 hat sich die Situation etwas verändert: die Parteien rechts von der Mitte rücken leicht weiter nach rechts, deutlicher die FDP als die Unionsparteien. SPD und Grüne werden weiterhin zur Mitte tendierend angesehen, und lediglich die neue Linke.PDS wird deutlich weiter links eingeordnet.

Links-Rechts-Einstufung der Parteien

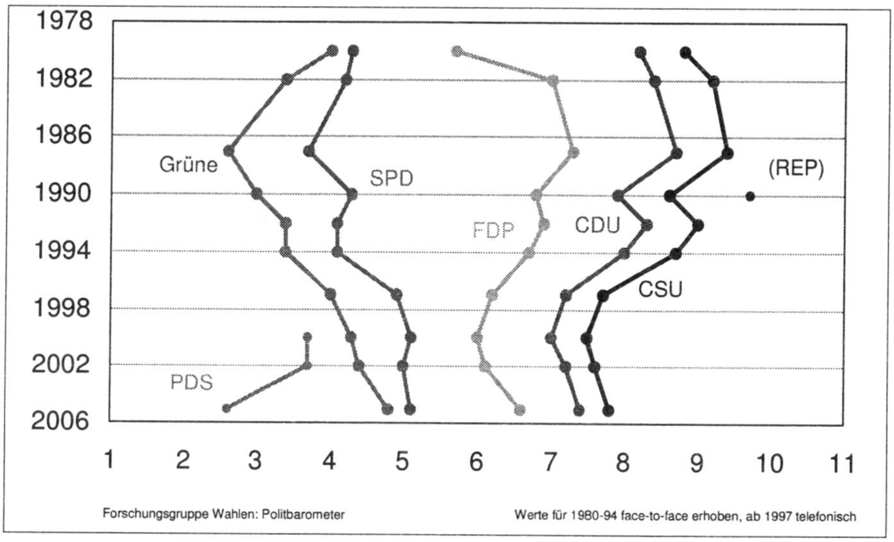

Insgesamt musste bei derartigen strukturellen und politischen Veränderungen der Anteil potentieller Wechselwähler im Elektorat ansteigen. Für das Ansteigen der Wechselwähler in einer solchen Situation bieten letztlich alle drei gängigen Theorien zur Erklärung des Wahlverhaltens[12] eine oder mehrere Begründungen an.

Das sozialstrukturelle Modell geht von einer weitgehenden Determiniertheit des Wahlverhaltens durch den sozialen Kontext aus, der in der Regel über längere Zeit konstant bleibt. Wenn dieser Kontext jedoch starken Veränderungen unterworfen ist, verliert er seine Homogenität und die soziale Kontrolle des Verhaltens schwindet. Über die generell steigende Mobilität wird die Umwelt des Wählers heterogener und die Wahrscheinlichkeit von Cross-pressure-Einflüssen, die Wechsel oder Enthaltung nach dem Modell wahrscheinlicher machen, steigt. Die Konstanz der Entscheidungen nimmt ab.

Bezieht man sich auf den sozialpsychologischen Ansatz der Michigan-School und misst man Parteinähe mit dem Herzstück dieser Theorie, dem Konstrukt der Parteiidentifikation als langfristig gültige Anlehnung an eine Partei, so stellen wir in den letzten dreißig Jahren ein deutliches Anwachsen der Gruppe „ohne Parteiidentifikation" fest und in etwa gleichem Ausmaß einen Rückgang der starken Parteiidentifikateure, während Wahlberechtigte mit schwacher Identifikation in etwa konstanter Gruppenstärke gemessen werden.

Parteiidentifikation Westdeutschland 1976–2004

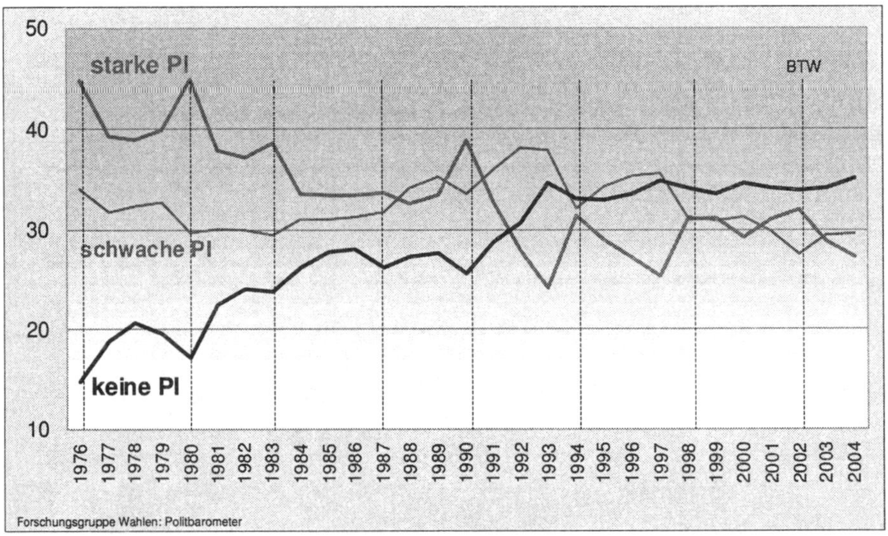

[12] Roth, Dieter: Empirische Wahlforschung, Opladen 1998, Kap. 2.

Folgt man dem Erklärungs- und damit dem Prognosepotential dieses Ansatzes, so muss man aus den beschriebenen Umständen folgern: Die Stabilität des individuellen Wahlverhaltens, das zunächst stark auf der längerfristigen, stabilen Bindung an eine Partei aufbaut, muss geringer werden, kurzfristige Einflüsse auf die individuelle Entscheidung werden bei Wählern ohne ausgeprägte Parteineigung größer. Zumindest die Zahl der potentiellen Wechsler wächst. Nicht alle Wähler ohne oder mit sehr schwacher Bindung an eine Partei werden ständig wechseln, aber die Wahrscheinlichkeit des Wechsels ist deutlich höher.

Bemüht man schließlich den rationalen Ansatz zur Erklärung von Wahlverhalten zur Begründung steigender Wechselwählerraten, so bietet er ebenfalls Möglichkeiten der Deutung. Der oben grob beschriebene soziale Wandel führt fraglos zu einer stärkeren Individualisierung der Gesellschaft. Das rationale Modell geht nun davon aus, dass der einzelne Wähler nur seine eigenen Interessen verfolgt (Eigennutz-Axiom). Es entsteht eine Vielzahl von Eigeninteressen. Der einzelne Wähler entscheidet dabei sowohl retrospektiv als auch prospektiv. Da aber die Veränderungen dominieren und die Parteien in der Regel als nur langsam zu steuernde Tanker sich den wechselnden Bedingungen nur schwer anpassen können, droht die Rationalität der Wähler (sprich: Flexibilität, als gewünschte Anpassung an neue Bedingungen) in einen Konflikt mit den Parteien, vor allem den Volksparteien, zu geraten. Die Wechselbereitschaft steigt und damit die Chancen der Oppositionsparteien, möglicherweise auch die Chancen neuer Parteien.

Ohne Zweifel ist das in der Literatur am häufigsten herangezogene Erklärungsmodell für wechselndes Wahlverhalten das sozialpsychologische Modell der Michigan-School. In einem parteiendominierten politischen System wie dem der Bundesrepublik erscheint ein Modell, das sich im Kern auf die Parteiloyalität seiner Bürger zu den Parteien und deren Veränderungen stützt, am besten geeignet, Wechsel in den Parteipräferenzen zu erklären.

Das Modell selbst geht von drei Determinanten der Wahlentscheidung aus, der Parteiidentifikation (PI), der Kandidatenorientierung und der Orientierung an Sachthemen (issues) sowie deren Lösung durch die Parteien. Die PI ist dabei die langfristige Entscheidungskomponente, die Summe der für das Individuum persönlich und politisch relevanten, vorgelagerten Faktoren. Sie ist der in der Regel gewichtigste Einflussfaktor, eine Art „psychologische Mitgliedschaft“ in einer Partei oder auch eine vor allem affektive Parteiorientierung. Sie wird in der Regel über das Elternhaus und andere Sozialisationsträger vermittelt und mit zunehmendem Alter im Allgemeinen stabiler und intensiver.

Die beiden anderen Faktoren sind eher kurzfristiger Natur, die in unterschiedlicher Stärke, Richtung und Intensität auftreten können. Auch für Issue- und Kandidatenorientierung wurden einheitliche Messinstrumente entwickelt. Sind Kandidaten- und Issueorientierung mit der Parteiidentifikation deckungsgleich, so spricht man von einer Normalwahl (normal vote).[13] Fallen die Orientierungen individuell auseinander, so handelt es sich um potentielle Wechselwähler. Um den tatsächlichen Wechsel einzugrenzen oder sogar zu bestimmen, müssen die drei Faktoren gewichtet werden. Dies ist die eigentliche Aufgabe des mit diesem Modell arbeitenden Wissenschaftlers.

Die Methodenfrage

Um die Größenordnung des Auftretens von Wechselwählern zu erfassen, bieten sich grundsätzlich zwei verschiedene Vorgehensweisen an: Man versucht, aus Aggregatdaten, also offiziellen Wahlergebnissen in möglichst kleiner Gliederung, auf das Wechselverhalten zu schließen; oder man erhebt individuelle Daten, also man befragt Wahlberechtigte oder Wähler über die Konstanz ihres Verhaltens in repräsentativen Umfragen. Beide Verfahren werden angewandt.

Die Nutzung von Aggregatdaten hat den großen Vorteil, dass die offiziellen Wahlergebnisse relativ schnell, äußerst valide für viele Wahlen, und in langen Zeitreihen zur Verfügung stehen. Der Nachteil dieser Daten besteht darin, dass sie nur die Salden der Bewegungen zwischen den Parteien für eine bestimmte regionale Einheit liefern können, aber nichts über die Innenbewegungen aussagen. Man versucht deshalb, sich mit möglichst niedrig aggregierten Daten und raffinierten Verfahren der Individualdatenanalyse (Einstellungen etc.) anzunähern, wobei die Grenzen schnell erreicht werden. In der Regel ist die kleinste verfügbare Einheit der Stimm- oder Wahlbezirk mit mehreren hundert Wahlberechtigten. Ein Schluss auf individuelles Wechselverhalten ist nicht möglich. Der ökologische Fehlschluss lässt sich auch mit

[13] Converse, Philip E.: The Concept of Normal Vote, in: Campell, Angus/Converse, Philip E./Miller, Warren E./Stokes, Donald E. (Hrsg.), Elections and the Political Order, New York 1966.

raffiniertesten Methoden nicht übertölpeln. Trotzdem haben einige Verfahren zur Rekonstruktion individuellen Verhaltens auf der Basis von Aggregatdaten Beachtung gefunden, wie z.B. der Volatilitätsindex von Pedersen[14], die ökologische Regression, die Differenzmethode von Shively oder die simultane Schätzung von Differentialgleichungen (ausführlich dazu Schoen 2003: 88).

Bei der Erhebung von Individualdaten gibt es zwei Möglichkeiten, Wechselverhalten zu erfassen: die direkte Methode und die indirekte Methode. Die direkte Methode versucht, in *einer* Erhebung das gegenwärtige und das frühere Wahlverhalten zu erfassen und in Beziehung zueinander zu setzen. Bei der indirekten Methode erhebt man das Verhalten zu zwei *verschiedenen* Zeitpunkten (Panelbefragung) und erhält damit die Information über Konstanz oder Wechsel. Beide Verfahren haben ihre Probleme.

Zunächst ist zu beachten, dass die Stichproben, um das Ergebnis verallgemeinern zu können, nach einem Zufallsverfahren ausgewählt werden. Nur unter dieser Bedingung können repräsentative Ergebnisse mit Angabe eines Fehlerbereichs erzielt werden. Dies wird bei einer normalen Querschnittsuntersuchung nicht sonderlich schwer sein, aber bereits bei der Wiederholungsbefragung (Panel) tritt, wegen der Ausfälle, die über einen Zeitraum von z.B. vier Jahren auftreten (Panel-Mortalität), die Frage der (Noch-)Repräsentativität auf.

Die Probleme bei der direkten Erfassung gegenwärtigen und zurückliegenden Wahlverhaltens in einem Interview sind anderer und größerer Natur. Bei beiden Fragen tritt zunächst das Problem der Ausrichtung des Antwortverhaltens an dem auf, was sozial erwünscht ist, also ist Konstanz oder ist Wechsel zum Zeitpunkt der Befragung das, *„was man tut“*. Das zweite Problem für die *Rückerinnerungsfrage* (recall) ist das nach dem Erinnerungsvermögen des Befragten. Das erscheint politisch Interessierten oder sogar Hochinteressierten kein wirkliches Problem zu sein, jedoch ist es das objektiv für einen Großteil der weniger Interessierten, die wiederum die Mehrheit der Wahlberechtigten ausmachen. Das dritte und größte Problem ist die über Panelbefragungen nachgewiesene Tendenz bei Befragten, ihr früheres Verhalten dem jetzigen anzupassen, was mit dem zweiten Problem teilweise zusammenhängt. Es enthebt darüber hinaus den Befragten der Begründung, warum er sein

---

[14] Pedersen, Mogens N.: Changing Patterns of Electoral Volatility in European Party Systems, 1948-1977: Explorations in Explanation, in: Daalder, Hans/Mair, Peter (Hrsg.), Western European Party Systems. Continuity and Change, London 1983.

Verhalten verändert hat. Die Fehleranfälligkeit dieser sog. Recall-Frage ist hoch: Fehlerabweichungen von einem Drittel der Antworten und mehr wurden gemessen.[15] Insgesamt wurde der tatsächliche Wechsel eher unterschätzt, wenn Wechselverhalten mit der Recall-Frage erfasst wurde.

Die *Wiederbefragung* einer Person z.B. im Kontext zweier aufeinander folgender Wahlen gleicher Ebene erscheint zunächst als die angemessene Methode zur Erfassung von konstantem bzw. wechselndem Wahlverhalten. Natürlich gelten auch hier die bei Erhebungen von Verhaltensabsichten oder auch abgeschlossenem Verhalten auftretenden zufälligen oder auch systematischen Messfehler, z.B. bei tabubelegten Parteien oder der Messung unmittelbar nach dem Wahlakt, oder der sogenannte „Bandwagon-Effekt". Natürlich kann sich der Befragte bei der Wiederholungsbefragung an seine früheren Angaben erinnern und sich ähnlich verhalten wie bei der Recall-Befragung; doch gelten solche Probleme als quantitativ vernachlässigbar. Was bleibt, sind die Probleme der Repräsentativität, weil man nicht davon ausgehen kann, dass Ausfälle über die Panellaufzeit zufällig sein werden. Zum Beispiel werden politisch weniger interessierte Befragte tendenziell eher aus dem Panel ausscheiden als solche mit hohem Interesse. Deshalb können diese Bedenken gegen die Nutzung von Panels nicht ausgeräumt werden, aber durch eine intensive (kostspielige) Panelpflege gemildert werden.

Beide Erhebungsmethoden haben offensichtliche Nachteile. Zwar misst die Wiederholungsbefragung wohl eher wechselndes bzw. konstantes Wahlverhalten valide, aber die Ergebnisse können nur unter Einschränkungen verallgemeinert werden. Die Einwände gegen die Rückerinnerungsmethode sind stichhaltig und führen sowohl wegen Erinnerungsproblemen als auch dem Bedürfnis einiger Wähler nach Harmonie selbst beim Wahlverhalten zu einer Unterschätzung des Wechsels.

---

[15] Schulte, Wolfgang: Stabilität, Wechsel und Antwortunsicherheit der Wahlabsicht in den Wahlstudien 1976 und 1972, Politische Vierteljahresschrift 8(1977), S. 627ff.; Schoen, Harald: Den Wechselwählern auf der Spur: Recall- und Paneldaten im Vergleich, in: van Deth, Jan/Rattinger, Hans/Roller, Edeltraud (Hrsg.), Die Republik auf dem Weg zur Normalität?, Opladen 2000.

Empirische Befunde

Zwei Gründe haben mich bewogen, mich bei der Erfassung wechselnden Wahlverhaltens trotzdem für das Recall-Verfahren zu entscheiden: Erstens die vorgegebene Aufgabenstellung und zweitens die Datensituation. Die Aufgabe heißt, die Entwicklung des Wechselwählerverhaltens seit 1990 darzustellen. Paneldaten sind für diesen Zeitraum nicht vorhanden, wohl aber umfangreiche Daten aus Befragungen der Wähler am Wahltag selbst, unmittelbar nachdem diese das Wahllokal verlassen haben. Diese Daten sind immer mit der gleichen Methode erhoben und sie enthalten immer die Frage nach der gerade vollzogenen Wahlentscheidung und die Rückerinnerungsfrage nach dem Verhalten bei der vorherigen Bundestagswahl. Selbstverständlich gelten die vorgetragenen Bedenken und Probleme des „Recall" auch gegenüber diesen Daten. Allerdings wurden die Wähler in einer Situation befragt, in der sie sich intensiv mit dem Wahlakt beschäftigt hatten und möglicherweise auch mit der Erinnerung an die letzte Wahl. Die Datenqualität ist in der Regel sehr hoch. Die Ergebnisse dieser Befragung am Wahltag, dem sogenannten „Exit-poll", reproduzieren das spätere Wahlergebnis sehr genau (die Daten sind die Basis der 18:00 Uhr-Prognose des öffentlich-rechtlichen Zweiten Deutschen Fernsehens/ZDF). Dieses gilt sicherlich nicht im gleichen Umfang für die Rückerinnerungsfrage, aber die Daten können als sinnvolle Annäherung gelten.

Bei diesen Exit-polls handelt es sich um Befragungen mit sehr hohen Fallzahlen (über 20.000), sie umfassen allerdings nur Wahlberechtigte, die an der Urne abgestimmt haben, also nicht die Briefwähler und die Nicht-Wähler. Die Wählerbewegungen können einerseits aufgrund der Fallzahlen sehr differenziert dargestellt werden, einschließlich der „Wechsler", die bei der vorherigen Wahl gleicher Ordnung nicht gewählt haben, sich jetzt aber wieder für eine Partei entscheiden. Andererseits muss der Wechsel in die Wahlenthaltung auf Grund der tatsächlichen Wahlbeteiligung errechnet werden. In wie starkem Maße sich dieser Wechsel in die Wahlenthaltung für die einzelnen Parteien auswirkt, kann nur geschätzt werden.

Bereits am Wahlabend wird im Ersten Deutschen Fernsehen (ARD) eine Wählerwanderung zwischen der Vorwahl und der aktuellen Wahl angeboten, die von Infratest Dimap erstellt wird. Diese Wählerwanderung wird von Journalisten und Politikern wegen der Schlichtheit der Aussage sehr geschätzt, in der Fachwelt ist sie aus methodischen Gründen äußerst umstritten.[16] Wegen der anderen Fragestellung in diesem Beitrag wird darauf hier nicht weiter eingegangen. Allerdings stimmt der dort ausgewiesene Wechsel als Differenz zwischen der sogenannten „Haltequote“ der Parteiwähler, das sind Personen, die bei beiden Wahlen dieselbe Partei gewählt haben (für 2005: 71,9%), und der Summe aller Wähler (also 28,1%) mit unseren Erkenntnissen des Wechsels 2005 in den Spalten 1, 4, 5, und 6 der Tabelle 1 überein (28,3%).

Tabelle 1: Wechselwähler bei Bundestagswahlen seit 1990
In % der Wähler zweier aufeinanderfolgender Wahlen
Bei Nichtwahl in % der gültigen Gesamtstimmen

	Reg-Opp Opp-Reg	Nichtwahl zu Partei	Partei zu Nichtwahl	Innerhalb des Lagers	vom Rand	zum Rand
1990	8,4%	6,0%	12,5%	7,8%	0,6%	2,4%
1994	9,2%	11,0%	14,2%	7,3%	1,0%	2,5%
1998	11,5%	12,2%	9,0%	7,5%	1,5%	4,6%
2002	13,1%	10,8%	13,9%	8,7%	2,7%	3,2%
2005	10,7%	10,6%	12,0%	9,3%	1,6%	6,7%

Erklärungen:
Für 1990 werden nur die Wählerbewegungen im Westen im Vergleich zur Bundestagswahl 1987 dargestellt. Bei den Wahlen 1994, 1998 und 2002 wird der Wechsel in der gesamten Bundesrepublik beschrieben. Verwendet werden die Kreuzungen zwischen aktueller Wahlentscheidung und erinnerter Entscheidung bei der letzten Wahl. In der Spalte „Reg-Opp, Opp-Reg“ wird der Wechsel zwischen dem Regierungslager und dem Oppositionslager dargestellt, wobei SPD und Grüne als ein Lager gelten und CDU/CSU und FDP als das andere. Die PDS ist unabhängig davon, ob sie im Bundestag vertreten war oder nicht, keinem Lager zugeordnet, sondern dem Rand. In der Spalte 2 sind die früheren Nichtwähler (einschließlich der vorher nicht Wahlberechtigten, also z.B. Erstwähler oder Zugezogene), die sich jetzt für eine Partei entschieden haben, enthalten. In der Spalte 3 die früheren Wähler, die sich jetzt enthalten haben (einschließlich der aus dem Wahlkörper durch Wegzug oder Tod ausgeschiedenen). Die Differenz zwischen Spalte 2 und Spalte 3 ergibt den Wahlbeteiligungsunterschied zur Vorwahl. Spalte 4 zeigt den Wechsel innerhalb des Lagers, also zwischen Union und FDP und umgekehrt, und zwischen SPD und den Grünen und umgekehrt. Die Spalten 5 und 6 zeigen die Wählerbewegungen von den Randparteien (einschließlich PDS und Rechte) zu den etablierten Parteien und umgekehrt.

[16] Hilmer, Richard/Kunert, Michael: Wählerwanderung: Das Modell von Infratest Dimap, in: Falter, Jürgen W. et al. (Hrsg.), Wahlen und Wähler, Analysen aus Anlass der Bundestagswahl 2002, Wiesbaden 2005, S. 134ff.

Die Tabelle zeigt einen stetigen Anstieg des Wechsels zwischen den Lagern bis 2002, also über die gedachte politische Mitte hinweg, besonders stark zwischen 1998 und 2002. Dieser Lagerwechsel ist 2005 zurückgegangen bei gleichzeitigem Anstieg des Wechsels zum Rand, in dem definitionsgemäß der Wechsel zur Linke.PDS enthalten ist. Mehr als die Hälfte dieses Wechsels stellen allein die Verluste der SPD nach links außen dar. Unterscheidet man West und Ost, so ist der Lagerwechsel im Westen (11,1%) stärker als im Osten (9,1%), allerdings die Veränderung zum Rand (inkl. Linke.PDS) im Osten (12,6%) viel stärker als im Westen (5,4%).

Der Wechsel innerhalb der beiden Lager hat zugenommen. War die Abweichung 2002 hauptsächlich auf die taktischen Bewegungen von Wählern im Regierungslager zugunsten der Grünen zurückzuführen, die diesen einen Nettogewinn von mehr als zwei Prozentpunkten gebracht haben, so waren es jetzt 2005 spiegelbildlich dazu Wähler, die den Unionsparteien nahestehen, aus ebensolchen Koalitionsüberlegungen die FDP begünstigten und in der Größenordnung noch über die „Erfolge" der Grünen von 2002 hinausgehen. Dies kann auch über ein anderes Instrument, die Kreuzung von Wahlabsicht und Parteinähe oder Wahlabsicht und Parteiidentifikation, und schließlich auch über das Splittingverhalten nachgewiesen werden.[17].

Die Wechselbewegungen zu den kleinen Parteien bzw. zu den Rändern unseres Parteiensystems nehmen über den betrachteten Zeitraum zu. Die Rückbewegungen zu den etablierten Parteien zeigen bis 2002 zwar einen ähnlichen Trend, sind aber rein quantitativ eher unerheblich.

Allerdings halte ich es angesichts der Größenordnung nicht für vertretbar, den Wechsel von einer Parteiwahl in die Wahlenthaltung bzw. von dort in die Wahl einer Partei („halbe Wechsel") bei der Diskussion um Wechselwähler außer Betracht zu lassen. Wir wissen von der Landtagswahlebene her sehr genau, dass dort Wahlen oft über die unterschiedliche Fähigkeit der Parteien, ihre Klientel zu mobilisieren, gewonnen bzw. verloren werden. Dies muss angesichts

---

[17] Eine Kreuzung zwischen Wahlabsicht und Parteiidentifikation in der Untersuchung der Forschungsgruppe Wahlen/FGW (Mannheim) in den letzten vier Tagen vor der Wahl 2002 zeigt, dass 29% der Wähler der Grünen sich mit der SPD identifizieren, die höchste Zahl, die die FGW bei dieser Kreuzung je gemessen hat und die erst in der Umfrage der letzten Woche auftauchte. Gleiches konnte auch 2005 in der Umfrage vor der Wahl für die Union und die FDP ermittelt werden: 37% der FDP-Wähler identifizieren sich mit den Unionsparteien, 41% bezeichnen sie als ihre liebste Partei.

dieses „hohen Umsatzes" von und zur Nichtwahl auf der Bundesebene unbedingt mitbedacht werden. Die Fähigkeiten der Parteien, frühere Nichtwähler oder Erstwähler zu mobilisieren, waren bei allen Wahlen seit 1994 recht unterschiedlich. Die SPD war immer eher erfolgreicher als die Union, Wähler aus diesen freien Potentialen zu rekrutieren. Dies gilt auch 2005. Vor allem aber waren die kleineren Parteien dort überdurchschnittlich erfolgreich und die Parteien am rechten Rand und die Splitterparteien sogar weit überdurchschnittlich. Eine Vernachlässigung dieser wechselnden Verhaltensweisen scheint daher nicht angebracht.

Fazit

Folgen wir dem gesellschaftlichen Wandlungsprozess und seiner theoretischen Bewältigung mit Hilfe des sozialpsychologischen Erklärungsansatzes für Wahlverhalten, so ist das Anwachsen des Potentials der Wechselwähler generell, aber auch die Realisierung der Wechselwahl zunächst einmal strukturell zu erklären. Dies gilt insbesondere für den Wechsel zwischen den beiden großen politischen Lagern in der Bundesrepublik. Abnehmende Bindungen an gesellschaftliche Großgruppen, wie Gewerkschaften und Kirchen, die ja lange Zeit erfolgreich Vorfeldfunktionen für die beiden Volksparteien wahrgenommen haben, führten auch zu Bindungsverlusten gegenüber den Parteien. Die Messung der Parteiidentifikation über einen längeren Zeitraum bestätigt dies eindrucksvoll. Vor allem die beiden großen Parteien sind hiervon betroffen, ihre Sockel sind geschmolzen in Größenordnungen von jeweils 25-30% der Wahlberechtigten insgesamt. Mehr als ein Drittel der Wahlberechtigten hat keine längerfristigen Bindungen mehr an die Parteien. Sie entscheiden frei, in der Regel spät, wie 2005 gezeigt hat sogar immer später, und sind viel stärker als parteilich gebundene Wähler von der aktuellen Diskussion um Themen oder Kandidaten beeinflussbar.

Da die Parteien sich gleichzeitig programmatisch sehr stark angenähert haben und sich damit ihre Unterscheidbarkeit für die Wähler erschwert, wird zudem der Wechsel in der Mitte des Parteienspektrums, wo sich alles tummelt, sehr viel leichter als zu Zeiten großer ideologischer Differenzen. Die Wahrscheinlichkeit des Wechsels steigt also aus Gründen mangelnder Klarheit der Alternativen.

Wer jedoch in einer solchen Situation auch, und zwar aus einer Kombination von strukturellen und politisch-konjunkturellen Gründen heraus (Beispiel: Große Koalition), profitieren kann, sind die Ränder des Parteienspektrums und die Splitterparteien. Dies gilt sowohl für den extremen rechten Rand als auch für links außen, wobei die Wahl der PDS im Osten Deutschlands etwas anders einzuordnen ist als die Wahl der PDS im Westen, besonders nach dem Zusammengehen der neu gegründeten WASG mit der PDS zur Linken.PDS vor der Wahl 2005. Seit der deutschen Wiedervereinigung hat die extreme Rechte zwar keine überwältigenden, jedoch zählbare Ergebnisse bei Bundestagswahlen in unterschiedlichen Größenordnungen (1990: Rep. 2,1%, NPD 0,3%, 1994: Rep. 1,9%, 1998: Rep. 1,8%, DVU 1,2%, NPD 0,3%, 2002: Rep. 0,6%, NPD 0,4% und „Schill-Partei" 0,8%, 2005: NPD 1,6%, Rep. 0,6%, im Osten: NPD 3,6%, Rep. 0,4%)[18] erreicht. Konjunkturelle Hochs für die Rechtsaußenparteien haben sich bisher eher auf der Länderebene – und im Osten stärker als im Westen – ausgewirkt.

Die PDS im Westen hat die wenigen früheren Stimmen für die Linke dort weitgehend aufgesogen. Bis 2002 war sie ohne große Wachstumschancen. Dies hat sich bei der vorgezogenen Bundstagswahl 2005 aus konjunkturellen Gründen (Hartz IV-Diskussion und Reform-Politik) deutlich geändert. Die PDS.Linke hat im Westen 4,9% der gültigen Stimmen erreicht, im Osten 25,3% und ist damit gleich stark wie die CDU dort. Die Splitterparteien haben in der Regel nur kurzfristigen Zuspruch, wie z.B. „Pro DM" 1998 mit 0,9%, aber sie binden zusammen seit 1990 in der Regel mehr als drei Prozent der Stimmen. Insgesamt gilt, dass die Bundesebene, die von den Wählern als die wichtigste politische Entscheidungsebene angesehen wird, von konjunkturellen Wellen weniger betroffen ist als die politischen Ebenen zweiter und dritter Ordnung.

Das Parteiensystem in der Bundesrepublik hat sich einmal durch das Aufkommen der Grünen stärker verändert, ein anderes Mal, 1990, an eine neue Situation angepasst und unterliegt von Zeit zu Zeit der „Bedrohung" oder Herausforderung, sich auch noch stärker zu verändern. All dies durch Wechselwähler, die ihre Präferenzen neu ausrichten. 2005 konnten die drei kleineren Parteien FDP, Linke.PDS

[18] Zu den Parteien am rechten Rand im betrachteten Zeitraum zählen die Republikaner (Rep.), die Nationaldemokratische Partei Deutschlands (NPD), die Deutsche Volksunion (DVU) und (mit Einschränkung) die Schill-Partei, die zum ersten Mal in Hamburg aufgetreten ist (2001), aber dann auch 2002 zur Bundestagswahl.

und Grüne insgesamt erstmals mehr als ein Viertel aller Stimmen auf sich vereinigen, die beiden „Volksparteien" erstmals weniger als 70%.

Die Erweiterung des Parteiensystems in der Bundesrepublik durch die Erfolge der Grünen war ein wichtiger Schritt, der die Funktionsfähigkeit des freiheitlich-demokratischen Systems unter Beweis gestellt hat. Schließlich war dies eine Reaktion der Wähler auf die Vernachlässigung wichtiger Themen durch die etablierten Parteien von damals. Die Entwicklung der PDS als Regionalpartei des Ostens für die Wahrnehmung spezifischer Interessen der Ostdeutschen nach den Friktionen, die im Zuge der Wiedervereinigung und Transformation aufgetreten sind, stellt einen weiteren Schritt erfolgreicher parteipolitischer Normalität dar, der durch die Wähler herbeigeführt wird. Aber auch das zeitweise Erstarken der Rechtsaußenparteien über den Kern hinaus (in der Regel auf den unteren Wahlebenen), als Protest gegen die etablierten Parteien, ist ein Beispiel demokratischer Kritik und wird ausgelöst durch Wechselwähler. Man könnte daher resümieren, dass die Wechselwähler nicht nur das Salz in der Suppe demokratischer Abstimmungen sind, sondern dass sie auch die reinigende Kraft bei Fehlentwicklungen sein können, vorausgesetzt, dass diese Wähler verantwortungsvoll handeln.

Ausgewählte Literatur

Arzheimer, Kai/Falter, Jürgen W.: Wahlen und Wahlforschung, in: Münkler, Herfried (Hrsg.), Politikwissenschaft. Ein Grundkurs, Reinbek 2003, S. 553-586.

Bürklin, Wilhelm/Klein, Markus: Wahlen und Wählerverhalten – Eine Einführung, Opladen 1998.

Dalton, Russell J./Martin P. Wattenberg (Hrsg.): Parties without Partisans. Political Change in Advanced Industrial Democracies, Oxford 2000.

Falter, Jürgen W./Gabriel, Oscar W./Wessels Bernhard (Hrsg.): Wahlen und Wähler, Analysen aus Anlass der Bundestagswahl 2002, Wiesbaden 2005.

Falter, Jürgen W./Schoen, Harald (Hrsg.): Handbuch Wahlforschung, Wiesbaden 2005.

Kaase, Max/Klingemann, Hans-Dieter (Hrsg.): Wahlen und Wähler, Analysen aus Anlass der Bundestagswahl 1994, Wiesbaden 1998.

Kaase, Max: Wechsel von Parteipräferenzen, Meisenheim am Glan 1967.

Klein, Markus et al.: 50 Jahre empirische Wahlforschung in Deutschland, Wiesbaden 2000.

Klingemann, Hans-Dieter/Kaase, Max (Hrsg.): Wahlen und Wähler, Analysen aus Anlass der Bundestagswahl 1998, Wiesbaden 2001.

Milne, Robert S./Mackenzie, Hugh C.: The Floating Vote, in: Political Studies, 3(1955), S. 65-77.

Roth, Dieter: Empirische Wahlforschung, Opladen 1998.
Wüst, Andreas W.: Wahlverhalten in Theorie und Praxis: die Bundestagswahlen 1998 und 2002, in: Bayerische Landeszentrale für politische Bildungsarbeit (Hrsg.), Parteien und Wahlen in Deutschland, München 2003.
Zelle, Carsten: Social dealignment versus political frustration: conflicting explanations of the floating vote in Germany, in: EJPR, 27(2005), S. 319-345.

Anna Materska-Sosnowska

Warum nimmt die Zahl der Wechselwähler in Polen ständig zu?

In Polen entwickelten sich die Parteien und das Parteiensystem anders als im Westen. Von daher greifen Theorien, die von stabilen Verhältnissen ausgehen, im Fall einer politischen Landschaft, die ständigen Veränderungen unterworfen ist, nicht und sind zum Scheitern verurteilt (Wasilewski/Kopczyński/Szczur 1999: 85, Grabowska 2004: 153-168). Peter Mair behauptet, dass die Instabilität der postkommunistischen Systeme darauf zurückzuführen ist, dass die Wählerschaft im Besonderen und mit ihr die Gesellschaft im Allgemeinen klar umrissene Konturen vermissen lassen. „Das heißt nicht, dass jene Wählerschaft völlig homogen ist oder dass sie sich nicht mit Hilfe von Parametern, wie beispielsweise dem gesellschaftlichen Status, dem Beruf, der ethnischen Zugehörigkeit und der Religion, hinreichend klassifizieren lässt. (...) Zwar könnte man unter Verwendung von sozialen Faktoren und politischen Grundeinstellungen, die sich mehr oder weniger spezifisch in einer mehr oder minder großen Anzahl von Parteien in den postkommunistischen Demokratien widerspiegeln, Einteilungen der Wählerschaft vornehmen. Dies vermag aber nicht über die Schwankungen im Wahlverhalten der Gesellschaft hinwegzutäuschen, die – gepaart mit einem relativ großen Mangel an klar ausgebildeten politischen Identitäten – erahnen lassen, dass diese politischen Einstellungen nicht, so wie man das von den westlichen Industriestaaten kennt, dazu führen werden, dass aus ihnen stabile und verlässliche Verhaltensmuster erwachsen, die sich im Wahlverhalten niederschlagen." (Grabowska 2004: 158)

Die Wählerschaft gliedert sich in Nichtwähler, Wechselwähler[1] und Stammwähler. Die polnischen Wechselwähler lassen sich erst dann zureichend charakterisieren, wenn man zuvor die Gruppierungen und Blöcke ermittelt hat, in die sich die polnischen Wähler gliedern, und geklärt hat, wie die Wählerwanderungen konkret verlaufen. Dabei gilt allgemein: Parteien steuern das Wählerverhalten, wie umgekehrt die Wähler das Verhalten der Parteien bestimmen, etwa indem sie sie zu einer Programm-, Image- oder Kurskorrektur zwingen.

1. Das polnische Parteienspektrum – eine Übersicht

Eine der grundlegenden Thesen zu dieser Thematik lautet: Die Wahlen von 1989, die von vielen Kennern der politischen Szene Polens als ein bahnbrechendes oder sogar epochales Ereignis[2] angesehen werden, haben die politische Landschaft Polens im richtigen Licht erscheinen lassen, indem sie diese entsprechend ihrem Verhältnis zum Ancien Régime in ein post- und ein antikommunistisches Lager spalteten. Mirosława Grabowska und Tadeusz Szawiel konnten durch die Auswertung von Umfragedaten den Nachweis erbringen, dass die Wahlen von 1989 richtungsweisend für das spätere Wahlverhalten der Polen waren. So betrachteten sich diejenigen, die damals für die Regierung stimmten, die sogenannten „Postkommunisten", als Linke; sie machten deshalb bei den ersten Präsidentschaftswahlen bei Włodzimierz Cimoszewicz und bei den nachfolgenden Parlamentswahlen häufig bei der „Demokratischen Linksallianz" [Sojusz Lewicy Demokratycznej, SLD] ihr Kreuz. Ihnen gegenüber standen die Antikommunisten,

[1] Die englische Bezeichnung „electoral volatility" lässt sich im Polnischen entweder mit „chwiejność wyborcza" (Markowski 1999, Wasilewski/Kopczyński/Szczur 1999, Grabowska 2004) oder „przesunięcie poparcia wyborczego" (Jednaka 1997) wiedergeben. Im Deutschen spricht man von wechselndem Wahlverhalten, Wählerfluktuation oder neuerdings auch von Volatilität.

Nach Pedersen errechnet sich der Volatilitätsindex aus der Summe der in Prozentzahlen ausgedrückten Gewinne und Verluste aller Parteien von einer Wahl zur nächsten dividiert durch zwei. Die Autoren ermittelten für die Wahlen 1991-1993 eine globale Volatilität von 34,9% und eine strukturelle Volatilität von 22,7%; im Zeitraum 1993-1997 lag der aggregierte globale Volatilitätsindex bei 22,1%, der strukturelle bei 15,14% und bei den Wahlen zwischen 1997 und 2001 pendelten sich die entsprechenden Werte schließlich auf 19,25% bzw. 15,6% ein.

[2] Mirosława Grabowska benutzt in diesem Zusammenhang den Begriff „founding elections" (Grabowska/Szawiel 2001), während Jacek Raciborski (1997) den Begriff „critical elections" bevorzugt.

die die „Solidarność" und später Lech Wałęsa und andere „rechte" Gruppierungen unterstützten (Grabowska/Szawiel 2001, Grabowska 2004: 168 ff.). Allerdings ist zu beachten, dass die beiden Blöcke links und rechts von der politischen Mitte nicht nach einem einheitlichen Muster gestrickt waren, sondern in ihrem Inneren durchaus Differenzierungen aufwiesen. So etwa danach, ob man eher religiös oder säkularisiert war, ob man eine Plan- oder Marktwirtschaft favorisierte oder welche Form der Vergangenheitsbewältigung man wählte.

Diese Blockbildung, die aus den Wahlen von 1989 resultierte, blieb über ein Jahrzehnt lang bestehen und zog sich wie ein roter Faden durch alle Parlaments- und Präsidentschaftswahlen (Grabowska 2004: 172-180). Das Bild änderte sich jedoch zum ersten Mal um die Jahrtausendwende, als die Dichotomie bei den Präsidentschaftswahlen zwar immer noch vorhanden war, aber schon merklich an Boden verloren hatte, um ein Jahr später bei den Parlamentswahlen völlig in der Versenkung zu verschwinden. Im Jahr 2005 wurde dann endgültig ein Schlussstrich unter die seit 1989 bestehenden Verhältnisse gezogen. Denn sowohl bei den Präsidentschafts- als auch bei den Parlamentswahlen meldeten sich Parteien und Kandidaten zu Wort, die nicht der traditionellen Zweiteilung entsprungen waren und die bestehenden Verhältnisse kritisierten. Dies rief beim Wähler Verunsicherung hervor und sorgte dafür, dass so mancher die ausgetretenen Pfade verließ. Zum ersten Mal war der Präsidentschaftswahlkampf nicht von den Biographien der Rivalen und ihrer Haltung zur Vergangenheit geprägt, sondern an Themen ausgerichtet und sollte dem Wähler Aufschluss geben über die konkreten Vorschläge der einzelnen Kandidaten zur Lösung politischer Sachfragen.

Herbert Kitschelt vertritt die Auffassung, dass sich in Zeiten eines politischen Umbruchs eine Wählerschaft herausbildet, die den Blick stets nach hinten richtet, sich bei der Beurteilung des Neuen am Alten als Bewertungsmaßstab orientiert und fragt, wie viel von den früheren Besitzständen sich in die Gegenwart hinüberretten lässt. Mit anderen Worten: Die Menschen besinnen sich im Verlauf der Systemtransformation auf ihre Interessen und wählen den, von dem sie glauben, dass er ihnen hilft, diese zu wahren. Diejenigen, die aus der Wende als Gewinner hervorgegangen sind, wählen Parteien, die sich zu marktwirtschaftlichen Prinzipien bekennen und den Bürgern möglichst viele Freiheiten zur Entfaltung ihrer Persönlichkeit bieten. Die Verlierer hingegen suchen bei jenen Zuflucht, die eine liberale Wirtschafts- und Gesellschaftsordnung ablehnen (Grabowska 2004: 157). Die jüngsten Wahlen haben 16 Jahre nach dem Beginn der Wende diesen Trend bestätigt. Anhand der Töne, die man im Wahlkampf anschlug, ließ sich erkennen, dass Polen in zwei Lager gespalten ist: in das der Solidarischen, denen die Bedürfnisse der Armen und Benachteiligten auf dem Lande am Herzen liegen, und das der Liberalen, in dem sich die Erfolgsverwöhnten aus den Städten und Ballungsgebieten tummeln.

2. Institutionelle Faktoren, die Wählerwanderungen begünstigen

Dafür, dass Wähler sich nicht auf eine politische Richtung festlegen, sondern zwischen Parteien hin und her schwanken bzw. wechseln, sind zwei Arten von Faktoren ausschlaggebend: zum einen institutionelle wie z.B. das Wahlsystem, die Anzahl der Parteien, die Parteientradition und die Organisation, zum anderen individuelle, d.h. solche, die das Verhalten des Wählers selbst betreffen. Wiesława Jednaka (1997: 256) geht bei ihrer Analyse der Wählerfluktuation in Polen von den folgenden zwei Determinanten aus: von der Stimmenverteilung und von den Quellen, aus denen die einzelnen Parteien ihre Stimmen beziehen.

Will man erreichen, dass sich eine Wählerschaft herausbildet, die ihre Präferenz für bestimmte Parteien nicht gleich wieder verändert, sondern auf Dauer bei der Stange bleibt, dann muss man dafür sorgen, dass sich die Spielregeln, nach denen gewählt wird, nicht fortwährend ändern. In Polen gab es jedoch seit 1989 keine einzige Parlamentswahl, die nach demselben *Wahlrecht* abgelaufen ist. So hat man beispielsweise im Vorfeld der Wahlen von 1991, 1993, 2001 und 2005 jeweils grundlegend in das Wahlrecht eingegriffen, etwa indem man die Regeln änderte für die Stimmenauswertung, die Festlegung der Anzahl und Größe der Wahlkreise sowie für die Schwellenwerte, die eine Partei überschreiten musste, um ins Parlament einziehen zu können. Folgt man sich ständig ändernden Wahlmodalitäten, so darf man sich nicht wundern, wenn das gesamte Parteiensystem ins Trudeln gerät und die Wähler nicht mehr wissen, für wen sie nach welchen Regeln Sympathie bekunden sollen.

Die *Parlamentswahlen von 1991* basierten auf dem Verhältniswahlrecht, wobei bei der Umrechnung der Stimmen in Mandate das Hare-Niemeyer-Verfahren verwendet und auf Sperrklauseln – die es lediglich bei den Landeslisten gab – verzichtet wurde. Diese Regelungen führten zu einem stark fragmentierten Parlament: Insgesamt 24 Wahlkomitees entsandten ihre Vertreter, die sich nach den Wahlen zu 18 Fraktionen im Sejm zusammenschlossen, von denen die Hälfte recht stark bestückt war (Gebethner 1992: 53). Trotz der offensichtlichen Mängel dieser Regelung erschien sie den Akteuren unumgänglich, um das gesamte politische Spektrum in der ersten Phase nach der Wende authentisch zu repräsentieren.

Dass ein so stark zersplittertes Parlament außer Stande sein würde, auf Dauer stabile Mehrheiten und eine stabile Regierung hervorzubringen, stand im Grunde von vornherein fest, und so überraschte es niemanden, dass *1993* vorgezogene Neuwahlen anberaumt werden mussten, nun allerdings mit einem neuen Wahlmodus. Er sah zunächst die Einführung einer 5%-Hürde für Parteien vor (für Bündnisse lag die Grenze bei 8%, bei Landeslisten wie bisher bei 7%). Außerdem wurden Wahlkreise mittlerer Größe geschaffen und die Berechnung der Sitzverteilung erfolgte nunmehr nach dem D'Hondt-Verfahren, das besonders großen Parteien zugute kommt. Die rechten Parteien allerdings berücksichtigten diese Neuerungen nicht und versäumten es, ihre Streitigkeiten rechtzeitig beizulegen, um möglichst geschlossen und somit mit verbesserten Erfolgsaussichten an den Start zu gehen. Die Linke dagegen schlug die entgegengesetzte Richtung ein und schloss ein Wahlbündnis, das unter dem Namen „Demokratische Linksallianz" [Sojusz Lewicy Demokratycznej, SLD][3] den Kampf um die Gunst der Wähler aufnahm. Die SLD hegte dabei insgeheim die Erwartung, für diesen Akt der Konsolidierung entsprechend belohnt zu werden. Ihre Rechnung ging voll auf: Das Pendel schlug tatsächlich nach links aus und vormals Linksoppositionelle verwandelten sich in Linksregierende. Der Hauptgrund für den Regierungswechsel liegt m.E. allerdings weniger im Zusammenschluss der linken Parteien als vielmehr in der verfehlten Politik der Parteien des rechten Lagers, die es unterließen, den Schulterschluss untereinander zu suchen. Stattdessen rieben sie sich untereinander auf und gewannen, obwohl sie im Vergleich zu den vorherigen Wahlen deutlich zulegen konnten, im Endeffekt dennoch weniger Mandate. Bei diesen Wahlen kristallisierten sich drei Wählergruppen heraus: (1) eine linke, die der „Demokratischen Linksallianz"; (2) eine in der Mitte,

---

[3] Die „Demokratische Linksallianz" war vor 1999 ein Wahlbündnis, das sich um die „Sozialdemokratie der Republik Polen" [Socjaldemokracja Rzeczypospolitej Polskiej, SdRP] herum gruppierte, und anschließend eine Partei unter demselben Namen.

die des neuen Zentrums, bestehend aus „Demokratischer Union" und „Liberaldemokratischem Kongress", die nach den Wahlen miteinander fusionierten und in der „Freiheitsunion" [Unia Wolności, UW] aufgingen; (3) eine rechte, also die Anhänger derjenigen Parteien, die der Solidarność-Bewegung entsprangen bzw. dieser nahestanden. Wie Grabowska (2004: 175) treffend feststellt, gelang es sowohl den Rechten als auch den Linken – wenn auch Letzteren mit etwas mehr Erfolg – ihre Stammwählerschaft zu mobilisieren und deren Überlaufen in das konkurrierende Lager zu verhindern. Außerdem markierten die Wahlen von 1993 einen Wendepunkt in der Parteiengeschichte: Sie bewirkten mittelfristig eine Konsolidierung zunächst des Zentrums in Form der „Freiheitsunion", dann des rechten Lagers in Gestalt der „Wahlaktion Solidarität" [Akcja Wyborcza Solidarność, AWS] .

Mit Blick auf die Parteien und ihre Wähler waren auch die *Präsidentschaftswahlen von 1995* wichtig, die eine Neuauflage der eben beschriebenen Situation brachten. Wieder war das rechte Lager gespalten, so dass die einzelnen Gruppierungen sich nicht auf einen gemeinsamen Kandidaten verständigen konnten. Davon profitierte die „Demokratische Linksallianz", deren Kandidat Aleksander Kwaśniewski zum Staatsoberhaupt gewählt wurde.[4]

Eine Kräftekonzentration in beiden Lagern, d.h. sowohl bei den Linken als auch bei der Rechten, trat erst ein, als sich die *Parlamentswahlen von 1997* ankündigten. Für die Rechten lohnte sich die neue Strategie: Sie überflügelten die Linken in der Gunst des Wählers, verdrängten die „Demokratische Linksallianz" aus der Regierung und ersetzten sie durch eine Koalition aus der „Wahlaktion Solidarität" und der „Freiheitsunion". Man darf dabei allerdings nicht übersehen, dass die „Demokratische Linksallianz" die Wahl nicht verloren hat, denn sie kam nicht nur bei ihren Stammwählern an, sondern konnte darüber hinaus auch Wähler für sich begeistern, die ihr sonst nicht unbedingt Beifall spendeten. Auf diese Weise schaffte sie es, ihr bei den letzten Wahlen erzieltes Ergebnis nicht nur zu halten, sondern sogar zu verbessern. Dass es dennoch nicht zur Regierungsbildung reichte, lag daran, dass die „Polnische Volkspartei" [Polskie Stronnictwo Ludowe,

---

[4] Im ersten Wahlgang erreichte Kwaśniewski 6.275.670 Stimmen und lag damit mit 35,11% knapp vor der Galionsfigur der „Solidarność" Lech Wałęsa, auf den 5.917.328 Stimmen (33,11%) entfielen. Den zweiten Wahlgang entschied dann Kwaśniewski mit 9.704.439 Stimmen (51,72%) gegenüber 9.058.176 Stimmen (48,28%) für Wałęsa für sich.

PSL], eine Bauernpartei, deren Wurzeln bis in die Zeit des alten Regimes zurückreichen, zu schlecht abschnitt und damit als möglicher Koalitionspartner ausfiel.

Bei den *Wahlen zum Sejm im Jahr 2001* änderte man das Wahlrecht erneut, indem man die Zahl der Wahlkreise auf 32 reduzierte, Landeslisten verbot und die Mandatsverteilung nach dem Sainte-Laguë-Verfahren[5] vornahm. Schon als die Wahlen ihre Schatten vorauswarfen, deutete sich ein Stimmungsumschwung in der Bevölkerung an, so dass die Zeichen für die Regierungsparteien nicht besonders günstig standen. Dass in der Gesellschaft erneut ein Linksruck bevorstand, zeichnete sich bereits ein Jahr zuvor anlässlich der Präsidentschaftswahlen ab, als der Amtsinhaber und Vertreter der Linken Aleksander Kwaśniewski bereits im ersten Wahlgang mit 53% der Stimmen (9.485.224 Stimmen) das Rennen für sich entschied. In der Tat brach dann 2000/01 das Bündnis „Wahlaktion Solidarität" auseinander und ihr Koalitionspartner, die „Freiheitsunion", wurde bei den Wahlen zum Sejm marginalisiert. Die Linke dagegen gewann 41% der Wählerstimmen ungeachtet der Tatsache, dass der Wahlmodus die mittelgroßen Gruppierungen begünstigte. Die „Demokratische Linksallianz" stellte gemeinsam mit der Bauernpartei die neue Regierung.

Bei den *Parlamentswahlen von 2005* nahm man erneut Eingriffe in das Wahlrecht vor, indem man u.a. die Größe der Wahlkreise änderte und bei der Umrechnung der Stimmen in Mandate zum D'Hondt-Verfahren zurückkehrte. Nutznießer dieser Veränderungen waren diesmal aber nicht die Linken, die aus den Regierungsämtern gejagt wurden, sondern die Rechten.

Nach dieser Übersicht über die institutionellen Faktoren, die die Bürger in ihrem Wahlverhalten und so die Wahlergebnisse beeinflussen, gehe ich nun zu den individuellen Faktoren über, die dazu beitragen, dass sich Wähler von der einen Partei ab- und der anderen zuwenden, so dass sich Stammwähler in Wechselwähler verwandeln.

3. Wechselwähler und Wählerwanderungen (Volatilität)

Die Analyse der *Volatilität, also der Art und des Ausmaßes wechselnden Wahlverhaltens, bzw. des Wahlverhaltens von Wechselwählern* liefert einen der Indikatoren, an denen der Grad der Institutionalisierung

[5] Bereits ein Jahr später kehrte man aber zum D'Hondt-Verfahren zurück.

und der Stabilität eines Parteiensystems abgelesen werden kann. Radosław Markowski (Markowski 1999, Markowski/Cześnik 2002) unterscheidet zwischen einem globalen, systemunabhängigen und einem strukturellen, systemabhängigen Wechselwahlverhalten. Ersteres bedeutet, dass ein Wähler bei einer Wahl aus persönlichen Motiven einer anderen Partei als bei der vorhergehenden Wahl den Vorzug gibt, ohne dazu durch systemimmanente Faktoren veranlasst worden zu sein; im zweiten Fall dagegen besteht der Grund für einen Parteiwechsel des Wählers entweder darin, dass die Partei, die er bei der letzten Wahl gewählt hat, gegenwärtig nicht mehr existiert und er somit gezwungen ist, einer anderen Partei seine Stimme zu geben, oder darin, dass eine Partei antritt, die bei den letzten Wahlen noch nicht kandidierte, und er nun diese gegenüber derjenigen bevorzugt, die er bis dahin gewählt hat.

Jacek Wasilewski, Maciej Kopczyński und Sławomir Szczur (1999: 86) hingegen nehmen eine andere Einteilung vor: Sie differenzieren zwischen (1) einer globalen Volatilität, die die Summe aller Veränderungen im Wahlverhalten in Bezug auf die Gesamtheit der Parteien, die in zwei aufeinander folgenden Wahlen an den Start gehen, erfasst, (2) einer erzwungenen Volatilität, die einen Teil der globalen Volatilität ausmacht und dadurch zustande kommt, dass vorhandene Parteien verschwinden bzw. neue hinzukommen, und (3) einer differentiellen Volatilität, die dadurch entsteht, dass die erzwungene Volatilität von der globalen abgezogen wird.

Darüber hinaus treffen die Autoren eine weitere Unterscheidung: Unter den Begriff Wechselwähler subsumieren sie sowohl Wähler, die sich nicht dauerhaft auf eine Partei festlegen, als auch jene, die nicht immer zur Wahl gehen, sondern einmal teilnehmen, ein anderes Mal aber zu Hause bleiben. In einer soziologischen Studie, die das Wahlverhalten der Polen bei den Wahlen im Zeitraum zwischen 1993 und 1997 untersucht, gelangen sie zu Ergebnissen, die in den nachfolgenden Parlaments- und Präsidentschaftswahlen bestätigt wurden: „Das, was die polnischen Wähler in erster Linie kennzeichnet, ist ihre Unentschlossenheit. Nahezu 60% der Wahlberechtigten bei zwei aufeinander folgenden Parlamentswahlen haben entweder von ihrem Wahlrecht Gebrauch gemacht, dabei aber nicht immer dieselbe Partei unterstützt; oder aber sie haben einmal von ihrem Wahlrecht Gebrauch gemacht, beim nächsten Mal jedoch nicht mehr. Diese Befunde führen uns deutlich vor Augen, welche Ausmaße das Feld hat, das von den Parteien und Wahlkomitees noch zu beackern ist, und wie lose die Bande sind, die Bürger und Politik in Polen zusammenhalten." (Wasilewski/Kopczyński/Szczur 1999: 91)

Bei der Auswertung ihrer Untersuchungsergebnisse ermittelten die Autoren nach der Pedersen-Formel den Volatilitätsindex für Polen und stellten dabei fest, dass dieser bedeutend höher liegt als in den westeuropäischen Ländern. (Die Pedersen-Formel lautet: „Electoral volatility in a given party system *p* at a given election *t* can be interpreted as a function of the number of parties in the system; of changes in that number since the previous election; and a third variable standing for a residuum of variables which influence electoral volatility", einschließlich der individuellen Wechselmotive der Wähler; Pedersen 1983: 47) Der besonders hohe Indexwert für Polen hängt damit zusammen, dass das Parteiensystem häufiger großen Schwankungen unterworfen ist und der polnische Wähler sich weniger stark mit einer Partei identifiziert. Außerdem darf man nicht vergessen, dass die Stabilität eines Parteiensystems davon abhängig ist, wie tief die Demokratie in der politischen Kultur des betreffenden Landes verwurzelt ist (Markowski 1999: 15, Markowski/Cześnik 2002: 24, Wasilewski/Kopczyński/Szczur 1999: 87) – und in Polen steckt die Demokratie eben noch in den Kinderschuhen. Zusätzlich schlagen Markowski ebenso wie andere Autoren in Anlehnung an die Theorie Bartolinis und Mairs vor, bei der Bestimmung des Grades der gesellschaftlichen Verwurzelung von Parteien auch Wählerwanderungen zu berücksichtigen, die innerhalb von Blöcken und zwischen ihnen (Markowski 1999: 15, Markowski/Cześnik 2002: 25) sowie allgemein zwischen Entitäten, die sich zu einer größeren Einheit zusammengeschlossen haben (Markowski 1999: 14, Markowski/Cześnik 2002: 24), stattfinden.

Zusammenfassend lässt sich festhalten, dass sich Wechselwahlverhalten entweder darin äußert, dass Wählerwanderungen zwischen Regierung und Opposition bzw. jeweils innerhalb eines Blockes der Rechten und der Linken stattfinden, oder darin, dass man Wähler hinzugewinnt, d.h. Bürger, die vorher nicht gewählt haben, nun zum Wählen motiviert. Daneben gibt es noch Wanderungen im Innern der Parteien zwischen verschiedenen innerparteilichen Strömungen; aber diese sind in der Regel ohne Einfluss auf die Regierungskonstellation und spielen daher nur eine untergeordnete Rolle. Bei der Berechnung der Wählerfluktuation stütze ich mich auf die amtlichen Endergebnisse der entsprechenden Parlamentswahlen, die ich im Anhang beifüge.

3.1. Volatilität innerhalb eines Blocks

Wie bereits erwähnt, lassen sich die Parteien in Polen zwei Blöcken zuordnen, einem postkommunistischen der Linken und einem aus der Solidarność-Bewegung hervorgegangenen der Rechten.

Die Parlamentswahlen bis 2005 zeigen, dass von allen angetretenen Parteien lediglich die *„Demokratische Linksallianz“* sich einer stabilen und wachsenden Wählerschaft rühmen konnte. Nachdem sie 1993 einen spektakulären Zuwachs von fast 100% verzeichnen konnte, ist es ihr bei der nächsten Wahl gelungen, ihr Ergebnis zu halten, ja sogar leicht zu verbessern. Seit den ersten Präsidentschaftswahlen nach der Wende 1990 haben es die Linke und erst recht die „Demokratische Linksallianz“ verstanden, sich systematisch eine Stammwählerschaft heranzuziehen und dieses Wählerpotential von Wahl zu Wahl zu steigern. Bis zu den Wahlen von 2005 konnte sich die Linke eines immer größeren Zuspruchs erfreuen und Wählerwanderungen innerhalb ihres Blocks waren eher die Ausnahme. Nur die „Polnische Volkspartei“ fiel in dieser Hinsicht aus dem Rahmen, insofern sie es 1997 zunächst schaffte, der ebenfalls bäuerlich ausgerichteten, populistischen Lepper-Partei „Selbstverteidigung“ ihre Wählerschaft abspenstig zu machen, einen Teil davon dann aber vier Jahre später wieder zurückgeben musste.

Bei den Wahlen von 2001 gewann die „Demokratische Linksallianz“ zusammen mit der „Arbeitsunion“ [Unia Pracy, UP], mit der sie ein Wahlbündnis eingegangen war, 41,04% der Stimmen (5.342.519 Stimmen) und erzielte damit einen Wert, der nach 1989 von keiner Partei erreicht worden war. Vier Jahre später folgte ein Einbruch, als die SLD mit einem Stimmenanteil von 11,31% (1.335.257 Stimmen) auf den Wert von 1991 zurückfiel – allerdings mit dem Unterschied, dass das Ergebnis von 1991 damals als Sieg gefeiert wurde, während seine Wiederholung 2005 als Niederlage galt. Die „Demokratische Linksallianz“ bildete von Anfang an den Kern des linken Blocks. Auflösungserscheinungen im Innern der Partei sowie ihr schlechtes Abschneiden bei den letzten Wahlen haben eine entscheidende Schwächung des gesamten Blocks verursacht, weil die Stimmenverluste der SLD nur zu einem geringen Prozentsatz von den anderen Linksparteien aufgefangen werden konnten.

Eine Studie mit dem Titel „Was passierte mit den SLD-Stimmen von 2001?“[6] ergab, dass 20% der SLD-Wähler von 2001 den diesjährigen

---

[6] Die Studie basiert auf einer PBS-Untersuchung für die Tageszeitung „Gazeta Wyborcza“ sowie einer vom Konsortium PBS-OBOP für das Fernsehen durchge-

Wahlen fernblieben und so dafür sorgten, dass die einstigen Anhänger der Linksallianz das größte Kontingent an Nichtwählern stellten und in dieser Hinsicht alle anderen Parteien übertrafen. Mit ihrer Wahlverweigerung verliehen die ehemaligen Wähler der Linken ihrer Enttäuschung über die Partei Ausdruck, deren Image durch Affären und Korruptionsfälle stark angekratzt worden war. Nur 21% der vorherigen Wähler ließen sich davon nicht beeindrucken und hielten weiterhin zu ihrer Partei. Doch die verstand es nicht, die Lücke, die die abgewanderten Wähler hinterlassen hatten, durch die Werbung neuer Wähler zu schließen. Etwas mehr als 5% der ehemaligen SLD-Wähler begaben sich in die Obhut der „Polnischen Sozialdemokratie" [Socjaldemokracja Polska, SdPl] und blieben damit der Linken treu, während 13% dieser abschworen und sich rechtsgerichteten Parteien wie „Recht und Gerechtigkeit" [Prawo i Sprawiedliwość, PiS] und der „Bürgerplattform" [Platforma Obywatelska, PO] anschlossen. 6% ihrer Wähler verlor die „Demokratische Linksallianz" an die populistische und systemfeindliche „Selbstverteidigung" und 3% schnappte ihr schließlich ihr ehemaliger Koalitionspartner, die „Polnische Volkspartei", weg, wobei es sich in beiden Fällen um Gruppierungen handelt, die einen sozialen, linken Einschlag aufweisen. Daraus folgt, dass nur 14% der Wähler, die die „Demokratische Linksallianz" verließen, sich weigerten, der Linken insgesamt die kalte Schulter zu zeigen, während 26% sich nicht scheuten, einen Richtungswechsel vorzunehmen, der nicht selten in eine Kehrtwende um 180 Grad mündete.

Auch das *Lager der Rechten* blieb von Wählerwanderungen nicht verschont, wobei diese sogar noch heftiger ausfielen als im Fall der Linken. Das lag daran, dass es die Rechte versäumt hatte, aus den zahlreichen Splittergruppen, die sich gegenseitig Konkurrenz machten und die Wähler abjagten, eine starke Führungskraft herauszubilden, die in der Lage gewesen wäre, eine große Zahl an Stammwählern an sich zu binden.

Der Spaltungsprozess, der auf der linken Seite des Parteienspektrums schon 1990 einsetzte, war das Ergebnis einer ganz natürlichen Entwicklung, in deren Zuge eine Vielzahl von Parteien auf der Bildfläche auftauchte, die sowohl ideologisch als auch programmatisch in wesentlichen Punkten voneinander abwichen. Ernsthafte Versuche zu einer Einigung wurden nach den verlorenen Wahlen von 1993 unternommen und mündeten 1997

führten Umfrage unter den Wählern unmittelbar nach dem Verlassen der Wahllokale (siehe „Gazeta Wyborcza" vom 11.10.2005).

in der Gründung der „Wahlaktion Solidarität". Diese feierte zunächst große Erfolge und übernahm sogar die Regierungsverantwortung – bis ihr nach Ablauf der Legislaturperiode die Puste ausging und sie bei den Wahlen von 2001 mächtig Schiffbruch erlitt und auseinanderbrach. Bemerkenswert ist, dass nun zum ersten Mal im Parlament sowohl im rechten als auch im linken Flügel dieselben Parteien vertreten sind, die sich schon bei den letzten Wahlen erfolgreich um das Wählervotum beworben haben.

Die standhaftesten Wähler, d.h. diejenigen, die am wenigsten geneigt sind, sich von dem einmal eingeschlagenen Weg abbringen zu lassen, besitzt zurzeit die Lepper-Partei. Fast drei Viertel von ihnen (72%) geben an, mindestens zu 90% sicher zu sein, auf der richtigen Seite zu stehen und die richtige Partei zu wählen. Von den übrigen Gruppierungen können es noch am ehesten „Recht und Gerechtigkeit" und die „Bürgerplattform" mit der Lepper-Partei aufnehmen. Immerhin jeder zweite Wähler dieser beiden Parteien beteuert, mit mindestens 90% Wahrscheinlichkeit bei der Stange zu bleiben. Der Lepper-Partei voraus haben sie die weitaus größere Zahl von Sympathisanten sowie die Spitzenposition bei Meinungsumfragen.

Alle genannten Parteien haben jedoch eines gemeinsam: Sie verfügen über *keine homogene Wählerschaft*. Ein Großteil – ungefähr ein Fünftel – der potentiellen Wähler von „Bürgerplattform" und „Recht und Gerechtigkeit" ebenso wie von „Demokratischer Linksallianz" und „Polnischer Volkspartei" kann nicht garantieren, dass seine gegenwärtige Wahlpräferenz die Zeit bis zu den nächsten Wahlen überdauern wird. Noch schlechter ergeht es derzeit der „Polnischen Sozialdemokratie", deren Anhänger nur zu zwei Fünfteln (43%) davon überzeugt sind, dass sie beim nächsten Mal die gleiche Wahlaussage treffen werden. Auch die „Liga Polnischer Familien" [Liga Polskich Rodzin, LPR] lässt sich nahtlos in die Reihe jener Parteien einfügen, die sich mit der Verlässlichkeit ihrer Wähler schwer tun. Denn nur knapp über ein Drittel der Befragten (36%), die sich offen zur Liga bekennen, kann prinzipiell ausschließen, den Verlockungen einer anderen Partei zu erliegen, d.h. jeder Dritte hält es zu etwa 40% für wahrscheinlich, der Liga bei den nächsten Wahlen die Zustimmung zu versagen. Den Zahlen lässt sich zwar entnehmen, dass auf der Skala, die die Wählerfluktuation misst, die Lepper-Partei ganz oben, die „Liga Polnischer Familien" ganz unten und die restlichen Parteien in der Mitte rangieren (CBOS 5/2005). Aber sie zeigen auch deutlich, welch enormes Volatilitätspotential in der

Wählerschaft fast jeder Partei schlummert. Und dies zeugt von einem unausgeglichenen und unausgereiften Parteiensystem. Vielleicht gilt immer noch, was schon 1999 so formuliert wurde: Die überwiegende „Mehrheit tappt im Dunkeln und blind durch das Parteiendickicht" (Wasilewski/Kopczyński/Szczur 1999: 92).

3.2. Volatilität zwischen den Blöcken

In Polen schlägt bei jeder Wahl das Pendel in eine andere Richtung aus, mal nach rechts und mal nach links. Wie bereits erwähnt, kann man der These von Bartolini und Mair zufolge den Volatilitätsindex als Gradmesser für die Stabilität parteilicher Blockbildung heranziehen. Demnach lässt sich folgende Gesetzmäßigkeit erkennen: Je weniger Wähler von einem Block zum anderen wandern, desto größer ist die Stabilität der Blöcke. Umgekehrt gilt: Je höher der Grad der Wählerfluktuation ist, desto fließender sind die Grenzen zwischen den Blöcken und desto niedriger ist der Grad ihrer inneren Stabilität.

Stimmenanteile der verschiedenen Parteienblöcke bei Wahlen (in %)

Politischer Block	Wahlen 1991	Wahlen 1993	Wahlen 1997	Wahlen 2001	Wahlen 2005
Rechte	**4.663.457** 41,44%	**4.844.778** 34,92%	**5.811.983** 44,41%	**3.045.408** 23,93%	**4.510.765** 38,21%
Mitte	**2.748.252** 24,20%	**2.025.917** 14,68%	**1.749.518** 13,37%	**2.062.362** 15,84%	**3.160.428** 26,78%
Linke	**2.632.868** 23,47%	**6.346.507** 45,87%	**5.422.918** 41,44%	**7.852.261** 60,32%	**4.064.286** 34,42%

Quelle: Eigene Darstellung auf der Grundlage von Daten der Staatlichen Wahlkommission

Diese These wird von den polnischen Wahlergebnissen in den letzten Jahren gestützt. Dabei erfolgte die Zuordnung der Parteien zu Blöcken in Abhängigkeit davon, ob sie im alten Regime wurzeln oder der Solidarność-Bewegung entsprangen. Die Ergebnisse der Wahlen von 1993 und 1997 deuten darauf hin, dass die Gesellschaft von einem tiefen Riss durchzogen wurde und in zwei einander entgegengesetzte Lager gespalten war. Darüber hinaus ist leicht zu erkennen, dass die Wähler es nicht nur ablehnten, zwischen den Blöcken zu pendeln, sondern auch relativ selten dazu neigten, innerhalb der Blöcke die Parteifarben zu tauschen. Wählerfluktuationen auf dieser Ebene ließen sich erst dann beobachten, als Parteien zu größeren Einheiten fusionierten und schärfere Konturen aufwiesen. Die Wahlen von 2001 und 2005 förderten indessen ein anderes Bild zutage, indem sie bewiesen, dass der Graben, der die Gesellschaft gespalten hatte, nun weitgehend zugeschüttet war und die Menschen von der althergebrachten Standortbestimmung nach dem Motto „hier sind wir und dort sind die anderen" abgerückt waren. Die 1989 erfolgte Einteilung der Gesellschaft in Post- und Antikommunisten war damit zwar überwunden, doch viele Wähler verspürten gleichzeitig das Bedürfnis nach neuen Parametern, anhand derer man die einen und die anderen auseinanderhalten konnte.

Bei den ersten Parlamentswahlen nach der Wende entschieden sich für die antikommunistische Rechte insgesamt 7,4 Mio. Wähler, während die Linke genauso viele Stimmen auf sich vereinigen konnte wie die ehemalige Vereinigte Polnische Arbeiterpartei [Polska Zjednoczona Partia Robotnicza, PZPR] Mitglieder hatte, also über 2,6 Mio. 1993 erhielt die Rechte 6,8 Mio. Stimmen und büßte damit einen Teil ihrer Wählerschaft ein, lag aber immer noch knapp vor der Linken, die 6,3 Mio. Wähler von sich überzeugen konnte. Allerdings reichte dies wegen ihrer fortschreitenden inneren Zerrissenheit nicht für eine wiederholte Regierungsbildung aus. Nichtsdestoweniger war eine erneute Spaltung der Gesellschaft vollzogen.

An den Zahlen lässt sich ferner ablesen, dass der Rechtsblock bei den Wahlen zwischen 1991 und 1993 nicht nur seine Stammwählerschaft halten, sondern darüber hinaus auch neue Wähler hinzugewinnen konnte. Dass er dennoch nicht als Sieger den Platz verließ, hängt damit zusammen, dass ein neues Wahlsystem eingeführt worden war. Auch der Block der Zentrumsparteien musste Federn lassen. Aber das war wohl der Preis, den man für die Regierungsbeteiligung und die Durchsetzung schwieriger Reformprojekte zahlen musste. Des Weiteren darf man nicht außer Acht lassen, dass 1991 – ebenso wie übrigens 2005 – sehr viele Wähler linker Parteien den Wahlen ferngeblieben waren, so dass der Aufschwung, den die Linke 1993 erlebte, indem sie viele Nichtwähler wieder zum Urnengang bewegen konnte, eigentlich nicht verwundert. 1997 schlug das Pendel kräftig nach rechts aus und bescherte der inzwischen konsolidierten Rechten, die sowohl in der Mitte als auch auf dem linken Flügel erfolgreich auf Stimmenfang gegangen war, den Sieg. 1997 errang die Rechte 7.561.150 Stimmen und übertraf damit sogar ihr Rekordergebnis aus dem Jahr 1991. Sie tat dies vor allem auf

Kosten der Linken, die sich mit 5.422.918 Stimmen begnügen musste. Bemerkenswert ist, dass die Rechte und die Linke in der Gunst der Wähler in etwa gleichauf lagen und damit der Unterschied zwischen den beiden Lagern nicht so sehr ins Gewicht fiel. Wenn trotz des Regierungswechsels bestimmte Anzeichen darauf hindeuteten, dass man versuchte, das Parteiensystem zu stabilisieren, und wenn hier von umfangreichen Wählerwanderungen die Rede war, dann muss man mit Blick auf die Wahlen von 2001 und 2005 hinzufügen, dass die Wähler nicht nur gewandert, sondern, wie es Markowski (2002: 10) treffend nannte, regelrecht zum anderen Lager übergesprungen sind. Wie kam es, dass ein Drittel der Wähler rechter Parteien von 1997 vier Jahre später für die Linke stimmte?

4. Wechselwahlverhalten und seine Auswirkungen auf die Entwicklung des Parteiensystems – eine Bilanz

Möchte man der Volatilität von Wählern auf den Grund gehen, dann muss man den politischen Hintergrund beleuchten, vor dem sie stattfindet, und fragen, inwieweit sich in der Sicht der Wähler die Regierungen bewährt haben, ob es den Parteien gelungen ist, politisch Fuß zu fassen und sich zu behaupten, inwiefern die Parteien ihre Programme umgesetzt haben und wie die Parteispitzen jeweils auftraten. Kurzum: Es gilt, all jenen Ereignissen Rechnung zu tragen, die während der vergangenen Legislaturperiode dem Wähler im Gedächtnis haften geblieben sind und anhand derer er bewertet, ob die Vertreter, die er zuletzt ins Parlament gewählt hat, auch diesmal sein Vertrauen verdienen. Gerade in Polen hängt das aktuelle Wahlverhalten entscheidend davon ab, welches Urteil der Wähler über „seine" Partei fällt, ob er ihr für ihre Politik in den zurückliegenden vier Jahren ein gutes oder ein schlechtes Zeugnis ausstellt. So spricht vieles dafür, dass etwa die „Demokratische Linksallianz" 1997 trotz einer für sie günstigen politischen Großwetterlage dennoch die Macht abgeben musste, weil ihr Vorsitzender, der zugleich das Amt des Ministerpräsidenten innehatte, lauthals verkündete, dass er nicht vorhabe, den von der Hochwasserkatastrophe Betroffenen Hilfe zukommen zu lassen. Und die Wahlschlappe, die die „Wahlaktion Solidarität" 2001 einstecken musste, ist sicherlich u.a. darauf zurückzuführen, dass die Gesellschaft mit ihren Reformen unzufrieden war, sie eine wenig schlagkräftige Minderheitsregierung anführte und in ihrem Innern dauernd Konflikte entbrannten. Diese eher negative Bestandsaufnahme veranlasste die Wähler, der „Wahlaktion“ den Rücken zu kehren und sich denjenigen zuzuwenden, die versprachen, alles besser zu machen.

Dafür, dass die Wähler, die *2001* der Rechten in Scharen davongelaufen waren, vier Jahre später aber reumütig in ihren Schoß zurückkehrten, lassen sich gleich mehrere Gründe anführen: zum einen der Niedergang der das linke Lager anführenden „Demokratischen Linksallianz“, der in dem Augenblick einsetzte und dann unaufhaltsam voranschritt, als immer neue, in diesem Umfang bis dahin kaum gekannte Korruptionsfälle bekannt wurden, in die die Parteispitze verstrickt war. Zum anderen fanden katholisch-nationalistische Parolen Anklang, begünstigt durch den Tod des Papstes und die Feiern anlässlich zweier bedeutender Jahrestage, dem des Ausbruchs des Warschauer Aufstands und dem der Gründung der „Solidarność“. Ferner hatten die Rechten überraschend linke Töne angestimmt. Ihre Politik, immer wieder in die Kerbe der gesellschaftlichen Solidarität zu schlagen, fiel bei den wirtschaftlich völlig verunsicherten Polen auf fruchtbaren Boden.

Polen ist nach wie vor gespalten, aber diesmal vor allem in Reformgewinner und -verlierer. Die Folge davon ist eine natürliche Wählerwanderung zwischen links und rechts. Diejenigen Parteien, die am meisten versprechen, können mit dem stärksten Wählerzuspruch rechnen, was beim letzten Wahlkampf besonders deutlich ins Auge fiel. Im Endeffekt ist das eingetreten, was eigentlich niemand für möglich gehalten hätte, nämlich die Hinwendung eines großen Teils der Linksallianz-Wähler zur rechten Partei „Recht und Gerechtigkeit“. Bestätigt wurde dieser Trend auch durch die Präsidentschaftswahl, bei der die Reformverlierer von rechts und links geschlossen für den Kandidaten von „Recht und Gerechtigkeit“ Lech Kaczyński stimmten, während die Reformgewinner überwiegend den Vorsitzenden der liberalen „Bürgerplattform“ Donald Tusk favorisierten.

Empirische Studien aus dem Jahr 2001 ergaben, dass sich vier Monate vor einer Wahl nur knapp zwei Fünftel der Wahlberechtigten (38%) entschieden hatten, für welchen Kandidaten sie am Wahltag stimmen würden. Nur zwei Fünftel der Befragten, die beabsichtigten an der Wahl teilzunehmen und gleichzeitig mit einer bestimmten Partei sympathisierten (40%), hatten sich bereits auf diese Partei festgelegt und sagten, sie würden sich von ihrer Wahlpräferenz auf keinen Fall mehr abbringen lassen. Von den dezidierten Parteianhängern gab jeder siebte (14%) an, sich zu höchstens 50% sicher zu sein, dieser Partei am Wahltag tatsächlich seine Stimme zu geben, so dass ihre endgültige Wahlentscheidung unberechenbar war. Die Hälfte der Befragten beantwortete die Frage, ob sie am Wahltag mit hundertprozentiger Sicherheit „ihrer" Partei ihre Stimme geben werden, mit Ja. Die Wahlentscheidungen der Polen stehen also viel weniger sicher fest als noch vor vier Jahren.

Diese Situation kommt den einzelnen Parteien zugute, können sie doch zeigen, welches Potential in ihnen steckt und welche Reserven sie gegebenenfalls noch zusätzlich mobilisieren können. Man darf dabei aber nicht übersehen, dass der polnische Wähler gegenüber Politik im Allgemeinen und Parteien im Besonderen skeptisch ist. Nur knapp die Hälfte der Wahlberechtigten (49%) kündigte an, mit Sicherheit zur Wahl zu gehen, wobei über ein Fünftel von ihnen (22%) gestand, noch keine feste Wahlpräferenz zu haben (CBOS 5/2005).

Die *Parlamentswahlen von 2005* spiegelten diese Befunde exakt wider. Sie waren gekennzeichnet durch eine hohe Wahlenthaltung und Volatilität. Die große Anzahl polnischer Wähler, die keine feste Parteipräferenz hat und zwischen verschiedenen Parteien schwankt, kann von Volksparteien aufgefangen werden, die sich, anstatt entweder links- oder rechtsextreme Positionen zu vertreten, in der politischen Mitte bewegen. Sie beschränken sich nicht auf wenige, eng definierte Sachthemen, sondern halten politische Programme für alle wichtigen Politikfelder bereit, um so möglichst viele Wählerschichten anzusprechen. Dies bedeutet, dass allein der Erfolg zählt und man extreme Positionen meidet, um nicht gemäßigte Wählerschichten zu verprellen. Es schlägt somit die Stunde der großen Volksparteien wie den beiden Gruppierungen, die bei den letzten Wahlen den Sieg davontrugen. Und auch die Partei „Recht und Gerechtigkeit" konnte z.B. sowohl in links- als auch rechtsgerichteten Wählerkreisen Erfolge erzielen.

Art und Ausmaß der Wählerfluktuation sind Indikatoren für den Grad der Konsolidierung des gesamten Parteiensystems. Denn je höher die Volatilität ist, desto instabiler ist das System. In Polen liegt der Volatilitätsindex mit mehr als 19,2% vergleichsweise höher als in anderen Ländern (Markowski 2002: 26). Dies lässt auf mangelnde Stabilität und ein erhebliches Maß an Unberechenbarkeit der polnischen Parteienlandschaft schließen. Die Konfiguration der Parteien hat noch keine endgültigen Formen angenommen. Noch bis vor kurzem schien es so, als habe sich wenigstens das linke Spektrum konsolidieren können. Dieser Eindruck hat sich jedoch mittlerweile als falsch erwiesen. Vielmehr ist der Entwicklungsprozess sowohl auf der rechten als auch der linken Seite des Parteienspektrums noch immer nicht abgeschlossen. Nichtsdestotrotz bleibt festzuhalten, dass bei zwei aufeinander folgenden Parlamentswahlen jeweils dieselben politischen Kräfte den Einzug in den Sejm geschafft haben. Dies deutet darauf hin, dass die Wähler sich allmählich mit Parteien identifizieren und festere Parteibindungen entwickeln.

Die wahlgeographische Verteilung der Stimmenanteile, die dominante parteipolitische Präferenzen im Wahlverhalten der Polen zeigt, wird eher durch wirtschaftliche als durch historische Konfliktlinien bestimmt. Der Verlauf dieser Grenzen hat sich im Prinzip nicht geändert: Seit den Wahlen von 1989 können die Linken ihre Hochburgen im Norden und Westen Polens und die Rechten im Süden und Osten des Landes halten. Bei den letzten Wahlen schnitten in diesen Gebieten „Recht und Gerechtigkeit" und die „Bürgerplattform" am besten ab, wobei die Unterscheidung in Stadt und Land bereits berücksichtigt ist. Dort, wo die Rechte schon immer dominierte, blieb der Status quo gewahrt; die Regionen hingegen, in denen die Wähler öfters für die Linke stimmten, fielen an die „Bürgerplattform". Hieraus ergibt sich, dass die Bürger bei der Wahl einer bestimmten politischen Richtung konsequenter vorgehen, als dies die empirisch ermittelten Befunde und Zahlen zunächst vermuten lassen. Das Wahlverhalten hängt stark von der Einschätzung der jeweiligen aktuellen Situation ab. Wenn man etwa vor 2005 für die „Demokratische Linksallianz" stimmte, so wechselte man dann, als sie aus der Sicht vieler Wähler auf Abwege und schließlich ins Abseits geriet, zu eher gemäßigten Parteien im rechten Spektrum, bei den vergangenen Wahlen zur „Bürgerplattform". Dies legt den Schluss nahe, dass Volatilität weniger darin begründet liegt, dass die Wähler sich aus einer Laune heraus wechselnden Stimmungen hingeben, als vielmehr daher rührt, dass die Parteien zu schwach sind, um Wähler langfristig dauerhaft an sich zu binden.

Die Zahl der Wechselwähler nimmt vor allem deshalb ständig zu, weil die Verbindung zwischen Wahlakt einerseits und Einstellung der Wähler andererseits ziemlich locker ist. Jeder Wähler, der einer bestimmten Partei seine Stimme gibt, glaubt in ihrem Programm etwas für ihn Wichtiges zu erkennen, was seine Entscheidung rechtfertigt. Und dieser Glaube hilft ihm, über die – weniger wichtigen – Abweichungen des Parteiprogramms von der eigenen Meinung hinwegzusehen (Sobolewski 1969: 83, 105). Hinzu kommt, dass die polnischen Parteien weder im politischen System noch in der Gesellschaft fest verankert sind. Parteien kommen und gehen, schließen sich zusammen und brechen wieder auseinander. Vor den Wahlen versprechen sie viel, aber nur einen Bruchteil davon lösen sie hinterher auch tatsächlich ein. Es ist richtig, dass ein politisches System, das eine dauernde Wählerfluktuation zu verkraften hat, in seiner Stabilität und Berechenbarkeit stark beeinträchtigt ist. Aber in einer Demokratie muss man das in Kauf nehmen, denn der Bürger hat nun einmal das Recht, sich die Partei auszusuchen, die ihm am meisten zusagt, und denjenigen eine Absage zu erteilen, die ihn enttäuscht haben.

Aus dem Polnischen übersetzt von Hans-Jörg Schwenk

Ausgewählte Literatur

Gebethner, Stanisław (Hrsg.): Wybory parlamentarne 1991 i 1993 [Die Parlamentswahlen von 1991 und 1993], Warszawa 1995.

Gebethner, Stanisław: Sejm rozczłonkowany: wytwór ordynacji wyborczej czy polaryzacji na polskiej scenie politycznej? [Ein zersplitterter Sejm: Ergebnis des Wahlmodus oder einer Polarisierung auf der polnischen politischen Bühne?], in: Gebethner, S./Raciborski, J. (Hrsg.), Wybory '91 a polska scena polityczna [Die Wahlen von 1991 und die polnische politische Szene], Warszawa 1992.

Gebethner, Stanisław: Stabilność i dynamika zmian w polskim elektoracie w latach 1991–1997 [Stabilität und Dynamik der Veränderungen innerhalb der polnischen Wählerschaft im Zeitraum zwischen 1991 und 1997], in: Markowski, Radosław (Hrsg.), Wybory parlamentarne 1997 [Die Parlamentswahlen von 1997], Warszawa 1999, S. 233-272.

Grabowska, Mirosława: Podział postkomunistyczny. Społeczne podstawy polityki w Polsce po 1989 roku [Politische Blockbildung nach dem Kommunismus. Gesellschaftliche Grundlagen der Politik in Polen nach 1989], Warszawa 2004.

Grabowska, Mirosława/Szawiel, Tadeusz: Budowanie demokracji. Podziały społeczne, partie polityczne i społeczeństwo obywatelskie w postkomunistycznej Polsce [Der Aufbau der Demokratie. Soziale Spaltung, politische Parteien und Bürgergesellschaft im postkommunistischen Polen], Warszawa 2001.

Jednaka, Wiesława: Zachowania wyborcze [Das Verhalten der Wähler], in: Antoszewski, A./Herbut R. (Hrsg.), Demokracje zachodnioeuropejskie. Analiza porównawcza [Die westeuropäischen Demokratien. Eine vergleichende Studie], Wrocław 1997.

Markowski, Radosław: Polski system partyjny po wyborach 1997 roku – instytucjonalizacja czy wichrowatość [Das polnische Parteiensystem nach den Wahlen von 1997: stabil oder wechselhaft?], in: Studia Polityczne 9(1999)1, S. 7-37.

Markowski, Radosław/Cześnik, Mikołaj: Polski system partyjny: dekada zmian instytucjonalnych i ich konsekwencje [Das polnische Parteiensystem: ein Jahrzehnt der institutionellen Veränderungen und ihre Folgen], in: Markowski, R. (Hrsg.), System partyjny i zachowania wyborcze. Dekada polskich doświadczeń [Das Parteiensystem und das Wählerverhalten. Polnische Erfahrungen eines Jahrzehnts], Warszawa 2002, S. 17-49.

Pedersen, Mogens N.: Changing Patterns of Electoral Volatility in European Party Systems, 1948-1977: Explorations in Explanation, in: Daalder, Hans/Mair, Peter (Hrsg.), Western European Party Systems. Continuity and Change, London 1983, S. 29-66.

Raciborski, Jacek: Polskie wybory. Zachowania wyborcze społeczeństwa polskiego w latach 1989–1995 [Wahlen in Polen. Das Verhalten der polnischen Wähler im Zeitraum 1989–1995], Warszawa 1997.

Sobolewski, Marek: Zasady demokracji burżuazyjnej i ich zastosowanie [Die Grundlagen einer bourgeoisen Demokratie und ihre Anwendung], Warszawa 1969.

Szawiel, Tadeusz: Zróżnicowanie lewicowo-prawicowe i jego korelaty [Die Links-Rechts-Differenzierung und ihre Korrelate], in: Markowski, Radosław (Hrsg.),Wybory parlamentarne 1997 [Die Parlamentswahlen von 1997], Warszawa 1999, S. 111-149.

Wasilewski, Jacek/Kopczyński, Maciej/Szczur, Sławomir: Stabilność zachowań wyborczych [Die Stabilität des Wählerverhaltens], in: Markowski, Radosław (Hrsg.), Wybory parlamentarne 1997 [Die Parlamentswahlen von 1997], Warszawa 1999, S. 81-111.

Anhang

Wahlkomitee/ Name bei den folgenden Wahlen	Wahlen 1991 Stimmen Prozente Mandate	Wahlen 1993	Wahlen 1997	Wahlen 2001	Wahlen 2005
Demokratische Union/ 1997 Freiheitsunion (Demokratische Union + Liberaldemokratischer Kongress + Polnische Partei der Bierfreunde/ 2005 demokraci.pl	1.382.051 (12,32%) 62	1.460.957 (10,59%) 74	1.749.518 (13,37%) 60	404.074 (3,10%) 0	289.276 (2,45%) 0
Demokratische Linksallianz/2001 Demokratische Linksallianz-Arbeitsunion	1.344.820 (11,99%) 60	2.815.169 (20,41%) 171	3.551.224 (27,13%) 164	5.342.519 (41,04%) 216	1.335.257 (11,31%) 55
Katholische Wahlaktion/ Katholische Wahlaktion „Vaterland"* 1997 Wahlaktion Solidariät/2001 Wahlaktion Solidarität der Rechten	1.007.890 (8,98%) 50	878.445 (6,37%) 0	4.427.373 (33,83%) 201	729.207 (5,60%) 0	
Zentrumsallianz*/2001 Recht und Gerechtigkeit	977.344 (8,71%) 44	609.973 (4,22%) 0		1.236.787 (9,50%) 44	3.185.714 (26,99%) 155
Polnische Volkspartei	1.033.885 (9,22%) 50	2.142.367 (15,40%) 132	956.184 (7,31%) 27	1.168.659 (8,98%) 42	821.656 (6,96%) 25
Konföderation Unabhängiges Polen*	996.182 (8,88%) 51	795.487 (5,77%) 22			
Liberaldemokratischer Kongress	839.978 (7,49%) 37	550.578 (3,99%) 0			
Bauernverständigungsallianz*	613.626 (5,47%) 28	327.085 (2,37%) 0			
Unabhängige Selbstverwaltete Gewerkschaft „Solidarität"*	566.553 (5,05%) 27	676.653 (4,90%) 0			
Polnische Partei der Bierfreunde	367.106 (2,97%) 16	14.382 (0,10%) 0			

Wahlkomitee/ Name bei den folgenden Wahlen	**Wahlen 1991 Stimmen Prozente Mandate**	**Wahlen 1993**	**Wahlen 1997**	**Wahlen 2001**	**Wahlen 2005**
Christliche Demokratie	265.179 (2,25%) 5				
Union für Realpolitik	253.024 (2,25%) 3	438.559 (3,18%) 0			
Solidarität der Arbeit/ Arbeitsunion	230.975 (2,06%) 4	1.005.004 (7,28%) 41	620.611 (4,74%) 0		
Partei der Christlichen Demokraten	125.314 (1,12%) 4				
Deutsche Minderheit	132.059 (1,17%) 7	96.678 (0,70%) 4	76.300 (0,58%) 2	47.230 (0,36%) 2	34.469 (0,29%) 2
Partei X	52.735 (0,47%) 3	377.480 (2,74%) 0			
Unparteiischer Block zur Unterstützung der Reformen*		746.653 (5,41%) 16			
Bündnis Selbstverteidigung/ Selbstverteidigung		383.967 (2,78%) 0	10.073 (0,08%) 0	1.327.624 (10,20%) 53	1.347.355 (11,41%) 56
Koalition für die Republik/ Bewegung für den Wiederaufbau Polens		371.923 (2,70%) 0	727.072 (5,56%) 6		
Bürgerplattform				1.651.099 (12,68%) 65	2.849.259 (24,14%) 133
Liga Polnischer Familien				1.025.148 (7,87%) 38	940.762 (7,97%) 34

* Parteien, die später die „Wahlaktion Solidarität" gründeten. Im Fall der Wahlen von 2001 habe ich als politische Erben der Wahlaktion auch die Partei „Recht und Gerechtigkeit", die „Liga Polnischer Familien" sowie teilweise die „Bürgerplattform", zu der auch ein Teil der „Freiheitsunion" gehörte, eingestuft.

Quelle: Eigene Darstellung auf der Grundlage der von der Staatlichen Wahlkommission vorgelegten Daten (Im Fall der Wahlen von 1991 habe ich die Parteien berücksichtigt, die mit mehr als einem Abgeordneten in den Sejm einzogen.)

VI. DEMOKRATIE VON UNTEN: DIE GEMEINDE

Hans-Georg Wehling

Demokratie beginnt in der Gemeinde!? Politische Partizipation und Konsolidierungsprobleme lokaler Selbstverwaltung

Kommunalpolitik: Das ist Politik nicht nur im lokalen Umkreis, sondern auf die Kommune bezogen, auf die Gestaltung der Verhältnisse vor Ort, auf die Lösung lokaler Probleme, wenn auch mit möglicherweise überlokalem Bezug und gesamtgesellschaftlichen Auswirkungen. In Deutschland hat für Kommunalpolitik der Begriff „Kommunale Selbstverwaltung" Tradition, der deutlich machen soll: Kommunalpolitik betrifft nicht nur die lokale Gemeinschaft als Ganzes, sie ist auch Aufgabe der lokalen Gemeinschaft und damit Pflicht jedes Einzelnen. Die Erledigung der Aufgaben darf nicht von einer fernen Obrigkeit oder vom Staat als Ganzem erwartet werden, vielmehr müssen die Menschen vor Ort ihr Schicksal selbst in die Hand nehmen: sich selbst verwalten, selbst zupacken und nicht auf jemanden anderes warten, auch wenn im Zuge der Professionalisierung und mit zunehmender Ortsgröße Institutionen installiert werden, die im Auftrag der lokalen Gemeinschaft handeln, wie das Repräsentationsorgan Gemeinderat und der gewählte (Ober-)Bürgermeister.

1. Traditionen kommunaler Selbstverwaltung in Deutschland

Historisch gesehen ist kommunale Selbstverwaltung in Deutschland so alt wie es Gemeinden gibt, mit Bürgern, die wirtschaftlich selbständig handeln, auch wenn der von ihnen bewirtschaftete Boden in der Agrargesellschaft einem Grundherren gehörte, dem gegenüber der Bauer abgabenpflichtig war. Es bildete sich eine Gemeinschaft heraus, die gemeinsam nach einheitlichen Regeln wirtschaftete und dafür gemeinsame Einrichtungen und Infrastruktur unterhielt (z.B. Feldwege), die für Sicherheit und Ordnung sorgte, auch durch die Ahndung von Vergehen, und die nicht zuletzt ein Netz sozialer Sicherheit bot. „Ideologisch" überhöht wurde diese Gemeinschaft als Kirchengemeinde – nicht zufällig wird das Wort Gemeinde im Deutschen sowohl für die weltliche als auch die kirchliche Gemeinde gebraucht. Die Gemeinde verstand sich zudem als Gemeinschaft der Lebenden und Toten, daher die zentrale Bedeutung des Friedhofs, der auch in die gemeinsamen Feste einbezogen wurde. Die Gemeinde benötigte klare Grenzen und damit auch soziale Abgrenzungen: Man musste wissen, wer dazugehört und entsprechende Rechte in Anspruch nehmen kann und wer nicht. Die strengen und engen Verhaltensvorschriften (Moral, soziale Kontrolle) dienten nicht nur der Konfliktminimierung und damit dem Zusammenhalt, sondern auch der „Kostensenkung": Wenn unversorgte, uneheliche Kinder oder durch eigene Schuld (z.B. Alkoholmissbrauch) invalide Gewordene der Solidargemeinschaft vor Ort zur Last fielen, wollten die dafür Haftenden auch Vorsorge treffen können: durch Überwachung des wechselseitigen Lebenswandels. Um diesen Funktionen insgesamt nachkommen zu können, waren Institutionen notwendig: der Bürgermeister als handelndes Organ, auch mit Vertretungsfunktion nach außen, wie z.B. gegenüber dem Grundherrn; ein Repräsentationsorgan, aber auch die Gesamtheit der Gemeindebürger, die alle wichtigen Entscheidungen treffen konnten. Über diese Rechte verfügten ausschließlich die Hofstelleninhaber, die auch für ihre Familienangehörigen sowie Knechte und Mägde handelten.

Gemeinden in diesem Sinne gibt es in Deutschland etwa seit dem Jahr 1200. Regional betrachtet konnten sich vorzugsweise im Süden und Westen die Traditionen kommunaler Selbstverwaltung erhalten, während im Norden und Osten Deutschlands die Traditionen in stärkerem Maße unterbrochen waren. Dazu einige wichtige historische Befunde:

1. Kommunale Selbstverwaltung gibt es in Deutschland – entgegen einer weit verbreiteten Meinung auch unter Kommunalpolitikern und Wissenschaftlern – nicht erst seit den Reformen des preußischen Staatsmannes Freiherr vom und zum Stein von 1808, sondern schon seit Jahrhunderten vorher.
2. Kommunale Selbstverwaltung setzt selbstständig handelnde Menschen voraus, zumindest in wirtschaftlicher Hinsicht. Diese Voraussetzungen waren nicht überall in Deutschland und zu jeder Zeit gegeben. In Gutsbezirken mit Gutsherrn und seinen Verwaltern

auf der einen Seite, einer Vielzahl von Knechten und Mägden, die nach Anweisung handeln, auf der anderen Seite, kann es keine kommunale Selbstverwaltung geben.

3. Autoritäre Regime, ob nun der Absolutismus des 17. und 18. Jahrhunderts oder die totalitären Regime des 20. Jahrhunderts, sind Feinde kommunaler Selbstverwaltung, weil sie die unbeschränkte Befehlshierarchie von oben nach unten stört. Das erklärt die gebrochene Tradition kommunaler Selbstverwaltung in Deutschland vor 1800 wie auch viele der Schwierigkeiten des Wiederaufbaus nach dem Zusammenbruch der DDR.

2. Drittes Reich, Deutsche Teilung und Wiederaufbau

Historisch, politisch-kulturell wie auch im Hinblick auf die kommunale Selbstverwaltung zeigt sich Deutschland heute auch nach der Vereinigung 1990 zweigeteilt. Das Dritte Reich hatte nur 12 Jahre Bestand gehabt, zurück blieb Deutschland als Trümmerhaufen: wortwörtlich und moralisch. Das Deutsche Reich hatte aufgehört zu existieren, die früheren Länder gab es nicht mehr als arbeitsfähige Einheiten. Lediglich die Gemeinden waren nach wie vor existent und handlungsfähig. Das Dritte Reich hatte die Kommunalverwaltung weitgehend unangetastet gelassen, ein erfahrenes kommunalpolitisches Personal stand in Städten und Gemeinden zur Verfügung, um den Wiederaufbau zu bewältigen. Die Menschen benötigten Essen und Trinken, ein Dach über dem Kopf, Brennmaterial. Infrastruktur einschließlich Verkehrswege mussten wiederhergestellt, die wirtschaftliche Tätigkeit wieder aufgenommen werden. Millionen von Flüchtlingen aus den bisherigen deutschen Ostgebieten, aus dem Sudetenland, aus Ungarn und anderen Ländern mussten untergebracht und eingegliedert werden. Das alles gelang in kürzester Zeit in eindrucksvoller Weise. Die Gemeinden hatten Erfahrung mit Notsituationen, sie hatten bereits die vielfältigen Probleme der industriellen Revolution des 19. Jahrhunderts mit Bravour gemeistert. Dafür sind Gemeinden und kommunale Selbstverwaltung da, ihr Personal ist dafür trainiert: für neu aufkommende Situationen, für Not- und Katastrophenfälle bereit zu stehen, auch wenn von „oben“ keine Hilfe zu erwarten ist.

Anders die Situation in den Neuen Bundesländern nach dem Zusammenbruch der DDR 1989. Die DDR hatte die kommunale

Selbstverwaltung zerstört, sie passte nicht in einen „Knopfdruckstaat", der in seinem Aufbau hochgradig zentralisiert und hierarchisiert war, mit der Befehlszentrale im Politbüro und im ZK-Apparat der SED. Hinzu kam, dass typische kommunale Aufgaben wie Bauleitplanung, Wohnungsbau und Kindergärten von den Industriebetrieben übernommen wurden, weitgehend an den Gemeinden vorbei. Entsprechend wenig und gering qualifiziertes Personal blieb in den Kommunalverwaltungen übrig, die zudem von den Kreisverwaltungen im hierarchischen Staatsaufbau „angeleitet" wurden. Nicht zufällig wurde in der DDR die Zahl der Kreise verdoppelt, um diese umfassende Tätigkeit effektiv wahrnehmen zu können. Nach 40 Jahren DDR plus vierjähriger Nachkriegszeit und 12 Jahren Drittem Reich war den Gemeinden der ehemaligen DDR, verstärkt durch die großen Flüchtlingsströme von Ost nach West, das motivierte und professionell qualifizierte Personal abhanden gekommen: Einen so langen Zeitraum überlebt kein Verwaltungsbeamter im Dienst. Das ist einer der Gründe, warum der Aufbau einer qualifizierten demokratischen Selbstverwaltung in den Gemeinden der Neuen Bundesländer nur schwerfällig in Gang kam – auch wenn aus den Alten Ländern kräftig Verwaltungshilfe geleistet wurde, Partnergemeinden hilfreich zur Seite standen und ein erheblicher Personaltransfer stattfand, nicht zuletzt mit pensionierten Bürgermeistern sowie technischen und allgemeinen Verwaltungsfachleuten.

Nicht zuletzt fehlte zunächst das Verständnis, dass Kommunalpolitik *Selbst*verwaltung ist, dass nicht alles von „oben" kommt, sondern dass die lokale Gemeinschaft ihre Probleme selbst in die Hand nehmen muss. Auch rächte sich, dass das SED-Regime das zuvor auch in Ostdeutschland vorhandene umfassende Vereinswesen zerschlagen hatte, als unerwünschte Konkurrenz zum eigenen Machtanspruch und zu den parteigeleiteten Massenorganisationen.

3. Bürgerschaftliche Mitwirkungsrechte: Plebiszite

Die Ebene der Gemeinden gehört im dreistufigen Staatsaufbau der Bundesrepublik Deutschland – Bund, Länder und Gemeinden (inzwischen erweitert durch die EU als vierter Ebene) – staatsrechtlich zur Ebene der Länder, die die Rahmenbedingungen (einschließlich des Institutionengefüges) für die Kommunalpolitik setzen und die Gemeinden beaufsichtigen. Grundlage sind die Gemeindeordnungen der 16 Länder.

Deutschland mit seinen ca. 82 Millionen Einwohnern ist vorwiegend ein Land der kleinen und mittleren Gemeinden, mit Ausnahme von Nordrhein-Westfalen. Gegenwärtig gibt es in Deutschland – nach umfangreichen Gemeindefusionen zur Erhöhung der Leistungsfähigkeit, in den Alten Ländern in den 60er und 70er Jahren, in den Neuen Ländern bald nach 1990 – insgesamt 13.416 Gemeinden, davon nur 84 mit mehr als 100.000 Einwohnern, darunter allein 30 in Nordrhein-Westfalen.

Für Kommunalpolitik in Deutschland charakteristisch sind die im Vergleich zu den Ebenen Bund und Land wesentlich stärkeren bürgerschaftlichen Mitwirkungsrechte: bei der unmittelbaren Bestellung von Amtspersonen (Plebiszit) wie bei der Entscheidung über Sachfragen (Referendum). Gerechtfertigt wird das mit der unterstellten besseren Überschaubarkeit der lokalen Verhältnisse. Bis zur deutschen Vereinigung gab es solche direkten Mitwirkungsmöglichkeiten nur in Baden-Württemberg und Bayern, wobei Bayern allerdings kein Referendum kannte. Erst ab 1990 wurden Schritt für Schritt in allen Bundesländern Plebiszit und Referendum eingeführt, nachdem die fünf Neuen Bundesländer damit begonnen hatten, entsprechend ihrer Interpretation einer friedlichen Revolution „von unten“, die zur Implosion des kommunistischen Systems und zur Wiedervereinigung führte – vom Volk selbst herbeigeführt: „Wir sind *das* Volk!“ und „Wir sind *ein* Volk!“. Die alten Bundesländer mit ihrer sehr viel längeren Demokratieerfahrung konnten dahinter nicht zurückbleiben, zumal sich die Forderungen nach mehr Elementen direkter Demokratie als äußerst populär erwiesen. Im Zuge der friedlichen Revolution von 1989 hatten die Menschen in der DDR überdies gute Erfahrungen mit einer konsensualen Willensbildung an „Runden Tischen“ gemacht – ein Prinzip, das in den Neuen Bundesländern auch aus dieser Tradition heraus hoch geschätzt wird.

Inzwischen werden in allen Bundesländern – mit Ausnahme der drei Stadtstaaten Berlin, Bremen und Hamburg – die Bürgermeister als Stadtoberhaupt unmittelbar von den Bürgerinnen und Bürgern gewählt (einschließlich EU-Bürgern), ebenso die Landräte als Chefs der Landkreise (mit Ausnahme von Baden-Württemberg und Brandenburg). Für die Wahlen zu den Gemeinderäten als Bürgervertretung gibt es – außer in Nordrhein-Westfalen – die Möglichkeit, sich mit Hilfe von Stimmenhäufung (kumulieren, bis zu drei Stimmen je Kandidat) und des Transfers von Kandidaten zwischen den Listen (panaschieren) sein eigenes „Menü“ aus allen Listen und mit eigener Gewichtung zusammenzustellen (Selbstverständlich kann auch nur eine Liste, unverändert, abgegeben werden). Das Wahlsystem mit Kumulieren und Panaschieren erleichtert den Zugang, das System ist sehr offen für die Präferenzen der Wählerinnen und Wähler.

Die Wähler bevorzugen Kandidaten, die man zu den Honoratioren rechnen kann: Inhaber prestigeträchtiger Berufe, lokale Einzelhändler und Handwerker, Vereinsfunktionäre und Persönlichkeiten, die sich lokal und sozial engagieren. Schlechtere Karten haben Angehörige von Berufen mit geringem Prestige (Arbeiter, Arbeitslose), neu Zugezogene (man kennt sie nicht) oder junge Leute, die noch nicht hinreichend integriert sind und denen man noch nichts zutraut. Solche Handicaps sind in gewissem Umfang durch verstärktes Engagement, etwa im Vereinswesen, zu kompensieren. Bisherige Ratsmitglieder werden in starkem Maße wieder gewählt: Sie sind bekannt. Auf diese Weise gewinnen die kommunalen Gremien ein hohes Maß an Kontinuität. Auf eine kurze Formel gebracht: Man wählt, wen man kennt und wen man schätzt. Dazu gehören nicht unbedingt Parteifunktionäre, zumal wenn sie keine weiteren Qualifikationen aufzuweisen haben.

Auf diese Weise kommen Gemeinderäte mit einer eher lockeren Parteibindung der Mandatsträger zusammen, die bereit sind, auch mit einem Bürgermeister anderer politischer Couleur als der eigenen zusammenzuarbeiten. Strenge Fraktionsdisziplin ist vielfach nur schwer aufrechtzuerhalten: Wer aus der Reihe tanzt, erhält mehr öffentliche Aufmerksamkeit (Medienberichterstattung). Bekannt sein ist eine Voraussetzung, kumuliert und panaschiert zu werden; die Wähler schätzen es zudem, wenn ein Mandatsträger seinen eigenen Kopf hat. Parteien überlegen es sich gut, ob sie einen „Quertreiber“ bei der Listenaufstellung bestrafen, die Wähler müssen sich ja nicht an die Listenplatzempfehlung halten. Abgesehen davon kann ein beliebtes Ratsmitglied, das bei der Listenaufstellung politisch „bestraft“ wird, auch seine eigene Liste aufmachen und seiner bisherigen Partei schaden.

Insgesamt lässt sich beobachten, dass die Möglichkeit zu kumulieren und zu panaschieren ein stark persönlichkeitsbezogenes Wahlverhalten zur Folge hat, und zwar umso stärker, je kleiner die Gemeinde ist. In den Ländern mit langer Erfahrung mit diesen Verfahren werden selbst in Großstädten die Stimmzettel in erheblichem Umfang verändert, wobei sich das Gewicht vom Panaschieren hin zum Kumulieren verschiebt (d.h. die *Partei*präferenz wird wichtiger, aber man gewichtet beim *Kandidaten*angebot der angestammten Partei). „Persönlichkeitsbezogen“ heißt dann vielfach nicht mehr: persönliche Bekanntschaft, sondern

Orientierung an Persönlichkeitsmerkmalen wie Titel, Beruf, Wohnviertel. Das stark persönlichkeitsbezogene Wahlverhalten bei der Wahl der Gemeindevertretungen ist insofern funktional, als die Bürger bei der Wahl von Bürgermeistern primär auf die fachliche Qualifikation Wert legen und nicht auf die Parteizugehörigkeit. Von daher lässt sich die These vertreten, dass die Direktwahl des Bürgermeisters einerseits, Kumulieren und Panaschieren andererseits zusammengehören im Sinne eines hilfreichen, wenn nicht notwendigen Institutionenarrangements.

Bei Bürgermeisterkandidaten werden zudem vielfach solche Kandidaten bevorzugt, die von außen kommen und damit Gewähr für eine von Parteien und lokalen Interessengruppen unabhängige Amtsführung bieten: Sie sollen Bürgermeister aller Bürger sein und primär das Wohl ihrer Gemeinde im Auge haben. Hinzu kommen auch Akzentsetzungen gegen eine dominierende Partei vor Ort: Mit einem Bürgermeister einer Minderheitspartei soll ein Gegengewicht gesetzt werden, um sogenannten Filz, also zu enge, meist dauerhafte personelle Verflechtungen mit illegitimen Vorteilen für die Mitglieder informeller Netzwerke zu verhüten. So jedenfalls die jahrzehntelangen Erfahrungen in Baden-Württemberg, dem Land mit langer Tradition in der Direktwahl von Bürgermeistern. Zudem werden Kandidaten bevorzugt, die über eine nachweisbare Verwaltungsausbildung verfügen. So sind rund 90% aller hauptamtlichen Bürgermeister gelernte Verwaltungsfachleute (Fachhochschul- oder Jura-Studium). In dieser Hinsicht besteht ein deutlicher Unterschied zu den Neuen Bundesländern, in denen in viel größerem Umfang „Verwaltungsamateure" wie z.B. Ingenieure und Naturwissenschaftler in kommunale Führungsämter kamen – wohl u.a. weil die entsprechenden Studiengänge und Berufsrollen in der DDR ein relativ hohes Maß an Distanz zum Regime ermöglichten. So sind z.B. in Sachsen zwei Drittel der befragten Bürgermeister von ihrer beruflichen Herkunft her „im handwerklich-technischen Bereich" anzusiedeln, nur 10% weisen eine kaufmännische oder Verwaltungsausbildung auf. Von den Bürgermeistern mit Hochschulabschluss hat rund die Hälfte technisch-naturwissenschaftliche Fächer studiert (vgl. Schleer/Fricke/Reichert 2000).

Frauen sind in der Kommunalpolitik in Deutschland deutlich unterrepräsentiert, bei Bürgermeistern wie Gemeinderäten. Bei der Direktwahl von Bürgermeistern und der Möglichkeit der Wähler, die Listen bei Kommunalwahlen kräftig zu verändern, ist die Steuerungsfähigkeit der Parteien in Richtung von mehr Frauenfreundlichkeit begrenzt: Selbst wenn die Liste für die Gemeinderatswahl nach dem Prinzip des Reißverschlusses angeordnet ist – eine Frau, ein Mann, eine Frau usw. – lässt sich nicht verhindern, dass die Wähler diese Liste völlig abändern und z.B. einen Großteil der Frauen streichen. Das spricht nicht gegen das Wahlsystem, das die Wählerpräferenzen besonders gut zum Zuge kommen lässt. Angesetzt werden muss also beim Wähler und seinen Präferenzen. In der Tat stellen wir fest, dass über die Jahrzehnte hinweg der Anteil der weiblichen Mandatsträger kontinuierlich steigt, dass insbesondere in Universitätsstädten und in Gemeinden mit hohem Akademikeranteil der Anteil der Frauen in den Gemeinderäten relativ hoch ist. Hier zeigt sich, dass der Frauenanteil in der Kommunalpolitik von den Wertvorstellungen und den Rollenbildern bei den Wählern und auch Wählerinnen abhängt. Auf ganzer Linie steigt der Anteil der Frauen unter den Bürgermeistern, fast explosionsartig (in Baden-Württemberg zwischen 1990 und 2005 von 0 auf 27!). In den Neuen Bundesländern hat es den Anschein, dass der Anteil der Frauen in kommunalen Führungspositionen durchweg höher ist – wohl Folge der Knappheit qualifizierten Personals. In Sachsen sind gegenwärtig 8,6% der Bürgermeister weiblich, in Baden-Württemberg nur 2,6%.

4. Bürgerschaftliche Mitwirkungsrechte: Referenden

Anders als auf der Bundesebene und zumeist auch auf Landesebene können sich die Bürger in der Kommunalpolitik in einzelnen Sachfragen an die Stelle des Repräsentativorgans setzen. Einen solchen Bürgerentscheid gibt es inzwischen in allen Bundesländern. Herbeigeführt werden kann ein Bürgerentscheid einmal durch den Gemeinderat (Ratsbegehren). Das geschieht in Fällen, in denen eine Sachfrage hoch umstritten ist: Hier will man Klarheit in der Erwartung, dass hinterher wieder Frieden einkehrt. Zum andern kann ein solcher Bürgerentscheid gegen den Gemeinderat aus der Bevölkerung heraus erzwungen werden (Bürgerbegehren). Die Entscheidungsgegenstände sind allerdings sehr begrenzt und die Modalitäten restriktiv, vor allem aus Misstrauen gegenüber dem „Volk“. Hier beruft man sich auf die Erfahrungen der Weimarer Republik, letztlich aber geht dies auf die Rezeption der Französischen Revolution („Pöbelherrschaft“, „Herrschaft der Straße“) zurück. So können über die Rechtsverhältnisse der Rathausbediensteten, vor allem aber in allen Finanzangelegenheiten (Haushaltsplan, Höhe von Steuern, Gebühren und Beiträgen) keine Bürgerentscheide stattfinden, weil man die Gemeindebürger für selbstsüchtig und unverantwortlich hält – Annahmen, die durch die Erfahrungen in der Schweiz als widerlegt gelten können. Wenn Bürgerentscheide getroffen werden sollen, die Geld kosten, muss zudem ein Finanzierungsvorschlag gemacht werden.

Ein größeres Hindernis für das Instrument Bürgerentscheid stellen die Quoren dar, die nicht nur eine Mindestbeteiligung an der Abstimmung fordern, sondern sogar eine Mindestunterstützung. D.h. die Mehrheit der Abstimmenden allein reicht nicht aus, sie muss vielmehr – je nach Land – 20 bis 30% der Abstimmungs*berechtigten* repräsentieren; also, auch wer nicht zur Abstimmung geht, zählt mit! Das widerspricht dem demokratischen Prinzip: „Mehrheit ist Mehrheit". So gilt denn auch in der Schweizer Referendumsdemokratie der Grundsatz: „Les absents ont tort": Wer nicht hingeht, ist selber schuld!

Von der Möglichkeit zum Bürgerentscheid wird in Deutschland verhältnismäßig wenig Gebrauch gemacht. In welchem Ausmaß die restriktiven Regelungen abschrecken, ist naturgemäß nicht zu quantifizieren. Zudem liegen nur für Baden-Württemberg längere Erfahrungen vor. Hier zeigt sich, dass das Instrument Referendum in der Regel nur für kleinere und mittlere Gemeinden (bis 20.000 Einwohner) geeignet ist. Denn die Nutzung setzt einen aufwendigen Kommunikations-, Organisations- und Mobilisierungsprozess voraus, der in größeren Städten nur schwer zu leisten ist. Schon der Entscheidungsgegenstand muss kommunizierbar sein. So ist es kein Zufall, dass die erfolgreichen Bürgerentscheide in größeren Städten markante Gegenstände betrafen: in Ulm (120.000 Einwohner) die Gestaltung des zentralen Münsterplatzes mit seiner hohen Identifikationsbedeutung; in Karlsruhe (282.000 Einwohner) die Führung der Stadtbahn in der Innenstadt; in Reutlingen (113.000 Einwohner) die Planung eines Kultur- und Kongresszentrums (das von den Bürgern als zu großspurig und zu teuer empfunden wurde). Bemerkenswert ist, dass in Ulm und Reutlingen etliche Jahre zuvor bereits Bürgerentscheide stattfanden, die jedoch am Quorum scheiterten: Wir können hier von einem institutionellen Lernen in der Bürgerschaft ausgehen, dass sich beim zweiten Mal zugunsten der Stimmbeteiligung bemerkbar machte.

Allein durch die Existenz von Bürgerbegehren und Bürgerentscheid wird Kommunalpolitik prinzipiell besser. Die repräsentativen Gremien haben Konkurrenz bekommen: Gemeinderäte müssen sich mehr anstrengen, um nicht Bürgerbegehren und Bürgerentscheide heraufzubeschwören. Sie können weniger als anderswo die Bürgermeinung ignorieren. Mit der Einführung von Bürgerbegehren und Bürgerentscheid wird keinesfalls ein Systemwechsel von der repräsentativen Verfassung zur direkten

Demokratie eingeleitet. Vielmehr gilt: Elemente direkter Demokratie erhöhen die Funktionsfähigkeit der repräsentativen Demokratie. Wenn aber diese positive Wirkung eintreten soll, muss das Instrument scharf sein, also von seinen Modalitäten her praktikabel. Da besteht in Deutschland gegenwärtig noch erheblicher Verbesserungsbedarf. Das Referendum stellt letztlich ein marktwirtschaftliches Element in der Kommunalverfassung dar, wie es für die Demokratie der Bundesrepublik Deutschland systemkonform ist: Sie beruht auf dem Wettbewerb von Ideen, auf personeller und programmatischer Konkurrenz. Damit der Wettbewerb für die Dauer der Amtszeit von Gemeinderäten nicht durch faktische Kartellbildung im Rat ausgeschaltet ist, muss die Möglichkeit bestehen, dass zwischenzeitlich Konkurrenz auftritt, wie sie mit einem potenziellen Referendum gegeben ist. Im Prinzip kommt es nicht darauf an, das Instrument aktiv zu nutzen, denn seine Wirkung entfaltet es schon durch seine bloße Existenz. Repräsentative Demokratie bleibt ein sinnvolles Mittel der Arbeitsteilung und zur Entlastung der Stimmbürgerschaft. Referendum und Plebiszit sind nicht mehr als „Korrekturtasten" zur Sicherung der Qualität von Kommunalpolitik.

5. Das kommunale Parteiensystem

Im Blick auf die kommunalpolitische Landschaft Deutschlands sticht die schwache Position der politischen Parteien ins Auge. Auf kommunaler Ebene müssen sie mit der Konkurrenz anderer Gruppierungen kämpfen: freie Wählergruppierungen, die nicht ohne Grund auch „Rathausparteien" genannt werden. Erkennbar ist ein Zusammenhang zwischen Wahlsystem und Parteiensystem vor Ort: Wo Kumulieren und Panaschieren Tradition hat, sind die Freien Wähler stark. Sowohl in Baden-Württemberg als auch in Bayern erreichen sie über die Jahrzehnte hinweg rund 40% der kommunalen Mandate. Dabei sind die Freien Wähler umso stärker, je kleiner eine Gemeinde ist. Aber selbst in Stuttgart, der Landeshauptstadt von Baden-Württemberg (590.000 Einwohner), sind sie vertreten. Die Mandatsträger der Freien Wähler sind in der Regel lokale Honoratioren, mit einem hohen Anteil lokaler Gewerbetreibender und starker Verankerung im lokalen Vereinswesen. Eine übergeordnete, in sich schlüssige Programmatik fehlt zumeist, die Personen selbst sind das Programm. Die Vertreter der Freien Wähler verkörpern sehr markant die unpolitische Vorstellung von

Kommunalpolitik. Das macht sie so erfolgreich. Auf kommunaler Ebene ähneln ihnen programmatisch und personell am stärksten CDU und FDP, während sich SPD und Grüne hier deutlicher abheben. Aber auch für sie gilt, dass die programmatischen Aussagen zumeist ausgesprochen blass bleiben. Selbst strittige Personalfragen werden auf kommunaler Ebene zumeist einvernehmlich geregelt, nach dem Prinzip „do ut des".

Andere freie Gruppierungen, verdeckte Parteilisten können hinzukommen, aber auch Listen, die verstärkt benachteiligten sozialen Gruppen aufhelfen sollen: Frauenlisten vor allem, aber auch Jugendlisten, die sich konzentriert an ihre Zielgruppen richten. Allein schon durch ihre Existenz üben sie Druck auf die konkurrierenden Listen aus, mehr Frauen bzw. Jugendliche als Kandidaten anzubieten. Das Wahlsystem von Kumulieren und Panaschieren ist offen genug, neuen Anbietern den erfolgreichen Marktzugang zu ermöglichen.

Für den Neuanfang von demokratischer Kommunalpolitik in der ehemaligen DDR charakteristisch war zunächst die große Zahl von Bürgerrechtsgruppen, Parteien, aber auch von Vereinen und Verbänden (z.B. Anglerverein, Freiwillige Feuerwehr), die sich um Mandate bewarben. Um den Bürgerrechtsgruppen eine Vertretung zu ermöglichen, wurden die Gemeinderäte zunächst recht groß geschnitten. Inzwischen hat sich die Zahl der konkurrierenden Gruppierungen deutlich verringert, sie ist aber immer noch breiter als in den Alten Bundesländern. Bei den Parteien ist nach wie vor die PDS, die sich von der SED-Nachfolge zur Regionalpartei mausern konnte, kontinuierlich stark vertreten, insgesamt mit CDU und SPD ziemlich gleichauf. Neuerdings bewerben sich auch verstärkt rechtsextreme Gruppierungen um Mandate, leider nicht ohne Erfolg. Doch auch für die Neuen Bundesländer gilt: Je kleiner eine Gemeinde, desto geringer die Rolle politischer Parteien – und umgekehrt.

In den Ländern, die Kumulieren und Panaschieren als Wahlsystem eingeführt haben (alle außer Nordrhein-Westfalen), geschah das mit der Absicht, die Kommunalpolitik zu entpolitisieren, wenn man so will: zu versachlichen, an die Stelle des Konflikts die Kooperation zu setzen – zum Nutzen der Gemeinde, gerade auch in Zeiten knapper Kassen. Die Frage ist, ob das Wahlsystem ausschlaggebend für die Dominanz politischer Parteien auf kommunaler Ebene und den Politikstil vor Ort ist. Das Parteiensystem spiegelt auch auf kommunaler Ebene die sozialen, wirtschaftlichen und ideologischen Spaltungen in der Gesellschaft wider und vermag solche Spaltungen über vergleichsweise lange

Zeiträume zu konservieren, wie die Parteienforschung aufzeigt (vgl. das cleavage-Konzept von Lipset/Rokkan). Auch Politikstile werden von solchen Fragmentierungen langfristig geprägt und können bis heute den Verlauf von Ratssitzungen bestimmen. Wahlsysteme können die Beibehaltung solcher Politikstile fördern, indem sie beispielsweise – bei starren Listen – dem Parteiestablishment entscheidenden Einfluss auf die Platzierung und damit auf die Wahlchancen der Kandidaten einräumen. Der Wechsel des Wahlsystems soll hier erklärtermaßen eine Änderung herbeiführen. Politikstile sind jedoch Teil einer gewachsenen politischen Kultur, die sich nicht so schnell ändern lassen. Zudem müssen nicht nur die Wähler, sondern auch die Parteien lernen, mit den neuen Rahmenbedingungen umzugehen. Auch gilt es dabei Rücksicht zu nehmen auf die Nutznießer des alten Systems – die Folge sind oft nur „halbherzige" Reformen.

6. Die Bedeutung des Vereinswesens

Die Deutschen gelten als „Vereinsmeier", das heißt: Auf lokaler Ebene besteht ein sehr dichtes Netz von Vereinen, das auf freiwilligem Beitritt beruht und sehr stark an Freizeitbedürfnissen orientiert ist. Ganz gleich, welchen ausdrücklichen Zweck ein Verein verfolgt, ob Gesang, Kleintierzucht oder Sport: Auch unausgesprochen spielt die Geselligkeit eine zentrale Rolle, Verein soll und will für die Mitglieder immer auch Heimat sein. Darüber hinaus wertet der Verein den Einzelnen auf, er verleiht Orden (in der Regel für langjährige Mitgliedschaft, nicht für besonders gute Leistungen!) und geleitet ihn würdevoll zu Grabe (mit Musik, Kranz und Rede). Vereine erfüllen auch wichtige soziale Funktionen: Sie binden den Einzelnen an seinen Wohnort, wie der Strandhafer die Dünen vor dem Wind stabilisiert; sie vermögen Zugezogene zu integrieren (das gilt im Sportverein selbst für Ausländer), sie organisieren Kultur und Events (und sie können Teilnehmerzahlen garantieren, wenn auswärtige Gäste kommen).

Darüber hinaus nehmen die Vereine für das Gemeinwesen Funktionen wahr, die normalerweise den Parteien zugeschrieben werden:

1. Die Artikulation und Bündelung von Interessen, die in das politische Entscheidungssystem eingespeist werden; d.h.: Interessen, die sich über die Vereine artikulieren, haben die besten Chancen, von der Kommunalpolitik aufgegriffen zu werden; nicht zufällig z.B. sind

unsere Gemeinden mit Vereinsheimen, Veranstaltungshallen und Sportstätten sehr gut ausgestattet.
2. Die Rekrutierung und Sozialisation politischen Personals: Im Verein lernt das Mitglied, sich zu artikulieren, zu taktieren, Sitzungen zu leiten und sich für Führungspositionen erfolgreich zu bewerben, den Verein ehrenamtlich zu leiten.
3. Orientierung für die Wahlentscheidung. Die Wähler orientieren sich bei den Wahlen zum Gemeinderat an der „Vereinsfärbung" der Kandidaten.

Über das lokale Vereinswesen ist eine ständige Partizipation der Gemeindebürger an der Kommunalpolitik nicht nur möglich, sondern zumeist real gegeben. Die Bürgermeister halten nicht zufällig ständig Kontakt mit den lokalen Vereinen. Das Vereinswesen ist eine Reaktion auf die Freisetzung des Individuums in Folge der Aufklärung, es trat ins Leben als Ersatz für die weggefallenen Zünfte, Bruderschaften u.ä., in denen die Menschen zuvor korporativ organisiert waren. Von daher nahm das Vereinswesen im 19. Jahrhundert seinen Weg von den Städten aufs Land. Mit Hilfe des Vereinswesens gelang es der katholischen Kirche, in ihrer Auseinandersetzung mit dem liberalen Staat („Kulturkampf") den katholischen Bevölkerungsteil zu organisieren, zu formieren und letztlich als gleichberechtigt in das politische System zu integrieren. Nach dem gleichen Muster gelang es der nicht-katholischen Arbeiterbewegung, mittels eines ebenso ausgeklügelten Vereinswesens zur Emanzipation der Arbeiterschaft beizutragen. Nach dem Ende des Nationalsozialismus und dem Zusammenbruch Deutschlands entstand ein solches, stark weltanschaulich ausgerichtetes Vereinswesen nicht wieder in gleichem Umfang. Angesichts der Notwendigkeiten des materiellen und moralischen Wiederaufbaus schien es besser zusammenzustehen. So entstand ein Vereinswesen, das auf Kooperation und Harmonie aus ist: Hier lernt das Vereinsmitglied von heute den Stil von Kooperation und Interessenausgleich, der für die Tätigkeit im Gemeinderat charakteristisch ist.

Als neue Form der Interessenartikulation haben sich seit den 60er Jahren des 20. Jahrhunderts in Deutschland Bürgerinitiativen gebildet. Es sind Ein-Punkt-Bewegungen, spontan und reaktiv, die sich zumeist an politischen Entscheidungen entzünden, die Teile der Bevölkerung für falsch halten. Ihre offenere Form macht es ihnen schwerer, erfolgreich zu sein: Um die Anhänger bei der Stange zu halten, muss der „harte Kern" der Bürgerinitiative die anstehenden Konflikte emotionalisieren. Das gelingt am besten, wenn man sie moralisiert („Wir kämpfen für die gerechte Sache“) und personalisiert (gegen Bürgermeister und Gemeinderat). Ein solches Vorgehen polarisiert, eskaliert und macht einen Interessenausgleich schwerer. Mit Bürgerbegehren und Bürgerentscheid steht jedoch ein Instrument zur Verfügung, das solche Konflikte kanalisiert, klare Entscheidungen bringt und so friedensstiftend wirkt.

Politische Parteien am Ort können am besten existieren, wenn sie als „Verein unter Vereinen“ (Gerhard Lehmbruch) auftreten, die auch die Geselligkeitsbedürfnisse der Mitglieder befriedigen. Programmatische Debatten stören da eher. Die Parteien sind aber auf ihre Ortsvereine angewiesen, wenn es um Wahlkämpfe auf Landes- und Bundespolitik geht. Zudem rekrutieren sie den politischen Nachwuchs.

In Hinblick auf das Vereinswesen und den mit ihm gegebenen kommunalen Partizipationsmöglichkeiten gibt es deutliche Unterschiede zwischen Deutschland West und Deutschland Ost. Als Organisationen, die den Primat der SED gefährden konnten, ist das Vereinswesen in der DDR zerschlagen worden, bis auf wenige Reste, die von der SED als Satellitenvereine kontrolliert werden konnten. Nur im kirchlichen Bereich gab es Ausnahmen, vor allem in den wenigen katholischen Reservaten wie dem Eichsfeld (damals die Kreise Heiligenstadt und Worbis). Das Fehlen einer etablierten, umfassenden Vereinsstruktur in den Gemeinden der Neuen Bundesländer, das geringere Maß an bürgerschaftlichem Engagement und die im Vergleich zum Westen wesentlich schwächer entwickelte Zivilgesellschaft als autonome Form des Zusammenschlusses aktiver Bürger zwischen Staat, Familie und Unternehmen erschweren noch immer die Organisation und Konsolidierung des demokratischen und materiellen Wiederaufbaus. Denn es sind nicht zuletzt die Vereine, die zu freiwilligen Aktivitäten motivieren, sie organisieren und so ein wesentliches Element der Bürgergesellschaft bilden.

7. Politikverdrossenheit?

In Deutschland wird weithin ein hohes Maß an „Politikverdrossenheit“ beklagt, festgemacht u.a. an der ständig sinkenden Wahlbeteiligung (vgl. den Beitrag von Eilfort). Davon ist die kommunale Ebene in besonderer Weise betroffen. Es gibt seit eh und je eine „Hierarchie“ der Wahlbeteiligung: Bei Bundestagswahlen ist sie am höchsten, dann kommt die Landesebene, es folgt die kommunale Ebene – ganz gleich, ob es sich um die Wahlen zum Gemeinderat oder zum Amt des Bürgermeisters handelt. Das Schlusslicht bilden Wahlen zum Europaparlament. Die Hierarchie selbst ist nachvollziehbar, sie spiegelt die Bedeutung der Ebenen für die Existenz des Einzelnen wider: Beschäftigung, wirtschaftliche Lage und Zukunftsaussichten hängen eindeutig stärker von der Bundespolitik als von der Kommunalpolitik ab.

Für die kommunale Ebene könnte auch die These zutreffen: Wenn eine Gemeinde gut „regiert" wird und ein erfolgreicher Bürgermeister ohne ernsthaften Herausforderer zur Wiederwahl steht, ist die Wahlbeteiligung gering: gelegentlich unter 40%, bei gleichzeitig hoher Zustimmung zum Amtsinhaber (bis über 90%). Erst wenn Kommunalpolitik „schlecht läuft", werden die Bürger aktiv, und das nicht nur bei Wahlen, sondern auch mit Bürgerinitiativen.

Das Maß politischer Beteiligung ist, gerade auch bei Wahlen, ein Indikator für die Integration der Bürger in ein soziales und politisches System. Auf Bundes- und auch noch auf Landesebene ist die Integration sehr hoch, bezeichnenderweise nicht im gleichen Ausmaß bei sozial Schwachen und Ausländern („Gastarbeitern"). Auf kommunaler Ebene nimmt der Umfang der Nicht-Integrierten noch einmal zu – Folge einer mobilen Gesellschaft. Zugezogene und Pendler sind deutlich weniger in die Gemeinde integriert: Sie kennen sich nicht aus, können bei Wahlen das personelle Angebot nicht einschätzen, sind vielfach eher zufällig in die Gemeinde gekommen, verbringen Arbeit und Freizeit außerhalb der Gemeinde, dort haben sie auch ihre Freunde und Bekannten. Solange die Gemeindeverwaltung reibungslos funktioniert, fehlt für sie der Anreiz, sich kommunalpolitisch zu engagieren. Allgemein wird das Rathaus weniger als Selbstverwaltung, sondern eher als Dienstleister wahrgenommen, was durch die Bezeichnung der Gemeinde als „Konzern Stadt" und der Bürger als „Kunden" verstärkt wird.

8. Deutsche Kommunen in der (Finanz-)Krise?

Laut beklagt wird gegenwärtig vor allem die Finanznot der Gemeinden. Gemeinden benötigen Geld, um die nötige Infrastruktur zu bieten und darüber hinausgehende Wünsche ihrer Bevölkerung befriedigen zu können. Entscheidend ist aber nicht nur das Finanzvolumen, sondern auch, aus welchen Quellen das Geld fließt und wie selbstverwaltungsfreundlich das Einnahmesystem ist. Selbstverwaltungsfreundlich sind Einnahmen der Gemeinde immer dann, wenn mit ihnen keine inhaltlichen Auflagen verbunden sind und wenn die Gemeinden deren Höhe beeinflussen können. Das ist bei eigenen Steuern der Fall. Klassische Gemeindesteuern sind in Deutschland die sogenannten Realsteuern, die an realen Werten anknüpfen können: Steuern auf Grund und Boden (Grundsteuer) und auf den Gewinn von Unternehmen, die auf dem Gebiet der Gemeinde tätig sind (Gewerbesteuern). Doch inzwischen sind die Gemeinden in einen Steuerverbund von Bund, Ländern und Gemeinden einbezogen, wonach sie einen Teil ihres Realsteueraufkommens abgeben und dafür an der Einkommenssteuer (mit 15%) und an der Umsatzsteuer (mit 2,2%) beteiligt werden. Insgesamt macht der Steueranteil an den Gemeindeeinnahmen rund ein Drittel aus. Ein weiteres Drittel der Gemeindeeinnahmen kommt aus Gebühren und Beiträgen, die die Gemeinde für ihre Leistungen erhebt (Eintrittsgelder, Erschließungsbeiträge für Wohnstraßen u.ä.), aus Mieten, Verkäufen und Krediten. Das letzte Drittel der Gemeindeeinnahmen machen Zuweisungen aus: vorzugsweise Geldtransfers aus dem Landeshaushalt aber auch aus dem Bundes- und EU-Etat. Sofern diese Zuweisungen nicht an bestimmte Zwecke und Auflagen gebunden sind, sind sie unproblematisch, sie fließen wie Steuereinnahmen. Anders sieht es bei zweckgebundenen Zuweisungen aus, die nur unter bestimmten Voraussetzungen gegeben werden und ein bestimmtes Handeln der Gemeinden oder auch einen eigenen finanziellen Beitrag („Kofinanzierung“) erwarten und so die Gemeinden an „goldene Zügel“ legen.

Die Drittelaufteilung repräsentiert nur Durchschnittswerte, die Abweichungen von Gemeinde zu Gemeinde können groß sein, auch von Land zu Land. So ist in den Neuen Bundesländern der Steueranteil sehr viel niedriger und der Anteil der Zuweisungen entsprechend höher. Schwächere Wirtschaftsleistung und höhere Arbeitslosigkeit führen zu Mindereinnahmen bei den Steuern, Sozialleistungen führen auf der anderen Seite zu mehr Ausgaben. Das verleitet die Gemeinden zumal in den Neuen Bundesländern nicht selten zu waghalsigen Einnahmeoperationen, indem sie Gelder für Investitionen auch dann annehmen, wenn der Bedarf nicht ausreichend ermittelt worden ist (z.B. Gewerbegebiete, Schwimmbäder) und die Folgekosten unterschätzt werden. Problematisch ist vor allem die Anfälligkeit für das US-amerikanische Steuersparmodell des Cross-Border-Leasing, wonach Infrastruktureinrichtungen (sogar Straßenbahnen) an einen amerikanischen Investor verkauft werden, der seinerseits diese Einrichtungen an die deutsche Gemeinde „zurückleast“. Die in den USA gesparten Steuern werden mit der deutschen Gemeinde geteilt. Die Vertragswerke sind sehr umfangreich und kompliziert, und es ist nicht sichergestellt, dass die deutschen Vertragspartner auf lange Sicht nicht doch Schaden nehmen.

Problematisch ist, dass die höheren staatlichen Ebenen – Bund und Land – mit ihrer Gesetzgebung auch die Ausgaben der Gemeinden beeinflussen können: z.B. Sozialhilfe, Bereitstellungspflicht für Kindergartenplätze usw. Die kommunalen Spitzenverbände als die Interessenvertreter der Städte und Gemeinden verlangen deshalb die Verankerung des Konnexitätsprinzips in Bundes- und Länderverfassungen: Wer den Gemeinden Ausgaben aufbürdet, muss auch das dafür benötigte Geld zur Verfügung stellen. Das ist gegenwärtig nicht gegeben.

Die Aufschlüsselung der Einnahmen aus Steuern und Zuweisungen ist in einem Ausmaß kompliziert und so wenig durchschaubar, dass hier ein Demokratiedefizit entstanden ist: Demokratie verlangt Transparenz, für das Mitglied des Gemeinderats genauso wie für den Bürger. Reformvorschläge fordern eine Trennung der fiskalischen Ebenen. Zudem sollten die Gemeinden das Recht erhalten, zusätzlich eigene Steuereinnahmen zu erheben, etwa durch einen eigenen Zuschlag zur Einkommenssteuer. Das könnte auf die Gemeindebürger erzieherisch wirken: „Wenn Ihr dieses oder jenes Projekt verwirklicht haben wollt, müsst Ihr soundso viel mehr Steuern zahlen“. Ursache (Wunsch) und Wirkung (Kosten) kämen so in einen unabweisbaren Zusammenhang.

Von der verschlechterten Finanzlage der Gemeinden könnte ein neuer Impuls für das Engagement ihrer Bürger ausgehen: Da die Gemeinden quasi als Dienstleister nicht mehr ganz selbstverständlich das realisieren können, was die Bürger sich wünschen, müssen die Bürger selbst aktiv werden. Kommunalpolitik in Deutschland könnte auf diese Weise wieder das werden, was sie dem Begriff nach sein sollte: kommunale *Selbst*verwaltung!

Ausgewählte Literatur

Gisevius, Wolfgang: Leitfaden durch die Kommunalpolitik, Bonn 1997.

Wehling, Hans-Georg: Kommunalpolitik, Heft der Bundeszentrale für politische Bildung der Reihe Informationen zur politischen Bildung 242(1998).

Kost, Andreas/Wehling, Hans-Georg (Hrsg.): Kommunalpolitik in den deutschen Ländern, Wiesbaden 2003.

Löffler, Berthold/Rogg, Walter: Kommunalwahlen und kommunales Wahlverhalten, in: Pfitzer, Theodor/Wehling, Hans-Georg, Kommunalpolitik in Baden-Württemberg, Stuttgart 2000, S. 109-136.

Naßmacher, Hiltrud und Karl-Heinz: Kommunalpolitik in der Bundesrepublik, Opladen 1990.

Schleer, Manfred/Fricke, Thomas/Reichert, Stefan: Der Bürgermeister in Sachsen, 2000, www.fhsv.sachsen.de

Wehling, Hans-Georg/Siewert, H.-Jörg: Der Bürgermeister in Baden-Württemberg, Stuttgart 1987.

Wollman, Hellmut/Roth, Roland (Hrsg.): Kommunalpolitik. Politisches Handeln in den Gemeinden, Bonn, 2. Aufl., S. 208-226.

Wojciech Łukowski

Die Funktionsweise der Demokratie in Polen auf lokaler Ebene

In Polen stellen die Schaffung und Stabilisierung bzw. Destabilisierung der politischen Institutionen auf lokaler Ebene ein vielschichtiges Problem dar. Diese Prozesse lassen sich nur schwer systematisch analysieren, da nicht nur formal-rechtliche Regelungen für das Funktionieren der lokalen Selbstverwaltung und anderer Institutionen, die die lokale politische Szene mitgestalten, relevant sind, sondern auch die realen, häufig informellen, unter der Oberfläche der Rituale und täglichen Routine verborgenen Mechanismen.

1. Traditionen der lokalen Selbstverwaltung in Polen

Auf Schwierigkeiten bei der Bewertung der lokalen Selbstverwaltung treffen wir schon dann, wenn wir versuchen, den Einfluss der Tradition auf ihr Funktionieren in der gegenwärtigen Form einzuschätzen. Vieles deutet darauf hin, dass dieser Einfluss begrenzt ist. Diese These sollte aber sehr vorsichtig formuliert werden wegen der Schwierigkeiten, das genaue Ausmaß dieses Einflusses anzugeben. Er ist vor allem in den Regionen wirksam, in denen eine Kontinuität des Territoriums wie der Generationen besteht, z.B. im südöstlichen Polen, also im ehemaligen österreichischen Teilungsgebiet, wo bereits sehr früh zahlreiche bürgerliche Freiheiten gewährt wurden und die Institutionen auf der lokalen Ebene demokratische Züge aufwiesen.

In soziologischen Untersuchungen aus den 90er Jahren wurde versucht, den Einfluss unterschiedlicher historischer Traditionen in den polnischen Regionen mit Hilfe der politischen Kultur zu erklären. Es stellte sich jedoch bald heraus, dass sich innerhalb bestimmter historischer Regionen wie z.B. dem sogenannten Kongresspolen (Polens Territorium nach 1815) gleichzeitig stark rechtsgerichtete und traditionalistische Gebiete wie Podlachien wie auch stark linksorientierte wie das Dąbrower oder das südliche Kielecker Gebiet befinden (Zarycki 2002: 71). Es fehlt hier also eindeutig an positiven bzw. negativen Belegen für einen solchen Einfluss. Wie Tomasz Zarycki in seinen Erläuterungen der Besonderheit historischer Regionen hervorhebt, gibt es hier häufig schwer verifizierbare Meinungen mit bewertenden Elementen. Als Muster an Staatsbürgerlichkeit gilt in einzelnen Studien Galizien – eine Region mit starken sozialen Bindungen und einem hohen Niveau der gesellschaftlichen Organisation. Den religiösen sowie demokratischen Erfahrungen im Kontext der Jahrtausendwende wird ein positiver Einfluss auf die Entwicklung einer Staatsbürgerkultur in Galizien zugesprochen. Als Gegensatz zu Galizien könnten die nördlichen und westlichen Gebiete Polens gelten, die im Kontext der Neuordnung Europas nach dem Zweiten Weltkrieg an Polen angeschlossen wurden – Gebiete, in denen damals Leute, die nicht dort verwurzelt waren und keine regionale Identität besaßen, angesiedelt wurden und in denen infolgedessen die Gesellschaft noch heute als wenig integriert anzusehen ist.

Es war Janusz Majcherek (1995), der die Regionen Kleinpolen und Pommern mit Galizien in dieser Weise kontrastierte. Seiner Interpretation zufolge sind die westlichen und nördlichen Gebiete Polens dem Populismus anheimgefallen, während Kleinpolen ein Musterbeispiel einer bürgerlichen Haltung darstellt. Als zwei einander diametral entgegengesetzte Pole stellt er die Bergbewohner, die sogenannten Goralen aus Podhale, die niemals Leibeigenschaft kennen gelernt haben, den Einwohnern eines Nach-LPG-Plattenbaus in Pommern oder Masuren gegenüber, die von „nirgendwo" kamen, keine kulturelle Identität besitzen und auf fremdem Boden wie in einem Niemandsland leben (Zarycki 2002: 73). In diesen Gebieten wurden nach dem Ende des Zweiten Weltkriegs Einwanderer aus unterschiedlichen Regionen angesiedelt, die sich in der kulturellen Ausstattung wesentlich voneinander unterscheiden. So kann man sich nur schwer vorstellen, dass sie auf bestimmte Traditionen zurückgreifen wollten. Dies umso weniger, als die nachfolgenden Jahrzehnte einen eindeutigen Bruch mit der demokratischen Ordnung auf der lokalen Ebene bedeuteten (Domagała 1996).

Völlig andere Ergebnisse brachten dagegen die Studien von Grzegorz Gorzelak und Bohdan Jałowiecki (1998) hervor, die die Aktivitäten der örtlichen Behörden und das Funktionieren der lokalen Gesellschaft in den westlichen und nördlichen Gebieten Polens untersuchten. Ihre Befunde deuten darauf hin, dass die Aktivität der lokalen Behörden hier sehr stark ist und die These, dass die lokalen Gesellschaften in Passivität und Resignation versinken, nicht zutrifft. Ganz im Gegenteil zeichne sich die Gesellschaft, die sich infolge der Immigration in der Nachkriegszeit herausgebildet hat, durch Aktivität, Innovation und Unternehmungsgeist aus. Hinzu kommt, dass die Bevölkerung der westlichen und nördlichen Gebiete bedeutend jünger ist. Diese beiden Faktoren bewirken eine schnellere und bessere Anpassung an und Umsetzung von Systemänderungen und Modernisierungsprozessen. Als Ergebnis dieser Studien lässt sich festhalten, „dass die Bewohner der westlichen Gebiete eine größere Fähigkeit zur Eigeninitiative und Eigenverantwortung zeigen. Seltener, so scheint es, flüchten sie sich in eine Anspruchshaltung.“ (ebd.: 7). „Wenn man diese Logik umkehrte, könnte man sagen, dass der Bewohner Galiziens der am wenigsten tüchtige Typ des polnischen Bürgers ist. Er verkörpert den Großteil der Schwächen des hinterwäldlerischen polnischen Katholizismus. Er ist konservativ, dogmatisch, Fremden gegenüber eher abweisend, zeigt einen Hang zum Autoritären und Legislativen und ist stark an Bestrafung orientiert.“ (Zarycki 2002: 79)

Der *Forschungsstand* zu diesem Thema lässt sich so zusammenfassen: Der Einfluss der Tradition auf Entwicklung und Zustand der lokalen Demokratie ist nur schwer einzuschätzen. Betrachtet man allein die „harten“ Fakten in der Form von Wahlergebnissen, so kann dies zu falschen Schlussfolgerungen führen. Gleichzeitig ergeben sich viele Probleme, wenn andere Faktoren aus dem Blickfeld geraten, die sich stark auf die Gestaltung der Demokratie auf der lokalen Ebene auswirken können wie die Wirtschaftsstruktur, die Rolle der lokalen Eliten und andere Faktoren mit stärker situativem als strukturellem Charakter. Wer die lokale Wirklichkeit in Polen erforschen will, ist in erheblichem Maße auf die Untersuchung der informellen und situativ bedingten Funktionsweise der lokalen Behörden angewiesen. Auch deutet vieles darauf hin, dass wir bei der sozial-räumlichen Analyse der Funktionsweise der polnischen Gesellschaft unsere Aufmerksamkeit eher auf die lokale als auf die regionale Ebene richten sollten. Man kann kaum Ähnlichkeiten in der Funktionsweise der Gemeinden und Kreise im Bereich bestimmter Regionen finden. Eher sollte man die Situation jeweils auf der örtlichen Ebene analysieren. Dies erschwert jedoch stark das Abstrahieren und allgemeine Aussagen und Schlussfolgerungen zum Thema der lokalen Demokratie in Polen.

2. Die rechtlich-formalen Grundlagen der Demokratie auf der lokalen Ebene

Die Rolle der territorialen Selbstverwaltung

Vor 1990 war das System der Nationalräte, also der Volksvertretungen, in Polen allein ein Instrument zur Ausübung der Macht durch eine einzige politische Partei. In den Jahren 1949 und 1950 wurde das sowjetische Muster vollständig übernommen. Die Räte waren nach dem Prinzip des demokratischen Zentralismus organisiert. Die Wahlen zu den Nationalräten hatten plebiszitären Charakter (Izdebski 2001).

Die Reform des Jahres 1990 schuf die Gemeindeselbstverwaltung auf der Basis der schon bestehenden territorialen Einheiten. Zusätzlich wurde die territoriale Verwaltung durch die Bildung allgemeiner Verwaltungsbezirke gestärkt. Seit 1998 ist die Struktur der territorialen Selbstverwaltung in Polen dreistufig. Die untersten Ebenen sind die Gemeinde- und Kreisebene. Davor, zwischen 1990 und 1998, gliederte sich das System in zwei Stufen, die Gemeinden und die Woiwodschaften. Auf der Ebene der heutigen Kreise gab es die Bezirke (rejony) als Organe der Zentralverwaltung des polnischen Staates. Eine wesentliche Veränderung betraf auch die Zahl der Woiwodschaften. Bis 1998 waren es 49; danach wurde ihre Zahl durch die Zusammenlegung mehrerer Woiwodschaften zu größeren territorialen Einheiten auf 16 reduziert. Ursprünglich sollte die Gesamtzahl 12 oder 13 nicht übersteigen. Doch kam es aufgrund der vielfältigen regionalen Partikularinteressen und damit verbundenen parteipolitischen Konflikten zu heftigen politischen Auseinandersetzungen über die neue Zahl der Woiwodschaften, die schließlich mit einem mühsam erzielten Kompromiss endeten. Die Mobilisierung der lokalen und regionalen Eliten für die Schaffung weiterer Woiwodschaften und Kreise führte jedoch nicht zu einer anhaltenden gesellschaftlichen Mobilisierung.

Die Gemeinden erfüllen sowohl eigene als auch übertragene Aufgaben. Die eigenen Aufgaben umfassen folgende Bereiche: Sozialhilfe und Familienpolitik, Energie- und Gasversorgung, Raumplanung und Grundstücksverwaltung, Kultur und öffentliche Bildung, Gesundheits- und Umweltschutz, öffentliche Sicherheit und Ordnung. Zu den übertragenen Aufgaben gehören solche, mit denen die Gemeinden auf der Basis von Vereinbarungen mit den Organen der Zentralregierung beauftragt wurden, so z.B. im Bereich der Grundschulen (Nowacka 2005: 64). Viele Gemeinden klagen über eine übermäßig starke Belastung ihrer Haushalte durch Ausgaben für die Sozialhilfe. Außerdem werden den Gemeinden von der Zentralverwaltung keine ausreichenden Mittel zur Finanzierung der übertragenen Aufgaben zur Verfügung gestellt, so dass sie diese Kosten mit Geldern aus ihren eigenen Haushalten decken müssen, die dann aber nicht mehr für die Erfüllung ihrer eigenen Aufgaben zur Verfügung stehen. Ebenfalls problematisch ist die Raumplanung, der eine kohärente städtebauliche Konzeption fehlt und die überdies den Umweltschutz außer Acht lässt.

Der Kreis ist den Gemeinden ähnlich wie die Woiwodschaft den Kreisen nicht strikt hierarchisch übergeordnet. Die Kreise umfassen benachbarte Gemeinden sowie Städte mit Kreisrecht. Die Bestimmung, dass die Kreise sowohl nach ihrer Siedlungsstruktur als auch in ihren sozialen und ökonomischen Verhältnissen intern weitgehend homogen sein sollten, wurde nicht vollständig umgesetzt. Allgemein kritisiert wird die Größe der Kreise: Häufig sind sie zu klein, um ihre Aufgaben effektiv erfüllen zu können. Diese Fehlkonzeption ist darauf zurückzuführen, dass die Festlegung der Territorialstruktur nicht an den Funktionen der Gebietskörperschaften orientiert war, sondern in politischen Aushandlungsprozessen ermittelt wurde, in denen die Kräfte mit einer stärkeren Verhandlungsmacht ihre Interessen auf Kosten der Schwächeren durchsetzen konnten. Die Reduzierung der Zahl der Woiwodschaften von 49 auf 16 erfolgte nach demselben Muster. Zu den „Stadtkreisen" zählen Städte mit über 100.000 Einwohnern sowie die Städte, die 1998 als Ausgleich für den Verlust ihres Status als Hauptstädte einer Woiwodschaft das Kreisrecht erhielten. In der Praxis jedoch führte diese Einteilung zu Zweifeln an der Effektivität der Verwaltung und der Kohärenz der gesamten Konzeption der territorialen Selbstverwaltung. Die Vorbehalte beziehen sich vor allem auf die Kompetenzen und die Finanzierung der selbstverwalteten Ebenen, insbesondere der Kreise. Wesentlich sind z.B. deren Kompetenzen für die Bekämpfung der

Arbeitslosigkeit, was hauptsächlich über die Arbeitsämter geschieht. Diese Aufgaben werden überwiegend durch die Umverteilung der aus dem Staatshaushalt bereitgestellten Mittel für das Arbeitslosengeld realisiert. Nur in geringem Maße wird dagegen eine aktive Politik zur Bekämpfung der Arbeitslosigkeit betrieben.

Die Besonderheit der *Woiwodschaftsebene* der territorialen Selbstverwaltung im Vergleich zur Gemeinde- und Kreisebene besteht darin, dass der Leiter der Woiwodschaft, der Woiwode, nicht nur der Selbstverwaltung der Woiwodschaft vorsitzt, sondern zugleich auch ein Vertreter der Zentralverwaltung ist (Nowacka 2005: 109). Dieser Dualismus, der in der Praxis zu Kompetenzüberschneidungen führt, ist ebenfalls als ein Beleg dafür anzusehen, dass in Polen ein Denken in zentralistischen Kategorien vorherrscht: Es gibt eine gewisse Furcht vor einer Dezentralisierung auf der Ebene der Woiwodschaften, die zu einem Kontrollverlust der Zentralgewalt führen könnte.

Die Selbstverwaltung der Woiwodschaft führt die Aufgaben aus, die sich auf die Woiwodschaftsebene beziehen, insbesondere die Förderung der Wirtschaft und die Stärkung der Wettbewerbsfähigkeit, die Erhaltung der kulturellen und natürlichen Umgebung sowie die Gestaltung der Raumordnung. Im alltäglichen Funktionieren der Woiwodschafts-Selbstverwaltung zeigt sich jedoch, dass die politisch-administrativen Strategien der Woiwodschaft oft nicht kohärent sind. Auch ist die tatsächliche Verteilung der Mittel – auch derjenigen aus den EU-Fonds – für konkrete Aktivitäten weniger das Ergebnis der Anwendung inhaltlicher Kriterien. Sie erfolgt vielmehr nach politischen Gesichtspunkten und auf der Basis eines erfolgreichen Lobbyings durch die Gemeinden. Das Parlament der Woiwodschaft (Sejmik) als Kontroll- und Entscheidungsorgan ist ebenso wie sein Präsident (Marszałek) im öffentlichen Bewusstsein der Bürger und Bürgerinnen kaum verankert. Die Schaffung einer Selbstverwaltung auf der Woiwodschaftsebene war verbunden mit der Absicht, ihr einen Status zu verleihen, den die Einwohner mit dem zentralen Parlament (Sejm) und seinem Präsidenten, dem Sejm-Marschall (Marszałek), assoziieren; daher die Ähnlichkeit der Namen. Doch darauf scheint sich die Ähnlichkeit zwischen Sejmik und Sejm auch schon zu beschränken.

3. Die Rolle der Exekutive auf der lokalen Ebene

Die Rolle der Bürgermeister und der Gemeinderäte

In Polen wurde bis zum Jahr 2000 der Bürgermeister vom Gemeinderat ernannt. Seit 2002 wird er jedoch direkt vom Volk gewählt. Das Ziel dieser Reform ist eine effektivere Ausübung der Macht auf lokaler Ebene sowie die Gewährleistung einer direkten Verbindung zwischen dem Mandat des Bürgermeisters und dem Willen der Wähler. Der Bürgermeister muss im Gemeinderat jedoch nicht notwendig über eine Mehrheit bzw. über eine entsprechend starke Unterstützung durch eine bestimmte Gruppierung verfügen. Zu seinen Kompetenzen zählen die Entscheidung über die Organisation seines Amts und die Besetzung der Mehrheit der Verwaltungspositionen (darunter auch die seiner Stellvertreter). Er ernennt den Schatzmeister und den Gemeindeamtssekretär, bedarf dazu jedoch der – allerdings rein formalen – Zustimmung des Gemeinderats. Die Vorlage des Bürgermeisters zum Gemeindehaushalt kann durch den Rat abgeändert werden, jedoch darf sich das Haushaltsdefizit auf diese Weise nicht vergrößern (Swaniewicz/Klimska 2003: 12). Eine grundlegende Änderung stellen die 2002 eingeführten Direktwahlen zum Gemeindevorsteher (Wójt)/Bürgermeister und Stadtpräsidenten/ Oberbürgermeister dar. Sie stärken die Position der Exekutive in der Gemeinde. Der Gemeindevorsteher/Bürgermeister/Oberbürgermeister ist nun stärker an den Willen der Wähler gebunden. Allerdings ist es schwer, nach erst einer Wahl bereits die Bedeutung der Reform für das Funktionieren der Demokratie auf lokaler Ebene einzuschätzen. Jedoch zeichnet sich schon jetzt ein positiver psychologischer Effekt ab, der auf der größeren Verantwortung des Bürgermeisters für seine Politik beruht. Problematisch sind dagegen die Beziehungen zwischen dem Gemeindevorsteher/Bürgermeister/Oberbürgermeister und dem Gemeinderat, der oft vom Leiter der Exekutive dominiert wird und dessen Abgeordnete häufig passiv sind.

Da der Bürgermeister direkt vom Volk und nicht vom Parlament gewählt wird, ist die Übereinstimmung zwischen seiner parteipolitischen Ausrichtung und der der Ratsmehrheit nicht gesichert. Dies wirkt sich negativ auf die *Stabilität der lokalen Behörden* und die Kohärenz ihrer Politik und Verwaltung aus. So haben die Oberbürgermeister im Rat der Stadt derzeit nur in sieben von 42 Städten mit über 100.000 Einwohnern eine deutliche Mehrheit einer sie unterstützenden Gruppierung hinter sich. In den übrigen Städten muss sich der Oberbürgermeister auf eine mehr oder weniger stabile Koalition stützen. In fünf Städten ist die Situation noch komplizierter, da die Mehrheit im Rat von oppositionellen Gruppierungen gehalten wird. Auch bei der Besetzung der wichtigsten Positionen treten dann Differenzen auf (ebd.: 23). Ähnlich schwierige Situationen sind in ganz Polen zu beobachten. Allerdings stellt eine fehlende Regierungsmehrheit im Parlament vor allem in kleineren Städten keine besondere Schwierigkeit dar. Denn hier gelingt es meistens, einen Kompromiss zu schließen, indem die wichtigsten Positionen in den lokalen Institutionen wie z.B. Schulen und lokalen Firmen unter den Parteien aufgeteilt werden. Anders als noch vor 2001 ist der Einfluss des Bürgermeisters auf den politischen Willensbildungs- und Entscheidungsprozess weitaus größer als der des Gemeinderats. Auch in den Städten und Gemeinden, in denen der Bürgermeister nicht die Mehrheit im Rat besitzt, kommt es nicht zu verschärften Konflikten, die die Entscheidungsfindung erschweren oder sogar verhindern könnten.

Zahlreiche vom Verfasser gemachte Beobachtungen wie auch die Ergebnisse der o.g. Studien (ebd.: 36) zeigen, dass dank der Wahlen zur Selbstverwaltung die Behörden an Sicherheit gewonnen haben und ihre Programme immer entschlossener umsetzen. Alles deutet darauf hin, dass sich bereits zum gegenwärtigen Zeitpunkt und erst recht längerfristig diese Stärkung der Behörden positiv auf die gesellschaftliche Verankerung der Demokratie und somit ihre Konsolidierung auf der lokalen Ebene auswirken wird.

Die Rolle der Leiter der Exekutive auf Kreisebene (Starosten)

Völlig anders dagegen stellt sich die Situation des Starosten dar, der dem Bürgermeister oder dem Leiter der Exekutive auf Kreisebene entspricht. Der Starost ist in seiner Tätigkeit wesentlich weniger wahrnehmbar als der Bürgermeister. Dafür sind drei Ursachen zu nennen:

1. Der Starost wird nicht direkt vom Volk, sondern indirekt vom Kreisrat gewählt, wodurch er von diesem abhängig wird.
2. Er hat nur stark eingeschränkte Kompetenzen. Das ist v.a. darauf zurückzuführen, dass er über sehr bescheidene Haushaltsmittel verfügt, die nicht aus eigenen Einnahmequellen stammen, sondern ihm von der Verwaltung des Gesamtstaats zugeteilt werden. Seine schwache Position wird dadurch mitverursacht, dass die Dienstleistungen, die

er erbringt (z.B. Oberschule, Kreisstraßen), für die Bürger kaum wahrnehmbar sind.

3. Während der Kompetenzbereich des Gemeinderats und des Bürgermeisters rechtlich klar definiert sind und die Gemeinden – u.a. durch die Zuweisung eigener Einnahmequellen – gesetzlich eindeutig den Status selbstverwalteter Gebietskörperschaften erhalten haben, ist im Fall des Kreisrats und des Starosten unklar, ob sie Organe der Selbstverwaltung oder – durch ihre völlige Abhängigkeit von der Zuteilung staatlicher Finanzmittel durch die Zentralregierung in Warschau – nur der regionale Arm der zentralen Staatsverwaltung sind. Von den Bürgern wahrgenommen werden sie eher als letzterer. Das zeigt sich u.a. daran, dass das Interesse an den Kreiswahlen noch geringer wäre, wenn sie nicht zeitgleich mit den Gemeindewahlen stattfinden würden. Daran wird zweierlei deutlich: Zum einen sind die Selbstverwaltung der Kreise bzw. die Starosten im Bewusstsein der Bürger kaum verankert; zum anderen werden diese Institutionen nicht als wichtige demokratische Akteure auf lokaler Ebene wahrgenommen. Im öffentlichen Bewusstsein existiert der Starost vor allem aufgrund seiner Dienstleistungsfunktion, die in der (Um-)Verteilung staatlicher Mittel zur Erfüllung der auf der Kreisebene angesiedelten Aufgaben besteht.

4. Wahlen im Bereich der territorialen Selbstverwaltung und ihre Bedeutung für die gesellschaftliche Verankerung der Demokratie

Nach dem für die Wahlen 1990 und 1994 geltenden *Wahlsystem* wurden die Gemeinden in zwei Gruppen eingeteilt. In Gemeinden bzw. Städten mit bis zu 40.000 Einwohnern wurden die Ratsmitglieder in Ein-Mann-Wahlkreisen nach dem Mehrheitswahlrecht mit einer einfachen Mehrheit gewählt. Der Kandidat galt also als gewählt, der relativ die meisten Stimmen erhielt, unabhängig davon, wie viele Stimmen dies in absoluten Zahlen waren. Die Rivalität spielte sich in diesem Fall zwischen Bewerbern ab, die auf den Listen ihre Sympathien für einzelne politische Parteien bekunden konnten, aber nicht mussten. In Städten mit über 40.000 Einwohnern wurden die Ratsmitglieder in Mehrmann-Wahlkreisen nach dem Verhältniswahlrecht gewählt (Sokól 2002).

1990 betrug die *Wahlbeteiligung* 42,27% und lag in den kleinen Städten mit 44,4% und in den ländlichen Zentren mit 42,7% höher als im landesweiten Durchschnitt. Bei den ersten Wahlen dominierten sogenannte Bürgerkomitees, die meistens aus der Solidarność-Bewegung hervorgegangen waren. Bei den späteren Wahlen war dies anders und das Parteiensystem erreichte allmählich eine gewisse Stabilität. Bei den Wahlen im Jahr 1994 lag die Beteiligung bei 33,7%, also wesentlich niedriger als bei den Wahlen 1990. In den Städten mit über 40.000 Einwohnern wurden über 62% der Kandidaten von politischen Parteien empfohlen.

Die Wahlen 1998 fanden bereits auf allen drei Ebenen der territorialen Selbstverwaltung statt. Die *Gemeinderatswahlen* verliefen nach denselben Prinzipien wie früher; einer Änderung unterlag lediglich das Wahlsystem (ebd.). In den Gemeinden mit bis zu 20.000 Einwohnern fanden die Wahlen nach dem Mehrheitswahlrecht mit einfacher Mehrheit statt. In den Gemeinden mit über 20.000 Einwohnern erfolgte die Verteilung der Mandate nach dem Verhältniswahlrecht. Diese Änderung förderte auf der einen Seite die Entpersonalisierung der Wahlen und die Abhängigkeit der Entwicklung und Stabilisierung der lokalen politischen Institutionen von den Parteistrukturen und Wahlkomitees. Die Absenkung der Schwelle für das Verhältniswahlrecht von 40.000 auf 20.000 Einwohner stieß auf scharfe Kritik auch von Seiten der Organe der selbstverwalteten Gebiete, da besonders auf der lokalen Ebene gerade dank des Mehrheitsprinzips für die Wahl der Abgeordneten ohne formelle Parteilisten ein direkter Bezug zwischen den Wählern und den von ihnen gewählten Kandidaten gesichert wurde. Auf der anderen Seite begünstigte das System die Bildung politischer Parteien und örtlicher Wahlkomitees auf lokaler Ebene. Es ist schwer, die scheinbar unvermeidlich aufkommende Vetternwirtschaft und die Wirksamkeit informeller Abmachungen einzuschränken. Gleichzeitig werden immer größere Teile der Bevölkerung an der politischen Willensbildung beteiligt. Denn durch die Schaffung politischer Organe auf der lokalen Ebene werden nicht nur die Mandatsträger stärker einbezogen. Vielmehr wird der politische Diskurs nicht nur in den Ratssitzungen, sondern auch auf den Treffen der Bürgerkomitees gefördert und Bürger schließen sich zur besseren Vertretung ihrer Interessen zu politischen und sozialen Vereinigungen zusammen.

Die *Kreisratswahlen* wurden ausschließlich nach dem Verhältniswahlrecht durchgeführt. Dabei werden „geordnete Listen" auf der Basis eines innerparteilichen Rankings verwendet. Die Listen bieten die Möglichkeit einer personalisierten Wahl und begünstigen Parteien mit großem Einfluss in der Region.

Die *Wahlen zum Sejmik, dem Parlament in den Woiwodschaften,* stützen sich auf das Proportionalitätsprinzip, es gibt eine 5%-Sperrklausel und die Mandatsverteilung erfolgt nach dem D'Hondt-Verfahren. In diesen Wahlen wird ebenso wie in den Wahlen zum Gemeinderat in Städten mit über 20.000 Einwohnern und den Wahlen zum Kreisrat eine „geordnete Liste" verwendet.

Das 1998 geltende Wahlsystem stärkte die Rolle der politischen Parteien bei den Wahlen. Untersuchungen zeigen: Je höher die Ebene der Selbstverwaltung, desto mehr Mandate entfielen auf die stärksten Gruppierungen AWS („Wahlaktion Solidarität") und SLD („Demokratische Linksallianz"). So gewannen die rechte Wahlaktion AWS und die Linksallianz SLD auf Gemeindeebene zusammen knapp ein Viertel der Sitze in den Räten (24%), in den Kreisen über die Hälfte (ca. 58%) und im Sejmik der Woiwodschaften mehr als drei Viertel (78,5%). Je höher die territoriale Ebene war, desto geringer fiel der Einfluss anderer als gesamtpolnischer Wählerkomitees aus. Das Wahlsystem privilegiert somit größere Gruppierungen.

5. Die Funktionsweise der lokalen Selbstverwaltung – Fallstudien und allgemeine Probleme

Im Folgenden werden einige Fallstudien präsentiert: Die erste Gruppe beschäftigt sich mit der Wahl zu den Gemeinderäten, die zweite mit direkten Bürgermeisterwahlen im Jahr 2002. Beide Fallgruppen analysieren also relativ aktuell die Funktionsweise von Politik in lokalen Gesellschaften. Die Studien beziehen sich auf *zwei Städte im nordöstlichen Polen.* Sie sind jedoch insofern repräsentativ, als sie typische Mechanismen für die Auswahl der Kandidaten für die Räte wie für das Bürgermeisteramt aufzeigen.

Fallstudie A: Politische Fragmentierung, informelle Koalitionen und Diskontinuität

Im ersten Fall waren die politischen Kräfte in der Stadt stark fragmentiert; zu den *Gemeinderatswahlen* 2002 traten insgesamt 18 Wählerkomitees an. Nur eines davon, das der UP („Arbeitsunion";

Mitglied der Linksallianz SLD), war das Komitee einer politischen Partei. Das zweite Wahlkomitee „Razem" („Gemeinsam") war eine lokale Gruppierung; in ihren Reihen befanden sich auch die auf lokaler Ebene tätigen Funktionäre zweier linksliberaler Parteien, der „Demokratischen Union" und der „Bürgerplattform". Die übrigen Komitees hatten sich ausschließlich auf der lokalen Ebene organisiert. Aus den Komitees, die gute Wahlergebnisse erzielten, werden für die folgende Untersuchung diejenigen herausgegriffen, deren Wähler mehrheitlich bestimmten sozialen Gruppen zugeordnet werden können: das Komitee, das die Lehrer und Rentner repräsentierte, sowie das Komitee, das vor allem Angehörige des Militärs, das die Stadt stark prägt, vertrat. Der politische Konkurrenzkampf spielte sich jedoch vor allem zwischen den beiden erstgenannten Komitees ab. Sie erzielten jeweils ca. 20% der Sitze im Stadtrat, dies entsprach sechs bzw. sieben Mandaten. Ein drittes Komitee „Bürgerfreundliche Stadt", das aus einer überparteilichen Gruppierung hervorgegangen war, erzielte drei Mandate.

An den gleichzeitig stattfindenden *Bürgermeisterwahlen* nahmen acht Kandidaten teil. Alle Kandidaten mit guten Wahlchancen waren mit Wählerkomitees verbunden. Aus dem ersten Wahlgang ging die Kandidatin des Komitees „Razem" mit annähernd 35% der Stimmen als Siegerin hervor. Der zweitplatzierte Kandidat, der vom Komitee „Bürgerfreundliche Stadt" aufgestellt worden war, endete mit 17% der Stimmen weit abgeschlagen. Im zweiten Wahlgang kam es zu einer deutlichen Polarisierung: Der Kandidat der „Bürgerfreundlichen Stadt" erhielt 49,52% der Stimmen und lag damit nur knapp hinter der Siegerin vom Komitee „Gemeinsam", die 50,48% der Stimmen auf sich vereinigen konnte.

Im neuen Rat besitzt keine der Gruppierungen eine ausreichende Mehrheit, um allein regieren zu können. Es existiert auch keine formelle Koalition. Ungeachtet dessen erhalten Gesetze im Rat die zu ihrer Verabschiedung erforderliche Mehrheit. Diese zunächst erstaunliche Tatsache ist vermutlich nicht nur ein Ausdruck von Bürgerverantwortung, sondern auch eines befriedigten Machtinteresses beider Seiten, die die wichtigen Positionen in den örtlichen Machtstrukturen untereinander aufgeteilt haben. So erhielt beispielsweise der wichtigste politische Konkurrent, der Vorsitzende des Komitees „Bürgerfreundliche Stadt", das Amt des Stellvertretenden Bürgermeisters, was allerdings aufgrund des Stimmenanteils seines Wahlbündnisses nicht gerechtfertigt war. Erstaunlich ist auch, dass ein so hoher Posten mit dem Hauptkonkurrenten in den Wahlen zum Bürgermeister besetzt wird. Verständlich wird diese Beobachtung jedoch, wenn man berücksichtigt, dass die örtlichen politischen Eliten in den meisten polnischen Städten von den Bürgern kaum wahrgenommen werden. Das führt dazu, dass in dem Augenblick, in dem sich neue örtliche Machtverteilungen herausbilden und Positionen neu zu besetzen sind, die Grenzen zwischen den Machthabern und der Opposition verwischen. Wenn der wichtigste Gegenkandidat jedoch mit dem Posten des Stellvertretenden Bürgermeisters bedacht wird, wird die Herausbildung klarer Richtungsunterschiede und Machtstrukturen auf örtlicher Ebene verhindert. Dieses Ergebnis, das anhand dieses einen konkreten Falls gewonnen wurde, lässt sich jedoch nicht ohne weiteres verallgemeinern.

In der zweiten Fallstudie ist die Situation eine völlig andere. In der untersuchten Stadt bildeten die Gruppierungen, die die meisten Stimmen in den Wahlen erreicht hatten, eine informelle Koalition: das Wahlkomitee „Demokratische Linksallianz – Arbeitsunion", die einzige Partei mit deutlichen Strukturen auf der lokalen Ebene, sowie das Wahlkomitee „Gemeinsam". Dabei stellten die ideologischen und programmatischen Unterschiede kein Hindernis für eine informelle Kooperation dar, deren Basis die Aufteilung des Einflusses in den lokalen Institutionen bildete. Da wundert es nur, dass diese Art von Verständigung nicht bereits vor den Wahlen offengelegt wurde.

In der untersuchten Stadt – dies gilt für viele andere polnische Städte gleichermaßen – wechselt der Bürgermeister häufig. Während der ersten beiden Legislaturperioden übte zwar dieselbe Person das Amt aus; doch bereits in den darauf folgenden Wahlen wurde ein anderer Kandidat zum Bürgermeister gewählt. Generell lässt sich in Polen die folgende Tendenz beobachten: Je größer eine Stadt, desto höher ist die Wahrscheinlichkeit, dass die politischen Eliten ausgetauscht werden. Umgekehrt gilt: Je kleiner eine Stadt, und dies gilt erst recht für ländliche Gemeinden, desto geringer ist der Hang zum Wechsel. Die fehlende personelle Kontinuität innerhalb der Exekutive geht jedoch nicht mit wechselnden programmatischen Ausrichtungen der lokalen Regierungen einher, sondern ist ein Ausdruck der Schwäche der Regierungsmannschaften, wobei sich die öffentliche Aufmerksamkeit vor allem auf den Bürgermeister richtet. Sie begehen zahlreiche Fehler und besitzen keine überzeugende Konzeption, wie sie mit den örtlichen Gesellschaften kooperieren und sich austauschen wollen. Ein neuer Bürgermeister wird weniger wegen seiner Persönlichkeit oder aufgrund eines überzeugenden politischen Programms gewählt als vielmehr, um den alten Bürgermeister abzustrafen, indem man ihn abwählt. Doch ebenso rasch, wie die neue Regierungsmannschaft gewählt wurde, folgt in der Regel die Enttäuschung der Wähler über die Amtsführung der neuen Leitung.

Genauso stellt sich die Situation in der Stadt, die in der Fallstudie untersucht wurde, dar. Eine kohärente Konzeption der Stadtentwicklung fehlt auch hier völlig. Das führt dazu, dass unter jeder neuen Regierung neue Projekte anlaufen. Dabei mangelt es an Kontinuität, die doch gerade für längerfristige Programme unentbehrlich ist. Gleichzeitig werden die Konzepte der aufeinander folgenden Regierungen immer unrealistischer, was ihre Finanzierbarkeit als auch ihre praktische Notwendigkeit angeht. So lässt etwa die gegenwärtige Stadtregierung mit Geldern aus dem EU-Strukturfonds einen großen Jachthafen bauen (Die Stadt liegt an einer bekannten Segelroute.). Der Bau eines Hafens, der mit öffentlichen Geldern finanziert worden ist und eine übermächtige Konkurrenz für private Häfen darstellt, weckte viele Widerstände. Denn das Vorhaben ist nicht aus der Motivation heraus initiiert worden, dem Gemeinwohl zu dienen, sondern sein spektakulärer Charakter soll vor allem dazu dienen, die Effektivität der Regierung unter Beweis zu stellen.

Fallstudie B: Stabile Koalitionen und Kontinuität der Politik

In diesem Fall haben wir es mit einer kontinuierlichen Machtausübung auf lokaler Ebene zu tun. In der untersuchten Stadt stellt seit 1990 dieselbe Mannschaft unverändert die Regierung. 1990 verständigten sich die beiden wichtigsten Wählerkomitees, die beide mit der Solidarność-Bewegung verbunden waren, auf eine Kooperation. Rasch wurde ein in sich kohärenter Gemeindeentwicklungsplan ausgearbeitet, der die Ressourcen und Potentiale der Stadt berücksichtigte. An der Spitze der Exekutive standen zwei Personen, der Bürgermeister und sein Stellvertreter, die jeweils mit einem der beiden konkurrierenden Wählerkomitees verbunden waren. Als Grundlage, die trotz der ursprünglichen Konkurrenz die Kooperation beider Politiker ermöglichte, diente die gemeinsame Entwicklungskonzeption. Es wurde ein Konzept ausgearbeitet, wie gute Kontakte zu den Bürgern hergestellt werden sollten, und man einigte sich auf konkrete politische Ziele für die Entwicklung der Gemeinde. Auf eine sehr kompetente Weise wurden endogene Potentiale (z.B. die Lage der Stadt an der Grenze zum Kaliningrader Gebiet) mit exogenen Einflussmöglichkeiten verbunden. So schuf man z.B. eine informelle Lobby bei den zentralen Behörden, um die Errichtung eines Grenzübergangs gerade in dieser Stadt zu erreichen, um die lokale Entwicklung zu fördern. Die Vorstellung von der Einrichtung eines solchen Übergangs wurde zu einem Integrationsfaktor für die lokale Gesellschaft. Der Grenzübergang stellte ein ehrgeiziges Projekt dar, zu dessen Verwirklichung konkrete Schritte unternommen wurden.

Der Übergang wurde 1995 eröffnet. Gleichzeitig wurden andere Projekte durchgeführt, die die Situation der Stadt und der sie umgebenden Gemeinden radikal verändern sollten. In Angriff genommen wurde der langfristige und schwierige Prozess, den Status eines Kurortes für die Stadt zu erhalten, was schließlich auch gelang. Zwischen der Stadt und der Grenze wurde eine spezielle Wirtschaftszone eingerichtet. Auf den Bergen in der Umgebung der Stadt baute man ein Skisportzentrum mit mehreren Liften. Um das Stadtbild zu verschönern, wurden zahlreiche Renovierungsarbeiten durchgeführt. Eine Stiftung zur Regionalentwicklung wurde gegründet sowie ein Touristik-Informationszentrum eingerichtet.

An der Spitze der lokalen Selbstverwaltung stehen seit 1990 dieselben Personen – der Bürgermeister und sein Stellvertreter. In den ersten direkten Wahlen 2002 wurde der Bürgermeister bereits im ersten Wahlgang für eine weitere Legislaturperiode bestätigt. Der Bürgermeister und sein Stellvertreter vertreten beide eine deutlich liberale politische Orientierung. In der Umgebung der Stadt herrscht dagegen unter den Einwohnern eine Linksorientierung vor; in den Parlamentswahlen 2002 stimmten sie für die populistische „Samoobrona“ („Selbstverteidigung“) und die PSL („Polnische Volkspartei“). Bei den Bürgermeisterwahlen spielt diese parteipolitische Ausrichtung jedoch keine entscheidende Rolle. Das Hauptkriterium für die Wahlentscheidung der Bürger bilden die Leistungen der lokalen Regierung und die persönlichen Qualitäten der politischen Führungspersönlichkeiten, also des Bürgermeisters und seines Stellvertreters.

Dennoch ist es erstaunlich, dass sich die wirtschaftliche Situation trotz dieser Anstrengungen nicht verbessert hat. So beträgt die Arbeitslosenquote unverändert fast 40%. Offenbar wird die Regierungsmannschaft von den Bürgern nicht nur anhand ihrer Output-Leistungen beurteilt. Stattdessen solidarisieren sie sich auf der Grundlage des „gemeinsamen Schicksals“ mit ihrer lokalen Regierung. Der Grenzübergang, der die Wirtschaft hätte ankurbeln sollen, wird nun fast ausschließlich von kleinen Grenzhändlern genutzt, die sich mit dem Schmuggel von Zigaretten, Alkohol und Kraftstoff befassen. Der Grenzübergang wurde so völlig unerwartet zum größten „Arbeitgeber“ der Region. Die Kleinhändler operieren jedoch jenseits der Grenzen der Legalität. Der Bürgermeister bekundete mehrmals öffentlich seine Solidarität mit den Kleinhändlern und wies darauf hin, dass deren Aktivitäten das Ergebnis eines Mangels an anderen Arbeits- und Verdienstmöglichkeiten sind, aber auch einer Politik des Staates, der offensichtlich die Randregionen vergessen habe und keinerlei aktive Entwicklungspolitik betreibe.

Vergleicht man die Befunde der beiden Fallstudien miteinander, so fällt auf: Im ersten Fall fehlt es an kompetenten Führungspersönlichkeiten; daraus resultieren Undurchsichtigkeit, Wechselhaftigkeit und Zufälligkeit des Regierungshandelns. Im zweiten Fall hingegen wird die politische Landschaft deutlich von zwei Führungspersönlichkeiten beherrscht. In beiden Fällen sind die politischen Gruppierungen, die örtlichen Verbände und Bürgerbewegungen ebenso wie jene, die landesweit organisiert sind, nur unzureichend in der Gesellschaft verankert. Es mangelt also an stabilen intermediären Strukturen, die zwischen den Bürgern und den politischen Eliten, wie sie sich im Gefolge der Wahlen herausbilden, vermitteln könnten. Das schwächt die Identifikation der Bürger mit der lokalen Politik und kann sie sogar langfristig gefährden.

Lokale Gesellschaft und Politik: Allgemeine Tendenzen und Probleme

Sehr aufschlussreiche Untersuchungen zur Funktionsweise lokaler Gesellschaften und politischer Institutionen in Polen wurden von Cezary Trutkowski und Sławomir Mendes durchgeführt (2005). Sie analysieren die *Situation in einigen polnischen Kleinstädten*, die sich sowohl durch ihre geographische Lage in verschiedenen Regionen als auch durch ihre wirtschaftliche Situation unterscheiden. Sie heben die enormen Differenzen der Entwicklung und der Strukturen in den betreffenden Städten hervor. In einigen Städten ist ein starker Rückgang des Bürgerengagements und eine Führungsschwäche der lokalen Eliten (einschließlich der politischen) zu verzeichnen. In anderen Städten wiederum ist die Lage völlig entgegengesetzt, und es lässt sich ein hohes Niveau der Bürgerbeteiligung in den vielfältigsten Formen und eine ebenso hohe Qualität der Arbeit der lokalen politischen Eliten beobachten. Jedoch ist das bürgerschaftliche Engagement in Nichtregierungsorganisationen (NGOs), das Rückschlüsse auf das Funktionieren der Demokratie auf der lokalen Ebene erlaubt, im Allgemeinen gering. Gerade einmal 13% der Einwohner in den von Trutkowski und Mendes untersuchten Kleinstädten beteiligen sich an den Aktivitäten unterschiedlich gearteter Verbände und Vereinigungen. Darüber hinaus dominieren ein „antipolitischer" Diskurs und entsprechende Einstellungen, die dazu führen, dass sich die Teilnahme an Aktivitäten in diesen bürgerschaftlichen Vereinigungen und Verbänden mit einem Rückzug aus dem lokalen politischen Leben verbindet. Die NGOs werden auch nicht als ein Forum wahrgenommen, in dem Kritik artikuliert und Widerstand organisiert werden kann. In den meisten Städten haben die politischen Parteien keine örtlichen Strukturen aufgebaut. Und die wenigen lokalen Parteiorganisationen sind außerhalb der Wahlen praktisch nicht aktiv. Eine Parteimitgliedschaft geben gerade einmal 3,3% der Befragten an.

Gerade die Schwäche der politischen Parteien und die allgemeine Abneigung der Bürger gegenüber Politik im Allgemeinen „sind die grundlegenden Ursachen", so Trutkowski und Mendes, „weshalb ein Lokalpolitiker, der ein kommunales Amt übernimmt, auf die Bildung von Notkoalitionen mit einzelnen Personen oder Interessengruppen angewiesen ist, die für ihre Unterstützung entsprechende Gegenleistungen (z.B. Konzessionen) verlangen. In Einzelfällen kann dies zu Klientelismus führen." (Trutkowski/Mendes 2005: 201). Diese Art der politischen Koalitionsbildung unter den Eliten begünstigt undurchsichtige informelle Abmachungen. Politische Gruppierungen werden von den örtlichen Gesellschaften als Zusammenschlüsse wahrgenommen, die den Beteiligten zur Durchsetzung ihrer egoistischen Eigeninteressen dienen. Die Untersuchung bestätigt diesen Eindruck: Die politisch Aktiven bilden eine Gruppe, die sich allein um das eigene Interesse, um das eigene Geschäft kümmert. Oft bietet allein die enge Zusammenarbeit zwischen den Mächtigen, also den Unternehmern sowie den gesellschaftlichen und politischen Eliten, die einzige Möglichkeit, die lokalen politischen Organe mindestens dem Anschein nach gesellschaftlich zu verankern. Tatsache ist jedoch, dass diese Gruppierungen mit ihren vielfältigen Verflechtungen häufig eine in sich geschlossene Gesellschaft bilden. Das muss nicht notwendig bedeuten, dass die Mitglieder eines solchen Elitenkartells sich nicht um die öffentlichen Angelegenheiten ihrer Stadt kümmern. Sie werden jedoch von der örtlichen Gesellschaft als eine geschlossene Gruppe mit dem Ziel, ihre eigenen Interessen durchzusetzen, wahrgenommen. Das kann bei den Bürgern zu Frustrationen und Entfremdung führen. Diese führen jedoch nicht zu Protesten oder mehr politischem Engagement, etwa im Rahmen einer Wählerinitiative, mit dem Ziel, die Situation zu verbessern. Häufig sind Meinungen anzutreffen wie „so muss es sein und daran lässt sich nichts ändern". Die informellen Abmachungen werden als ein ständiges, unveränderliches Element des lokalen gesellschaftlichen und politischen Lebens betrachtet, so dass es weniger das Ziel ist, sie einzudämmen, als vielmehr, durch den eigenen Zugang zum klientelistischen Geflecht selbst zu profitieren. In einer der in der Fallstudie B untersuchten Städte sprachen die Einwohner über die Abmachungen wie über eine fixe, unveränderliche Gegebenheit, wo der Versuch, sich ihr zu widersetzen, die Mühe nicht lohnt. Man kann höchstens probieren, sie für seine eigenen Zwecke zu nutzen; doch jeder Versuch, sie zu eliminieren, ist zum Scheitern verurteilt.

Nicht nur im gesamtgesellschaftlichen Kontext, sondern auch im Bereich der lokalen Gesellschaft widmet man dem Problem, dass es in Polen einen chronischen Mangel an positivem Sozialkapital gibt, immer größere Aufmerksamkeit. Dabei meint man sowohl Sozialkapital im Allgemeinen wie auch im Besonderen, nämlich *gesellschaftliches Vertrauen* als einem elementaren Bestandteil. Man spricht sogar von einer „Kultur des Misstrauens" (Rogaczewska 2005: 223). Diese zeigt sich sowohl auf der gesamtgesellschaftlichen als auch auf der lokalen Ebene. Mangel an Sozialkapital führt zu einer Schwächung der sozialen Bindungen, was wiederum die ohnehin schon schwachen Vereinigungen und Verbände zusätzlich belastet. In der Kleinstadt der Fallstudie A steht jeder nachfolgende Bürgermeister wegen des chronischen Mangels an Vertrauen bei den Bürgern von vornherein auf verlorenem Posten. Die Lokalpresse konzentriert sich grundsätzlich auf die Suche nach den negativen Seiten der Regierungstätigkeit. Auf diese ritualisierte Medienschelte reagieren die Vertreter der örtlichen Behörden mit dem Bürgermeister an der Spitze, indem sie sich auf ihren Standpunkt versteifen und sich in Konflikte mit ihren Kritikern einlassen. So werden die passiven, gleichgültigen Bürger Zeugen eines Schauspiels, dessen Dramaturgie von Misstrauen und Feindschaft bestimmt wird.

6. Fazit

In dem vorliegenden Text habe ich versucht, die Aufmerksamkeit auf einige wesentliche Probleme der Demokratie auf der lokalen Ebene in Polen zu lenken. Auch wenn das Bild trotz vieler Analysen noch unvollständig ist, kann man mit einer gewissen Vorsicht dennoch einige Verallgemeinerungen wagen:

1. *Politische Parteien* sind in der Gesellschaft nur schwach verwurzelt vor allem in den Kleinstädten und ländlichen Gebieten. Häufig existieren sie auf der lokalen Ebene überhaupt nicht. Dies ist einerseits ein Ausdruck der Instabilität des Parteiensystems auf der gesamtstaatlichen Ebene; andererseits lässt sich daran ein deutlicher Widerwille der Bürger gegenüber politischen Parteien ablesen. Sie nehmen die Parteien, insbesondere in Bezug auf das lokale politische Leben, nicht als Vertreter ihrer Interessen wahr. Häufig verbergen sich die Parteien jedoch hinter den örtlichen Wahlkomitees, die eine größere Bereitschaft und Fähigkeit zeigen, auf die lokalen Bedürfnisse und Interessen der Bürger einzugehen und Distanz zu den Verwicklungen der Politik auf gesamtstaatlicher Ebene zu wahren. Dadurch wird jedoch das politische Geschehen noch undurchsichtiger und die politische Verantwortung lässt sich noch weniger konkreten Akteuren zuweisen.
2. Der entscheidende Bestimmungsfaktor sowohl für die Wahlentscheidung der Bürger als auch für die effiziente Ausübung der Regierungsgewalt durch den Gemeindevorsteher/Bürgermeister/Oberbürgermeister sind oft die persönlichen Qualitäten der *Amtsinhaber bzw. Kandidaten*, d.h. etwa ihre Popularität und ihre bisherigen Leistungen. Dieser Faktor ist insofern positiv zu bewerten, als auf ihm der Erfolg vieler lokaler Verwaltungen beruht, etwa gemessen an den wirtschaftlichen Investitionen, erfolgreichen Werbeaktionen und dem allgemeinen Bildungsniveau. Das Problem besteht jedoch darin, dass es besonders in Gemeinden, denen effektive Führungspersönlichkeiten fehlen, auch an den übrigen positiven Faktoren mangelt, auf die sich eine demokratische Entwicklung stützen könnte. Daher führen Wahlen und ein Regierungswechsel auf der lokalen Ebene häufig nicht zu einer wesentlichen Verbesserung der Amtsführung. Die Konzeptionen für die Stadtentwicklung sind nicht kohärent und überzeugend, wirken additiv und teilweise willkürlich. Sie enthalten mitunter weitreichende, aber wenig realistische Projekte. Hinzu kommt der *Mangel an konzeptioneller und personeller Kontinuität*. Dadurch nimmt die Unberechenbarkeit und Undurchsichtigkeit lokaler Politik in der gesellschaftlichen Wahrnehmung weiter zu.
3. Negative Konsequenzen haben ebenfalls die *Inkohärenz und mangelnde Transparenz der rechtlichen Regelungen* für die drei Ebenen der territorialen Selbstverwaltung. Am transparentesten

ist die Situation auf der Gemeindeebene. An dieser Eindeutigkeit fehlt es jedoch auf der Kreisebene und zwar vor allem deswegen, weil die Erfüllung der Aufgaben des Kreises überwiegend mit Geldern aus dem Haushalt des Zentralstaats finanziert wird. Dies macht den Starosten und den Kreisrat zu bloßen Verteilungskanälen der staatlichen Finanzmittel. Auf der Woiwodschaftsebene stehen sich die Organe der Selbstverwaltung mit dem Sejmik und dem Sejmikpräsidenten und der Woiwode als Regierungsvertreter gegenüber. So ist die Verteilung der Kompetenzen oft nicht klar und die Entscheidungsprozesse werden undurchsichtig. Insgesamt erscheint die Woiwodschaft in der Wahrnehmung ihrer Bewohner als eine ziemlich abstrakte Konstruktion, deren wirklicher Einfluss auf die Gestaltung der öffentlichen Angelegenheiten unklar bleibt.

4. Wir wissen bisher noch relativ wenig über die *sozialen und kulturellen Aspekte* der Funktionsweise der lokalen Gesellschaften und der gesellschaftlichen Verwurzelung der Demokratie auf der lokalen Ebene. Aus den o.g. Untersuchungen geht jedoch hervor, dass die politisch-gesellschaftliche Beteiligung der Einwohner noch immer sehr begrenzt ist und dass das bürgerschaftliche Engagement einen apolitischen oder unpolitischen Charakter besitzt. Beunruhigend niedrig ist das Maß an gesellschaftlichem Vertrauen. Wahrscheinlich liegt jedoch gerade im Bereich der soziokulturellen Kompetenzen das größte Potential für positive Veränderungen, verbunden mit der Aktivierung der *endogenen Entwicklungsfaktoren* in Gesellschaft, Bildung und Wirtschaft, die den Demokratisierungsprozess auf der lokalen Ebene in Polen weiter vorantreiben können.

Aus dem Polnischen übersetzt von Birgit Sekulski

Ausgewählte Literatur

Domagała, B.: Grupy narodowe i narodowościowe w społeczeństwie Warmii i Mazur, in: Frątczak, E./Strzelecki Z. (Hrsg.), Demografia i społeczeństwo Ziem Zachodnich i Północnych, Warszawa 1997.

Gorzelak, Grzegorz/Jałowiecki, Bohdan: Koniunktura gospodarcza i mobilizacja społeczna w gminach w latach 1995-1997, in: Gorzelak, Gregorz/Jałowiecki, Bohdan (Hrsg.), Koniunktura gospodarcza i mobilizacja społeczna w gminach, Warszawa 1998.

Grabowska, M./Szawiel. T. (Hrsg): Korzenie demokracji. Partie w środowisku lokalnym, Warszawa 2000.

Izdebski, H.: Samorząd terytorialny. Podstawy ustroju i działalności, Warszawa 2001.

Majcherek, Janusz: Fenomen Małopolski, in: Rzeczpospolita, Nr 278, 1.12.1995.

Nielicki, A.: Kształtowanie się struktur administracji powiatowej i wojewódzkiej, in: Gorzelak, G./Jałowiecki, Bohdan/Stec, M. (Hrsg.), Reforma terytorialnej organizacji kraju: Dwa lata doświadczeń, Warszawa 2001.

Nowacka, E. J.: Polski samorząd terytorialny, Warszawa 2005.

Rogaczewska, M.: O kulturze nieufności i polityce zaufania, in: Trutkowski, C./Mendes, S., Kapitał społeczny w małych miastach, Warszawa 2005.

Rybczyńska, A. J.: Partycypacja obywatelska na poziomie lokalnym w III Rzeczypospolitej Polskiej – próba oceny, in: Samorząd terytorialny III Rzeczypospolitej. Dziesięć lat doświadczeń, Lublin 2002, S. 113-120.

Sokół, W.: Ewolucja systemu wyborczego do samorządu terytorialnego III Rzeczypospolitej. 10 lat doświadczeń, Lublin 2002.

Swianiewicz, P./Klimska, U.: Kto rządzi gminą i jak? Lokalni liderzy polityczni w teorii i praktyce samorządów w Polsce, in: Studia Regionalne i Lokalne 2003, 4(2003), S. 15.

Święcki, J.: Samorząd terytorialny i partie polityczne w III Rzeczypospolitej Polskiej – wzajemne zależności w perspektywie 10 lat doświadczeń, in: Samorząd terytorialny III Rzeczypospolitej. Dziesięć lat doświadczeń, Lublin, S. 103-112.

Trutkowski, C./Mendes, S.: Kapitał społeczny w małych miastach, Warszawa 2005.

Wiatr, J.: Władza lokalna po reformie samorządowej, Warszawa 2002.

Zarycki, Tomasz: Region jako kontekst zachowań politycznych, Warszawa 2002.

VII. EUROPASKEPSIS

Matthias Chardon/Martin Große Hüttmann*

Je näher das Ziel, desto schwächer die Unterstützung? Einstellungen und Meinungen zur europäischen Integration in Deutschland

1. Einleitung

Die europäische Integration bedarf der Zustimmung und Unterstützung durch die Bevölkerung in den Mitgliedstaaten der Europäischen Union (EU). Diese Überzeugung gehört inzwischen zum wissenschaftlichen wie politischen Allgemeinplatz; kaum ein politikwissenschaftlicher Beitrag und keine politische Rede zum Thema „Europa“ verzichtet darauf, den Zusammenhang zwischen der Vertiefung der europäischen Zusammenarbeit und der Unterstützung durch die Bürgerinnen und Bürger zu betonen. Was heute jedoch als selbstverständlich erscheint, war nicht von Anfang an so klar. Erst mit der sich verdichtenden europäischen Integration und der Übertragung von immer neuen Politikbereichen und Handlungskompetenzen auf die Ebene der Europäischen Union in den 1990er Jahren, etwa durch die Errichtung der europäischen Wirtschafts- und Währungsunion, und dem offensichtlich werdenden Mangel an Unterstützung dieses weitreichenden Projektes wuchs das politische wie das wissenschaftliche Interesse an der Legitimation der EU und ihrer Politik. In den Anfangsjahren der europäischen Integration, als das europäische Projekt auf noch wenige Politikbereiche wie die Zusammenarbeit im Bereich von Kohle und Stahl beschränkt war, konnten die politischen Eliten in den damals sechs

---

* Wir danken Tim-C. Bartsch ganz herzlich für seine Unterstützung bei der Recherche und Herrn Dr. Norbert Grube vom Institut für Demoskopie Allensbach für die Bereitstellung von Materialien.

Gründungsstaaten davon ausgehen, dass die europäische Integration von einem breiten „permissive consensus" (Lindberg/Scheingold 1970), also der allgemeinen, unspezifischen Zustimmung in der Bevölkerung getragen wird.

Generell stellt sich die Frage, weshalb es in der Bevölkerung eines Mitgliedstaates der Europäischen Gemeinschaft Unterstützung für das Integrationsprojekt gibt und an welche Bedingungen ein solcher „support" gebunden ist. Dabei lassen sich grob drei Erklärungsmuster unterscheiden: Ein erster Erklärungsansatz basiert auf der liberalen Theorie, wonach die ökonomischen Effekte eines gemeinsamen Binnenmarktes die Bevölkerung die Vorteile einer europäischen Integration höher einschätzen lässt als die möglichen Nachteile; ein anderes Erklärungsmodell greift auf sozialpsychologische Ansätze zurück und geht der Frage nach, wie Individuen sich als Teil einer größeren Gruppe (Nation) wahrnehmen und welche Rolle die Unterstützung der europäischen Integration innerhalb dieser Gruppe spielt (Marks/Hooghe 2003).

In der Bundesrepublik Deutschland spielte und spielt das Thema „Europa" als Konfliktlinie im Parteiensystem eine untergeordnete Rolle – ganz im Unterschied etwa zu Großbritannien und Frankreich. Abgesehen von einigen kleineren, bei nationalen Abstimmungen wie bei Wahlen zum Europäischen Parlament unbedeutenden Parteien wie der „Bund Freier Bürger – Offensive für Deutschland (BfB)" oder auch die Initiative „Pro D-Mark", die sich beide gegen die Einführung der europäischen Gemeinschaftswährung ausgesprochen haben, spielen europapolitische Themen in Wahlkämpfen eine untergeordnete Rolle. Diese These von „second order"-Wahlen bestätigte sich bei der Wahl zum Europäischen Parlament 2004, bei der – wie in der Vergangenheit auch – Europa ein „Randthema" darstellte; diese These bedeutet auch, dass die Wahlbeteiligung im Vergleich zu nationalen Parlamentswahlen deutlich niedriger liegt und Regierungsparteien von den Wählerinnen und Wählern „abgestraft" werden (Niedermayer 2005). Die Wahlerfolge der rechtskonservativen „Republikaner" bei den Wahlen zum Europäischen Parlament 1989 bildeten im Sinne der „second-order"-These eine Ausnahme, da diese rechte Partei einen explizit anti-europäischen Wahlkampf geführt hatte. Insgesamt kann man jedoch bislang nicht von einer „Europäisierung" des deutschen Parteiensystems oder der politischen Kultur, verstanden als ein „Wandel nationaler politischer Strukturen, Prozesse und Inhalte" (Niedermayer 2003a: 253) sprechen.

2. Zentrale Prämissen der (west)deutschen Europapolitik nach dem Zweiten Weltkrieg

Zwischen der „deutschen Frage“ und der europäischen Einigung besteht ein sehr enger Zusammenhang. Das Projekt der europäischen Integration war der – aus heutiger Sicht – erfolgreiche Versuch, das politisch und militärisch dominante Deutschland, als „Land in der Mitte Europas“ verantwortlich für zwei schreckliche Weltkriege, politisch zu „zähmen“, indem es fest integrierter Bestandteil des Westens und der transatlantischen Wertegemeinschaft wurde und das „deutsche Problem“ durch einen „Integrationsfrieden“ (Küsters 2000) gelöst wurde. Deutsche „Sonderwege“ sollten nunmehr – ein für alle Mal – unmöglich gemacht werden. Das vor allem von Frankreich betriebene und von den USA unterstützte Projekt einer – zunächst nur auf den kriegswichtigen Bereich von Kohle und Stahl beschränkten – Montanunion lieferte die Blaupause für die 1957 unterzeichneten Römischen Verträge und die Europäische Wirtschaftsgemeinschaft (EWG). Die (west)deutsche Regierung unter Konrad Adenauer unterstützte ihrerseits das historische Projekt einer immer engeren Zusammenarbeit von sechs europäischen Staaten, da die junge Bundesrepublik Deutschland darin die einmalige Chance sah, wieder in die internationale Staatengemeinschaft zurückzukehren und trotz eingeschränkter Souveränität als Partner wahrgenommen zu werden. Die Europapolitik des bis 1990 geteilten Deutschland wurde somit durch drei Faktoren bestimmt: erstens, durch die historische Verantwortung als – im völkerrechtlichen Sinne – Nachfolgestaat von Hitler-Deutschland; dies erklärt vor allem, weshalb in der politischen Elite und auch in der Bevölkerung seit den 1950er Jahren eine überdurchschnittlich breite Unterstützung der europäischen Integration zu verzeichnen war; zweitens, war und ist auch das wiedervereinigte Deutschland aufgrund seiner geographischen Lage in Europa an engen und guten Beziehungen mit seinen Nachbarn interessiert; drittens, ist diese pro-europäische Politik aller bisherigen Bundesregierungen jedoch nicht nur Ausdruck eines altruistischen Politikverständnisses, sondern auch das Ergebnis klarer ökonomischer Präferenzen; als (lange Jahre) ökonomisch stärkstes Land in Europa und „Exportweltmeister“ war und ist die Bundesrepublik Deutschland an einer engen wirtschaftlichen Kooperation und die Schaffung der dafür günstigen Voraussetzungen interessiert.

Über Jahrzehnte hinweg prägten diese Faktoren die deutsche Europapolitik – und zwar unabhängig von der parteipolitischen Ausrichtung des jeweiligen Bundeskanzlers und seiner Regierung. Daraus ergab sich eine traditionell „europafreundliche“ Ausrichtung der deutschen Nachkriegsregierungen und der Bevölkerung, und auch eine besondere Verantwortung für die Vertiefung und Erweiterung des europäischen Integrationsprojektes: „Im Grunde handelten alle Kanzler nach Adenauers Maxime: Hauptsache, die Richtung stimmt, Hauptsache, die Integration kommt voran“ (Müller-Brandeck-Bocquet/Schukraft 2002: 225). Die europapolitische Ausrichtung der Bundesrepublik Deutschland, wie sie von Adenauer angelegt worden war, wurde damit zur „Staatsraison“. Die Bundesrepublik Deutschland hatte damit – eine Berufung auf eine historisch belastete deutsche Identität erschien jahrzehntelang politisch als nicht opportun – eine „Europäisierung“ der nationalen Identität erfahren und die eigene staatliche Identität immer auch unter europäischen Vorzeichen definiert. Europa wurde damit in Deutschland zu einer „Ersatznation“.

Im Umfeld der deutschen Vereinigung 1989/1990 wurde dann die Frage aufgeworfen, ob ein vereintes Deutschland an dieser grundsätzlichen, „europafreundlichen“ Ausrichtung seiner bisherigen Politik festhalten werde, oder ob es aufgrund der wiedergewonnenen politischen und vor allem auch wirtschaftlichen Größe in alte Verhaltensmuster zurückfallen und sich von einer Politik der europäischen Einbindung verabschieden werde. Eine Rückkehr zu neuer deutscher „Großmachtpolitik“ konnte in der Folge der Vereinigung nicht beobachtet werden, wohl aber – vor allem in der Endphase der Regierung Kohl und seit dem Antritt der Schröder-Regierung 1998 – zu einer Europapolitik, die „deutsche Interessen“ nicht zwangsläufig als deckungsgleich ansieht mit den Interessen der Europäischen Union als Ganzes (Anderson 2005).

Im Folgenden wollen wir anhand von drei Fallstudien – Einstellung der Bevölkerung zu den Themen europäische Verfassung, zur Osterweiterung der EU und zum Euro – deutlich machen, (1) wie sich die Einstellungen zu diesen Themen entwickelt haben, (2) ob und inwiefern zwischen den politischen Eliten und der Bevölkerung in Deutschland Unterschiede und Gemeinsamkeiten zu zentralen europapolitischen „issues“ im Zeitverlauf zu beobachten sind, und (3) ob die im Titel dieses Aufsatzes anklingende These bestätigt werden kann, die Unterstützung für europäische Integrationsprojekte werde um so schwächer, je näher das angestrebte Ziel heranrückt.

2.1. Einstellungen in der Bevölkerung zur europäischen „Verfassung“

Wenige Jahre nach Ende des Zweiten Weltkriegs begann das Allensbacher Institut für Meinungsforschung mit seiner Arbeit. Bei den ersten systematisch angelegten Umfragen von 1947 zeigte sich in der (west)deutschen Bevölkerung eine breite Skepsis gegenüber der Politik ganz allgemein. Auf die Frage, ob sie sich für eine der politischen Parteien interessierten, antworteten 72 Prozent der Befragten mit „Nein“. Auch das Thema „Europa“ kam zur Sprache, es wurde ebenfalls nach den Vorstellungen und Erwartungen für die Zukunft gefragt – mit gänzlich anderen Ergebnissen: „Zwischen all diesen düsteren Antworten“ wirkten, so Elisabeth Noelle-Neumann und Thomas Petersen (2004: 32), die Reaktionen auf die Europa-Fragen „wie ein Sonnenstrahl“. Auch bei den Jugendumfragen zeigte sich, dass bei einer deutlichen Mehrheit der Deutschen im westlichen Teil des Landes unmittelbar nach dem Krieg eine „übernationale Konstruktion wie die ‚Vereinigten Staaten von Europa‘ als einzige erfreuliche Zukunftsperspektive“ (Noelle-Neumann/Petersen 2004: 33) wahrgenommen wurde. In den Folgejahren wurde diese Frage vom Allensbacher Institut und von anderen in ähnlicher Form immer wieder vorgelegt. Es zeigte sich nun aber, dass – bei einer weiterhin sehr hohen allgemeinen Zustimmung zum Ziel der europäischen Einigung – die Deutschen die Idee eines stärker integrierten Europas nüchterner und auch skeptischer betrachteten; und dies obwohl oder gerade weil die europäische Integration und die Vertiefung der Zusammenarbeit zwischen den europäischen Staaten sich schrittweise – auch nach Rückschlägen in den 1960er Jahren – manifestierte. Während 1953 noch 29% der Befragten angaben, dass sie die Vision der „Vereinigten Staaten von Europa“ wohl nicht mehr erleben würden, waren es 1979 bereits 47% (Noelle-Neumann/Petersen 2004: 39). Auch bei der Frage, ob die europäische Integration schneller, weiter wie bisher oder langsamer vorangehen solle, kam es im Zeitraum von 1973 bis 2003 zu deutlichen Veränderungen in den Einstellungen. Während Mitte der 1980er Jahre – das war die Zeit, als das europäische Binnenmarktprojekt realisiert wurde – noch 62% der Befragten der Meinung waren, die Integration müsse „schneller“ vorangehen, bewegte sich dieser Wert von Anfang bis Mitte der 1990er Jahre bei 10%, ehe er 2003 auf einen Wert von 23% kletterte (Noelle-Neumann/Petersen 2004: 43).[1]

---

[1] Die in den Umfragen ermittelten Werte beziehen sich bis 1989 auf Westdeutschland und ab 1991 auf Gesamtdeutschland.

Mit der sogenannten Humboldt-Rede des deutschen Außenministers Joschka Fischer vom Mai 2000 setzte eine breite, auch öffentlich geführte Debatte über die Zukunft der Europäischen Union ein. Diese Debatte legte die Grundlage für einen Prozess der „Konstitutionalisierung" der Europäischen Union, an deren vorläufigem Ende die Unterzeichnung des „Vertrags über eine Verfassung für Europa" im Oktober 2004 stand. Da deutsche Regierungen traditionell sich immer für eine Stärkung der Integration eingesetzt hatten und auch die rot-grüne Bundesregierung unter Gerhard Schröder und Joschka Fischer sich an die Spitze der Mitgliedstaaten stellte, die für weitreichende Reformen der Europäischen Union eintraten, ist interessant zu untersuchen, ob und inwiefern diese Politik von der Bevölkerung unterstützt worden ist. Bei einer Eurobarometer-Umfrage gaben 65% der befragten Deutschen an, dass sie eine „Verfassung" der Europäischen Union unterstützen würden. Nur Griechenland (68%) und das traditionell sehr europafreundliche Italien (81%) erreichten höhere Werte als Deutschland; Finnland und Großbritannien erreichten mit 54 bzw. 49% deutlich niedrigere Werte (Niedermayer 2003: 12).

Während im Frühjahr 2003 die Hälfte der Befragten in Deutschland die Ausarbeitung einer europäischen „Verfassung" begrüßten, lehnten diese nur 18% ab, da ihnen diese „zu weit" gehe. Einher geht damit freilich auch, dass die Bevölkerung keine breite Kenntnis über die europäische Politik besitzt und den tatsächlichen Einfluss der Europäischen Union deutlich unterschätzt (Köcher 2003) – die Bevölkerung steht damit freilich weiten Teilen der politischen und publizistischen Elite nicht nach. Zum Auftakt der Arbeit des Verfassungskonvents, über den in der deutschen überregionalen und auch in der regionalen Presse vergleichsweise breit berichtet worden ist, hatten 33% der Befragten angegeben, von diesem Gremium gehört zu haben. Der Anteil derer, die von einer europäischen „Verfassung" gehört hatten, stieg bis Juli 2004 auf 73%. Die Zustimmung zu diesem Projekt lag zu diesem Zeitpunkt mit 44% vergleichsweise hoch, 19% der Befragten gaben dagegen an, dass ihnen eine Verfassung zu weit gehe (Petersen 2004: 304). Auf die Frage, ob eine europäische Verfassung wesentliche Änderungen für die EU und damit auch für Deutschland mit sich bringe, wussten viele Befragte keine eindeutige Antwort – auch dies kann der mangelnden Kenntnis und einer damit einhergehenden „Unsicherheit der Bevölkerung" (Petersen 2004: 304) zugeschrieben werden. Auf die Frage, ob auch in Deutschland wie in Frankreich oder in den Niederlanden ein Referendum über den europäischen Verfassungsvertrag – zusätzlich zum parlamentarischen Verfahren – abgehalten werden sollte, sprach sich eine Mehrheit von 51% dafür aus, 12% dagegen und immerhin 37% waren in dieser Frage unentschieden (Piel 2005).

2.2. Einstellungen in der Bevölkerung zur Osterweiterung

Die mit dem Ende des Ost-West-Konflikts möglich gewordene Erweiterung der Europäischen Union um die Staaten jenseits des „Eisernen Vorhangs" wurde von der Bundesrepublik Deutschland und ihren Regierungen mit Nachdruck unterstützt. Die Regierungen unter Helmut Kohl (CDU) und auch unter Gerhard Schröder (SPD) verstanden sich zum einen aufgrund der historischen Verantwortung und zum anderen auch aufgrund der zu erwartenden wirtschaftlichen Gewinne als Anwalt einer „Rückkehr nach Europa" von Staaten wie Polen und Ungarn. In der deutschen Bevölkerung wurde diese Politik nicht in gleichem Maße unterstützt. Die entsprechenden Eurobarometer-Umfragen machen deutlich, dass seit 1998 stets nur ein gutes Drittel der deutschen Bevölkerung die Erweiterung unterstützte (1998 36%, 1999 38%, 2001 35%, 2002 36%). Zudem lagen diese Werte unter dem EU-Durchschnitt (vgl. Niedermayer 2003: 39-46). Während in der zweiten Jahreshälfte 2000 in Deutschland 36% der Befragten eine „Erweiterung der Europäischen Union um neue Länder" befürworteten, waren dies im EU-Durchschnitt 44%. Dieser Wert erhöhte sich im der Umfrage im folgenden Jahr auf 47% (EU-Durchschnitt: 51%). Auch bei der Frage, ob einzelne Beitrittskandidaten aufgenommen werden sollten, unterschieden sich die in Deutschland ermittelten Werte vom EU-Durchschnitt. Den höchsten Grad an Unterstützung erfuhr in den Jahren 1996 bis 2001 das Land Ungarn mit +28 bzw. +26% Nettounterstützung.[2] Die Werte für Polen lagen bei –2 bzw. –11% Nettounterstützung. Obwohl die Bundesregierung sich von Anfang an dafür eingesetzt hatte, das Nachbarland Polen in die erste Runde der Aufnahmestaaten dazu zu nehmen, fehlte eine breite Unterstützung in der Bevölkerung für diesen Schritt. Kurz vor der Erweiterung um die zehn neuen Mitgliedstaaten fiel die Zustimmung in der deutschen Bevölkerung von 42% im Jahr 2003 auf nur noch 28% 2004 (Eurobarometer 59 bzw. 61%). Ursächlich dafür könnte die verstärkte Presseberichterstattung um mögliche Auswirkungen der Erweiterung gewesen sein, die bei den Bürgern Sorgen auslöste.

---

[2] In absoluten Zahlen: 57% der Befragten sprachen sich für eine Aufnahme Ungarns aus, 29 dagegen (vgl. Niedermayer 2003: 43).

Vor allem unterschiedliche Befürchtungen darüber, was eine Erweiterung der EU konkret bedeuten würde, erklären die mangelnde Unterstützung in der deutschen Bevölkerung. Erwartet wurde zum Beispiel, dass auf die EU und damit auch auf Deutschland hohe Kosten zukommen würden, die Arbeitslosigkeit in Deutschland steigen und die Bundesrepublik in einem erweiterten Europa eine weniger wichtige Rolle spielen würde. Dazu kamen Befürchtungen über eine Zunahme von Kriminalität und eine wachsende Zuwanderung nach Deutschland (Niedermayer 2003: 45; Köcher 2004). Dies alles zusammengenommen, legte bei 61% der Befragten die Erwartung nahe, dass sich die individuelle Lage durch die Aufnahme neuer Staaten eher verschlechtern als verbessern werde; nur 18% der Befragten erwarteten 2001/2002 eine Verbesserung (Niedermayer 2003: 45). Diese Zahlen änderten sich auch kurz vor der feierlich zelebrierten und in den Medien breit diskutierten Aufnahme von zehn neuen Staaten im Mai 2004 nicht wesentlich. Die von Meinungsforschungsinstituten gemessene Stimmung war wenige Tage vor dem wirklich historischen Schritt der „Wiedervereinigung Europas“, so das Urteil der Meinungsforscher, von „Beklommenheit und wachsender Besorgnis geprägt“ (Köcher 2004). Einen Sonderfall nimmt in diesem Zusammenhang die Frage nach einem möglichen Beitritt der Türkei ein; im Dezember 2004 haben die Staats- und Regierungschefs der Europäischen Union die Aufnahme von Beitrittsgesprächen mit der Türkei beschlossen. Im unmittelbaren Vorfeld zu dieser Entscheidung und auch in den Jahren davor wurde in allen Staaten der EU dieser Schritt zum Teil sehr breit und kontrovers diskutiert. Auch in der deutschen Öffentlichkeit wurde die Frage nach einem EU-Beitritt der Türkei seit 2003 debattiert; zwischen und innerhalb der Parteien wurde gestritten, ob und inwiefern eine Mitgliedschaft der Türkei eher ökonomische, sicherheitspolitische und soziale Vorteile mit sich bringen werde oder eher das Ende der bisherigen Integration bedeuten würde (Große Hüttmann 2005). Während die rot-grüne Bundesregierung unter Schröder eine Aufnahme der Türkei aktiv unterstützte, sprach sich eine Mehrheit der Bevölkerung aus verschiedenen Gründen dagegen aus (Petersen 2004: 302-303).

2.3. Einstellungen in der Bevölkerung zum Euro

Die Einführung einer gemeinsamen Währung in der Europäischen Union zum 1.1.1999 bzw. 1.1.2002 und die damit einhergehende Abschaffung der Deutschen Mark verband sich für die Bevölkerung der Bundesrepublik eher mit einem „Opfer“ als mit einem freudig begrüßten Schritt in der europäischen Integration. Zwar antworteten noch im Jahre 1970 auf die Frage „Wären Sie dafür oder dagegen, wenn es keine D-Mark mehr geben würde, sondern nur noch ein einheitliches europäisches Geld?“ 52%, sie seien dafür, während 26% dies verneinten (Noelle-Neumann/Petersen 2004: 43). Als die Pläne einer gemeinsamen Währung dann aber in den 90er Jahren konkretere Gestalt annahmen, verteilten sich Zustimmung und Ablehnung quasi spiegelbildlich. In einer Allensbacher Umfrage befürworteten 1994 lediglich 22% der Befragten eine einheitliche europäische Währung, ein Jahr später waren es sogar nur noch 19%. Ab diesem Zeitpunkt stieg die Zustimmung dann und erreichte mit 40% 1999 (zum 1. Januar war der Euro im bargeldlosen Zahlungsverkehr eingeführt worden) bzw. 61% 2002 (zum 1. Januar wurde der Euro Barzahlungsmittel) ihre Höhepunkte. Umgekehrt verringerte sich die Ablehnung von 58% 1994 auf 19% 2002 (Noelle-Neumann/Köcher 2002: 951).

Die Währung ist in den meisten Staaten ein wichtiges Mittel zur Vermittlung einer Identifikation der Bürgerinnen und Bürger mit dem Staat. In Deutschland war die Bedeutung der D-Mark als nationales Symbol noch stärker als in anderen Staaten. Das „Wirtschaftswunder“ und die damit einhergehende Bedeutung der D-Mark wurden in der Geschichte Westdeutschlands markante Eckpfeiler für die Herausbildung eines gewissen „Nationalstolzes“ (Teschner 2000: 71). Noelle-Neumann spricht in diesem Zusammenhang vom besonderen Symbolgehalt der D-Mark nach zwei traumatischen Inflationserfahrungen, der D-Mark als Symbol des Aufstiegs aus tiefstem Zusammenbruch und der D-Mark als Stabilitätsanker (Noelle-Neumann 1993: 274). Im Gefolge der deutschen Vereinigung wurde dann deutlich, dass auch die Bürgerinnen und Bürger der ehemaligen DDR die D-Mark als Garanten für den wirtschaftlichen Aufschwung und die Steigerung des eigenen Wohlstandes sahen und nicht gleich wieder auf dieses Symbol verzichten wollten. In Umfragen schlug sich dies in einer generell größeren Skepsis der Ostdeutschen in Bezug auf die Stabilität des Euro und eingeschränktem Vertrauen in ihn nieder. Selbst nach Einführung des Euro als Barzahlungsmittel hatten im Januar 2002 nur 30% der Ostdeutschen sehr großes oder großes Vertrauen in den Euro, hingegen 53% der Westdeutschen (Noelle-Neumann/Köcher 2002: 952). Welchen symbolischen Gehalt die D-Mark für die Deutschen hat bzw. hatte, zeigt auch die folgende Übersicht. Hier wurde (im März 1998) gefragt, ob man bei „Euro“ bzw. „D-Mark“ an folgende Begriffe denken könne (Noelle-Neumann/Köcher 2002: 958; Zahlen in Prozent).

	Ja, daran kann man denken bei	
	Euro	**DM**
Gemeinschaft	78	40
Zukunft	76	42
Einheit	69	67
Fortschritt	55	50
Frieden	42	38
Stärke	33	81
Erfolg	28	77
Sicherheit	21	77
Wohlstand	14	88
Vergangenheit	10	65
Stolz	10	58
Heimat	8	68

Die generell skeptische Haltung der deutschen Bevölkerung kontrastiert sehr stark mit der Haltung der Führungskräfte aus Wirtschaft, Politik und Verwaltung. Bei der Frage „Sind Sie für oder gegen eine einheitliche europäische Währung?" entschied sich die Bevölkerung eindeutig dagegen (Noelle-Neumann 1997: 277ff.). Zwischen 1994 und 1997 antworteten jeweils zwischen 42% und 58% der Befragten, sie seien dagegen. Bei den Führungskräften hingegen waren im Zeitraum zwischen 1995 und 1997 zwischen 61% und 85% für die gemeinsame Währung. Obwohl die Bevölkerung gegen die Einführung des Euro war, setzte sich der Wunsch bzw. die Erwartung der Eliten nach einer gemeinsamen Währung durch. Das lässt sich ein Stück weit vielleicht dadurch erklären, dass die Einführung des Euro an sich unter den maßgeblichen politischen Parteien keine Streitfrage darstellte und somit auch nicht parteipolitisch instrumentalisiert wurde. Die Währungsunion wurde als unausweichlicher weiterer Schritt der europäischen Integration angesehen. Allerdings stritten sich die Parteien 1996/97 sehr stark um die Stabilitätskriterien und vergaßen dabei, der Bevölkerung klarzumachen, welch epochaler Schritt für die europäische Einigung die Währungsunion darstellte.

Die gemeinsame Währung wurde damit von der Bevölkerung eher als Streitthema denn als identitätsstiftendes Element wahrgenommen.

Wenn nun die politischen, wirtschaftlichen und Verwaltungseliten die stärksten Befürworter des Euro waren, wer waren die stärksten Skeptiker? Im Januar 1999 wurde gefragt, ob man den Eindruck habe, dass der Euro ein Erfolg werde, oder ob man da skeptisch sei (Noelle-Neumann/Köcher 2002: 954). Die „Euro-Optimisten" waren dabei leitende Angestellte/Beamte, junge Leute unter 30 Jahren (Westdeutschland) und Personen mit höherer Schulbildung (Westdeutschland). Die „Euro-Pessimisten" hingegen waren Personen mit einfacher Schulbildung, PDS-Anhänger, Frauen (Ostdeutschland), ältere Menschen über 60 und Facharbeiter.

Mittlerweile akzeptieren die Deutschen den Euro, aber sie lieben ihn nicht. So mancher hätte vielleicht gerne die D-Mark wieder. Immer wieder flackern zudem Diskussionen über den sogenannten „Teuro" auf. Viele Menschen glauben, dass mit der Einführung des Euro v.a. Lebensmittel und Restaurant- bzw. Kneipenbesuche teurer geworden sind. Teilweise stimmt das auch. Grundsätzlich aber wird die gemeinsame Währung von niemandem mehr in Frage gestellt, auf der politischen Bühne ist niemand zu finden, der die Entwicklung rückgängig machen wollte.

3. Zusammenfassung

Die drei von uns gewählten Beispiele scheinen die These zu bestätigen, dass die Unterstützung für europäische Integrationsprojekte schwindet, je konkreter diese werden bzw. näher rücken. Kurzfristige Anstiege in der Befürwortung, etwa des Euro, können auch so erklärt werden, dass Menschen sich in ihrer Beurteilung an den Realitäten orientieren. Ist den Menschen klar, dass Entwicklungen nicht mehr aufzuhalten sind, fügen sie sich den Tatsachen und befürworten das, was sie vorher vielleicht abgelehnt haben. Gleichzeitig muss man aber auch festhalten, dass die Befragten oft über Details gar nicht oder nur ungenau Bescheid wissen und sich in ihrer Meinungsbildung von der Medienberichterstattung sehr stark beeinflussen lassen. So lässt sich zeigen, dass mit einer Erhöhung der Zahl von Medienberichten über den Euro mit negativer Tendenz 1996/97 auch die Ablehnung der Bevölkerung wuchs und umgekehrt (Noelle-Neumann/Petersen 1998: 298f.). Generell lässt sich feststellen, dass die Menschen in Deutschland uninformiert und desinteressiert sind, wenn es darum geht, die politischen Entscheidungsabläufe und den tatsächlichen Einfluss der Entscheidungen der EU auf das tägliche Leben der Bürgerinnen und Bürger richtig einzuschätzen (Noelle-Neumann/Petersen 1998: 300f. und Noelle-Neumann/Petersen 2004: 48f.).[3] Sowohl in den Medien als auch in der Innenpolitik scheint immer noch die Tendenz vorhanden zu sein, über die EU eher negativ zu berichten bzw. sie zu beurteilen. Die alten Vorurteile – vom Krümmungsgrad der Gurken bis zum legendär gewordenen europäisch genormten Traktorensitz – scheinen immer noch auf Zuspruch zu stoßen; zumindest denken manche Medienvertreter anscheinend so. Und auch Politiker neigen dazu, unliebsame Entscheidungen, die sie zuvor noch im Ministerrat mitgetragen hatten, auf der nationalen Bühne abzulehnen und die „Brüsseler Bürokratie" zu verurteilen. Beim Bürger bleibt dann ein zwiespältiges Bild zurück: Einerseits wird in Sonntagsreden die europäische Einigung gefeiert und gefordert, andererseits wird im täglichen Klein-Klein die EU für alles verantwortlich gemacht, was negativ scheint, was bei näherer Betrachtung aber nicht haltbar ist. Wenn nun auch noch eine allgemeine Politik- oder Politikerverdrossenheit der Wählerinnen und Wähler hinzukommt, hat dies unmittelbare Auswirkungen auf die Wahrnehmung der Europäischen Union. Da es für die Bürgerinnen und Bürger nicht immer einfach ist, die europäischen Entscheidungsabläufe zu verstehen, haben aber gerade die Parteien in den Mitgliedstaaten eine wichtige Aufgabe: Sie müssen die europäische Politik erklären und für sie werben. Denn es ist ja nicht zu leugnen, dass die Gesetze der EU heute einen sehr großen Einfluss auf das Leben der Menschen haben. Tagtäglich werden sie mit Regelungen konfrontiert, die „in Brüssel" verabschiedet wurden: im Umweltschutz, im Baurecht, im Arbeitsleben und in vielen anderen Bereichen. Wenn die EU so einflussreich ist, müssen die Menschen aber Bescheid wissen. Dazu gehört, dass sie von Politik und Medien informiert werden und dass sie selber Interesse an dem zeigen, was in der EU geschieht. Nur so erlangt die EU die Legitimation, die sie für ihr Handeln benötigt.

Skepsis und Zurückhaltung scheinen also einerseits dominant zu sein, wenn man das derzeitige Verhältnis der Deutschen zur europäischen Einigung charakterisieren wollte. Andererseits ist die grundsätzliche Bejahung der europäischen Einigung immer noch vorhanden. So dachten bei einem Assoziationstest des Allensbacher Instituts im Frühjahr 2003

[3] Noelle-Neumann/Petersen gehen davon aus, dass die Deutschen im EU-Vergleich sogar besonders uninformiert sind.

80% der Deutschen beim Stichwort „Europa“ an Vielfalt, 69% an Fortschritt, 73% an Frieden, 74% an Freiheit und 73% an Zukunft (Noelle-Neumann/Petersen 2004: 50). Zukunft – das ist ein Potenzial, das es besser zu erschließen gilt. Dazu müssen die Medien mehr und ausgewogener berichten, Politikerinnen und Politiker verantwortungsbewusster mit dem Thema umgehen und die Bürgerinnen und Bürger bereit sein, sich mit der Europäischen Union, ihren Chancen und Risiken, Vor- und Nachteilen inhaltlich auseinanderzusetzen.

Ausgewählte Literatur

Anderson, Jeffrey J.: Germany and Europe: Centrality in the EU, in: Bulmer, Simon/Lequesne, Christian (Hrsg.), The Member States of the European Union, Oxford 2005, S. 77-96.

Große Hüttmann, Martin: „Die Türkei ist anders als Europa“: Die öffentliche Debatte um einen EU-Beitritt der Türkei in Deutschland, in: Giannakopoulos, Angelos/Maras, Konstadinos (Hrsg.), Die Türkei-Debatte in Europa – Ein Vergleich, Opladen 2005, S. 35-47.

Köcher, Renate: Beklommenheit vor dem historischen Schritt. Die Bevölkerung sieht überwiegend Risiken der Osterweiterung, in: Frankfurter Allgemeine Zeitung, 21.4.2004.

Köcher, Renate: Die ignorierte Macht. Die Bevölkerung unterschätzt den Einfluß der europäischen Institutionen, in: Frankfurter Allgemeine Zeitung, 17.12.2003.

Küsters, Hanns Jürgen: Der Integrationsfriede. Viermächte-Verhandlungen über die Friedensregelung mit Deutschland 1945-1990, München 2000.

Lindberg, Leon N./Scheingold, Stuart A.: Europe's Would-Be Polity. Patterns of Change in the European Community, Englewood Cliffs, NY 1970.

Maier, Jürgen/Brettschneider, Frank/Maier, Michaela: Medienberichterstattung, Mediennutzung und die Bevölkerungseinstellungen zum Euro in Ost- und Westdeutschland, in: Brettschneider, Frank/van Deth, Jan/Roller, Edeltraud (Hrsg.), Europäische Integration in der öffentlichen Meinung, Opladen 2003, S. 213-234.

Marks, Gary/Hooghe, Liesbet: National Identity and Support for European Integration, Discussion Paper SP IV 2003-202, Wissenschaftszentrum Berlin für Sozialforschung (WZB).

Müller-Brandeck-Bocquet, Gisela/Schukraft, Corinna: 50 Jahre deutsche Europapolitik – ein Resümee, in: Müller-Brandeck-Bocquet, Gisela et al., Deutsche Europapolitik von Konrad Adenauer bis Gerhard Schröder, Opladen 2002, S. 221-228.

Niedermayer, Oskar: Die Europawahl als nationale Testwahl?, in: Maurer, Andreas/Nickel, Norbert (Hrsg.), Das Europäische Parlament. Supranationalität, Repräsentation und Legitimation, Baden-Baden 2005, S. 11-22.

Niedermayer, Oskar: Die öffentliche Meinung zur zukünftigen Gestalt der EU. Bevölkerungsorientierungen in Deutschland und den anderen EU-Staaten, Bonn 2003.

Niedermayer, Oskar: Europäisierung des deutschen Parteiensystems?, in: Brettschneider, Frank/van Deth, Jan/Roller, Edeltraud (Hrsg.), Europäische Integration in der öffentlichen Meinung, Opladen 2003a, S. 253-277.
Noelle-Neumann, Elisabeth/Köcher, Renate (Hrsg.): Allensbacher Jahrbuch der Demoskopie 1998-2002, München/Allensbach 2002.
Noelle-Neumann, Elisabeth/Petersen, Thomas: Die Bürger in Deutschland, in: Weidenfeld, Werner (Hrsg.), Die Staatenwelt Europas, Gütersloh 2004, S. 32-51.
Noelle-Neumann, Elisabeth/Petersen, Thomas: Die öffentliche Meinung, in: Weidenfeld, Werner/Wessels, Wolfgang (Hrsg.), Jahrbuch der Europäischen Integration 1997/98, Bonn 1998, S. 295-302.
Noelle-Neumann, Elisabeth: Die öffentliche Meinung, in: Weidenfeld, Werner/Wessels, Wolfgang (Hrsg.), Jahrbuch der Europäischen Integration 1992/93, Bonn 1993, S. 272-280.
Noelle-Neumann, Elisabeth: Die öffentliche Meinung, in: Weidenfeld, Werner/Wessels, Wolfgang (Hrsg.), Jahrbuch der Europäischen Integration 1996/97, Bonn 1997, S. 277-284.
Petersen, Thomas: Die öffentliche Meinung, in: Weidenfeld, Werner/Wessels, Werner (Hrsg.), Jahrbuch der Europäischen Integration, Baden-Baden 2004, S. 299-304.
Piel, Edgar: Pro Referendum, in: Frankfurter Allgemeine Sonntagszeitung, 5.6.2005.
Teschner, Julia: No longer Europe's Europhiles? Euroscepticism in Germany in the 1990s, in: Journal of European Integration, 22(2000)1, S. 59-86.

Stanisław Sulowski

Vom Idealismus zum Realismus: Einstellungen und Meinungen der Polen zur europäischen Integration

Im Laufe seiner tausendjährigen Geschichte hatte Polen nie Gelegenheit, während eines längeren Zeitraums die positiven Auswirkungen, die mit einer Mitgliedschaft in komplexen intergouvernementalen oder supranationalen Systemen einhergehen können, kennen und schätzen zu lernen. Die Erfahrungen aus der Zeit der Ersten Republik, als Polen gemeinsam mit Litauen im Rahmen der sogenannten Lubliner Union eine Adelsrepublik – „Republik beider Nationen“ oder „Polnisch-Litauische Union“ genannt – bildete, sind im Bewusstsein der Polen nicht mehr präsent. Über weite Strecken verlief Polens Einbindung in übergeordnete internationale Blöcke und Strukturen negativ, erforderte sie doch jedes Mal entweder die partielle Einschränkung oder sogar die gänzliche Preisgabe der staatlichen Souveränität. Polen ist heute ein junger, noch nicht konsolidierter Nationalstaat, der nach dem Ersten Weltkrieg erstmals nach 123-jähriger Fremdherrschaft wieder als ein eigenständiger, souveräner Staat anerkannt wurde. Jedoch wurde er nach gerade einmal zwei Jahrzehnten der staatlichen Unabhängigkeit zunächst während des Zweiten Weltkriegs von Nazi-Deutschland besetzt. Nach dem Ende des Zweiten Weltkriegs, endgültig 1947/8, wurde Polen bis zum Zusammenbruch der Sowjetunion 1989 als Satellitenstaat in den sowjetischen Machtbereich unter der Führung Stalins und seiner Nachfolger eingegliedert. Als ein Teil des Ostblocks war Polens Freiraum stark eingeschränkt und die Begründung und Entfaltung einer nationalen Identität war nur auf eine sehr spezifische Art und Weise möglich.

Vor diesem Hintergrund wird verständlich, dass die Einstellungen und Meinungen der Polen über den europäischen Einigungsprozess in hohem Maße von den negativen Erfahrungen geprägt waren, die man mit der Integration in übergeordnete politische Einheiten gemacht hatte. Vor der Wende 1989 waren Informationen über Europa und den europäischen Integrationsprozess nur schwer zugänglich. Und diejenigen, die sich Informationen beschaffen wollten und konnten, riskierten Repressionen von Seiten der Obrigkeit, denn das Thema Europa wurde von der politischen Führung ideologisch instrumentalisiert. Dies hatte zur Folge, dass die Polen zu jener Zeit lediglich über ein lückenhaftes und stereotypes Wissen über Europa verfügten. Das bedeutet indessen nicht, dass sie als Volk und Gesellschaft das Gefühl ihrer kulturellen Zugehörigkeit zu Europa verloren hätten.

1. Die Wahrnehmung Europas und der europäischen Integration vor 1989

Die Wahrnehmung Europas und der europäischen Integration durch die Polen einerseits und die Deutschen andererseits erfolgt ungleichzeitig und asymmetrisch. Das ist zurückzuführen auf die geostrategische Politik der beiden damaligen Weltmächte Russland und USA nach dem Zweiten Weltkrieg, die die Entwicklung Polens und Deutschlands in unterschiedliche Bahnen lenkte. Den Polen stand es, obwohl ihnen der Gedanke an ein geeintes Europa keineswegs fremd war, nach 1945 nicht frei, sich am europäischen Integrationsprozess zu beteiligen und am Aufbau einer Europäischen Gemeinschaft mitzuwirken. Dabei dachten einige polnische Politiker bereits während des Zweiten Weltkriegs über Europa ebenso wie einige Jahre später die Väter der europäischen Integration. So lud – laut einem 2002 im „Spiegel" im Rahmen der Reihe „Das Europa der Europäer" erschienenen Artikel – der damalige polnische Regierungschef General W. Sikorski bereits 1942 die Chefs der Exilregierungen der Tschechoslowakei, Jugoslawiens, der Beneluxstaaten und Griechenlands sowie General de Gaulle zu einer Konferenz ein, um ihnen seine Vision einer Europäischen Gemeinschaft vorzustellen. Diese Überlegungen fanden jedoch ein jähes Ende mit dem Ausbruch des Ost-West-Konflikts, in dessen Verlauf Europa geteilt wurde: in den Westen, der die Idee der Europäischen Einigung aufgreifen und praktisch umsetzen konnte, und den Osten, der von der Integration ausgeschlossen blieb. Später stellte sich dann allerdings heraus, dass der „Eiserne Vorhang“ nicht ganz so undurchlässig war, wie dies am Anfang zu befürchten stand, und dass Europa – zumindest im Bewusstsein intellektueller und akademischer Kreise – als Einheit im Sinne einer Wertegemeinschaft erhalten geblieben war.

Die Wahrnehmung Europas und der europäischen Integration durch die Polen wurde in jener Zeit stark durch den Kontakt und Dialog mit dem Westen, insbesondere mit Deutschland, geprägt. Von den Deutschen haben die Polen z.B. das Verständnis des europäischen Einigungsprozesses als einem Phänomen sui generis übernommen. Die Polen waren davon überzeugt, dass die europäische Integration von Erfolg gekrönt sein wird, soweit sie nicht im Rahmen einer reinen Kosten-Nutzen-Kalkulation für die Durchsetzung spezifischer nationalstaatlicher Interessen missbraucht werde, sondern sich an den Leitwerten Solidarität, Harmonie, interkulturelle Verständigung und freiwillige Selbstbeschränkung orientiere. Ein so verstandener Einigungsprozess erschien den Polen als eine Zielvorstellung, an der sich eine vernünftige Politik ausrichten müsse.

Ausgehend von dieser Konzeption von Europa und der europäischen Integration durchlebten die Polen die – nicht nur für Europa – so wichtigen 80er und 90er Jahre. Später suchten sie als eine vom Wandel gezeichnete Transformationsgesellschaft im sozialen, politischen und wirtschaftlichen Bereich nach schnellen und leicht umsetzbaren Lösungen. Dabei vertrauten sie auf die Solidarität und Unterstützung anderer Staaten, die ihnen insbesondere Europa im Rahmen der europäischen Integration gewähren sollte. Aber dann kam vieles ganz schnell ganz anders. Das wiedervereinigte Deutschland orientierte sich mittlerweile an einer anderen Konzeption der europäischen Integration, so dass die Wahrnehmung des europäischen Einigungsprozesses in Deutschland und Polen ungleichzeitig, d.h. zeitlich stark verschoben, verlief. Denn während Polen noch ein ideelles Europa der Harmonie, Solidarität und Selbstbeschränkung anstrebte, war Deutschland schon längst in die Phase des Pragmatismus und der nüchternen Kosten-Nutzen-Kalkulation eingetreten.

2. Einstellungen und Meinungen während der Beitrittsverhandlungen

Vor der Wende 1989 hatten die Polen noch ziemlich unzusammenhängende und idealistische Vorstellungen von Europa und der europäischen Integration. Eine begründete Meinung bildeten sie sich erst nach 1989, als sich innerhalb des gesamteuropäischen Raums die Möglichkeit bot, aufeinander zuzugehen und engere Kontakte zu knüpfen, und als sich für Polen eine Beitrittsperspektive zur Europäischen Gemeinschaft abzeichnete. Bereits vor der Aufnahme der Beitrittsverhandlungen stieß der Gedanke an eine EU-Mitgliedschaft in der polnischen Gesellschaft auf großen Rückhalt.

Allerdings unterstützten die Polen einen EU-Beitritt zu Beginn der 90er Jahre vor allem aus nationalem Eigeninteresse. Polen und seine Belange standen an erster Stelle und von Europa zeichnete man ein allzu stark vereinfachtes Bild, das zudem mythisch verklärt wurde (Mach 1998: 139-140). Diese Situation schlug jedoch rasch um. Anfang der 90er Jahre war innerhalb der polnischen Gesellschaft eine Zunahme des Interesses an der europäischen Integration zu verzeichnen. Hatten 1990 erst 75% der Befragten von der Europäischen Gemeinschaft gehört, waren es 1994 bereits 86%, was einen Zuwachs um mehr als 10% bedeutete. Es ist in diesem Zusammenhang zu bedauern, dass man es versäumte, den am 1. Februar 1994 in Kraft getretenen Vertrag über die Europäische Union, den sogenannten Assoziierungsvertrag, stärker ins öffentliche Bewusstsein zu rücken, um für Europa und die europäische Integration zu werben. Der Vertrag als solcher war nicht direkt werbewirksam und trug auch nicht dazu bei, das Informationsdefizit der Polen im Bereich Europa abzubauen. Der Kenntnisstand über die Europäische Gemeinschaft und besonders über die aus dem europäischen Einigungsprozess erwachsenden Konsequenzen, also über die Rechte und Pflichten, die jeder Mitgliedsstaat wahrzunehmen haben würde, war in Polen äußerst gering. Eine 1994 vom führenden polnischen Meinungsforschungszentrum CBOS durchgeführte Studie ergab, dass 21% der Befragten meinten, Polen werde nach seiner Aufnahme in die EU den gleichen Status und die gleichen Rechte wie die alten Mitgliedsstaaten beanspruchen können; 28% verneinten dies und 31% hatten dazu keine dezidierte Meinung.

Diese Ansichten sollten sich aber bald ändern. Aus Umfragen geht hervor, dass 1996 80% der polnischen Bevölkerung eine EU-

Mitgliedschaft ihres Landes befürworteten. Der starke Zuspruch, den die EU erhielt, wurzelte in der Überzeugung, dass mit einem Beitritt für das eigene Land die Chance auf Fortschritt und Modernisierung verbunden sei, und der Hoffung, von dem in der Union geltenden Solidaritätsprinzip profitieren zu können. Die Europäische Union wurde als ein Allheilmittel angesehen für all die Blessuren, die Polen infolge der gesellschaftlichen, politischen und wirtschaftlichen Systemtransformation, aber auch einiger spezifisch polnischer Erscheinungen sowohl vor als auch nach der Wende davongetragen hatte.

Ein Wendepunkt in der polnischen Debatte um die europäische Integration wurde mit den am 31. März 1998 aufgenommenen offiziellen Verhandlungen über eine *Mitgliedschaft* Polens in der Europäischen Union erreicht. Die Gespräche wurden von den polnischen Bürgern intensiv verfolgt und weckten große Hoffnungen. Meinungsumfragen zufolge wurde der Beginn der Beitrittsverhandlungen von 45% der Polen begrüßt, während 36% Vorbehalte äußerten. Seit diesem Zeitpunkt war die europäische Integration ein fester Bestandteil des politischen Diskurses in Polen. In seinem Verlauf wurden die Meinungen der polnischen Bürger zu Europa differenzierter, ihr Wissen erweiterte sich, und das Urteil war zunehmend rational fundiert. Während des Verhandlungsprozesses unterstützten 60% der Befragten die Integrationsbemühungen. 1998 stieg die Zahl der EU-Befürworter auf 66%, um dann ein Jahr später im Zuge einer schwierigen Wirtschafts- und Arbeitsmarktlage auf 55% zu sinken, während zeitgleich die Zahl der Euroskeptiker und Integrationsgegner von 19% im Jahr 1998 auf 30% im Jahr 2001 anstieg. Gegen Ende der Beitrittsgespräche pendelte sich die Zustimmung zur europäischen Integration auf einen Wert von 60% ein – u.a. auch infolge der positiven Ergebnisse des Gipfels von Kopenhagen im Dezember 2002, die 46% der Befragten in erster Linie als einen Erfolg der polnischen Verhandlungsführer werteten, während nur 17% sie als einen Misserfolg und eine Niederlage für Polen einstuften (Roguska 2005: 16/7).

Die Zustimmung, die die europäische Integration seitens großer Teile der polnischen Gesellschaft erfuhr, ist vorwiegend von *sozialen und demographischen Faktoren* abhängig. So fiel der europäische Einigungsprozess vor allem bei Großstädtern und Akademikern sowie Befragten, die die wirtschaftliche Lage positiv beurteilten, auf fruchtbaren Boden. Der These, die europäische Integration sei nur bei Jugendlichen positiv aufgenommen worden, ist hingegen mit

Vorsicht zu begegnen. Die Auswertung der Meinungsumfragen, die zwischen 1999 und 2004 erhoben wurden, deutet darauf hin, dass der zu Beginn der Beitrittsverhandlungen bestehende negative Zusammenhang zwischen Alter und Zustimmung zur europäischen Integration in deren Verlauf beständig abnahm und schließlich völlig verschwand. Es steht selbstverständlich außer Frage, dass Faktoren wie Beruf, Wohnort oder materielle Situation die Meinungsbildung stark beeinflussten und dass der Integrationsprozess von Bauern und Landbewohnern anders als von Beamten und Städtern aufgefasst wurde.

Ein großer oder sogar ausschlaggebender Einfluss der *politischen Überzeugungen* konnte hingegen erstaunlicherweise nicht nachgewiesen werden. Dabei stellte Roguska (2005: 23) fest, dass ein proeuropäisches Denken und Verhalten während der Regierungszeit der „Wahlaktion Solidarität" [Akcja Wyborcza Solidarność, AWS] unter der Führung von Jerzy Buzek zunächst vor allem bei Anhängern der politischen Rechten zu beobachten waren, während sich solche Einstellungen nach der Machtübernahme durch Leszek Miller und seine „Demokratische Linksallianz" [Sojusz Lewicy Demokratycznej, SLD] umgekehrt eher in den Reihen der linken Wähler abzeichneten. Dies lässt sich dadurch erklären, dass die Zustimmung der polnischen Bürger zur europäischen Integration im Vertrauen auf die Regierung gründete. Häufig kritisierte die Opposition die Regierung, dass sie unpopuläre, durchaus auch die Innenpolitik betreffende Maßnahmen negativ legitimiert habe, indem sie den Wählern weiszumachen versucht habe, diese seien notwendig und unvermeidbar, da sie unmittelbar aus dem europäischen Integrationsprozess heraus resultierten. Eine solche Kritik leistete dem Euro-Skeptizismus bei den Bürgern Vorschub. Denn ihr Verhältnis zum europäischen Integrationsprozess wurde stark durch die Meinungen der politischen Elite und deren unreflektierter und unkritischer Publikation in den Medien beeinflusst oder sogar gesteuert.

Eine wichtige Rolle bei der Meinungsbildung zur europäischen Integration spielte schließlich auch die *Territorial- bzw. Regionalstruktur* Polens. Es stellte sich nämlich heraus, dass in Polen – einem Land, in dem regionale Identitäten nicht traditionell verwurzelt sind – die Ansichten über Europa von Region zu Region, ja sogar von einer Woiwodschaft zur anderen variierten. Gemessen an der Territorial- bzw. Regionalstruktur zerfällt Polen in zwei Teile. Der erste umfasst die westlichen und einen Teil der südlichen Woiwodschaften, in denen die meisten EU-Anhänger beheimatet sind. Der Grad der Zustimmung bewegte sich dort im Zeitraum 2000 bis 2004 zwischen 58% und 71%. Diesem Gebiet gegenüber steht der zweite Teil, der sich über die mittleren und östlichen Woiwodschaften erstreckt, wo proeuropäische Ansichten weniger häufig geäußert werden: Zwischen 2000 und 2004 schwankte die Zahl der Europa-Befürworter zwischen 43% und 58%. Die größte Diskrepanz zwischen den beiden Regionen in der Einschätzung des europäischen Einigungsprozesses war im Jahr 2002 zu verzeichnen: Seinen Tiefpunkt erreichte das Ja zu Europa mit 43% in der Woiwodschaft Vorkarpaten; die höchste Zustimmung fand sich hingegen mit 73% in der Woiwodschaft Lebuser Land. Die verschiedenen Bewertungen des europäischen Integrationsprozesses in Abhängigkeit von der jeweiligen Woiwodschaft lassen sich mit dem unterschiedlichen Grad an Verbundenheit dieser Gebiete mit dem Westen sowie der Heterogenität der landwirtschaftlichen Strukturen erklären. Positiv auf die Einstellung der Polen zur europäischen Integration ausgewirkt haben sich sicherlich Investitionen aus dem Westen und der Ausbau der Kontakte zu Deutschland. Demgegenüber befürchteten die Besitzer überwiegend kleinerer und mittlerer landwirtschaftlicher Betriebe in den östlichen Gebieten zu Recht, die europäische Integration schade ihnen, weil durch sie die Kontakte mit dem Osten und – was aus ihrer Sicht besonders negativ ins Gewicht fällt – die lukrativen Handelsbeziehungen mit Russland, Weißrussland und der Ukraine eingeschränkt werden. Die Umfragen, die während der Beitrittsverhandlungen durchgeführt wurden, ergaben weiterhin, dass die Bereitschaft zur Unterstützung des europäischen Integrationsprozesses umso größer war, je weniger man sich religiös engagiert und seinen Glauben aktiv praktiziert (Roguska 2005: 23).

3. Das Beitrittsreferendum

Im Beitrittsreferendum, das am 7. und 8. Juni 2003 abgehalten wurde, bekundeten die Polen ihre Zustimmung zum europäischen Integrations- und Erweiterungsprozess. Bei einer Wahlbeteiligung von 58,85% stimmten 77,45% der Wähler, also rund 13,51 Millionen, für und nur 22,55%, d.h. 3,93 Millionen, gegen den Beitritt Polens zur Europäischen Union. Sowohl die Beteiligung als auch das Abstimmungsergebnis waren zufriedenstellend, besonders im Vergleich zu den Werten in den alten

Mitgliedsstaaten und bei den übrigen Beitrittskandidaten. Das Ergebnis zeigt, dass sich deutlich mehr Befürworter als Gegner des Beitritts an der Wahl beteiligten. Die polnischen Medien titelten entsprechend „Die Beitrittsgegner sind zu Hause geblieben". Damit vermochten sie aber nicht über die Tatsache hinwegzutäuschen, dass der Beitritt Polens zur Europäischen Union und seine Einbindung in die europäischen Strukturen durch eine bewusste Willensentscheidung der polnischen Bevölkerung herbeigeführt worden war. Das Referendum strahlte auch auf die Innenpolitik ab, indem es der linksgerichteten Regierung unter der Führung der „Demokratischen Linksallianz" immer schlechtere Umfragewerte und Prognosen bescherte. Im Vorfeld der Abstimmung befürchtete man allerdings weniger eine zu geringe Zustimmung als vielmehr eine zu niedrige Wahlbeteiligung, da bei Werten unterhalb der gesetzlich vorgeschriebenen 50%-Schwelle – die bei anderen Wahlen schon oft unterschritten worden war – das Referendum ungültig wäre. Dass sich diese Befürchtung nicht bewahrheitete, ist nicht zuletzt der katholischen Kirche und anderen christlichen Glaubensgemeinschaften zu verdanken, die – allen voran das Episkopat – immer wieder zur Teilnahme am Volksentscheid aufriefen und so zu dessen Gelingen einen enormen Beitrag geleistet haben. Der Ausgang des Referendums wurde durch die Regionalstruktur Polens kaum beeinflusst. Auch diesmal ließ sich übrigens ein gewisses West-Ost-Gefälle nicht leugnen. Auf die größte Ablehnung stieß der Beitritt im Südosten des Landes, in den Woiwodschaften Lublin mit 69% und Vorkarpaten mit 70% Gegenstimmen. Die höchsten Zustimmungswerte erhielt der Beitritt dagegen mit zwischen 84% und 85% im Westen des Landes, v.a. in den Woiwodschaften Oppole, Schlesien, Lebuser Land und Westpommern.

4. Einstellungen und Meinungen zur EU-Osterweiterung

Mit der Osterweiterung der Europäischen Union wurde zweifellos eine der schwierigsten, größten und bedeutendsten Etappen auf dem Weg der europäischen Integration zurückgelegt. Die Osterweiterung besitzt nicht nur eine quantitative, sondern auch eine qualitative und dabei vor allem historische Dimension. Im historischen Sinne handelt es sich eigentlich weniger um eine Erweiterung als vielmehr um den erfolgreichen Abschluss eines Großprojekts, das auf die Einigung Europas als Kontinent ausgerichtet war, die sich nicht nur auf den Westen beschränkte, sondern stets auch den mittleren und östlichen Teil einschloss. Diese Vision von einem integrierten gesamteuropäischen Raum geht auf Robert Schuman zurück, der bereits 1963 sagte: „Wir müssen ein vereinigtes Europa nicht nur im Interesse der freien Nationen, sondern auch deshalb schaffen, um die Völker Osteuropas in diese Gemeinschaft aufnehmen zu können, denn sobald diese das Joch der Unterdrückung abgestreift haben, werden sie auf der Suche nach moralischer Unterstützung vor unserer Tür stehen und um Einlass bitten. Mit jedem Schritt, den wir in diese Richtung tun, eröffnen wir ihnen eine neue Chance. Wir haben die Pflicht, auf den Tag ihres Ankommens vorbereitet zu sein."

Um den außergewöhnlichen Stellenwert und die Tragweite des europäischen Projekts hervorzuheben, hat man im polnischen Diskurs versucht, die vierte Beitrittsrunde nicht als eine Erweiterung, sondern als die Vollendung eines epochalen Projekts darzustellen. Allerdings stieß man damit bei den alten Mitgliedsländern nicht unbedingt auf Verständnis und auch die polnischen Medien reagierten mit äußerster Zurückhaltung.

Quantitativ betrachtet hatte die Osterweiterung zur Folge, dass sich die Fläche des erweiterten Europas um 23% auf nahezu vier Millionen Quadratkilometer und die Bevölkerungszahl um 19% auf nunmehr über 450 Millionen EU-Bürger vergrößert hat. Das wirtschaftliche Potential, das die zehn neuen Mitglieder in die Gemeinschaft einbringen, nimmt sich allerdings eher bescheiden aus, wenn man bedenkt, dass das Bruttoinlandsprodukt der EU nach der Erweiterung gerade einmal um 5% gewachsen ist. Die neuen Mitgliedsstaaten weisen bei aller Heterogenität dennoch auch viele Gemeinsamkeiten auf. So sind Zypern und Malta zwar kleine, aber dafür verhältnismäßig wohlhabende Inselstaaten, so dass nicht sie es sind, die die Kosten der EU-Erweiterung in die Höhe treiben. Auf ihrem Weg in die EU werden sie begleitet von den acht postkommunistischen Staaten Mittel- und Osteuropas, die keine in sich homogene Staatengruppe bilden und größtenteils zu den kleinen und mittleren Ländern zählen. Letztere dürften die EU aber auch vor keine ernsthaften Probleme stellen. Im Grunde genommen gibt es nur ein Land und dazu noch ein großes, das Schwierigkeiten bereitet: Polen. Denn auf Polen entfallen 42% der Fläche, um die sich die EU vergrößert, 52% des Bevölkerungszuwachses und 45% des zusätzlichen Bruttoinlandsprodukts.

In ihrer Einschätzung der EU-Erweiterung ließen sich die Polen sicherlich sowohl von quantitativen als auch qualitativen Aspekten dieses

Prozesses leiten. Die Besonderheit des EU-Beitritts Polens besteht zunächst darin, dass dieser Beitritt nicht unvermittelt von heute auf morgen vollzogen wurde. Mit den neuen Bundesländern Deutschlands, in denen Anpassungen an den Westen – man denke etwa an die Liberalisierung des Handels, die Einführung des freien Kapitalverkehrs etc. – gleichsam über Nacht umgesetzt wurden, lässt sich Polen daher nicht vergleichen. Im Falle Polens dagegen dauerte der Anpassungsprozess, der sowohl die rechtliche als auch die wirtschaftliche Sphäre umfasste, viel länger. Auch von der Süderweiterung um die Mittelmeerländer in den 80er Jahren hebt sich der Beitritt Polens deutlich ab, insofern deren Volkswirtschaften bis zum Zeitpunkt des Beitritts geschlossen und durch hohe Zölle geschützt waren, während Polen seine Märkte bereits lange vor seinem Beitritt geöffnet hatte. Sofern man überhaupt den Beitritt Polens mit dem eines der anderen Länder vergleichen kann, dann höchstens mit dem Österreichs, Schwedens und Finnlands im Kontext der dritten Erweiterungsrunde.

Den Umfragen des Eurobarometers aus dem Jahr 2003 zufolge standen die Polen der EU-Osterweiterung weitaus positiver gegenüber als die Bewohner der meisten alten Mitgliedsstaaten. Bei genauerem Hinsehen stellt man jedoch auch hier Unterschiede und Veränderungen fest; diese sind in dem so kurzen Zeitraum vom Herbst 2003 bis zum Frühjahr 2004 eingetreten. So hatten die Polen noch im Frühjahr 2003 zu 60% einen Beitritt befürwortet, während bereits Anfang 2004 die Zustimmung auf 42% sank. Dieser Rückgang lässt sich zum Teil mit dem Scheitern des EU-Gipfels in Brüssel vom Dezember 2003 und dessen Widerhall in der europäischen, vor allem der deutschen Presse erklären. Die folgenden Überschriften aus deutschen Zeitungen dürften den Polen besonders nachhaltig im Gedächtnis haften geblieben sein: „EU-Gipfel an Polen gescheitert“, „Schröder droht den EU-Abweichlern“, „Schurken-Polen haut Kanaillen-Deutschland“. In einigen der alten Mitgliedsstaaten neigte die Presse offensichtlich dazu, unmittelbar vor der Erweiterung in der eigenen Bevölkerung Ängste vor dem Beitritt der mittel- und osteuropäischen Länder zu schüren und die neuen Mitgliedsstaaten, deren Image ohnehin schon geschädigt war, noch weiter in Misskredit zu bringen. Die Diskussion in den westlichen Medien muss man wohl im Kontext des Informationsdefizits über Osteuropa im Allgemeinen und Polen im Besonderen sowie des Rückgriffs auf gängige Stereotype (*Przeciw stereotypom* [Gegen Stereotype] 2001: 19) sehen. Lobend hervorzuheben sind demgegenüber die Bemühungen einiger Regierungen der alten

Mitgliedsstaaten, darunter auch der Bundesregierung, im Vorfeld der Erweiterung bei der eigenen Bevölkerung für den Beitritt der neuen Mitglieder zu werben, indem sie die Vorteile eines erweiterten Europas hervorhoben. Helmut Kohl und Gerhard Schröder gingen sogar noch einen Schritt weiter, indem sie die Bundesbürger an ihre historische Verantwortung gegenüber den östlichen Nachbarn erinnerten. Aber ihr Aufruf zur Solidarität fand bei der Menge nur beschränkt Gehör.

Zu Beginn der Beitrittsverhandlungen galt die Aufmerksamkeit der Polen v.a. ihren nationalen Interessen, die durch einen EU-Beitritt befördert werden sollten. Im Zeitraum zwischen 1994 und 2004 jedoch nahm der Optimismus stetig ab und die Zahl derer, die glaubten, Land und Leute würden von einem Beitritt profitieren, schmolz dahin. Im Jahr 2003 belegte Polen in der Rangliste der Euro-Optimisten unter den Beitrittskandidaten noch den sechsten Platz. Schon ein Jahr später allerdings wendete sich das Blatt und der Euro-Pessimismus gewann immer mehr an Boden. Eine Studie des Zentralen Meinungsforschungsinstituts CBOS von 2004 ergab, dass sich Euro-Optimisten und -Pessimisten zum Befragungszeitpunkt bereits die Waage hielten (Roguska 2005: 27).

5. Die Zukunft der Europäischen Union aus der Sicht der polnischen Bürger

Das Europa der 25 ist gegenüber dem Europa der 15 ein in vielerlei Hinsicht neues und ganz anderes Gebilde. Seiner Gründung lag die Absicht zugrunde, die im Bereich der Wirtschaft bereits bestehende und bewährte Zusammenarbeit der europäischen Staaten auf weitere Länder und in andere Politikfelder auszudehnen. Man ging davon aus, dass Europa nur dann imstande sein werde, den Herausforderungen der Globalisierung standzuhalten, wenn es in den Integrationsprozess durch Erweiterung weitere Staaten und durch Vertiefung weitere Politikfelder einbeziehe. So forderte man, die Einigung weiter voranzutreiben und auf die Bereiche Politik, Außen- und Sicherheitspolitik und Kultur auszudehnen. Die Osterweiterung rief lediglich eine stärkere innere Differenzierung hervor; am Charakter der Institutionen und den Mechanismen der Entscheidungsfindung änderte sie jedoch nur wenig. Dies beunruhigte die Architekten des europäischen Einigungsprojekts sichtlich und sie begannen über die Zukunft der Europäischen Union und vor allem darüber nachzudenken, was man tun könnte, um deren demokratische Legitimation zu gewährleisten. Mit der Frage der zukünftigen Gestalt der Europäischen Union befasste sich ein Konvent, dessen Arbeit gemeinsam mit den öffentlichen Debatten in die Unterzeichnung des *Vertrags über eine Verfassung für Europa* mündete. Die Ausarbeitung einer europäischen Verfassung durch den Konvent und die Debatte über den Beitritt zehn neuer Mitgliedsstaaten verliefen zeitgleich.

Vor der Aufnahme in die Europäische Union schenkte man in Polen der Frage nach einer europäischen Verfassung so gut wie keine Beachtung. Der Wissensstand zu diesem Thema war – ebenso wie in den übrigen Mitgliedsstaaten – gering. Über 70% der polnischen Befragten gestanden, über diesen Vertrag wenig bis gar nichts zu wissen. Dies bedeutete aber nicht, dass sie keine Meinung dazu hatten. Anfang 2005 war der Grad der Zustimmung für eine europäische Verfassung ziemlich hoch. So versicherten im Februar 2005 noch 66% der Befragten, am Referendum, das über die Annahme der Verfassung entscheiden sollte, teilzunehmen; im Mai ging die Zahl der Befragten, die zur Teilnahme am Referendum entschlossen waren, bereits auf 61% zurück, wobei sich von diesen nur 38% klar für die Annahme der Verfassung aussprachen (CBOS BS/89/2005). Die Absicht zur Teilnahme am Referendum stand dabei in einem engen Zusammenhang mit der Auffassung über Polens Mitgliedschaft in der Europäischen Union. Fast drei Viertel der Befragten, die sich zur Teilnahme bereit erklärten, begrüßten nämlich einen EU-Beitritt Polens. Von den Gegnern eines Beitritts indessen kündigten nur 39% ihre Teilnahme am Referendum an. Der negative Trend hin zu einer zunehmenden Ablehnung des Verfassungsvertrags setzte sich fort. Im Februar 2005 waren noch 64% für und nur 7% gegen die Annahme, im Mai hingegen plädierten nur noch 60% dafür, während sich die Zahl der Europa-Gegner mit 14% verdoppelte.

Die zunehmende Ablehnung einer europäischen Verfassung und die sinkende Bereitschaft zur Teilnahme am Referendum gehen auf drei Ursachen zurück: (1) zunächst auf die kritische Darstellung der Debatte über den Verfassungsvertrag in den Medien der alten EU-Mitgliedsstaaten, die bei der polnischen Öffentlichkeit häufig auf Unverständnis stieß; (2) sodann auf den Tod von Papst Johannes Paul II., der die kritische Haltung der Polen gegenüber der Verfassung insgesamt, angestoßen durch den Verzicht auf die Anrufung Gottes (Invocatio Dei) in der Präambel, verschärfte; (3) und schließlich auf die Darstellung des Verfassungsentwurfs als „Verfassung für Europa“ im öffentlichen Diskurs, die den Verdacht erregte, die europäische Verfassung sei nach dem Vorbild eines staatlichen Grundgesetzes konzipiert und die EU selbst ein supranationales Gebilde, dessen Mitgliedsstaaten ihrer nationalen Souveränität enthoben seien. Nur wenige waren sich der Tatsache bewusst, dass sich hinter dieser Formulierung kein europäischer Staat, sondern ein internationales Abkommen verbirgt, das die bisher geltenden Verträge über die Europäische Union modifiziert und weiterentwickelt.

Die Absicht der Befragten, den Entwurf anzunehmen oder ihn abzulehnen, war ebenso wie die Bereitschaft, am Volksentscheid teilzunehmen, mit ihrer Einstellung zur Mitgliedschaft Polens in der Europäischen Union verflochten. Die Befürworter eines polnischen EU-Beitritts traten für den Verfassungsentwurf ein, während die Gegner zu seiner Ablehnung aufriefen. Sowohl die allgemeine Atmosphäre als auch Umfragen ließen keinen Zweifel daran aufkommen, dass eine deutliche Mehrheit der polnischen Bürger für die Annahme des Verfassungsentwurfs votieren würde. Die Situation verkehrte sich jedoch abrupt ins Gegenteil, nachdem Frankreich und die Niederlande in Referenden jeweils mit Nein gestimmt hatten. Heute lässt sich schwer beurteilen, welche Chancen die Verfassung hätte, hervorzuheben ist jedoch, dass das französisch-holländische Nein von der polnischen Öffentlichkeit als eine nachträgliche Ablehnung der EU-Osterweiterung verstanden wurde (Łukaszewski 2005: 70). Manche Kreise vertreten die Ansicht, dass nicht nur die europäische Verfassung, sondern auch Polen als neues EU-Mitglied zu den Verlierern zählt. Natürlich gibt es in Polen politische Gruppierungen, die weiterhin für einen Austritt des Landes aus der Europäischen Union plädieren. Ihnen fehlt es aber an Macht und Einfluss, so dass letztlich nicht sie über Polens Mitgliedschaft in der EU und auch nicht über die polnische Politik bezüglich der zukünftigen Gestalt Europas entscheiden werden.

Im Hinblick auf die Zukunft der Europäischen Union weicht die polnische Sichtweise nicht wesentlich von der anderer Nationen ab. So ergab eine Umfrage, die im Oktober 2005 im Auftrag des Fernsehsenders Arte durchgeführt wurde, dass die Bevölkerung Polens nicht mehr und nicht weniger um die europäische Integration besorgt ist als die solcher Länder wie Großbritannien, Frankreich oder Deutschland (vgl. „Gazeta Wyborcza“, 6.10.2005). Ebenso wie die Briten, Franzosen und Deutschen sind auch die Polen der Meinung, dass sich ihr Land als

Mitglied der Europäischen Union nach außen hin geöffnet hat und die Bürger ein Gefühl von Freiheit erhalten haben. Im Gegensatz zu diesen Nationen fürchten sie aber weniger, die europäische Integration könne ihre nationale Identität gefährden. Ebenso wie andere Europäer sind auch die Polen davon überzeugt, dass sich viele Probleme wie der Kampf gegen den Terrorismus, die Entwicklung der Wissenschaft, die universitäre Ausbildung, der Umweltschutz, die Außenpolitik, die Einwanderungsproblematik und die Bekämpfung der Arbeitslosigkeit auf der europäischen Ebene erfolgreicher als auf der nationalstaatlichen lösen lassen. Als zukünftige Entwicklungsperspektiven der Europäischen Union sehen sie die Schaffung einer gemeinsamen Armee und die Ausweitung des Euro auf weitere Mitgliedsstaaten. Ablehnend stehen sie dagegen einem Ausbau der europäischen Institutionen – etwa in Form der Einsetzung eines europäischen Außenministers und eines europäischen Präsidenten, der nur 26% der Befragten zustimmten – gegenüber.

Zum Schluss sei noch die Frage erlaubt, welche Faktoren die Ansichten der polnischen Bevölkerung über die zukünftige Gestalt der Europäischen Union bestimmen. Eine vom politikwissenschaftlichen Institut der Universität Warschau durchgeführte Studie ergab, dass die Determinanten im Spannungsfeld zweier einander entgegengesetzter Identitäten stehen (Błuszkowski 2005: 134). Die eine ist die eigene Identität, die durch ein starkes Gefühl der nationalen Würde, die Betonung von Tradition und Patriotismus, einen all das überlagernden Minderwertigkeitskomplex besonders gegenüber den westlichen Nachbarn und Selbstkritik gekennzeichnet ist. Die andere ist die europäische Identität, in der die Werte Modernität, Offenheit, Wohlstand und Unternehmergeist zusammenkommen. Das Aufeinanderprallen dieser beiden Extreme kann in zwei Richtungen ausschlagen: das eine Mal in eine negative, indem nationale Frustrationen und Komplexe genährt und Euro-Skeptiker gestärkt werden; oder aber das andere Mal in eine positive Richtung, indem die Polen sich darüber klar werden, dass Modernisierungsanstrengungen erforderlich sind, um den zivilisatorischen Rückstand gegenüber den alten EU-Mitgliedsstaaten aufzuholen, und einsehen, dass dies nur als ein Teil der Europäischen Union gemeinsam mit den anderen Mitgliedsstaaten zu bewerkstelligen ist und man deshalb den europäischen Reforminitiativen gegenüber aufgeschlossen sein sollte.

Aus dem Polnischen übersetzt von Hans-Jörg Schwenk

Ausgewählte Literatur

Błuszkowski, J.: Stereotypy a tożsamość narodowa [Stereotype und nationale Identität], Warszawa 2005.

CBOS: Społeczne poparcie dla Europejskiej Konstytucji. Komunikat z badań [Die Zustimmung der Bevölkerung zur Europäischen Verfassung. Forschungsbericht], Warszawa 2005.

Łukaszewski, J.: Kryzys integracji europejskiej i wyzwania dla Polski [Krise der europäischen Integration und Herausforderungen für Polen], in: Rzecz o przyszłości Europy, Warszawa 2005.

Mach, Z. (Hrsg.): Integracja europejska w oczach Polaków [Die europäische Integration in den Augen der Polen], Kraków 1998.

OBOP: Polska a UE, kwiecień 1994 [Polen und die EU, April 1994].

Przeciw stereotypom. Rozszerzenie Unii Europejskiej o Polskę [Gegen Stereotype. Die Erweiterung der Europäischen Union um Polen], Warszawa 2001.

Roguska, B.: Polska droga do Unii Europejskiej [Polens Weg in die Europäische Union], in: Zagórski K./Strzeszewski M. (Hrsg.), Polska, Europa, świat. Opinia publiczna w Polsce w okresie integracji [Polen, Europa und die Welt. Die öffentliche Meinung in Polen in der Zeit der Integration], Warszawa 2005.

VIII. ASPEKTE DER POLITISCHEN KULTUR IN VERGLEICHENDER PERSPEKTIVE

Wojciech Łukowski/Stanisław Sulowski

Die politische Kultur diesseits und jenseits der Oder

1. Gemeinsamkeiten und Unterschiede

Als Ende der 80er, Anfang der 90er Jahre des vergangenen Jahrhunderts im Rahmen einer Kooperation zwischen den politikwissenschaftlichen Instituten der Universitäten Tübingen und Warschau Studien über die politischen Kulturen in Deutschland und Polen veröffentlicht werden sollten, hatten es sich die beiden Initiatoren des Projekts, Franciszek Ryszka und Gerd Meyer, zum Ziel gesetzt, Gemeinsamkeiten und Unterschiede zwischen beiden Ländern aufzuzeigen (Ryszka/Meyer 1990).

Polen befand sich damals auf einem schwierigen Weg zur Demokratie, während Deutschland in den Prozess der Wiedervereinigung eintrat. Seitdem sind nun schon fast 17 Jahre vergangen. Zweifellos sind beide Länder in jener Zeit unterschiedliche Wege gegangen, aber dies ist angesichts verschiedener historischer Erfahrungen sowie Ausprägungen des Gesellschafts- und Kulturbewusstseins – und dies beileibe nicht nur im Bereich der Politik – nur allzu verständlich. Dennoch lassen sich heute im Unterschied zu den späten 80er und frühen 90er Jahren zahlreiche Aspekte der politischen Kultur auf der gleichen analytischen Ebene und mit derselben Begrifflichkeit beschreiben und erklären.

Es sei daran erinnert, dass vor 17 Jahren Überlegungen zu Fragen der politischen Kultur in beiden Ländern aus ganz unterschiedlichen analytischen Blickwinkeln gestellt wurden. Das wiedervereinigte Deutschland entwickelte sich zunehmend zu einer stabilen Demokratie.

In Polen begegnete man diesem Prozess in manchen Kreisen zwar mit Misstrauen; doch die, die sich auskannten, wussten die enorme Arbeit durchaus zu würdigen, die es erforderte, um in den neuen Bundesländern das antidemokratische Erbe nicht bloß institutionell, sondern auch mental abzustreifen.

In Polen neigte sich der real existierende Sozialismus seinem Ende zu, und man ging – vielleicht vorschnell und naiv – von der Vorstellung aus, die Demokratie trete nun ihren Siegeszug an. Dieser sei unausbleiblich, galten als sein Garant doch die Errungenschaften einer großen gesellschaftlichen Bewegung, der „Solidarność".

Zieht man nun Bilanz, dann fällt es schwer, beide Entwicklungen, sowohl die deutsche Wiedervereinigung mit all ihren Folgen als auch Polens Transformation zur Demokratie, als eindeutige Erfolge zu werten. Zudem musste man sich neuen, ungeahnten Herausforderungen stellen. Denn wer dachte schon vor 16 Jahren an Globalisierung? Oder wer hätte vermutet, dass eines Tages der Populismus wieder erstarken und die politische Debatte aushöhlen würde? Gleichermaßen ambivalent fällt das Urteil darüber aus, ob Deutsche und Polen sich kulturell und emotional aufeinander zu- oder voneinander wegbewegten.

Sicherlich lassen sich viele Gemeinsamkeiten aufzeigen. Aber diese vermögen nicht darüber hinwegzutäuschen, dass es daneben mindestens ebenso viele Punkte gibt, die aus der Perspektive der Bewohner des jeweils anderen Landes als exotisch, unverständlich oder sogar bedrohlich wahrgenommen werden. Diese umfassen ein breites Spektrum: Sie beschränken sich nicht nur auf unser Verhalten im Alltag und unseren Umgang mit den verschiedensten zivilisatorischen Herausforderungen; sie gehen vielmehr weit darüber hinaus und betreffen auch den Bereich der Politik und damit – etwa in der Art unserer Reaktion auf den Globalisierungsdruck und unserer Einstellungen zur Europäischen Union – die politische Kultur.

In den bilateralen Beziehungen, die sich in den 90er Jahren auf vielen Gebieten sehr dynamisch entwickelten, umfasste der deutsch-polnische Diskurs zwar auch Fragen der politischen Kultur im weitesten Sinne, doch standen diese nicht im Mittelpunkt des Interesses. Stattdessen konzentrierte man sich vor allem auf die nationale Sicherheit im Kontext der internationalen Beziehungen, wobei allerdings auch „gemeinsame Interessen und Werte" herausgestellt wurden. Gerade sie bestimmen nämlich nach Einschätzung zahlreicher Experten die Entwicklung bilateraler Beziehungen.

Mit anderen Worten: Die politische Kultur gibt auch Aufschluss über die Ursachen von Krisen und Fortschritten in den Beziehungen sowohl zwischen den Regierungen als auch den Gesellschaften beider Länder. Das vorliegende Buch muss sich sicherlich den Vorwurf gefallen lassen, dass die Vergangenheit als ein Themenbereich, der für die vergleichende Gegenüberstellung der politischen Kulturen beider Länder wichtig ist, ausgeklammert wurde. Dieses Manko fällt jedoch nicht allzu stark ins Gewicht, da einige AutorInnen in ihren Beiträgen zumindest indirekt auf diese Thematik eingehen.

Nähern wir uns also den politischen Kulturen diesseits und jenseits der Oder, indem wir einzelne, besonders relevante Aspekte herausgreifen und miteinander vergleichen. Dabei wird nicht der Anspruch erhoben, eine endgültige Bewertung der politischen Kulturen in beiden Ländern vorzunehmen. Die Autoren sind sich stattdessen vielmehr bewusst, dass es weitergehender Untersuchungen bedarf, um zu noch besser fundierten Urteilen zu gelangen.

2. Warum gehen so viele Polen und Deutsche nicht zur Wahl?

Die Wahlbeteiligung wird besonders in Polen immer wieder als ein Indikator dafür herangezogen, wie stark die Demokratie im Bewusstsein der Bürger verankert ist. Allein aus der Tatsache, dass die Wahlbeteiligung sehr niedrig und zugleich niedriger als in den meisten anderen mittel- und osteuropäischen Ländern ausfällt, wird gefolgert, dass das demokratische Bewusstsein nicht stark ausgeprägt ist. Die Zahlen sind in der Tat erschreckend: Bisweilen machen in Deutschland 30-40% mehr Bürger von ihrem Wahlrecht Gebrauch als in Polen.

Aber gerade die deutsche Erfahrung sollte an dieser Stelle zur Vorsicht mahnen und davor warnen, die Wahlbeteiligung zum ausschließlichen und unfehlbaren Indikator dafür zu erheben, wie tief die Demokratie in einem Land verwurzelt ist. Die Erinnerung an die Reichstagswahlen Anfang der 30er Jahre, als eine hohe Wahlbeteiligung den Nationalsozialisten den Weg zur Macht ebnete, ist noch nicht verblasst. Damals sind im Wesentlichen gerade diejenigen zur Wahl gegangen, die sich zuvor enthalten haben. Ein ähnlich deutlicher Zusammenhang zwischen einer höheren Wahlbeteiligung und einem Stimmenzuwachs für nationalistische und populistische Parteien und Gruppierungen lässt sich ebenfalls – wenn auch unter ganz anderen Voraussetzungen und Umständen – bei Wahlen in den neuen deutschen Bundesländern beobachten.

Vor diesem Hintergrund lässt sich nicht ausschließen, dass sich ein plötzlicher Anstieg der Wahlbeteiligung in Polen in der gegenwärtig instabilen politischen Lage in einem Stimmenzuwachs für nationalistische und populistische Parteien und Gruppierungen niederschlagen würde. Außerdem gilt, dass je niedriger die Wahlbeteiligung ist, desto weniger Wähler genügen, um Reformparteien, die für einen Systemwechsel eintreten, zu einer verbesserten Position im Spektrum der politischen Parteien zu verhelfen.

Aus dem Blickfeld verschwinden diejenigen Nichtwähler, die nicht aus Desinteresse an der Politik oder aus Protest der Wahl fernbleiben, sondern die trotz ihres Interesses und ihrer Kenntnis der politischen Prozesse nicht wählen, weil sie sich mit keiner politischen Gruppierung identifizieren können. Und schließlich werden auch diejenigen Bürger übersehen, die die demokratische Ordnung auf der einen Seite zwar uneingeschränkt mittragen, auf der anderen Seite aber Wahlen nicht für das geeignete Mittel halten, um sich innerhalb der Demokratie zu engagieren, und die es deshalb vorziehen, sich in gesellschaftlichen Organisationen und Bürgerinitiativen einzubringen. Natürlich gibt es darunter auch solche, die sich deutlich für die Demokratie aussprechen, ohne gesellschaftlich aktiv zu werden – und zwar deshalb nicht, weil sie von beruflichen Verpflichtungen (oder dem Kampf um einen minimalen Lebensstandard) so stark in Anspruch genommen werden, dass ihnen – so banal es klingen mag – einfach die nötige Zeit dazu fehlt. Für diese Menschen bildet die Demokratie die Grundlage für ihr persönliches Wohlergehen. Sie halten an ihr fest, glauben an sie, verhalten sich aber passiv und sehen sich nicht in der Pflicht, von ihrem Wahlrecht Gebrauch zu machen.

3. Wählerfluktuation

Sowohl in Polen als auch in Deutschland beklagt man eine Zunahme der Wechselwähler. Dabei sind besonders diejenigen beunruhigend, die auf Parteien und Gruppierungen aus einem ideologisch und politisch anderen Spektrum umschwenken. Während es in Polen keine weit zurückreichenden Erfahrungen mit Wahlen und daher keine Vergleichsgrundlage gibt, denkt man in Deutschland fast wehmütig an die 50er, 60er und sogar 70er Jahre zurück, als die großen Volksparteien über eine stabile Stammwählerschaft verfügten, die dafür sorgte, dass sich Wählerwanderungen von einem Lager ins andere in den Grenzen von nur wenigen Prozentpunkten bewegten.

Die Zeiten, in denen sich ein stabiles Parteiensystem auf eine verlässliche Wählerschaft stützen konnte, sind mittlerweile aber wohl vorbei. Die Gründe für diese Entwicklung sind vielfältig. Nimmt man die einstigen Verhältnisse zum Vorbild, dann wird man hauptsächlich nach denjenigen Faktoren Ausschau halten, die bewirkten, dass der „Idealzustand“ von früher ins Wanken geriet. Dabei wird man auf Erklärungsversuche stoßen, die wechselndes Wahlverhalten entweder auf Orientierungslosigkeit und Oberflächlichkeit zurückführen oder als konjunkturell bedingte Laune abtun.

Dabei vergisst man jedoch ganz die Hintergründe, vor denen sich dieser Prozess abspielt: Das sind zum einen die wachsende Instabilität der politischen Landschaft, einschließlich ihrer Parteien und Gruppierungen und zum anderen eine im Wandel begriffene Gesellschaftsstruktur. Beide Faktoren stehen in einem Verhältnis wechselseitiger Abhängigkeit: Je mehr die Gesellschaftsstruktur aus den Fugen gerät, desto eher verliert das Parteiensystem an Stabilität. Umgekehrt kann ein instabiles Parteiensystem den Zusammenhalt der Gesellschaft gefährden; wobei allerdings der Einfluss, der von der Parteienlandschaft ausgeht, geringer ist als der, den die Gesellschaft entfaltet.

Es deutet viel darauf hin, dass sich das Parteiensystem sowohl in Deutschland als auch in Polen den Gegebenheiten anpassen muss, indem es sich so verändert, dass es den Trend zur Wählerfluktuation aufzufangen vermag. Wünschenswert wäre, dass die bestehenden Parteien und Gruppierungen selbst die Wechselwähler binden, indem sie sich programmatisch für neue Werte und Erwartungen öffnen.

Bei besonders zahlreichen Wechselwählern läuft diese Vorgehensweise zwar der traditionellen Vorstellung von politischen Institutionen entgegen, die ihr Bestehen und ihre politische Bindungskraft gerade aus ihrer Kontinuität im Denken und Handeln beziehen. Doch ändert dies nichts an der Notwendigkeit, Parteien neu zu schaffen oder so zu reformieren, dass sie flexibler werden, um auf Bedürfnisse der Wähler schneller reagieren zu können.

Zurzeit versucht man, vor allem in *Polen*, die Wählerfluktuation durch eine Re-Traditionalisierung der Politik einzudämmen. Dabei zieht man sich auf die Muster zurück, die sich in der Vergangenheit bewährt haben, und rückt diese bei den Wählern wieder verstärkt ins Bewusstsein. Dabei möchte man in der Bevölkerung den Eindruck erwecken, als handelten die Politiker ganz in Übereinstimmung mit der „polnischen Seele". Eines dieser Muster „strickt" man um die Unabhängigkeit und Souveränität Polens herum, die man aufgrund seiner ungünstigen geopolitischen Lage als bedroht darstellt. Was liegt also näher, als Wachsamkeit gegenüber den Nachbarn zu üben, diese misstrauisch zu beäugen und Indizien zu sammeln, die das Klischee bestätigen? Anzeichen, die auf Bemühungen der Nachbarn verweisen, ihre Vergangenheit zu bewältigen und Verständigung zu erreichen, und die damit den Stereotyp widerlegten, werden nicht wahrgenommen.

Ähnlich argumentiert man in der Innenpolitik, indem man sich auf den Volkskatholizismus als den Kern des Polentums beruft, den es zu bewahren gelte. Die im liberal definierten Gesellschaftsmodell artikulierte kulturelle und ethnische Vielfalt wird, wenn nicht ganz geleugnet, so doch zumindest als zweitrangig eingestuft und dem reinen und unverfälschten Polnischen, das als ursprünglich betrachtet wird, nachgeordnet.

Zwar fehlt es an einer Grundlage für eine eindeutige Diagnose; doch steht zweifelsfrei fest, dass die Entwicklungen der letzten 17 Jahre Polen gesellschaftlich und politisch sehr nahe an die traditionellen liberalen Demokratien herangeführt haben. Eine Rückkehr zu dem – von nationalistisch-konservativer Seite erträumten – polnischen Gesellschaftsmodell scheint damit erheblich erschwert zu sein. Dieses würde einen Rückschlag für die Demokratie bedeuten und das Risiko in sich bergen, dass das soziale Unbehagen auch auf Bereiche außerhalb des politischen Systems durchschlägt. Nicht ausgeschlossen wäre sogar eine dauerhafte Spaltung des politischen Spektrums in Anhänger einer liberalen und einer nicht-liberalen Gesellschaftsordnung.

In *Deutschland* lässt sich ein vergleichbarer Trend nicht beobachten. Es herrscht weiterhin Einigkeit darüber, dass sich das politische System auf eine liberal-demokratische Grundlage stützen soll. Indirekt kommmt dies in der Fähigkeit zur Bildung einer großen Koalition aus Sozial- und Christdemokraten nach der vorgezogenen Bundestagswahl vom September 2005 zum Ausdruck. In Polen vermisste man eine solche Fähigkeit zum Kompromiss. Die siegreiche Partei „Recht und Gerechtigkeit" gewann nur mit einem knappen Vorsprung vor der „Bürgerplattform" und lehnte es trotz früheren Ankündigungen nach der Wahl ab, mit dieser eine Koalitionsregierung zu bilden. Stattdessen entschied man sich für die „natürlichere“ Koalition mit der „Liga der polnischen Familien“ und der Lepper-Partei „Selbstverteidigung“.

Wenn auch die Gründe dafür verschieden sind, so teilen Polen und Deutschland indessen die Erfahrung, dass nach den Wahlen 2005 eine angemessene Interessenvertretung durch einzelne politische Parteien und Gruppierungen erschwert worden ist. In Deutschland steht das Unvermögen der traditionellen Volksparteien, individuellen Wünschen und Erwartungen Rechnung zu tragen, im Vordergrund. In Polen hingegen spielen individuelle Anforderungen an die Parteien zwar auch eine Rolle, aber sie treten zurück hinter der Bestrebung, eine sogenannte IV. Republik aufzubauen. Damit ist ein von Korruption befreites und von Agenten der ehemaligen Geheimpolizei gesäubertes Land gemeint, das sich den Prinzipien und Idealen der gesellschaftlichen Solidarität verpflichtet fühlt, das seine staatliche Souveränität behauptet und zugleich seinen Platz innerhalb der Europäischen Union erfolgreich verteidigt. Die größten Chancen werden denjenigen Parteien und Gruppierungen eingeräumt, die sich für die Umsetzung dieses Vorhabens am meisten ins Zeug legen. Die persönlichen Probleme der Bürger wie etwa Arbeitslosigkeit oder Unterbezahlung und die daraus resultierenden Folgeerscheinungen wie Arbeitsmigration treten im Vergleich dazu deutlich zurück und werden als „Privatsache“ statt als öffentliche Angelegenheit betrachtet, der sich Parteien widmen sollten.

4. Die Wiedergeburt des Antisemitismus – was steckt dahinter?

Die Debatte über antisemitisches Denken und Handeln gehört in Polen wie in Deutschland zu den schwierigsten Elementen des öffentlichen Diskurses. So ist etwa heftig umstritten, mit welchen Kriterien Antisemitismus ermittelt und gemessen werden kann, so dass empirischen Daten mit Vorsicht begegnet wird.

Sowohl in Deutschland als auch in Polen haben wir es um die Jahrtausendwende mit der Rückkehr eines Phänomens zu tun, das man bereits bewältigt zu haben glaubte. Während die Deutschen das Thema in nahezu alle Lebensbereiche hineintrugen und große Anstrengungen zu seiner Bewältigung unternahmen, gelang es den Polen, das Problem der polnisch-jüdischen Beziehungen wirksam zu relativieren, indem sie sich selbst als Opfer des Nationalsozialismus betrachteten und dadurch mit den Juden auf eine Stufe stellten.

In der Zwischenzeit ist das Thema jedoch zurückgekehrt – in Deutschland im Zusammenhang mit dem Verhältnis zum Staat Israel, in Polen dagegen hauptsächlich hinsichtlich der Beteiligung polnischer Bürger an Verbrechen, die an Juden begangen wurden. Darüber hinaus wird das Thema jedoch von beiden Seiten instrumentalisiert: Mit der Behauptung, die Deutschen seien weiterhin antisemitisch eingestellt und hätten aus der Geschichte nichts gelernt, so dass sie eine potentielle Gefahr für die europäische Ordnung darstellten, rechtfertigen viele Polen ihr Misstrauen gegenüber dem Nachbarn. Und umgekehrt benutzen viele Deutschen die Debatte um Jedwabny und weitere polnische Verbrechen an Juden dazu, ihre eigene Schuld herunterzuspielen und die pauschalierenden, negativen Stereotype gegenüber Polen zu nähren.

So wichtig und unausweichlich die Debatte über Antisemitismus in den nächsten Jahren auch sein mag – es wäre schlimm, würde sie den polnisch-jüdischen und den deutsch-jüdischen Dialog überschatten oder gar verhindern. In Polen beispielsweise diskutiert man das polnisch-jüdische Verhältnis fast ausschließlich vor dem Hintergrund von Antisemitismus und verengt das Blickfeld so stark, dass man weitere Dimensionen der polnisch-jüdischen Beziehungen sowie die Qualität anderer Haltungen gegenüber Juden kaum noch zu berücksichtigen vermag. Völlig außer Acht gelassen werden so unter anderem Sichtweisen und Einstellungen, die nicht von antijüdischen Stereotypen geprägt sind, sowie die Ursachen für ihre Entstehung und Verfestigung.

Ein Problem, mit dem die Demokratie in Polen und in Deutschland gleichermaßen zu kämpfen hat, besteht in einem weit verbreiteten und oftmals verdeckten Antisemitismus, der mit anderen Einstellungen wie etwa Fremdenhass und Abneigung gegenüber Zuwanderern und Minderheiten verbunden ist. Daher erfordert die wissenschaftliche Untersuchung des Antisemitismus eine doppelte Perspektive: Zum einen muss er als ein Phänomen an sich mit einer spezifischen Eigendynamik betrachtet werden, zum anderen als eine Erscheinung, die mit anderen – z.B. Ausländerfeindlichkeit zusammenhängt.

5. Kommunale Selbstverwaltung – ein unerschütterlicher Fels der Demokratie?

Als eine der wichtigsten Errungenschaften beim Aufbau einer demokratischen Ordnung in Polen nach der Wende von 1989 galt die Schaffung einer Selbstverwaltung auf kommunaler Ebene. Aus der heutigen Perspektive kommt man allerdings nicht umhin festzustellen, dass dieses Projekt nicht das Ergebnis sorgfältiger Planung war. Es wurde vielmehr aus der Begeisterung der Revolution heraus geboren, denn man versäumte es, den gesamten Staat so umzugestalten, dass die niedrigste, die lokale Ebene, ihre konsequente Fortsetzung auf der höchsten, der staatlichen Ebene fand, so dass nur Stückwerk entstand. Natürlich konnte man von den Reformern Anfang der 90er Jahre nicht so viel Weitblick verlangen, den Staat vollständig und im Detail umzugestalten. Dennoch ist zu bedauern, dass sich der Umbau der territorialen Struktur auf die Gemeinden beschränkte und für viele Jahre lang auf niedrigem Niveau stagnierte. Es dauerte fast ein Jahrzehnt, bis man endlich 1999 mit den Kreisen die zweite Stufe der lokalen Selbstverwaltung einführte und zugleich 49 Woiwodschaften durch 16 woiwodische Territorialeinheiten ersetzte.

Auch wenn neben diesen Veränderungen noch viele andere von grundlegender oder auch eher nur kosmetischer Bedeutung vorgenommen wurden, so scheinen die Reformer dennoch nicht den Aufbau eines Systems der Selbstverwaltung gemäß dem Subsidiaritätsprinzip beabsichtigt zu haben, da es sich besonders auf Kreis- und Woiwodschaftsebene um eine nur scheinbare Selbstverwaltung handelt, die immer wieder Kontrollen durch die Zentrale über sich ergehen lassen muss.

In Deutschland wurden die Strukturen der lokalen Selbstverwaltung zwar – mit Ausnahme der Gebiete der ehemaligen DDR – im Laufe der Geschichte kontinuierlich auf- und ausgebaut; doch auch dort treten hinsichtlich Stellung, Rechten und Pflichten der administrativen Einheiten Probleme auf. Sowohl in Deutschland als auch in Polen klagen die Gemeinden vor allem über wachsende Finanznöte, die sie in ihrer Handlungsfreiheit einschränken und mitunter daran hindern, ihre gesetzlichen Aufgaben und Pflichten zu erfüllen.

In beiden Ländern ist das Parteiensystem unterschiedlich intensiv mit den kommunalen Strukturen verflochten. In Polen ist die Verflechtung deutlich geringer und gilt überdies auch für die staatliche

Ebene, wo das Parteiengefüge extrem instabil ist. Dass die Parteien in den Städten und Gemeinden auf einer instabilen Grundlage stehen, wird sich negativ auswirken, wenn es ihnen nicht gelingt, ihre vor Ort aktiven Gruppierungen in stabile lokale Vertretungen umzuwandeln, die sich von den derzeitig vorhandenen kurzlebigen Wahlkomitees deutlich unterscheiden. Aufgewertet werden sollte darüber hinaus das Engagement von verschiedenen lokalen Verbänden und Organisationen sowie von Parteiführern, die entweder allein oder mit der Unterstützung von kleinen, sporadisch organisierten Gruppen um Wähler werben.

Eine in Deutschland auf kommunaler Ebene inzwischen fest verankerte Institution ist die Direktwahl des Bürgermeisters. Mit den ersten Kommunalwahlen im Jahr 2002 haben die Polen diese Institution übernommen. Während in Deutschland diese Direktwahl als ein fester Bestandteil der demokratischen Ordnung gilt, ist man sich in Polen über ihren Stellenwert noch uneinig. Nicht wenige zweifeln daran, ob sie überhaupt zur politischen Wirklichkeit Polens passt; andere wiederum haben die Befürchtung, sie könne dem Klientelismus Vorschub leisten oder die Gemeinderäte entmündigen. Inwieweit diese Vorbehalte berechtigt sind, bleibt abzuwarten. Eine einigermaßen fundierte Bilanz lässt sich wohl erst nach Ablauf einiger Wahlperioden ziehen.

Wer die politische Wirklichkeit Polens und Deutschlands miteinander vergleicht, wird die geringe Wahlbeteiligung bei Kommunalwahlen weniger negativ bewerten. Es ist sicherlich richtig, der Wahlbeteiligung große Bedeutung beizumessen; doch sollte man niedrige Werte nicht gleich als einen Todesstoß für die Demokratie deuten. Denn man muss berücksichtigen, dass sich unter bestimmten Umständen gerade hinter einer hohen Wahlbeteiligung die Krise einer Demokratie verbergen kann, aus der dann Spannungen und Konflikte hervorgehen, die von der Selbstverwaltung und ihren Organen innerhalb der laufenden Legislaturperiode nicht bewältigt werden können. Dort jedoch, wo die lokalen politischen Vertreter der Staatsmacht ein gewisses Ansehen genießen und man ihr Engagement und ihre Leistungen an der Umsetzung kommunaler Projekte erkennen kann, dort kann man sich durchaus eine niedrige Wahlbeteiligung erlauben, ohne dass man daraus ableiten könnte, die kommunale demokratische Ordnung sei deswegen ihrer Legitimation beraubt.

6. Rechtspopulismus und Rechtsradikalismus

Von den verschiedenen, im Buch analysierten Aspekten der politischen Kultur sind der Rechtspopulismus und Rechtsradikalismus wohl diejenigen, die am meisten Besonderheiten aufweisen und bei denen Deutschland und Polen sich am stärksten unterscheiden. So wird in Deutschland grundsätzlich jedes Wiedererstarken von Rechtsradikalismus bzw. -extremismus aus der Perspektive der nationalsozialistischen Vergangenheit wahrgenommen. Die Angst vor dem Vorwurf, diese oder jene Erscheinungsform des Rechtsradikalismus bilde den Auftakt zur Wiedergeburt der wohl grausamsten Zeit in der deutschen Geschichte, ist so groß, dass man alles daran setzt, den Radikalismus, besonders wenn er von politisch ambitionierten Gruppierungen ausgeht, möglichst schon im Keim zu ersticken.

In Polen liegen die Dinge dagegen ganz anders. Radikale und populistische Tendenzen in der Politik werden von der Gesellschaft in hohem Maße geduldet. Sie sind allgegenwärtig und beschränken sich keineswegs nur auf Randgruppierungen. Sie erstrecken sich über die gesamte Parteienlandschaft und sind selbst Regierungsparteien nicht fremd. Unterstützung wird ihnen nicht zuletzt auch von Seiten einiger Würdenträger innerhalb der katholischen Kirche gewährt. So ist in Polen der Spielraum für radikales und populistisches Denken und Handeln in der Politik ungleich größer als in Deutschland. Man darf dabei aber nicht vergessen, dass die Gesellschaft in Polen im Gegensatz zu Deutschland (hier jedoch stärker im Osten als im Westen des Landes) diesen Auswüchsen geradezu den Boden bereitet. Die politische und soziale Wende ist für breite Schichten der Bevölkerung mit Enttäuschungen und Erniedrigungen verbunden gewesen. Von den negativen Auswirkungen der gesellschaftlichen Umgestaltung waren dabei ganze Regionen und lokale Gemeinschaften betroffen. Dies schuf den idealen Nährboden für populistische und rechtsgerichtete Gruppierungen.

Diese Entwicklung schadet sicherlich auch den deutsch-polnischen Beziehungen. Sollte diese Entwicklung andauern, so läuft man Gefahr, dass auf politischer Ebene die Luft zum Atmen immer dünner wird, man immer weniger Werte und Zukunftsvorstellungen teilt. Die Einbindung beider Länder in gemeinsame politische Strukturen könnte sich immer schwieriger gestalten, kulturelle und gesellschaftliche Bande drohen brüchig zu werden.

7. Warum finden europäische Integrationsprojekte immer weniger Rückhalt in der Gesellschaft?

Zweifellos verlief und verläuft die Debatte über die europäische Integration in Deutschland und in Polen zeitlich asymmetrisch. Zurückzuführen ist dies auf historische, politische und mentale Ursachen. Dennoch sind besonders seit der Jahrtausendwende gewisse Ähnlichkeiten unverkennbar.

Untersucht man Einstellungen und Meinungen von Mitgliedern beider Gesellschaften, so ergibt sich, dass die Zustimmung zur europäischen Einigung umso schwächer wird, je mehr der institutionelle Aufbau der EU konkrete Gestalt annimmt. Je greifbarer der Integrationsprozess wird, desto häufiger sind die kritischen und antieuropäischen Reaktionen in beiden Ländern.

Im Allgemeinen geht man davon aus, dass die europäische Integration ein Projekt der Eliten ist und dass diese deshalb generell pro-europäisch eingestellt sind. Was Deutschland angeht, so ließe sich die Richtigkeit dieser These leicht beweisen; in Polen jedoch darf man bezweifeln, ob tatsächlich alle Eliten so pro-europäisch denken, wie allgemein angenommen wird. In Deutschland hingegen ist der europäische Einigungsprozess an sich kein Streitpunkt mehr zwischen den einzelnen politischen Parteien. Alle befürworten das Projekt der europäischen Integration; Auseinandersetzungen werden nur noch über die Mittel und Wege zur bestmöglichen Realisierung einzelner, zum Teil allerdings sehr gewichtiger Integrationsprojekte geführt. In Polen ist die europäische Einigung jedoch Gegenstand scharfer grundsätzlicher Kontroversen zwischen den Parteien und das Meinungsspektrum zu diesem Thema ist sehr viel breiter gefächert als in Deutschland.

Eine Analyse des gesellschaftlichen Diskurses über die europäische Integration bestätigt die Vermutung, dass die Bürger beider Länder ungenügend über die europäischen Belange informiert sind und lediglich über bruchstückhaftes Wissen verfügen. Dies hat zur Folge, dass die Einstellungen und Meinungen der Gesellschaften diesseits und jenseits der Oder starken Schwankungen unterworfen sind.

In beiden Ländern ist es fast schon Sitte, die europäische Integration und die Europäische Union negativ darzustellen oder sogar zu verurteilen. Dies mag nicht zuletzt daher rühren, dass die Politiker in beiden Staaten nur allzu gern den Bürgern die Notwendigkeit unpopulärer Maßnahmen damit erklären, dass die Brüsseler Bürokratie sie dazu zwinge.

Über die Zukunft Europas werden weiterhin die Regierungen entscheiden; aber wollen sie den Einigungsprozess weiter vorantreiben, dann sind sie auf die politische Unterstützung ihrer Gesellschaften angewiesen. Deshalb sollte die öffentliche Diskussion über die europäische Integration inhaltsbezogener, als dies bisher geschehen ist, und grenzübergreifend geführt werden. Vor allem im Fall der polnischen und deutschen Gesellschaft wäre ein gemeinsam geführter Diskurs in der gegenwärtigen Lage äußerst hilfreich und wünschenswert. Vielleicht ginge von einem solchen Diskurs auch ein Impuls aus, der den Beziehungen zwischen Deutschland und Polen, die von der Vergangenheit belastet und in die Sackgasse geraten sind, neuen Schwung verleihen würde.

Aus dem Polnischen übersetzt von Hans-Jörg Schwenk

Zu den AutorInnen

Bartłomiej Biskup, M.A., wissenschaftlicher Mitarbeiter am Institut für Politikwissenschaft der Warschauer Universität

Prof. Dr. Jan Błuszkowski, Professor am Institut für Politikwissenschaft der Warschauer Universität

Matthias Chardon, M.A., wissenschaftlicher Mitarbeiter am Institut für Politikwissenschaft der Universität Tübingen

Prof. Dr. Michael Eilfort, Honorarprofessor am Institut für Politikwissenschaft der Universität Tübingen/Stiftung Marktwirtschaft, Berlin

Privatdozent Dr. Josef Held, Institut für Erziehungswissenschaft der Universität Tübingen

Dr. Martin Große Hüttmann, Akademischer Rat am Institut für Politikwissenschaft der Universität Tübingen

Prof. Dr. Wojciech Łukowski, wissenschaftlicher Mitarbeiter am Institut für Politikwissenschaft der Warschauer Universität

Dr. Anna Materska-Sosnowska, wissenschaftliche Mitarbeiterin am Institut für Politikwissenschaft der Warschauer Universität

Prof. Dr. Gerd Meyer, Professor am Institut für Politikwissenschaft der Universität Tübingen

Prof. Dr. Dieter Roth, Honorarprofessor an der Universität Heidelberg/Forschungsgruppe Wahlen, Mannheim

Silke Ruoff, M.A., Institut für Politikwissenschaft der Universität Tübingen

Wolfgang Schmidt, M.A., Deutsche Journalisten Schule, München

Dr. Tomasz Słomka, wissenschaftlicher Mitarbeiter am Institut für Politikwissenschaft der Warschauer Universität

Prof. Dr. Stanisław Sulowski, Professor am Institut für Politikwissenschaft der Warschauer Universität

Prof. Dr. Hans-Georg Wehling, Honorarprofessor am Institut für Politikwissenschaft der Universität Tübingen